뇌과학 마케팅

• 인간의 소비욕망은 어떻게 만들어지는가 •

뇌과학 마케팅

매트 존슨 · 프린스 구먼 지음 | 홍경탁 옮김

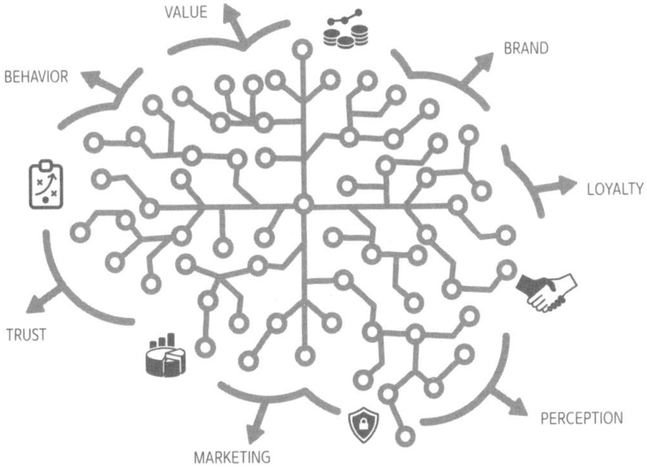

BLINDSIGHT

21세기북스

이 책에 쏟아진 찬사

일류 브랜드가 어떻게 우리의 뇌에 스며들어 자리를 잡는지 완벽하게 분석한다. 신경과학과 심리학, 재미있는 일화까지 흥미롭게 엮어서 처음부터 독자들을 매료시킨다. 이 책을 다 읽고 나면 한층 똑똑해진 기분이 들 것이다.

_리치 칼가드(〈포브스〉 발행인)

마케팅 체계의 이면에 감춰진 메커니즘을 엿볼 수 있는 아름답고 매력적인 책이다. 왜 우리는 게임을 하고 소셜미디어를 읽으며 그렇게 많은 시간을 보낼까? 왜 우리는 예측 가능성을 선호하면서도 예상치 못한 보상을 찾으려고 수많은 시간을 허비할까? 이 책은 우리가 현명하고 똑똑한 소비자로서 행복하고, 풍요롭고, 건강한 삶을 누릴 수 있는 방법을 가르쳐준다.

_애덤 올터(《멈추지 못하는 사람들》 저자)

첫 페이지부터 독자들을 사로잡는다. 브랜드가 소비자의 행동을 이끌어내는 방법에 깔려 있는 복잡한 동역학을 놀랄 만한 시선으로 들여다보며 우리가 매번 내리는 구매 결정을 다시 생각하게 만든다.

_애비게일 서스먼(시카고대학교 부스 경영대학원 마케팅 교수)

인지심리학, 신경과학, 의사결정 과학을 통해 재미있으면서도 누구나 공감할 수 있는 마케팅에 관한 이야기를 흥미진진하게 펼쳐놓는다. 내가 내린 결정에 대해 이해하고 싶다면, 그리고 더욱 현명하게 물건을 구매하고 싶다면 이 책을 읽어라!

_지아잉 자오 (브리티시컬럼비아대학교 심리학 교수)

이 책을 읽는 순간 소비자로서 자기 자신을 보는 방식은 완전히 달라질 것이다. 왜 똑같은 와인을 더 비싸다고 생각하면 더 맛있을까? 왜 원본 미술작품이 복제품보다 가치가 더 크다고 판단할까? 마케팅이 우리 주변의 세상을 보는 방법에 어떤 영향을 미치는가에 대한 흥미로운 여정이 펼쳐진다.

_주디 팬(캘리포니아대학교 샌디에이고 캠퍼스 심리학 교수)

누구나 쉽게 마케팅의 뇌과학에 쉽게 접근할 수 있는 흥미진진한 길을 열어준다. 과학 연구와 현대 마케팅 사이의 연관성을 창의적이고 통찰력 있게 설명하고 있는 이 책은 소비자로서, 그리고 한 사람으로서 자신을 더 잘 이해할 수 있게 해줄 것이다.

_나탈리아 코르도바(예일대학교 심리학 교수)

마케팅이 현대 인간의 경험을 규정하는 방법을 흥미진진하고 이해하기 쉽게 파헤쳤다. 페이스북이 사용자의 관심을 유지하는 방법, 〈스타워즈〉가 영화 팬 세대의 마음을 사로잡은 방법 등에 숨겨진 과학 이야기를 생생하게 풀어간다.

_드류 저코비상고르(캘리포니아대학교 버클리 하스 경영대학원 교수)

과학과 경영에 대한 흥미진진한 스토리텔링으로 우리의 의사결정 과정에 작용하는 보이지 않는 힘과 우리의 일상을 다양한 관점에서 이해할 수 있게 도와준다. 마케팅을 둘러싼 세상과 그 세상을 움직이는 심리학적 힘을 더 잘 이해하고 싶은 사람이라면 누구나 반드시 읽어야 할 책이다.

_블레이크 셔윈(케임브리지대학교 응용수학 및 이론물리학 교수)

일러두기

* 표시된 부분과 관련된 영상이나 자료는 www.popneuro.com/blindsight-material에서 찾아볼 수 있다.

소비 세계에 숨겨진 암호를 읽다

—— 2010년에 있었던 하나의 실험이 과학계를 놀라게 했다. T.N.이라는 사람을 대상으로 한 이 실험에서 그는 상자와 캐비닛, 의자 등이 가득한 복도를 단 하나의 물건도 건드리지 않고 통과했다.[1] 물론 평범한 사람들에게는 별로 어려운 일이 아닐 수도 있다. 하지만 T.N.은 시각장애인이다. 그는 신경과학자들이 블라인드사이트(맹시)라고 부르는 능력을 지닌 극소수의 사람 중 한 명이다.

블라인드사이트가 있는 사람들은 보지는 못하지만 시각 정보를 처리할 수 있다. 블라인드사이트가 있는 사람을 컴퓨터 앞에 앉게 하고 컴퓨터 화면에 점을 표시하면 점이 보이지 않는다고 할 것이다. 하지만 컴퓨터 화면에 나오는 것이 무엇인지 재미삼아 '추측'해보라고 끈질기게 조르면, 그들의 '추측'은 믿기 어려울 만큼 정확도가 높다.

어떻게 이런 일이 가능할까?

알려진 것처럼, 뇌에서 일어나는 시각 정보의 처리는 다수의 영역에서 여러 단계를 거치며 일어나는 복잡한 과정이다. 시력을 잃게 되는 경우는 대부분 눈을 다치기 때문이지만(이런 경우 시각 정보가 뇌에 도달하지 않는다) 때로는 T.N.처럼 뇌의 일부가 손상되어 시력을 잃는 경우도 있다. 하지만 눈에서 전달되는 잔여 정보가 뇌의 다른 영역에서 여전히 처리되고 있기 때문에 (장애물을 피해 다니기 같은) 한 번도 의식적으로 대응한 적이 없는 자극에 반응할 수 있게 되는 것이다.

바꿔 말해, 받았는지조차 인지하지 못하는 정보를 뇌가 받고 있다는 말이다.

이는 우연히 시각 장애인에게 나타난 것이 아니다. 인간의 뇌는 언제나 의식적으로 인지하지 못하는 정보를 받고 있다. 블라인드사이트는 뇌가 어떻게 시각적 인지를 가능하게 하는지 보여주는 흥미로운 현상 이상의 의미를 가지는 동시에 우리가 소비 세계와 어떤 관계를 맺고 있는지 보여주는 하나의 창 역할을 한다.

블라인드사이트가 있는 사람이 장애물이 가득한 복도를 걸어가면서 어떤 대상물과 마주했을 때 왜 불현듯 오른쪽 혹은 왼쪽으로 방향을 바꿔야 한다고 느끼는지 알지 못한다. 반응은 의식이 미치지 못하는 곳에서 직관적으로 나타난다. 이는 우리가 소비 세계에서 길을 찾는 방법이기도 하다.

우리 소비자는 구매 결정을 내릴 때 주변에서 볼 수 있는 광고, 웹사이트의 '구매' 버튼이 배치된 방식, 포장지의 디자인 등에 영향을 받는다. 이런 과정은 대개 우리의 의식 밖에서 일어난다. 우리는 우리가 왜 어떤 치약은 사용하고 어떤 치약은 사용하지 않는지 이해할 필요는 없다. 우리는 그저 그 치약이 좋을 뿐이다.

이 책이 개입하는 것은 이 지점이다. 이 책은 소비 세계의 이면에 있는 청사진과 디자인에 숨겨진 암호를 밝혀낸다. 우리가 보는 브랜드 로고, 기사를 읽을 때 함께 스크롤되는 광고, 우리를 집중하게 하는 텔레비전 광고, 매일 사용하는 앱 등은 소비 세계의 가장 겉에 있는 가시적인 층일 뿐이다. 그 안으로 더 깊이 들어가면 우리가 모르게, 우리의 허락도 받지 않고 우리에게 영향을 미치도록 우리 뇌의 독특한 구조를 이용하여 세심하게 설계된 층이 있다.

T.N.이 가지고 있는 신경심리학적 의미의 블라인드사이트와 달리, 이 책에서 말하는 또 다른 유형의 블라인드사이트는 소비 세계에서 보이지 않는 것을 보는 능력을 의미한다. 우리는 여러분이 옥외광고판의 이미지 이면에 있는 것을 보고 그 이미지가 뇌에 어떤 영향을 미치며, 왜 결국 그 광고판에 나오는 상품을 사게 되는지 이해할 수 있기를 바란다.

마케팅이 뇌에 미치는 영향

소비자 신경과학의 세계를 탐험하는 것을 비행기 조종과 비교하여 생각해보자. 비행기는 마치 우리의 뇌처럼 특별한 규칙과 제약을 통해 기능을 하는 복잡한 기계이다. 비행기 주변의 바람은 소비 세계이다. 소비 세계에서 브랜드와 마케팅에 노출된 우리는 자신의 생각과 욕망을 이리저리 끌어당기며 뇌의 메커니즘을 이끌어낸다.

그리고 비행기에 타고 있는 사람, 여러분이 있다. 아니 의식이라고 하는 것이 좋겠다. 그런데 그 사람은 조종사일까, 승객일까? 어떤 역할을 하게 될지는 비행기와 바람에 대한 지식에 달려 있다. 조종사는 이러한 지식이 있어 안전하게 비행기를 원하는 장소까지 운항할 수 있다. 반면 승객은 비행기와 바람, 다시 말해 뇌와 소비 세계가 상호작용하는 방식에 대해 전혀 알지 못한 채 그저 비행기가 가는 대로 끌려가게 된다.

그런 의미에서 이 책은 비행을 통제하는 것에 관한 것, 다시 말해 뇌와 마케팅이 뇌에 어떻게 영향을 미치는지에 관한 것이다. 이 메커니즘을 이해할 때 우리는 오늘날 소비 세계의 거센 풍랑을 헤치며 올바른 길을 찾아갈 수 있다.

소비자 과학의 숨겨진 이면

우리는 소비 행위를 이해하는 것이 이로울 뿐 아니라 반드시 해야 하는 일이라고 믿는다. 오늘날 브랜드는 그 어느 때보다도 나 자신보다 나를 더 잘 안다!

이처럼 나의 뇌와 소비자 세계 사이의 관계를 이해하는 기득권을 가진 사람은 나뿐만이 아니다. 우리가 클릭을 하고 스마트폰을 손끝으로 조작하고 심장박동을 기록하면 브랜드는 돈이 되는 정보만 골라낸다. 소비자와 브랜드 사이의 지식 격차는 날이 갈수록 벌어진다.

우리는 이러한 상황을 염두에 두고 소비자를 위해, 그리고 심리학과 마케팅 사이의 지나칠 정도로 큰 지식 격차를 줄이고 싶은 사람을 위해 이 책을 썼다.

총 12장을 통해 우리는 우리의 뇌와 소비자 세계 사이의 깊은 상호작용을 밝힐 것이다. 우리는 마케팅의 맥락 안에서 기억과 경험, 기쁨과 고통, 감정과 논리, 인식과 실체, 주목, 의사결정, 중독, 새로움, 호감, 공감, 소통, 스토리텔링, 잠재의식의 메시지 등을 조명할 것이다.

표면적으로 우리는 뇌가 작용하는 방식과 어떻게 브랜드가 그에 따라 설계되는지 보게 될 것이다. 하지만 한 꺼풀 더 깊이 들어가면, 자신의 소비 행위를 통해 자신의 심리를 더 잘 이해할 수 있을 것이고, 그에 따라 자신의 모습을 더욱 선명하게 바라볼 수 있을 것이다.

조종사가 되려면 바람과 비행기 모두 전문가가 되어야 한다. 소비 세계에 대한 새로운 유형의 블라인드사이트를 얻기 위해서는 마케팅과 뇌, 두 가지 모두에 대한 전문가가 되어야 한다. 그래서 이 책에는 두 명의 저자가 있다. 신경과학자로서 매트 존슨의 경험과 마케터로서 프린스 구먼의 경험을 결합하여 소비자 과학의 보이지 않는 이면을 들여다보는 흔치 않은 창을 제공할 것이다.

〈매트릭스〉의 네오처럼 토끼굴이 얼마나 깊은지 볼 준비가 되었다면, 우리를 따라오기 바란다.

차례

BLINDSIGHT

1장

뇌의 사각지대가 만든 마케팅의 기회

우리 뇌에 자리 잡은 브랜드

우리는 세상을 있는 그대로 경험하지 않는다.

아마도 안 하는 것이 아니라 못 한다고 할 수 있다.

그래서 이러한 격차는 완전히 다른 것을 나타낸다. 바로 기회이다.

소비자의 내면 깊숙이 잠재된 현실의 경험을 수정하고,

영향을 미치고, 근본적으로 변화시키는 기회를 나타낸다.

— 당신이 어느 요리 경연 프로그램의 심사위원이라고 상상해보자. 다섯 가지의 파테(고기를 갈아서 만든 프랑스의 대표 요리-옮긴이)가 나왔는데, 모두 정성스럽게 고명이 얹어졌고 진귀한 크래커가 곁들여 있다. 하나같이 훌륭해 보이는 다섯 가지 요리를 시식한다. 그러자 진행자가 다음과 같은 미션을 전달한다. "다섯 가지 요리 중에서 개 사료로 만든 것이 어떤 것인지 찾아보세요."

사실 이것은 요리 경연이 아니었다. '사람은 개 사료와 사람이 먹는 음식을 구별할 수 있을까?'라는 직설적인 제목의 2009년 연구에 참여했던 사람들의 경험이었다.[1] 이 연구에 참여한 사람들이 먹은 음식 다섯 가지 중 네 가지는 인간이 먹는 값비싼 고급 요리였고, 나머지 하나는 개 사료를 믹서에 갈아서 파테와 비슷하게 만든 것이었다. 각각의 요리는 약간의 차이만 있을 뿐 겉보기에는 똑같아 보였다. 결과는 어땠을까? 어느 것이 개 사료로 만든 요리인지 맞힌 사람은 없었다.

만일 어머니가 개 사료를 나에게 주면서 "이걸 먹어보렴. 음식점에서 파는 고기 요리와 맛이 똑같단다"라고 한다면 나는 어머니가 정신이 이상해졌다고 생각할 것이다. 하지만 개 사료를 파테와 똑같은 모양으로 만들어준다면 맛을 구별해내지 못할 것이다. 여기서 강조하고 싶은 점은 연구에 참가했던 사람들은 어느 것이 개 사료로 만든 것인지 구분해내지 못했다는 사실이다. 손님들이 모두 의심이 없는 사람들로 가득하다면, 음식점에서 무엇을 먹을 수 있을지 상상해보라!

회의주의자들은 평범한 사람이야 개 사료로 만든 것을 고기 요리라고 해도 속아 넘어가겠지만, 진정한 미식가에게는 이 방법이 통하지 않을 거라고 주장할 것이다. 정말 그럴까? 개 사료로 이런 테스트를 한 적은 없지만 와인을 대상으로 이와 비슷한 테스트를 한 적이 있다.

소믈리에라고 불리는 와인 전문가들은 와인 교육으로 잘 알려진, 책을 읽고 와인을 마시고 테스트하는 과정을 거쳐 공식적인 인증을 받는다. 소믈리에의 미각은 놀라울 정도이다. 한 모금만 마셔도 와인의 유형, 포도의 품종, 생산 국가와 양조 연도까지 말할 수 있다.

보르도대학교의 프레더릭 브로셰Frederic Brochet는 유쾌한 실험을 통해 미각이 뛰어난 사람도 실수할 수 있다는 것을 보여주었다.[2] 브로셰는 두 개의 와인잔에 각각 레드 와인과 화이트 와인을 따른 다음 소믈리에에게 맛을 보게 했다. 소믈리에에게는 알려주지 않았지만 그가 맛을 본 레드 와인은 화이트 와인에 식용 색소를 더한 것이었다. 그러자 소믈리에는 두 와인을 완전히 다르게 인지했을 뿐 아니라 레드 와인은 마치 붉은 색을 내는 성분이라도 있는 것처럼 묘사했다. 소믈리에는 화이트 와인은 벌꿀이나 시트러스 같은 향이 난다고 말한 반면 레드 와인은 라즈베리와 마호가니 같은 맛이 난다고 표현했다. 혀에 전달되는 정보는 동일한 것이었음에도 말이다. 개 사료를 먹었던 사람들도 마음 상할 필요가 없을 것 같다. 직업적인 전문가들도 속았으니 말이다.

이러한 연구 결과는 최고급 레스토랑의 비용을 절감할 수 있는 방법을 새롭게 제시하는 것(물론 농담이다!) 이외에도 우리가 세상을 경험하는 방식에 관한 근본적인 통찰을 제공한다. 혀에 닿는 것만이 미각은 아니라는 사실이다.

음식을 먹을 때 우리는 직접 그 음식을 경험하지는 않는다. 음식물이 혀에 닿을 때의 객관적인 감각과 뇌가 궁극적으로 경험하는 것 사이에는 상당한 격차가 있다. 지금은 고인이 된 위대한 철학자 앨런 와츠Alan Watts는 "우리는 음식이 아니라 메뉴를 먹는다"라고 말했다. 다시 말해 우리는 늘 한 걸음 떨어진 곳에서 세상 자체보다는 세상에 대한 자신의 내면 묘사를 경험한다.

신경과학에서 이러한 격차는 인지 오류가 존재한다는 결정적인 단서가 된다. 우리는 세상을 있는 그대로 경험하지 않는다. 아마도 안 하는 것이 아니라 못 한다고 할 수 있다. 그래서 이러한 격차는 완전히 다른 것을 나타낸다. 바로 기회이다. 소비자의 내면 깊숙이 잠재된 현실의 경험을 수정하고, 영향을 미치고, 근본적으로 변화시키는 기회를 나타낸다. 소비자들을 설득해야 하는 마케터가 현실 자체를 자신에게 유리하게 바꾸는 능력보다 원하는 것이 또 있을까?

가장 기본적인 수준에서 마케팅은 다른 것들을 이용해 소비자의 감각에 대한 경험을 수정한다. 예를 들어 레스토랑에서는 음식만 관리하는 것이 아니라 음악이나 실내장식 등을 비롯한 여러 가지를 관리한다. 더 깊이 들어가면, 마케팅은 소비되고 있는 것에 관한 소비자의 믿음을 변화시킨다. 개 사료가 맛이 있으려면 그것이 고기 요리라고 믿어야 한다. 그리고 마지막으로 가장 극단적인 경우에 마케팅은 우리의 인식을 변화시키는 믿음을 우리의 뇌에 그대로 새겨 넣을 정도로 깊이 스며들게 한다.

이 모든 것이 가능한 이유는 우리 뇌가 외부의 객관적인 현실과 내부의 주관적인 인식 사이의 격차에 대응하는 기이한 방법을 가지고 있기 때문이다. 그리고 브랜드는 수년에 걸쳐 이 격차에 자신들을 끼워 넣는 영리한 방법을 사용해왔다. 그 과정은 근본적으로 우리의 현실 경험을 변화시키는 것이었다. 객관적인 현실과 주관적인 인식 사이의 공백은 마케터의 놀이터이다. 이러한 공백과 이 공백이 어떤 식으로 채워져 있는지 잘 이해하려면 먼저 뇌가 우리의 일상을 어떻게 구성하는지 자세히 살펴보아야 한다.

경험이 아닌 추측이 맛을 결정한다

우리의 뇌는 현실을 직접 경험하지 않는다. 대신 현실에 대한 모형을 구축한다. 신경과학자들은 이것을 '심성 모형mental model'이라고 부른다. 우리의 뇌는 꾸준히 모형을 만든다. 음식물을 씹을 때 우리는 음식물 자체를 경험하는 것이 아니라, 기껏해야 그 음식물을 먹는 것이 무엇과 비슷한 느낌인지 추측할 뿐이다. 혀에 느껴지는 감각도 심성 모형을 형성하는 데 도움이 되지만, 다른 많은 것 역시 영향을 미친다. 뇌는 현실을 완벽하게 복제하려고 최선을 다하지만, 개 사료와 와인의 사례에서 보았던 것처럼 이러한 모형은 완벽함과는 거리가 있다.

심성 모형은 믿기 어려울 정도로 민감하며, 다양한 요인의 영향을 받을 수 있다. 또한 '바로잡기'가 불가능하진 않지만 어렵다. 왜냐하면 현실과 비교할 수 없고 어느 부분이 잘못되었는지 볼 수 없기 때문이다. 우리가 경험할 수 있는 것은 심성 모형 자체뿐이다. 따라서 어떤 기억이나 비즈니스가 우리의 심성 모형에 영향을 미치면, 그 모형은 우리의 현실 경험에 직접적인 변화를 가져온다.

예를 들어 레스토랑은 심성 모형에 따라 쉽게 연상작용이 일어난다는 사실에 크게 의존한다. 식사를 하기 위해 자리에 앉을 때 우리는 무의식적으로 레스토랑의 환경, 배경음악, 식기, 위치 등 모든 것을 살핀다. 그리고 이러한 모든 것이 우리의 뇌가 만들어내는 심성 모형에 근본적인 영향을 미친다. 같은 식사를 하더라도 버려진 창고에서 하는 식사와 호화로운 연회장에서 하는 식사의 맛은 매우 다르다.

심성 모형은 언제나 만들어지고 있기 때문에, 우리는 그것이 어떻게 작동하는지 전혀 눈치채지 못한다. 하지만 소비자들의 심성 모형이 어떻게 조정되고 수정되는지 이해하려면 뇌가 심성 모형을 만드는 방법을 이해해야 한다.

가장 먼저 알아야 하는 것은 모형을 만들 때 뇌가 모든 감각을 동등하게 처리하지 않는다는 사실이다. 우리의 뇌는 강한 감각을 약한 감각보다 우선순위로 처리한다. 미각은 다른 감각에 비해 매우 약하다(따라서 매우 민감하다). 시각은 훨씬 강하다. 이것을 어떻게 알 수 있을까? 시각은 뇌의 피질에서 주로 담당한다. 다시 말해, 뇌의 약 3분의 1이 시각 정보를 처리하고 해석하는 데에만 이용된다. 그리고 다른 감각과 비교할 때 시각이 압도적으로 강하다.

이러한 사실은 시각 다음으로 강한 감각인 청각과 시각을 비교하면 곧바로 알 수 있다. 뇌는 편파적인 교통경찰과 비슷하다. 이를테면 시각 데이터와 청각 데이터가 동시에 교차로에 이르렀을 때 뇌는 언제나 시각 데이터에 우선권을 준다!

현실 세계에서는 다음과 같은 방식으로 우선권이 주어진다. 어떤 사람이 '바'라는 단어를 반복해서 말하는 영상을 보고 있다고 생각해보자. 그 소리는 또렷하게 들린다. "바, 바, 바, 바." 이번에는 같은 사람이 '파'라는 단어를 반복해서 말하는 영상이 있다. 이 소리도 또렷하게 잘 들린다. "파, 파, 파, 파." 마지막으로 첫 번째 영상에서 나오는 소리를 두 번째 영상에 넣는다고 상상해보자. 즉, 우리는 '파'라고 말하고 있는 영상을 보며 '바'라고 말하는 소리를 듣게 된다. 어떤 소리가 승자일까? 바? 파? 영상에 관한 우리의 심성 모형에서 어떤 데이터(소리 혹은 영상)가 우선권을 차지할까? 언제나 영상이다. 객관적으로 우리에게 들리는 소리는 '바'이지만, 우리의 심성 모형은 영상을 따른다. 그래서 우리는 궁극적으로 '파'라는 소리를 듣게 된다.

맥거크 효과McGurk effect로 알려져 있는 이 현상은 이후에도 수십 차례 재연되었다.[3, 4] *

그렇다면 가장 약하고 발달이 덜 된 감각인 미각에 대한 뇌의 모형에 시각이 강력한 영향을 미친다는 사실이 그리 놀라운 일은 아닐 것이다. 최근 여러 연구에서 와인 테스트의 연구 결과를 재연했는데, 한 가지 중요한 차이가 있었다.[5, 6] 식용 색소 대신 증강현실AR, Augmented Reality을 이용하여 와인의 색을 화이트에서 레드로 바꾼 것이다. 따라서 참가자들은 AR 렌즈를 통해서만 와인을 봐야하는 등 전반적인 형식이 디지털로 바뀌었지만, 결과는 같았다. 실제 성분은 변하지 않았지만, 사람들은 붉은색 와인에서 베리나 짙은 향신료 같은 붉은 성분의 맛이 난다는 반응을 보였다. 가상 세계에서 음식의 색을 바꾸면 현실에서 음식에 대한 우리의 인식이 바뀌는 것이다.

음식의 색이 바뀌면 식욕이 완전히 사라질 수도 있다. 효고대학교의 연구원들은 한 실험에서 수프의 색이 수프의 소비에 미치는 영향을 조사했다.[7] 이들은 실험 대상을 몇몇 집단으로 나눈 다음 수프를 먹게 했다. 이 수프는 식재료와 그릇, 온도 등의 조건은 동일했지만 단 한 가지, 수프의 색깔만은 달랐다. 연구자들은 색에 대한 반응을 테스트하기 위해 식욕을 떨어뜨리는 염료를 사용했다.

실험 결과 주목할 만한 패턴이 나타났다. 파란색 염료는 참가자들의 식욕과 수프의 맛에 대한 평가를 떨어뜨렸으며, 다른 어떤 색보다 파란색 수프를 먹을 때 참가들의 편안함이 줄어들었다. 게다가 파란 수프를 먹으면 불안해했고 만족감은 가장 낮았다. 바꿔 말해 참가자들의 불만은 수프가 파란색이라는 사실뿐이었다.

이전의 실험에서 참가자들은 이미 알고 있는 음식을 먹는 동안 속임수에 당했다. 개 사료와 비슷한 고기 요리, 와인 등은 실험 대상자들에게 익숙한 것이었고, 그들은 그것이 어떤 맛인지 알고 있었다. 하지만 파란 수프는 그렇지는 않았다. 그럼에도 파란 수프에 대한 인식 역시 영향을 받았다. 그 이유는 파란 수프에 대한 심성 모형에는 파란 음식이 무엇을 의미하는지 알려져 있기 때문이다.

유전 혹은 경험을 통해서 뇌는 파란 음식이 안전하지 않을 수도 있다는 사실을 분명하게 이해하고 있다. 건강에 좋은 음식에서 파란색은 자연적으로 나타나지 않기 때문이다. 음식 중에 파란색이 보이면 (예를 들어 상한 고기) 그것은 대개 위험 신호이다.

작고한 위대한 코미디언 조지 칼린은 이렇게 말했다.

> 빨간색은 산딸기, 체리, 딸기. 오렌지색은 오렌지. 노란색은 레몬. 초록색은 라임. 갈색은 고기. 파란 음식은 없어! 블루베리? 블루베리는 자주색이야. 블루치즈? 블루치즈는 흰 치즈에 곰팡이가 엄청나게 핀 것일 뿐이야.[8]

수프를 먹는 사람들은 음식에서 파란색이 나타나면 믿음이 가지 않는다는 사실을 명확히 이해하지 못할 수도 있다. 하지만 의식 밖에서 뇌는 이러한 잠재적 의미를 이용하여 수프를 어떻게 경험하는지에 대한 그들의 심성 모형에 색을 추가했다.

믿음이 경험을 바꾼다

약한 감각을 인지하는 데 영향을 미치는 강력한 감각 능력은 우리의 심성 모형이 얼마나 불완전하고 외부의 영향에 쉽게 휘둘리는지 보여준다. 하지만 그것은 시작일 뿐이다. 심성 모형은 우리의 신념, 즉 우리가 소비하고 있는 것에 대하여 우리가 진실이라고 생각하는 것에 훨씬 큰 영향을 받는다.

미슐랭 별 세 개짜리 레스토랑에서 레드 와인과 함께 고기 요리를 즐기고 있다고 상상해보자. 좋은 향이 나는 잘 익은 요리는 정말 맛이 좋다. 웨이터가 다가와 주문한 말고기 소시지 맛이 어떤지 묻기 전까지는 말이다. 이 정보가 나의 심성 모형을 관통하면 맛이 싹 바뀔지도 모른다. 다시 말해 말고기를 먹는다는 것과 관련된 신념이 먹고 있던 요리의 심성 모형에 영향을 미치고, 이는 다시 요리의 맛을 인지하는 데 영향을 미친다. 심지어 고기를 씹고 있는 사이에도 영향을 받는다! 그 고기는 내가 알기 전에도 말고기였고, 지금도 말고기이다. 하지만 이제는 이전에 느꼈던 맛이 나지 않는다.[9]

말고기를 먹는 것은 유럽이나 아시아에서는 흔한 일이지만, 미국에서는 금기시되고 있다. 말고기 자체가 맛이 없는 것은 아니다. 하지만 말고기를 즐길 수 있는지는 내가 가진 신념에 달려 있다. 먹는 것에 대한 신념은 내 심성 모형에 영향을 미치고, 그 결과 먹는 경험 자체에도 영향을 미친다.

영화 〈펄프 픽션〉의 유명한 장면에서 새뮤얼 L. 잭슨이 연기한 쥴스는 자신이 돼지고기에는 손도 대지 않는 이유가 돼지는 더러운 동물이라는 자신의 신념 때문이라는 사실을 예로 들며 이 점에 관해 철학적으로 설명한다. "시궁쥐가 호박파이 맛이 날지도 모르지만, 그 맛을 알기 위해 그 따위 쥐새끼를 먹는 일은 절대 없을 거야." 그가 쇠고기라고 생각하는 것을 즐겁게 씹는 모습을 상상해보자. 그런데 먹는 도중에 그가 먹는 것이 돼지고기라는 말을 듣게 된다면 쥴스는 "불타는 복수심과 분노로 쓰러질지도 모른다."

신념은 심성 모형에 많은 에너지를 공급하며, 이것이 소비자 세계에 미치는 영향은 광범위하다. '유기농'이라는 라벨은 사람들에게 음식의 맛에 대한 편견을 갖게 한다.[10] 또한 사람들은 전국으로 유통되는 브랜드 로고가 붙어 있는 칠면조 고기가 일반 포장지에 싸여 있는 것보다 더 맛있다고 생각한다.[11] 신념은 우리가 만든 심성 모형의 일부이며, 소비자의 경험에 막대한 영향을 미친다.

어떤 냉소주의자가 신념의 영향력은 피상적일 뿐이라고 주장할지도 모른다. 단지 멋진 컵에 담긴 커피가 더 맛있다거나 믿을 수 있는 브랜드에서 나온 칠면조가 더 맛있다고 자신에게 하는 말일 뿐이라는 것이다. 하지만 유기농이라는 라벨이 붙은 사과를 먹는 경험은 실제로 유기농 사과를 먹는 것과 다르다.

이러한 입장이 비합리적이라고 할 수는 없다. 하지만 이러한 입장은 오래 지속되지 못한다. 와인은 이번에도 매우 흥미로운 시험장이 된다. 무수히 많은 연구에서 밝혀진 바에 따르면, 비싼 와인을 마신다고 믿으면 훨씬 맛있다고 보고한다는 결과를 보여주었다. 그중

한 영향력 있는 연구에서는 단순히 참가자의 대답을 듣는 수준을 넘어 그들의 뇌를 직접 들여다보았다. 스탠퍼드대학교의 바바 쉬브Baba Shiv 교수 연구팀은 기능적 자기공명영상fMRI을 사용하여 참가자들이 두 가지 다른 와인을 마실 때 뇌 깊숙한 곳에 있는 중격의지핵nucleus accumben이라는 쾌락중추를 관찰했다.[12] 연구팀은 실험 참가자들에게 두 종류의 와인을 주면서 하나는 아주 비싼 와인이고, 다른 하나는 값싼 와인이라고 소개했다. 실험 결과 비싼 와인을 마시고 있다고 말했을 때 참가자들의 쾌락중추에서 뉴런이 활발하게 발화했다. 싼 와인을 마시고 있다고 말했을 때는 어땠을까? 전혀 발화하지 않았다. 하지만 두 와인 모두 같은 것이었다.

이 연구는 신념이 심성 모형에 얼마나 깊이 영향을 미치며, 심성 모형이 우리의 인식에 얼마나 큰 영향을 미치는지 보여준다. 이것은 속임수가 아니다. 우리는 능동적으로 스스로를 속이지 않는다. 비싼 와인이 실제로 좋은 맛이 난다는 것은 신경과학 수준에서 측정이 가능하다. 뇌는 스스로 부여한 신념 때문에 동일한 것을 완전히 다른 두 가지 방식으로 경험한다. 우리는 비싼 와인일수록 맛있다고 '말하는' 것이 아니다. 실제로 맛있다고 '느끼는' 것이다. 비싼 와인 이면의 신념은 실제로 와인의 맛에 영향을 미치는 방식으로 심성 모형에게 정보를 전달한다. 심성 모형은 경험의 부가물이 아니라 경험 그 자체이다.

뇌는 패턴을 학습하는 기계다

앞서 살펴본 것처럼 신념은 단순한 감각 정보보다 심성 모형에 훨씬 큰 영향을 미친다. 하지만 브랜드는 '유기농'이나 '쇠고기' 같은 단순한 믿음을 주는 것에 만족하지 않는다. 브랜드는 브랜드와 브랜드가 만드는 제품에 관해 오래 지속되면서도 뇌의 기본 구조에 지속적인 영향을 미치는 복잡한 신념을 만들어낸다. 이러한 신념을 만들기 위해서는 뇌 안에서 본격적인 통합이 일어나야 한다. 이와 같은 통합이 일어나는 방식을 이해하려면 잠시 뒤로 물러나 뇌가 정보를 어떻게 조직하는지 이해해야 한다.

일반적으로 뇌는 저장된 데이터를 신경과학자들이 '의미망semantic network'이라고 부르는 방대하고 상호 연결된 거미줄 같은 곳에 체계화한다. 지식과 개념은 별개로 저장되기보다는 연관성을 유지하며 (관련된 항목과 함께) 저장된다. 머리에 뭔가 떠오를 때마다 그와 관련된 다른 모든 개념까지 함께 생각난다. 예를 들어 '나무'라는 단어를 생각할 때 자연스럽게 '사과'라는 단어가 생각날 수 있고, '문'이라는 단어가 떠오를 때 자동적으로 '열쇠'가 떠오를 수 있다.[13]

이러한 지식의 그물망은 뇌의 측두엽에 있다. 이 영역이 손상된 사람은 실인증失認症, agnosia이라는 골치 아픈 장애를 겪게 된다. 실인증을 겪는 이들은 보고 듣는 데에는 문제가 없지만 자신이 보고 들은 것을 뭐라고 부르는지 떠올리지 못한다.[14] 소방차의 모형이 보여주면 실인증 환자들은 소방차의 모양과 촉감, 소방차에서 나는 소리 등 모든 특징을 정확하게 설명할 수 있다. 하지만 그것의 이름이 무엇인지는 말하지 못한다. 다시 말하면 감각 정보와 의미를 연결하지 못하는 것이다.

지식의 범주에 따라 선택적으로 손상될 수 있다는 사실은 뇌가 체계화된 네트워크에 지식을 저장한다는 개념과 일치한다. 예를 들어 측두엽의 특정 부위가 손상되면 생물의 이름을 기억할 수는 있지만 무생물의 이름은 말하지 못한다.[15]

측두엽에서 신경망을 구성하는 연관성은 타고나는 것이 아니라 시간이 흐르면서 학습하는 것이다. '나무'를 보면 저절로 '잎새'가 떠오르는 까닭은 이 두 가지를 함께 말하는 경우가 많았기 때문이다. 감정을 비롯한 추상적인 개념들 또한 동일한 방식으로 경험을 통해 감각 데이터나 다른 추상적인 개념과 연관성이 생길 수 있다. 우리는 사이렌 소리를 들으면 자동적으로 경찰차나 소방차는 물론이고, 공포의 감정과 긴장 상태를 떠올리기도 한다. 그리고 이러한 감정적인 연상 또한 측두엽에서 자주 나타난다.

우리의 뇌는 이러한 연관성을 학습할 수 있다. 우리의 뇌는 본질적으로 패턴을 탐색하는 기계이기 때문이다. 신경과학자들은 이것을 '통계적 학습statistical learning'이라고 부른다. 뇌는 우리 주변에서 손쉽게 패턴을 감지한다. 반복된 패턴은 시간이 흐르면서 연관성으로 바뀐다. 연관성 자체와는 달리 연관성을 만들어내는 과정은 타고나는 것처럼 보인다. 생후 8개월 정도의 유아들은 일상적인 말에서 음성 패턴을 찾아낼 수 있는데, 이러한 능력은 언어 습득의 주요한 토대가 된다.[16] 인간은 패턴을 알아내는 놀라운 능력이 있다. 우리는 의식하지도 않으면서 주변의 통계 자료를 지식으로 바꾸는 전문가이다. 그리고 연관성은 지식을 구축하는 데 매우 중요하기 때문에 심성 모형에 매우 강력한 영향을 미친다.

코카콜라, 우리의 뇌 속에 자리 잡다

여기서 잠깐 한 가지 질문을 해보자. '브랜드'란 정확히 무엇인가? 신경과학자들에게 물어보면 그들은 브랜드를 연관성의 집합으로 정의할 것이다. 그리고 '브랜딩branding'이란 관계를 설계하는 것이다.

코카콜라를 예로 들어보자. 코카콜라는 세계 최고의 식음료 브랜드이며, 전체적으로 애플, 구글, 아마존, 마이크로소프트에 이어 세계 5위이다.[17] 그리고 코카콜라가 최고의 브랜드 5위 안에 든다는 것은 소비자들이 나머지 네 개의 상품에 얼마나 의존적인지 고려하면 약간은 충격적이다. 다음의 두 가지 시나리오를 생각해보자.

시나리오1: 코카콜라가 없는 삶

시나리오2: 구글의 검색엔진이 없는 삶

어떤 시나리오를 상상하는 것이 더 괴로운가? 물론 후자이다. 구글의 검색엔진은 우리의 삶을 엄청나게 편리하게 해주었다. 좋든 싫든 구글의 검색엔진이 없다면 현대 사회에서 생활하기가 힘들 것이다. 코카콜라는 그 정도는 아니다. 코카콜라가 오늘날 자본이 충분하지 않은 신생기업이었다면 시시한 제품의 특성 때문에 실패했을 것이다. 코카콜라는 최소한의 효용밖에 없기 때문이다(건강에 미치는 영향을 고려하면 코카콜라의 효용은 마이너스일 수 있다).

코카콜라는 코카콜라라는 브랜드가 없다면 탄산이 들어간 설탕물일 뿐이다. 하지만 코카콜라라는 브랜드는 완전히 다르다.

코카콜라는 매년 광고와 브랜딩에 수십억 달러를 쓴다. 왜 그럴까? 이 세상에 코카콜라라는 이름을 들어보지 못한 사람은 거의 없다. 코카콜라가 광고에 수십억 달러를 쓰는 이유는 광고가 이름을 알리는 것 이상의 효과가 있기 때문이다. 광고는 의미망의 내부에서 큰 자리를 차지하는 심리적인 연관성을 갖게 해준다.

다른 식으로 말하면, 코카콜라는 연관성 설계에 수십억 달러를 쓴다고 할 수 있다. 물론 모든 연관성에 돈을 쓰는 것은 아니다. 코카콜라는 '행복'과 연관성을 만드는 데 수십억 달러를 사용하고 있다. 탄산수를 어떻게 대중에게 팔까? 탄산수를 대중이 원하는 것, 이를테면 행복과 연관 짓는 것이다. 설탕물과 행복이 연관성을 갖는 데 성공하자 2,000억 달러의 가치가 창출되었다.

일상적인 소비자 세계에서 (행복 같은 추상적인 개념과의 연관성처럼) 기업의 브랜드가 소비에 미치는 영향을 따로 떼어 구별하기는 어렵다. 예를 들어 콜라 한 모금을 마시면서 뇌의 인지 능력 중 25퍼센트는 의식적으로 음료수 자체의 감각적인 경험에 할당하고, 나머지 75퍼센트는 브랜드와 나 사이의 추상적인 관계에 사용하지는 않는다. 심성 모형은 동일한 하나의 모형이다. 그리고 동의하지 않는 사람도 있겠지만, 매끄럽게 연결되는 체험을 만들어내는 데는 코카콜라가 최고이다. 그 때문에 코카콜라라는 브랜드는 더욱 강한 인상을 남기게 된다.

코카콜라는 어떻게 이런 일을 하는 걸까? 코카콜라는 연관성 설계를 통해 측두엽에 자신의 자리를 만든다. 코카콜라는 광고와 기타 디지털 및 오프라인 마케팅 활동을 통해 연관성을 설계하는 데 40억 달러를 쓴다. 이들의 목표는 단 하나이다. '코카콜라는 곧 행복'이라는 관계를 뇌에 각인시켜 소비자들이 음료수를 선택할 때 영향을 미치는 것이다. 가장 오래 사용된 코카콜라의 슬로건은 '행복을 여세요Open Happiness'이며, 지금까지도 코카콜라는 10년째 이 슬로건을 사용하고 있다. 펩시콜라가 계속해서 기대에 미치지 못한 것도 당연하다. 행복과 경쟁하기는 쉽지 않기 때문이다.

코카콜라의 브랜딩이 우리가 음료의 맛을 어떻게 인지하는가에 깊은 영향을 미친다는 것은 분명하다. 그러나 이처럼 브랜드가 깊이 내재되어 있을 때, 그 브랜드가 우리의 인식에 얼마나 효과적으로 영향을 미치는지를 측정할 수 있을까? 현실에서 그것은 불가능하다. 모든 것이 완벽하게 하나로 통합되어 있기 때문이다. 그러나 통제된 환경에서 진행된 실험의 경우 제품의 심성 모형에 대한 브랜드의 특정 기여도를 제품 자체와 비교하여 파악하는 데 도움이 될 수 있다. 이것의 가장 유명한 예는 '펩시 챌린지Pepsi Challenge'이다.

'펩시 챌린지'는 브랜드를 가린 채 소비자들에게 코카콜라와 펩시콜라의 맛을 비교하게 한 마케팅 캠페인으로, 1975년에 시작되어 장기간 지속되었다. 이 캠페인은 사람들이 자신이 마시는 음료수가 펩시인지 모르고 마시는 경우, 코카콜라보다 펩시를 더 좋아했다는 마케팅 팀원의 개인적인 이야기에서 영감을 받았다. 지금 '펩시 챌린지'는 하나의 광고 전략으로 기억되지만, 그 결과는 최고의 실험 표준을 이용하여 얻어낸 것이었다. 모든 관련 변수를 억제하기 위해 세부사항까지 꼼꼼하게 통제했다. 두 음료 모두 동일한 시간에 잔에 따라서 같은 온도일 때 제공되었다. 모든 시험은 무작위로 순서가 정해졌고, 실험에 대한 정보는 비밀에 부쳐졌으며, 펩시 브랜드와는 관련이 없는 독립적인 심판관이 실험을 주관했다. 실험의 정밀도는 제약회사의 임상 테스트를 방불케 했다.

1990년대 펩시의 아시아 태평양 지역 마케팅 이사였던 S. I. 리는 그 당시 펩시의 생각을 이렇게 설명했다. "우리는 우리 상품이 실제로 맛이 더 좋다는 사실을 알고 있습니다. 그러므로 이러한 사실을 이용해서 캠페인을 만들어봅시다."[18] 당시 펩시콜라와 코카콜라의 매출은 상당한 차이가 있었기 때문에 공식적인 테스트를 통해 홍보한다고 해서 펩시가 잃을 것은 없었다.

결과는 놀랄 만큼 일관적이었다. 어떤 브랜드의 콜라를 마시고 있는지 알고 있을 때, 실험 참가자 중 80퍼센트가 코카콜라를 선호했으며 펩시콜라가 좋다고 대답한 사람은 20퍼센트에 불과했다. 하지만 브랜드의 이름을 가리면 53 대 47로 펩시콜라가 앞섰다! 마케팅팀은 이 결과를 광고했고 두 콜라를 모두 파는 모든 지역에서 곧 동일한 결과가 나타났다. 맛으로만 보면 펩시콜라는 시종일관 코카콜라보다 앞섰다.

하지만 펩시 마케팅의 주요한 승리는 예상치 못한 곳에서 나타났다. 바로 코카콜라의 열혈 팬들이었다. 그들은 자신만만하게 코카콜라의 맛이 더 좋으며, 코카콜라와 다른 음료의 차이를 구별할 수 있다고 확신했다. 이들은 펩시콜라의 캠페인에서 집중적인 조명을 받게 되었다. 테스트를 하기 전에 코카콜라의 어떤 점이 좋은지 물었더니 거의 모든 사람이 맛이 좋다고 말했다. 하지만 실험 결과에 따르면, 그들은 실제로 자신의 생각만큼 코카콜라의 맛을 좋아하지 않았다. 코카콜라를 마시고 있다는 사실을 알고 있을 경우에만 코카콜라를 좋아했다. 코카콜라의 맛은 대부분 코카콜라 팬들의 심성 모형에 영향을 미친 브랜딩 덕분이다.

코카콜라는 탄산음료 시장에서 경쟁우위를 차지하고 있다. 코카콜라라는 이름이 뇌의 의미망에 각인되어 있기 때문이다. 코카콜라를 떠올리기만 해도 뇌의 깊은 곳까지 활성화되는 것이다.

펩시 챌린지 캠페인에서 영감을 받은 과학자들은 일련의 fMRI 실험에서 실험 참가자들이 코카콜라를 마실 때 뇌에서 무슨 일이 일어나는지 관찰했다.[19] 한 집단에게는 코카콜라를 마신다는 이야기를 미리 해준 반면, 대조군인 다른 집단에게는 콜라를 마신다는 말만 해주었다. 코카콜라를 마신다는 이야기를 들은 집단은 대조군과 비교하여 뇌의 다양한 영역, 특히 측두엽이 활성화되었다. 측두엽은 의미 및 감정과 관련된 연상 작용이 일어나는 곳이다. 이것은 값비싼 와인과 마찬가지로 사람들은 단지 말로만 코카콜라가 더 맛이 있다고 하는 것은 아니라는 의미이다. 그들은 실제로 코카콜라가 더 맛있다고 느끼고 있었다. 연상 설계 때문이었다. 우리는 뇌에서 코카콜라에 대한 연상이 일어나고 있는 모습을 정확히 볼 수 있다!

여기서 브랜딩에 대한 신경과학자의 정의가 떠오른다. 신경과학자에게 브랜딩이란 소비자들에게 기업이 상품을 통해 이끌어내려는 일관적인 메시지를 반복적으로 노출하는 과정, 즉 연상 설계이다. 이처럼 브랜딩이 충분히 일관적이고 반복적이면 사람들에게 연상이 일어나고, 뇌의 의미망의 기본적인 구조가 바뀌게 된다. 어린 시절 나무와 잎이 함께 쓰인다는 것을 반복적으로 학습한 것처럼 일관적인 광고를 수없이 반복한다면 코카콜라와 행복이 연관되어 있다는 것을 학습하게 된다. 의미망은 심성 모형에게 상품에 대해 알려준다. 이는 우리가 상품을 인지하는 것과 유사하다. 연상이 측두엽에 물리적으로 각인되는 것(브랜드화)이다. 코카콜라는 말 그대로 우리의 뇌 안에 세를 들어 사는 것이다. 하지만 임대 비용은 코카콜라를 마실 때마다 우리가 부담하고 있다.

뇌의 사각지대

지금까지 주로 맛에 관한 심성 모형에 대해 살펴보았다. 모든 감각 중에서 미각이 심성 모형의 탄력성과 심성 모형이 어떻게 브랜드에 의해 형성되는지를 가장 쉽게 보여주기 때문이다. 가장 약한 감각인 미각 앞에서 우리의 뇌는 마음대로 할 수 있는 것이 많아진다. 즉 우리가 먹고 마시는 것에 대한 심성 모형은 신념의 영향을 훨씬 쉽게 받는다. 이를테면 레스토랑의 분위기, 콜라의 브랜드, 사과에 붙은 유기농 스티커에서 유래한 신념 말이다.

하지만 가장 우세하고 믿을 수 있는 시각 역시 신념의 영향을 받는다. 뇌는 우리가 보는 것에 대하여 계속해서 심성 모형을 만들어내며 세상을 채워간다. 이에 대한 훌륭한 예로 인지 사각지대가 있다.

뇌는 망막에서 받은 시각 정보를 처리하여 세상을 바라본다. 양쪽 눈 뒤에 있는 망막은 외부 세계에서 들어오는 빛을 기록하는 수백만 개의 세포로 이루어져 있다. 망막은 시각신호를 시신경을 거쳐 나머지 다른 뇌의 영역에서 처리할 수 있도록 전달한다. 하지만 양쪽 눈에는 시신경이 망막에 이르지 못하는 곳이 있다. 실제로 이곳에는 망막세포가 없다. 이는 양쪽 눈에는 사각지대가 있어, 외부 세계에서 들어오는 정보를 수신하지 못한다는 의미이다. 사각지대는 엄지손톱만 한 크기에 시야의 중앙에서 15도 위치에 존재한다.

실제로 다음 페이지에 나오는 설명을 따라하면 사각지대를 '볼' 수 있다. 사각지대가 존재한다는 사실을 전혀 눈치채지 못했을 수도 있다. 한 가지 이유는 눈이 두 개이기 때문이다. 한쪽 눈이 보지 못하면 반대쪽 눈이 볼 수 있다. 하지만 한쪽 눈을 감으면 텅 빈 검정색 공간이 보이지 않는다. 심성 모형 때문이다. 우리의 뇌는 끊임없이 우리가 그곳에 있다고 기대하는 것을 채워 넣는다.

뇌는 사각지대를 채워 넣기 위해 다른 감각 데이터나 내적인 믿음에 기반해서 실재를 추측한다. 그런데 이러한 추측의 결과는 놀랍다.

1. 위에 보이는 그림을 오른손으로 잡고 팔 길이만큼 떨어진 곳에 눈높이만큼 올린다.
2. 왼손으로 왼쪽 눈을 가린다.
3. 오른쪽 눈으로 X를 쳐다본다. X에 초점을 맞춘 상태에서 원을 의식한다.
4. 초점을 유지한 채 그림을 천천히 얼굴에 가깝게 가져온다.

그림이 얼굴을 향해 가까워지면 원이 사라졌다가 다시 나타날 것이다. (잘 되지 않으면 더 천천히 다시 시도해보자.) 약간의 연습이 필요할 수도 있지만, 정확한 거리를 찾아내면 원이 완전히 사라질 것이다! 사각지대를 찾아낸 것을 축하한다!

생각해보라. 우리는 평생 동안 사각지대가 있는지도 모른 채 살아가고 있다.

또한 사각지대는 심성 모형이 얼마나 다양한 곳까지 퍼져 있는지 설명해준다. 그것은 맛있어 보이는 개 사료를 먹거나, '바'라고 말하는 소리가 '파'라고 들릴 때처럼 서로 상충되는 애매모호한 상황일 때 뇌가 이따금씩 하는 일이 아니다. 뇌는 항상 모형을 만들고 있다.

그리고 모형화는 미각이나 시각 혹은 다른 특정한 감각을 훌쩍 뛰어넘는다. 뇌는 복잡도와 세세한 면에서 현실 자체의 경험에 대한 완전한 모형을 만들고 있다. 그리고 미각에 대한 모형과 마찬가지로 현실에 대한 모형 역시 믿기지 않을 만큼 예민하다.

이런 이유로 코카콜라만 우리의 뇌에 깊이 통합되기 위해 열심히 노력하는 것은 아니다. 브랜드들은 추상적이고 영감을 주는 이상과 비슷하게 되기 위해 안간힘을 쓴다. BMW는 완벽함과 연관성을 가지고 있다. 포드자동차는 강인함과 신뢰감, 애플은 매끈한 미니멀리즘, 코로나 맥주는 해변과 연관성을 가지고 있다. (기업에 대한 우리의 믿음을 체계적으로 변화시키는) 브랜딩은 기본적으로 기업의 제품을 경험하는 방법을 변화시킨다. 그렇기 때문에 거의 전 세계적으로 높은 인지도를 가지고 있는 인정받는 기업이 한 해에 수십억 달러를 꾸준히 광고에 지출하는 것이다. 브랜딩은 이름을 알리는 것 이상이다. 브랜딩은 소비자의 뇌에 정확한 속성과 연관성과 함께 각인되는 것이다.

나이키가 훌륭한 예이다. 나이키는 그리스 신화에 나오는 승리의 여신과 같은 이름인 브랜드를 의인화하려고 노력하면서 자신의 브랜드를 스포츠업계의 신의 이미지와 연결 지으려 했다. 결과적으로 일반적인 브랜드를 신었을 때보다 신발 자체의 물리적인 느낌 외에 정서적으로나 심리학적으로도 다른 느낌이 든다. 나이키 신발을 신었을 때의 경험에 대한 심성 모형은 관련 데이터는 물론 시간이 흐르면서 나이키와 관련된 잠재적인 브랜드 지식 역시 전달한다.

레드불도 비슷한 성과를 거두었지만 '익스트림 에너지'라는 표현으로 브랜드는 단지 맛뿐만 아니라 감각에도 영향을 미친다는 사실을 설명해주었다. 대조군 연구(에너지 음료가 아닌 경우에는 펩시 챌린지를 생각해보자)에서는 소비자들이 레드불의 브랜딩을 상당히 진지하게 여기고 있다는 사실을 발견했다. 2017년 어느 실험에서 파리 시민 154명을 무작위로 세 집단으로 나누었다.[20] 모든 참가자에게는 보드카, 과일주스, 레드불로 만든 칵테일을 나누어주었고, 세 집단에게 다른 무언가를 마시고 있다고 말해주었다. 한 집단에게는 '보드카 칵테일', 두 번째 집단은 '과일주스 칵테일', 세 번째 집단은 '보드 레드불'을 마신다고 말해주었다. 다른 두 집단에 비하여 레드불을 마시고 있다고 생각한 집단은 더 잘 취하고, 과감하게 행동했으며, 여자에게 접근할 때도 자신감이 넘쳤다. 이것은 음료수 자체와는 무관한, 정말 '날개를 달아준다'는 브랜드를 통한 연상 작용이다.

이처럼 브랜딩은 의학계에서 수십 년 동안 알려진 '플라시보 효과placebo effect'라는 현상과 동일한 원리에 따라 작용한다. 약이라고 믿기만 하면 설탕으로 만든 가짜 약도 진짜 약만큼 효과가 나타나는 경우가 많다. 이것은 브랜드가 하는 일과 정확히 같다. 설탕으로 만든 약에 진짜 약과 같은 라벨을 붙이는 것이다. 설탕으로 만든 약이 그들의 제품이고, 약효는 그들이 추정한 추상적인 감정과 개념이라는 점만 제외하면 말이다.

fMRI를 이용한 최근 연구에서는 플라시보 효과는 생물학적 에이전트에 대한 플라시보 효과만큼이나 실재적이라고 응답한 사람에게서 일관적인 뇌의 활성화 패턴을 발견했다.[21, 22] 플라시보 효과를 연구하는 분자생물학자 캐스린 홀이 2018년 〈뉴욕타임스〉에서 이렇게 말했다.[23] "수년 동안 우리는 플라시보 효과가 상상력의 작품이라고 생각했다. 이제는 촬영을 통해 누군가에게 설탕으로 만든 약을 주었을 때 문자 그대로 뇌에 불이 들어오는 모습을 볼 수 있다. 쉬브의 와인 연구와 마찬가지로, 신념은 뇌의 본능적이 생물학적인 반응 등 우리의 경험을 심성 모형에게 전해준다.

내가 선택한 신발의 브랜드 때문에 농구 실력이 더 좋아질 것이라고 굳게 믿는다면, 누가 여기에 토를 달겠는가? 그것을 플라시보 효과라고 부르든, 자신감 또는 자기충족적인 예언이라고 부르든, 신념이 있다면 드러날 수 있다. '마이클 조던처럼 되고' 싶은 유망한 운동선수는 실제로 조던과 같은 신발을 신고 약간 실력이 좋아질 수 있을지도 모른다. 순전히 브랜드 자체와 뛰어난 운동선수를 연관시킴으로써 만들어낸 믿음 때문이다. 그리고 실제로 대조군 실험에서 나이키의 골프 드라이버를 사용하고 있다고 믿으면 일반적인 브랜드의 드라이버를 사용하는 사람보다 공을 더 강하고 정확하게 칠 것이라고 믿게 된다는 사실을 발견했다. 장비 자체는 동일한 데도 말이다.[24]

영향력 있는 브랜드를 가진 거의 모든 제품이 마찬가지이다. 값비싼 화장품 브랜드는 자신의 브랜드가 아름다움이나 자신감과 연관성을 갖도록 하는 데 수백만 달러를 쓴다. 왜냐하면 구매자들이 그것을 진실이라고 믿는다면 그 제품을 사용하는 실제 경험에 반영되기 때문이다. 스타일과 차분함, 자신감 등 유사한 브랜드의 값비싼 명품 의상은 입는 사람들이 그러한 느낌을 느끼게 해준다. 결국 믿음이 중요하기 때문에 브랜드가 중요하다.

브랜드는 '마음 점유율mind share'이라는 비유적인 의미의 용어를 사용하여 한 브랜드가 경쟁 브랜드와 비교하여 소비자의 마음속 어디쯤에 있는지 나타낸다. 하지만 가장 큰 브랜드는 마음 점유율이 말뿐이라는 사실을 알고 있다. 코카콜라와 펩시콜라와의 관계처럼 브랜드는 경쟁자들을 뇌의 구석구석까지 지배할 수 있다.

브랜드가 연상을 만드는 것은 사실 뇌의 의미망에 지속적인 변화를 만드는 것이다. 잠시 그 의미의 무게를 느껴보자. 브랜드의 연상은 일시적이거나 범접할 수 없는 개념이 아니다. 말 그대로 뇌의 내부에서 생물학적 공간을 차지하고 측두엽에 있는 뉴런 사이를 연결해주는 역할을 한다. 그리고 브랜드는 실제로 뇌의 구조체는 아니지만, 현실의 경험에 막대한 영향을 미친다.

우리는 감각을 통하여 인생을 경험한다. 우리가 보고, 듣고, 냄새맡고, 만지고, 맛볼 때, 뇌는 이러한 객관적인 미가공 데이터raw data를 받아들인다. 그런 다음 데이터를 세상에 대한 기존의 믿음과 결합하여 내면의 주관적인 모형을 만든다. 이 모형은 피상적인 것이 아닌 새로운 데이터를 인지하는 체계이며, 인지 자체를 대신한다. 이러한 모형을 통해 현실이라고 인지하는 것이 현실이다.

우리는 심성 모형화 과정(객관적인 데이터를 받아들여 주관적인 경험을 생산하는 과정에서 뇌에서 벌어지는 일)을 절대 인지하지 못한다. 그리고 마케터에게는 이러한 인지의 부재는 경험과 지각 사이의 공백만큼이나 기회를 나타낸다. 다른 감각을 수정하고, 믿음을 전파하고, 뇌에 각인하는 방법으로 브랜드는 이러한 모형화 과정을 자기 것으로 만들 수 있다. 그리고 결국 현실에 대한 지각을 근본적으로 변화시킨다.

이들 모두 호모 사피엔스 특유의 것이다. 개가 알포(미국 네슬레에서 생산하는 개 사료 브랜드-옮긴이)나 일반적인 브랜드의 라벨에 따라 맛을 다르게 경험할까? 그럴 리는 없을 것이다. 하지만 인간은 이상한 생명체이다. 세상에 대한 우리의 경험은 복잡하고 남이 하는 일에 민감하게 반응한다. 좋든 싫든 우리는 음식이 아닌 메뉴를 먹는다. 브랜드는 아마도 개 사료를 메뉴에 올리지는 않을 것이다. 하지만 우리 역시 브랜드가 그런 일을 하지 않는다고 말하지는 못할 것이다.

2장

패턴을 깨는 브랜드가 성공한다

우리의 지각을 왜곡하는 앵커링 효과

세상은 끊이지 않는 데이터의 복잡한 흐름이며,

뇌는 이 모든 것에 신경을 쓸 수가 없다.

뇌는 이처럼 많은 정보를 처리하기 위해 지름길을 이용한다.

가장 빠른 지름길은 앵커링(닻 내리기)이다.

앵커는 우리가 중요한 것에 관심을 쏟고,

중요하지 않은 일에는 신경을 쓰지 않도록 도와준다.

아래 그림의 가운데 놓인 두 개의 사각형 중에서 어느 쪽이 더 검게 보이는가? 분명 위쪽의 사각형이 더 검게 보일 것이다!

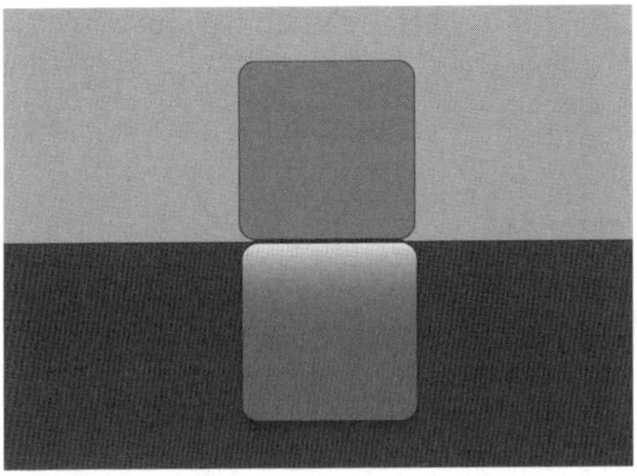

하지만 중앙에 있는 두 사각형의 경계 부분을 손가락이나 볼펜으로 가려보면, 위의 사각형과 아래의 사각형이 모두 똑같은 회색이라는 것을 알 수 있다.

처음에 양쪽이 다르게 보였던 이유는 '정신적 앵커링mental anchoring'

때문이다. 뇌는 기준점에 맞춰 기계적으로 입력된 정보를 처리한다. 이 그림에서 배경은 뇌에게 사각형의 음영을 처리하기 위해 방향을 지시하는 하나의 앵커(닻), 다시 말해 기준점 역할을 하고 있다. 배경이 밝을수록 어두워 보이고, 배경이 어두울수록 밝아 보인다. 동일한 파장의 색이 눈에 들어왔음에도 근본적으로 다른 색으로 보이는 이유는 앵커(닻) 역할을 하는 배경 때문이다. 닻은 우리의 지각을 바꾸어놓는다. 또한 우리의 관심과 가치관에 영향을 미친다.

세상은 끊이지 않는 데이터의 복잡한 흐름이며, 뇌는 이 모든 것에 신경을 쓸 수가 없다. 뇌는 이처럼 많은 정보를 처리하기 위해 지름길을 이용한다. 가장 빠른 지름길은 앵커링(닻 내리기)이다. 앵커는 우리가 중요한 것에 관심을 쏟고, 중요하지 않은 일에는 신경을 쓰지 않도록 도와준다.

앵커는 우리가 보는 이미지, 듣는 소리 등 어디에나 존재한다. 흰 점은 검은색 배경 안에 있을 때 가장 잘 보인다. 도시에서 자란 사람은 밤거리에서 들리는 소음에 익숙할 것이다. 자동차가 달리는 소리, 사람들이 걸어다니는 소리, 때로는 경보기가 울리는 소리도 들린다. 이처럼 도시의 소음이 일정한 수준으로 꾸준하게 들리는 것을 소리의 앵커라고 한다. 도시에 살던 사람이 처음으로 시골에 캠핑을 갔을 때 밤에 느끼는 고요함은 귀를 먹먹하게 한다. 그 이유는 다르기 때문이다. 시골에서 자란 사람은 반대일 것이다. 고요한 밤이 앵커가 되어, 무시하라고 배웠던 밤의 소음이 또렷하게 들려온다.

앵커는 전경을 돋보이게 하는 정신적 배경 역할을 한다. 전경은 회색 사각형에서 새 자동차까지, 무엇이든 될 수 있다. 심지어 성공처럼 추상적인 것도 앵커를 기준으로 처리된다. 한 기업에서 부사장으로(이를테면 총지배인에서 부사장으로) 승진한다는 것은 정말 기쁜 일이다. 샴페인을 터뜨리려고 할 것이다. 하지만 사장으로 일하다 부사장으로 강등된 것이라면 어떨까? 샴페인을 터뜨리지는 않을 것이다.

뇌가 전경을 지각하는 방식은 배경, 다시 말해 앵커에 달려 있다. 어려운 점은 앵커가 우리 행동에 미치는 영향은 말할 것도 없고 앵커 자체에 대해 우리가 잘 모른다는 것이다.

브랜드는 이것을 그들의 이익을 위해 이용한다. 소비자 세계의 일을 처리할 때, 이를테면 이 제품이 표시 가격만큼의 가치가 있는지 평가할 때, 우리는 자신의 평가나 판단에 절대적인 기준이 있는 것처럼 행동한다. 하지만 실제로 우리는 앵커를 기준으로 모든 정보를 판단하고 처리한다. 이때 앵커를 놓아두는 것은 브랜드일 가능성이 높다. 브랜드가 앵커를 만드는 데는 두 가지 근본적인 이유가 있다.

뇌는 언제나 정착할 장소를 찾고 있다. 그리고 브랜드는 항해 전문가이기 때문에 그에 따라 계획을 세운다. 먼저 브랜드가 어떻게 하는지 살펴보기 위하여 주목에 관해 살펴보자.

로그아웃하지 못하는 이유

무언가를 주목하게 되는 원동력은 일반적으로 우리의 내부 혹은 외부 중 한 곳에서 나타난다. 이를 의미하는 멋진 단어가 있는데, 그것은 '내생적인endogenous'과 '외생적인exogenous'이다. 내생적인 관심은 구입해야 할 식료품 목록을 적은 쪽지를 들고 장을 볼 때 필요하다. 이 경우에 목표는 목록에 있는 물건을 찾는 것이다. 무엇에 주목해야 하는지는 내부에서 정해진다(endogenous에서 endo-는 '내부에서 온 것'이라는 뜻이다). 하지만 쇼핑몰에서 시간을 보내며 둘러보는 경우를 생각해보자. 이런 경우에는 내부의 목표가 없다. 대신 외부적으로 눈에 띄는 어떤 것에 주목하게 된다. 이것이 외생적인 관심이다.

브랜드들은 우리 주변에 있는 앵커를 이용해서 우리의 외생적인 관심을 받고 싶어 한다. TV 광고는 방송 프로그램보다 볼륨이 높다. 옥외광고판은 주변 경관의 평범한 색을 배경으로 돋보이도록 밝은색을 사용한다. 외생적인 관심을 이끄는 것은 자연스럽게 관심을 기울이는 것, 즉 변화를 이용하는 것으로 귀결된다.

단순한 시각적 수준에서 뇌는 검은 배경에 흰색, 빨간 배경에 노란색 등 대비가 명확한 대상에 더 주목한다. 선과 윤곽 역시 강한 대조를 만들어낼 수 있다. 사실 뇌에는 강한 대비를 이루는 정보를 선호하는 독특한 시스템이 존재한다.[1] 태어난 지 며칠 되지 않은 아이들을 대상으로 한 연구 결과에서도 일관되게 강한 대비를 선호하는 특성이 나타났다.[2, 3] 그리고 성인의 시선을 추적하는 연구에서는 대비가 강한 영역은 사람들이 어디를 쳐다볼지 85퍼센트의 정확도로 예측할 수 있다는 결과를 보여주었다.[4]

사용자들의 경험을 설계하는 이들은 뇌가 대조에 강하게 이끌리며, 영리하게 그것을 통합한다는 사실을 알고 있다. 로그아웃 화면을 예로 들어보자. 페이스북의 최대의 관심은 사용자들이 로그인 상태를 유지하게 하는 것이다. 로그인을 하지 않으면 어떻게 그들의 구미에 맞는 데이터를 수집할 수 있겠는가? 사용자가 로그아웃을 하지 않도록 하기 위해 로그아웃 화면에서 강한 대비를 사용하여 취소 버튼에 주목하게 한다.

아래의 그림은 아마존의 비즈니스 회의 플랫폼인 차임에서 볼 수 있는 로그아웃 화면이다. 아래의 화면을 보면 사용자들이 원하는 행동을 선택하게 하기 위해 강한 대비를 통해 주목을 끌고 있다. 밋밋한 배경은 앵커가 된다. 그리고 취소 버튼은 밋밋한 색을 배경으로 흰색 버튼과 강한 대비를 이루며 사용자들의 주목을 끈다.

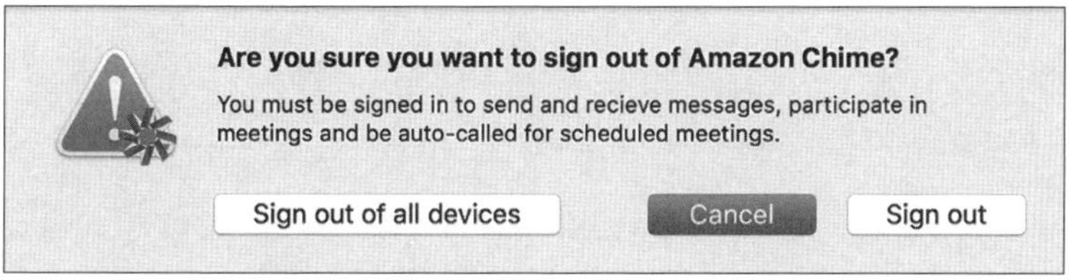

긴급하게 결정을 내려야 하는 경우에 주로 제품의 외관(윤곽, 마감, 색상의 대비 등 대비가 강한 시각적 특성으로 인한 주목도)이 선택의 가능성을 높이는 것으로 나타났다.[5] 바꿔 말해 제품의 외관과 배경의 대비가 최대한 뚜렷해야 소비자로부터 선택될 가능성이 높아진다는 것이다.

갈증이 극심해서 가격이나 브랜드, 크기 등은 고려하지 않는다고 한다면, 냉장고 안에 산처럼 쌓인 생수 중에서 어느 것을 선택하겠는가? 마트의 냉장고에 '보스'(노르웨이산 프리미엄 생수-옮긴이)가 있다면, 분명히 비슷한 모양의 경쟁사 제품보다 가장 눈에 띌 것이다. 이것은 보스에서 애플의 디자인을 닮은 (유리 재질에 날씬하고 강렬한 대비를 이루는 선, 깨끗하고 호리호리한 실루엣의) 생수병을 디자인할 때 의도했던 것이다. 무수히 많은 울룩불룩한 모양의 플라스틱 생수병 사이에서 보스는 우리의 시선을 사로잡는다.

'러시아의 물'로 불리는 보드카를 판다면 그 확률이 더 높아질 것이다. 포포프 보드카까지 마시고 나면, 대부분의 보드카는 맛의 차이가 없다는 것을 알게 될 것이다. 위스키나 메스칼(멕시코 술의 일종-옮긴이)과는 달리, 보드카의 브랜드를 선택할 때 맛은 결정적인 요인이 아니다. 매우 면밀한 신경마케팅 연구에서, 마케터들은 어떤 보드카의 디자인이 가장 높은 수준의 외생적인 주목을 받았는지 조사했다.[6] 가장 많은 관심을 받았던 것은 앱솔루트, 피나클, 스베드카 등이었다. 안타깝게도 티토스는 꼴찌를 차지했다. 소비자의 주목을 받기 위해서 대비를 사용하는 것은 시각적인 부분만은 아니다. 대비만으로 충분하지 않다.

주목받는 것이 갈수록 중요해지고 있는 언론 분야에서도 독자들이 기사를 클릭하게 하려면 개념적 수준에서 대비가 있어야 한다. 〈배너티 페어〉, 〈킨포크〉, 〈허핑턴포스트〉 등에 글을 기고하며 뉴욕을 중심으로 활동하고 있는 저널리스트 케이티 칼루티Katie Calautti는 주목받는 것이 갈수록 중요해진다고 말한다. 그녀는 우리와 전화 통화를 하며 다음과 같이 말했다. "쓸데없는 이야기가 너무 많아요. 그러니 사람들 눈에 두드러져 보이려면 남들과 다른 것이 있어야 해요. 요즘은 독자의 시간과 관심을 얻기가 어느 때보다 어렵죠. 기사의 요지를 잘 전달하는 것도 중요하지만 간결하고 남들과 다른 방식으로 하는 것이 중요해요."[7] 미디어 기업들은 클릭을 놓고 벌이는 경쟁에서 독자의 관심을 쟁취하기 위해 경쟁을 벌인다. 모든 조건이 같다면, 다른 기사와 강렬한 대비를 이루는 헤드라인일수록 독자들이 클릭할 가능성이 높아질 것이다.

뇌, 패턴을 찾는 기계

1장에서 우리의 뇌가 패턴을 찾는 기계라고 했던 것을 떠올려보자. 의식하지 못하는 사이에 우리는 지속적으로 환경을 통해 패턴을 학습하고 있다. 우리의 뇌는 평생 동안 수많은 패턴을 내면화해왔고, 이러한 패턴은 잠재적으로 중요한 위반으로 몰고 가는 배경, 즉 앵커를 제공한다.

이러한 유형의 앵커링은 진화적으로 타당하다. 우리가 환경을 100퍼센트 받아들이고 경험한다고 해서 생존 가능성이 높아지지는 않는다. 사실 늘 모든 것에 주목하면 생존 가능성은 더 낮아진다. 생존은 재빠른 행동에 달려 있고, 우리의 뇌는 행동에 필요한 만큼의 지각 정보를 처리하도록 진화해왔다. '이 산딸기는 전에 먹어봤던 것인가, 아니면 처음 보는 것이라 독성이 있지 않을까?' 이 질문에 답하기 위해 산딸기에 있는 모든 색소를 살펴볼 필요는 없다. 내가 구축한 '먹어도 안전한 산딸기' 패턴과 일치하는지, 그렇지 않은지만 확인하면 된다. 이렇게 패턴을 학습하면 시간과 에너지가 절약된다.

사실 뇌는 패턴을 너무 좋아해서 진정한 무작위성을 싫어하도록 우리를 유도한다. 아이튠즈가 '셔플' 기능을 선보였을 때 수많은 항의 이메일을 받았다. 이들은 엔싱크(미국의 팝, R&B 음악 그룹-옮긴이)의 앨범을 재생하면서 셔플 기능을 클릭했는데도 이따금 곡이 원래 순서대로 재생되자 셔플 기능이 제대로 작동하지 않는다고 불만을 표시했다. 사람들은 속았다고 생각했다. 어떻게 랜덤 알고리즘이 세 곡의 노래를 실제 앨범에 있는 순서대로 재생할 수 있을까? 랜덤은 1, 2, 3이 아닌 7, 11, 3처럼 나와야 하는 것 아닌가? 곡의 선택이 진정한 랜덤이라면 현재 재생되고 있는 노래가 끝날 때마다 모든 노래가 선택될 확률은 동일하다. 그 말은 7, 11, 13이 나올 수도 있고, 1, 2, 3이 나올 수도 있다는 뜻이다.

이에 대응하여 아이튠즈는 순차적인 결과가 나오지 않도록 랜덤 알고리즘을 수정했다. 새 알고리즘은 순수한 랜덤이라고 할 수는 없지만, 사람들에게는 더 랜덤하게 느껴졌다. 스포티파이(세계적 음원 스트리밍 플랫폼-옮긴이)도 재생목록에 있는 곡들을 뒤섞을 수 있는 셔플 기능에 사용되는 최적의 방법을 결정할 때 유사한 경험을 했다.[8] 스포티파이의 알고리즘 개발자 마티아스 피터 요한손Mattias Peter Johansson이 다음과 같이 이 문제를 잘 설명했다. "문제는 인간에게 진정한 랜덤은 랜덤처럼 느껴지지 않는다는 것입니다. 우리는 인간에게 더 랜덤으로 느껴지도록 새 알고리즘으로 (셔플 기능을) 업데이트했습니다."[9] 우리

인간은 이상한 동물이다.

패턴을 깨다

"모든 사람이 같은 방향을 바라볼 때, 다른 쪽을 보라"는 브랜딩에 자주 적용되는 말이다. 이 말은 또한 뇌의 주목 시스템의 단순성을 잘 표현하고 있다. 심리학적 앵커란 다른 사람들이 향해 있는 방향, 즉 패턴이다. 따라서 뇌의 주목을 받으려면 이와는 다른 방향을 향해야 한다.

브랜드는 주목을 받기 위해 다른 방향을 향하는 데 아주 능숙하다. 그들이 사용하는 방법은 기존의 연상을 이용하는 것인데, 연상은 미리 만들어진 앵커의 역할을 한다. 브랜드가 해야 하는 일은 고정된 연상에서 탈피하는 것뿐이다. 패턴을 찾는 우리의 뇌는 갑작스런 변화를 감지하면 브랜드에게 주목하는 반응이 나타난다.

멋진 스포츠카를 생각해보라는 요청을 받았을 때 어떤 색의 차가 생각나는가? 아마도 빨간색이나 노란색일 것이다. 새 스포츠카를 출시하는 브랜드라면 어떻게 수많은 빨간색 스포츠카 사이에서 새 스포츠카를 눈에 띄게 할 수 있을까? 닛산에서 출시한 350Z의 대답은 오렌지색을 사용하는 것이었다. 닛산은 특히 번트 오렌지색을 사용했다. 수없이 많은 빨간색 스포츠카(다수가 바라보는 방향) 중에서 350Z의 오렌지색(다른 방향)은 사람들의 주목을 받았다.

여성에게 물건을 파는 브랜드는 오랜 기간 여성성에 대한 신호로 핑크색을 이용했다. 시간이 흐르면서 핑크색을 여성성에 대한 신호로 사용하는 브랜드가 많아질수록 핑크색이 여성성을 연상시키는 앵커로 사용되는 경우도 많아졌다. 그렇다면 핑크색으로 여성성을 연상하게 하는 브랜드들에 맞서 주목을 받으려면 어떻게 해야 할까? 쉽게 답하자면, 다른 색을 사용하는 것이다. 이것은 보석 브랜드 티파니가 사용하고 있는 방법과 정확히 일치한다. 그리고 티파니는 거기서 한 걸음 더 들어간다. 티파니는 충분히 시간을 들여 기존의 연상을 깨뜨리고, 그것을 꾸준히 반복한 결과 새로운 연상을 만들어냈다. 티파니 블루가 그토록 강렬한 이유가 여기에 있다. 티파니 블루는 수많은 핑크에서 벗어나 오랜 시간을 거쳐 연상 그 자체가 되었다.

나만의 방향을 열심히 찾다 보면, 궁극적으로 패턴을 깨뜨리는 결과를 얻을 수 있다. 그리고 그것은 놀라움을 가져온다. 2006년 말 영국의 캐드버리 초콜릿은 광고 폭풍의 중심에 있었다. 캐드버리 초콜릿을 먹은 이들 중 40명 이상에게 살모넬라 식중독이 발생하여 브랜드 이미지에 크게 타격을 받은 것이다. 초기 수습책을 실시한 이후 홍보팀은 한때 업계를 대표했던 브랜드를 되살리기 위한 방법을 간절히 찾고 있었다. 캐드버리의 홍보팀을 구원해준 것은 바이럴 마케팅이라는 말이 알려지기도 전부터 바이러스처럼 널리 퍼진, 어느 광고 캠페인에 나왔던 체중 180킬로그램의 고릴라였다.

이 광고는 고릴라의 얼굴을 클로즈업한 장면에서 시작된다. 배경은 보이지 않는다. 다른 소리는 들리지 않고 필 콜린스의 〈인 디 에어 투나잇〉이 흘러나오기 시작한다. 느린 박자에 맞춰 보컬이 흘러나오고 팝 음악 역사상 가장 유명한 드럼 연주가 시작되며 음악은 점점 고조된다. 드럼 연주가 시작되는 부분에 가까워질 무렵 카메라가 천천히 줌아웃하면서 광고 속의 고릴라는 사실 자신의 연주가 시작되길 무던히 기다리는 드러머라는 것을 보여준다. 회의 시간에 이런 발표를 듣고 있다고 생각해보라! "밥, 살모넬라의 악몽에서 벗어나는 길을 찾았어. 필 콜린스와 고릴라 복장만 있으면 된다고."[8]*

그 방향은 효과가 있었다. 영상은 금세 유튜브에서 조회수가 50만이 넘었다.[9] 그리고 캐드버리는 이 캠페인을 통해 사람들의 주목을 끄는 것 이외에 소비자에게 매우 긍정적인 인상을 주었다.[10] 그리고 그에 따라 판매량도 크게 증가했다.

패턴은 기대를 만들고, 기대는 앵커 역할을 한다. 당겨서 여는 문이 많다면 다른 문도 당기면 열릴 거라고 기대하게 된다. 하이파이브를 여러 번 하다 보면 누군가 눈앞에서 오른손 손바닥을 올리고 있을 때 하이파이브를 하듯이 손바닥을 마주칠 거라고 생각할 것이다. 이러한 기대를 깨뜨리면 아주 특별한 느낌을 받게 된다. 바로 놀라움이다. 실제로 '기대를 위반하는 것'이 바로 신경과학자들이 내린 놀라움의 정의이다. 여기서 캐드버리가 한 것은 관객을 놀라게 하기 위해 우스꽝스럽지만 기존의 드러머가 연상시키는 것을 앵커로 사용한 것이었다. 우리는 (이야기처럼) 고릴라가 드러머인 세상에 살지 않는다. 따라서 광고가 우리의 기대를 위반하면서 느낀 놀라움이 우리의 주목을 끌게 한 것이다.

하지만 이 광고에서 가장 흥미로운 측면은 한 번에 끝난다는 특성이다. 광고가 몇 번 반복되자 고릴라의 환영은 사라져버렸다. 후속편의 효과는 뚜렷하게 줄어들었다. 왜일까? 그 이유는 처음에 느꼈던 놀라움에 대한 주목도의 가치가 일시적인 것이었기 때문이다. 180킬로그램의 고릴라에게 놀라는 것은 한 번이면 족했다. 이 새로운 앵커를 기준으로 새로운 패턴을 학습하고 지각하기 전까지 말이다. '이 고릴라가 나를 놀리다니. 하지만 두 번은 어림없어.'

기대의 위반

신경과학자들은 기대의 위반에 대해 깊이 연구해왔다. 우선 뇌전도 측정 장비를 이용해 놀라움과 관련된 뇌 활동의 변화를 측정했다. 이러한 측정을 N400이라고 하는데, 이 명칭은 놀라운 말을 듣고 난 후 약 400밀리초 후에 뇌전도 측정 장비에 그 놀라움이 기록되는 데에서 유래했다.

N400 반응은 주로 언어적 놀라움과 연관되어 있다.[11] 일반적으로 모든 단어는 N400 반응을 이끌어내지만, 흔치 않은 단어일수록 N400 반응의 크기가 커진다. 예를 들어 흔히 사용하지 않는 '과잉'이라는 의미의 'superfluous'는 'chapter'처럼 흔한 단어보다 N400 반응이 크게 나타난다.

하지만 N400 반응에서 흥미로운 점은 문맥에 따른 앵커의 중요성이 어마어마하다는 사실이다. 모든 단어에는 고유한 N400 반응의 크기가 있지만, 이 크기는 문맥상 그 단어가 사용될 가능성이 얼마나 높은지에 따라 극적으로 변화한다. 예를 들어, "나는 나의 유일한 ______과(와) 결혼하고 싶습니다"라는 문장을 생각해보자. 빈칸에 '사랑하는 사람'이라는 말이 들어간다면 놀랄 일은 없을 것이다. 하지만

'코끼리'라는 단어가 들어간다면 크게 놀랄 것이다. N400 반응에서도 높은 수치가 나올 것이다. '코끼리' 자체가 희귀한 단어는 아니지만, 단어가 속한 문맥에 따라 놀라움을 줄 수 있다.

뇌전도에 관한 수십 편의 연구에서도 이런 현상을 기록하고 있다.[12] 단어와 문맥상의 앵커 사이에 부조화가 클수록 N400 반응의 크기가 커진다. 즉 더 많이 놀라게 된다. 문맥 자체가 앵커로서 작용하면서 기대감이 생기고, 그에 따라 기대가 충족되거나 어긋나게 된다. 그리고 기대가 어긋나면 어쩔 수 없이 거기에 관심을 쏟을 수밖에 없다.

코미디언들은 직관적으로 이런 사실을 알고 있다. 그리고 아마도 앤서니 제셀닉만큼 이 도구를 잘 활용하는 사람은 없을 것이다. 제셀닉은 사람들의 예상을 뒤엎고 뒤통수를 치는 농담으로 경력을 쌓아온 코미디언이자 N400의 전문가이다. 그의 방식은 간단하지만 거부할 수 없다. 그는 말로 그림을 그려 시청자들을 한 방향으로 데려가지만, 결국에는 놀라운 한마디의 대사로 시청자들의 허를 찌른다. 제셀닉이 관객을 놀라게 하고 엉뚱한 방향으로 인도하는 방식을 관객들이 날카롭게 알아챘다 하더라도, 제셀닉은 1시간 내내 관객들을 놀라게 할 수 있다.

제셀닉 코미디의 절묘한 타이밍을 느낄 수는 없겠지만, 그의 코미디 대사 몇 가지를 살펴보면서 그의 결정적인 대사를 예측할 수 있는지 생각해보자.

우리는 막내가 땅콩 알레르기가 있다는 사실을 알고 있었지요. 아주 심각했어요. 하지만 부모님의 반응은 너무 지나쳤던 것 같아요. 작은 봉지에 든 땅콩을 먹고 있는 저를 동생의 장례식장에서 내쫓아 버리셨거든요.

저는 아프리카에 아이가 하나 있습니다. 하루에 75센트만 내면 먹여 주고, 입을 옷도 주고, 학교에도 보내주고, 예방접종도 해줍니다. 사실 그 아이를 그곳에 보내는 데 드는 돈에 비하면 아무것도 아니죠.

거대 브랜드에서도 의도적으로 사람들의 예상을 깨는 것은 효과가 있다. 2018년 미국의 대표적인 아침식사 체인점 인터내셔널 하우스 오브 팬케이크, IHOPInternational House of Pancakes의 광고가 시장을 들썩이게 했다. 회사명을 인터내셔널 하우스 오브 버거, IHOBInternational House of Burgers로 변경한다고 발표한 것이다. 이것은 그동안 IHOP을 즐겨 찾던 사람들에게는 모욕과 같았다. 하지만 이 광고는 어마어마한 관심을 모았고, 그것은 디지털 지표상의 수치를 통해 드러났다. 단 하루 만에 소셜미디어에 관련 글이 6,477퍼센트 증가하여 브랜드 인지도가 크게 올라갔다. 게다가 해시태그 #IHOP와 #IHOB는 일주일 뒤 IHOP에서 모든 것이 농담이었다고 밝힐 때까지 2억 9,700만 번 이상 노출되었다.[13] 그들은 신상품인 버거의 출시를 위해 위험한 장난을 친 것이었다.

'버거'라는 단어 자체는 놀라움을 느끼게 하는 자극이 아니다. 일반적인 문맥에서 '버거'라는 단어는 전혀 N400 반응을 일으키지 않지만, IHOP와 관련된 문맥에서 팬케이크가 앵커로 작용했을 때는 달랐다. 엄청난 N400반응과 함께 사람들의 관심을 끌어 모았다.

빛나는 것들에 대한 경계

남과는 다른 광고를 위한 옥외전광판에서 화려한 포장까지, 앵커는 소비자의 관심을 유도하기 위해 사용된다. 하지만 이런 외생적인 관심에는 한계가 있다. 우리는 소비자로서 여기저기 끌려다닐 뿐이다. 기업들은 어떻게 고객의 주목을 받기 위해 애쓰는 경쟁기업으로부터 고객을 보호할까? 여기서 브랜드가 등장한다.

(고객의 충성도가 축적되어 있는) 강력한 브랜드는 내생적인 주목을 유도할 수 있다. 내생적인 주목은 안에서 나오며, 그냥 훑어보는 것이 아니라 쇼핑 목록을 가지고 시장에 가는 것이라고 했던 앞의 이야기를 떠올려보라. 강력한 브랜드는 아래와 같이 쇼핑 목록에 브랜드 이름이 함께 올라 있는 것과 다름없어서 내생적인 주목을 유도한다.

(크래프트) 마카로니 앤 치즈 살 것.

(도리토스) 과자 살 것.

'다사니'라는 생수 브랜드를 선호한다고 생각해보자. 물건을 구입하면서 우리는 내생적인 주목 상태에서 다사니 생수를 찾게 될 것이다.

기업들이 우리의 머릿속에 들어와 있다면 외부적으로 주목받으려고 할 필요가 없다.

내생적인 주목에서 흥미로운 점은 그것이 경쟁사들의 외생적인 주목의 손길을 막아내는 역할을 한다는 것이다. 사람들이 다사니라는 생수 브랜드를 좋아할수록 다른 상품을 찾을 가능성은 낮아지고, 다사니가 압도적으로 우세하다면 말 그대로 사람들의 눈에는 다사니의 경쟁 제품은 보이지 않을 것이다.

한 브랜드에 대해 내생적인 주목의 상태에 있으면 섬세한 각도, 색상, 대비 등 주목을 받는 시각적 효과가 약화될 수 있다. 앞의 연구에서 살펴봤듯이, 시각적으로 눈에 띄는 특징을 기반으로 하면 시각적인 주목도를 85퍼센트의 정확도로 예측할 수 있다. 이것은 실험자들이 외생적인 주목 상태에 있는 경우이다. 실험 대상자들에게 목적을 설정해주면, 예측의 정확도는 40퍼센트로 곤두박질친다. 이는 내생적인 주목의 상태에서는 시각적인 주목을 끄는 효과가 아주 작아진다는 뜻이다.

이것은 축하해야 할 일인지도 모른다. 결국 내생적인 주목의 상태는 외생적 자극에 빼앗겼던 시선을 되돌려놓는 것일 수도 있기 때문이다. 하지만 잠시 환호성을 멈추고 곰곰이 생각해보자. 뇌의 상태가 주목을 훑어보는(외생적) 상태에서 목표 지향적(내생적) 상태로 바뀌면 뇌는 말 그대로 시야가 좁아져 선택적으로 보이지 않는 부분이 생긴다.

하버드의 연구원 대니얼 사이먼스Daniel Simons가 수행한 연구에서 맹목은 바로 이런 현상을 설명하고 있다.[14] 실험의 설계는 훌륭하다.

여행자 역할을 맡은 사람이 지도를 들고서 지나가던 행인에게 길을 묻는다. 행인이 지도를 살펴보는 동안 두 사람이 그림 하나를 들고 지나가다가 그중 한 사람이 여행자와 자리를 바꾼다. 새로 여행자 역할을 하게 된 사람이 계속해서 낯선 사람에게 말을 걸며 자신이 길을 물은 여행자인 척했다. 하지만 지도를 살펴보던 행인은 여행자가 다른 사람으로 바뀌었다는 사실을 전혀 눈치채지 못한다![15]*

사이먼스는 또 다른 고전적인 연구에서 우리가 관심 있는 것만 보는 경향이 있다는 사실을 입증했다.[16] 이 연구를 처음 접한다면 이 책을 읽기 전에 한번 살펴보기를 바란다.[17]*

실험 대상자들은 한 무리의 사람들이 공을 튀기고 있는 영상을 보며, 공을 몇 번 튀기는지 세어달라는 요청을 받는다. 시선을 공에 집중해달라는 내생적인 주목의 지시를 따르느라 실험 대상자들은 한 사람이 고릴라 복장을 하고 공을 튀기고 있는 사람들 한가운데를 가로질러 가는 모습은 전혀 보지 못했다. 지도를 보거나 공이 튀는 횟수를 세는 행동에 내생적으로 집중하게 되면 우리는 정신적으로 눈이 멀게 된다. 앵커가 충분히 강하면 다른 것은 보이지 않는다. 고릴라마저도 말이다. 이것은 중요한 문제이다. 브랜드에 대한 충성도는 우리의 뇌를 목적 지향적인 내생적 상태로 바꿔준다. 1장에서 브랜드가 지각 능력을 근본적으로 어떻게 바꾸어 놓았는지 떠올려보자. 브랜드는 또한 우리의 관심을 제 입맛대로 바꿀 수 있다.

권장소비자가격의 함정

출발점으로 되돌아가보자. 뇌는 배와 비슷해서 언제나 닻을 내릴 곳을 찾는다. 뇌는 닻을 이용하여 세상이 어떻게 돌아가는지 조사하고 파악한다. 뇌가 닻에 의지하는 것은 놀라움, 지각, 관심에 관한 심리학의 핵심이다. 하지만 닻에는 우리의 관심을 왜곡하는 것 이상의 의미가 있다. 닻에는 우리의 가치관을 왜곡할 수 있는 힘도 있다.

이를 이해하려면 먼저 숫자가 우리에게 미치는 기이한 효과를 이해해야 한다. 몇 가지 숫자와 함께 앵커링이 일어나면 뇌는 극도로 흥분한 상태가 된다. 숫자가 주어질 때마다 뇌는 그 수치를 가치의 기준으로 이용한다. 그 기준 탓에 우리는 시각만큼이나 숫자에도 잘 속아 넘어간다.

저명한 행동과학자 대니얼 카너먼Daniel Kahneman의 한 연구에서 실험 참가자들은 텔레비전 쇼 프로그램에서 사용하는, 1에서 100사이의 숫자가 무작위로 담긴 바퀴를 돌렸다. 그다음에는 그들이 대답할 수 없는 수치를 묻는 질문을 받았다. 추측을 하게 하려는 의도였다. 예를 들면 "짐바브웨 국민 가운데 해외여행을 한 사람의 비율은 얼마인가?" 혹은 "몬태나주 보즈먼의 평균 기온은 몇 도인가?" 같은 질문들이었다.

매우 흥미롭게도 그들의 대답은 바퀴를 돌렸을 때 나왔던 숫자와 관련이 있었다. 바퀴를 돌렸을 때 나온 숫자가 크면 질문에 높은 수치로 답했고, 숫자가 작으면 낮은 수치로 답했다. 참가자들은 자신이 바퀴를 돌려 나온 숫자가 무작위적이고 질문과는 아무런 관련이 없다는 사실을 잘 알고 있었지만, 그럼에도 그 숫자가 기준이 되어 편향이 나타났다.

그리고 여기에서 판돈이 올라간다. 앵커의 액수가 크면 우리가 지출하려는 금액에도 큰 영향을 미친다. 샌프란시스코 과학관 외부에서 진행한 실제 실험에서 행인에게 최근 석유 유출로 피해를 입은 야생동물을 돕기 위해 기부할 의사가 있는지 물었다. 대부분은 친절한 사람들이어서 약간의 돈을 기부하겠다고 대답했고, 평균적으로 약 64달러를 내놓았다. 하지만 구체적인 액수를 기부할 의사가 있는지 묻는 방법으로 수치적인 앵커가 주어지자, 참가자들의 반응은 눈에 띄게 달라졌다. 그 숫자가 5달러였을 때 기부금은 평균 20달러로 줄어들었고, 그 금액이 400달러였을 때는 143달러로 급증했다!

윌리엄스 소노마(미국의 대형 주방용품 판매 기업-옮긴이)에서 429달러짜리 제빵기를 279달러짜리 제빵기 옆에 진열하자, 예상대로 429달러짜리 제빵기는 팔리지 않았다. 하지만 값싼 279달러짜리 제빵기의 판매가 두 배 늘었다. 제빵기에 대해서 전혀 알지 못하는데다가 279달러짜리 중에 그 모델이 유일하다면 우리는 판단력을 잃어버리게 된다. 279달러면 괜찮은 건가? 이거 공짜 아냐? 비싼 건가? 도무지 알 수 없다. 하지만 동일한 279달러짜리 제빵기를 429달러짜리 옆에 놓아두면 뇌는 더 이상 헤매지 않는다. 429달러짜리 모델이 앵커로 작용하여 279달러짜리 모델을 객관적으로 보게 해준다.[18] 429달러짜리 앵커 옆에서 279달러짜리 모델은 괜찮아 보인다. 레스토랑의 메뉴에서도 비슷한 효과를 찾을 수 있다. 값비싼 주요 요리를 먼저 보여주면 다른 요리는 훨씬 싸면서도 매력적으로 보인다.

뇌는 숫자로 된 앵커를 너무 잘 받아들이기 때문에 기업들은 공짜나 다름없는 가격으로 느껴지게 해주는 값비싼 메뉴도 필요가 없다. 패스트푸드점 광고는 "가장 경제적인 가격" 같은 당당한 선언으로 가득하다. 이것은 이해가 된다. 햄버거 하나에 1달러는 구입하길 정말 잘했다는 생각이 들게 하기 때문이다. 이해가 안 되는 것은 경쟁사들은 1달러짜리 햄버거를 팔려고 애쓰는 동안 햄버거 하나에 4달러의 가격을 매기는 것이다. 그러나 유명 패스트푸드 체인 칼스 주니어는 이 방법으로 큰 성공을 거두었다. 업계의 다른 기업들이 가격을 낮추려는 경쟁에 몰두하는 동안 칼스 주니어는 '6달러 버거'를 출시했고, 사람들은 이 버거를 4달러라는 구미가 당기는 가격에 먹을 수 있었다. 이름 자체가 가치에 대한 앵커를 제공한 것이다. 6달러라는 가격은 다른 곳에서라면 얼마나 지불할 것인지가 아닌, 이 제품에 얼마를 지불해야 하는지에 대해 말하고 있었다. 4달러라는 가격은 내가 정말 좋은 가격에 샀다는 생각이 들게 해준다. 칼스 주니어는 고객의 앵커를 바꾼 것이다.

여기서 권장소비자가격MSRP, manufacturer's suggested retail price이라는 개념을 살펴보자. 이미 아는 사람도 있을 테지만, 권장소비자가격의 심리적인 영향에 대해서는 잘 모를 수도 있다. 권장소비자가격은 가치관에 대한 앵커로 작용한다. 아마존은 꾸준하게 권장소비자가격을 이용하여 기준치를 제시한다. 아마존의 제품 목록에서는 판매 가격보다 훨씬 높은 정가를 당당하게 보여준다. 권장소비자가격 300달러인 보스 노이즈 캔슬링 헤드폰의 아마존 가격이 150달러라고 옆에 노출되어 있다면 정말 싸게 사는 것이라는 생각이 들 것이다. 대부분의 인터넷 소매점에서 아마존과 동일한 가격이나 그와 비슷한 가격에 판매하고 있다는 사실은 신경 쓰지 않아도 된다.

한계 수치 역시 사람들의 마음속에 앵커로 작용하여 구매가 늘어난다. 식료품점의 농산물 코너에서 '사과는 최대 15개까지 판매'라고 써놓으면, 15라는 숫자는 매우 중요한 앵커로 여겨진다. 연구원들은 수프를 이용해서 이를 테스트했고, 수프를 최대 4개까지 살 수 있다는 제약을 두었을 때 평소 2개씩 팔리던 수프가 4개씩 팔린다는 사실을 알아냈다.[19]

우리는 앞서 브랜드가 관심을 끌기 위해서 어떻게 마음속의 패턴을 만들거나 이용하는지, 그리고 그 결과 어떻게 패턴을 어기게 되는지 보았다. 브랜드는 똑같은 일을 가격에도 적용하고 있다. 예를 들어 메이시스 백화점(미국의 백화점 체인-옮긴이)은 정확히 이런 유형의 전략으로 유명, 아니 악명이 높다. 메이시스 백화점은 할인이 없는 기간과 짧지만 정기적인 할인 기간을 번갈아 배치한다. 평소에 메이시스 백화점에 들어가면 700달러짜리 랄프로렌 남성 정장을 볼 수 있다. 한 달 뒤 주말 세일에는 똑같은 정장을 400달러의 가격으로 할인 판매한다. 이미 700달러의 가격으로 앵커링되었기에 400달러는 아주 싼 가격처럼 보인다. 사실 메이시스는 주요 휴일 때마다 비슷한 정도의 할인 판매를 하고 있는데도 말이다.

올드 네이비(미국의 의류 브랜드-옮긴이)는 항시 할인행사를 통해 이를 새로운 차원으로 바꾸어놓았다. 올드 네이비를 지나면서 창문에 '할인' 광고가 붙어 있지 않은 때가 언제였는지 생각해보라. 올드 네이비에는 언제나 정가가 없다. 그러나 소비자들은 계속해서 정가를 기준으로 구매를 한다.

일부에서는 메이시스와 올드 네이비가 본질적으로 가짜 가격 정책을 쓰고 있다고 비판한다. 제이씨페니(미국의 백화점 체인-옮긴이)도 원래 이와 같은 방법으로 운영되었고, 정가에 판매된 상품의 매출은 전체 매출의 1퍼센트 이하였다. 이에 대해 비판의 목소리를 듣게 되자, 제이씨페니는 가짜 가격의 반대 입장에 서서 항시 할인과 가짜 권장소비자가격을 포기하고 저가에 상품을 판매했다.

결과는 대재앙이었다. 매출이 10억 달러 가까이 줄어든 것이다. 제이씨페니가 '공정하고 정직한' 가격 정책을 따랐던 회계연도의 매출은 9억 8,500만 달러 급감했다. 결론적으로 소비자들은 가격 할인을 좋아했고, 소비자의 뇌는 자신의 구매를 정당화할 수 있는 부풀려지고 거짓된 가격을 원했다. 제이씨페니의 CEO이자 대상의 '적절한 가격대의 세련된 디자인'과 애플의 지니어스바의 배후인물로 유명한 소매업의 설계자 론 존슨Ron Johnson이 물러나고 할인된 가격이 부활했다. 그 결과 매출이 회복됐다.

이쯤에서 잠시 정적이 있어야만 할 것 같다. 어느 역사적으로 유명한 미국 기업이 권장소비자가격이 가짜라고 말하면서 진정으로 고귀한 무언가를 해냈다. 모든 상품의 가격은 하나로 통일되었고, 그 가격은 이전 할인가격보다 낮았다. 이론적으로 이는 모두 옳은 소리였다. 불필요한 잡음은 줄어들고 절약된 돈은 고객에게 돌아갔다. 하지만 이런 시도가 실패했다는 사실은 앵커의 메커니즘이 얼마나 깊게 우리의 뇌 안에 스며들어 있는지 보여준다. 앵커 메커니즘은 강력한 영향력을 행사한다. 객관적으로 고객에게는 이익이었던 제이씨페니 측의 고귀한 노력이 고객에게 거부당한 이유는 우리가 가짜 가격을 좋아했기 때문이다. 그럼에도 불구하고 존슨 씨에게 경의를 표하는 바이다.

골디락스 편향

숫자 앵커의 선택지가 둘이 아니라 셋이라면 어떻게 될까? 이 경우 '골디락스 편향Goldilocks bias', 즉 세 가지 선택지가 있을 때 우리는 가운데 선택지를 고르는 경우가 많아진다.

마케터들은 의도적으로 사람들이 선택하길 바라는 선택지를 가운데로 설정하는 경우가 많다. 18달러짜리 12온스 스테이크, 22달러짜리 14온스 스테이크, 26달러짜리 16온스 스테이크 중에서 어떤 것을 먹고 싶은가? 대부분의 사람들은 14온스 스테이크를 선택한다. 사람들이 맛이 좋아서 자연스럽게 14온스짜리 스테이크를 선택한 것이 아니라는 것을 우리는 알고 있다. 왜냐하면 14온스 스테이크가 가장 가격이 싸다면(선택지가 14온스, 16온스, 18온스로 바뀐다면), 16온스짜리 스테이크가 가장 많은 선택을 받기 때문이다. 가장 설득력 있는 선택지는 가운데에 있다.

자동차 부품을 온라인에서 팔기 시작했던 최초의 기업 중 한 곳인

바이오토파트닷컴은 이 책의 공동저자인 프린스가 마케팅 임원으로 재직하는 동안 가운데 선택지를 이용하여 톡톡히 재미를 보았다. 자동차 부품은 상태에 따라 가격이 정해진다. 재생 부품, 브랜드가 없는 새 부품, 브랜드 있는 새 부품, 세 가지이다. 고객들의 80퍼센트 이상이 가운데 선택지인 브랜드 없는 새 부품을 고른다. 이 경우 중간 선택지는 두 가지 이유에서 고객들에게 매력적이다. 일반적인 고객들은 부품에 대해서 전문가만큼 잘 알지 못한다. 라디에이터가 필요하다는 것은 알지만 좋은 라디에이터와 나쁜 라디에이터를 구별하지 못한다. 행동경제학자들은 이를 '불확실성이 높은 상태에서의 운영operating under high uncertainty'이라고 하는데, 이처럼 가치관을 인도해줄 다른 정보가 없는 상황에서 골디락스 편향은 매우 효과적인 앵커라고 설명한다.

수확 체감

또한 앵커는 수확 체감 현상에도 영향을 미친다. 특히 돈의 경우에 이 현상을 분명하게 볼 수 있다. 돈은 많을수록 그 가치가 떨어지는 것처럼 보인다. 내가 가지고 있는 돈이 얼마나 많은지에 따라 100달러짜리 지폐에 대해서 내가 느끼는 가치는 줄어든다. 빈털터리에게 100달러는 세상 전부와 같겠지만, 아마존을 창업한 제프 베조스에게 100달러는 허리를 굽혀 주울 만큼의 가치도 없을 수 있다. 자신이 소유한 돈의 액수는 심리적인 앵커가 되어 새로운 수익에 대한 심리적인 가중치를 떨어뜨린다. 돈이 많을수록 그 의미는 줄어든다.

이는 또한 기존의 부가 아니라 앵커와 함께할 때 효과가 있다. 브랜드들은 구매 경험에 앵커를 만들어 지불하는 돈의 가치를 왜곡한다. 가장 좋은 사례는 부가가격 정책이다. 디지털 펜의 가격이 100달러라고 하면 큰돈처럼 느껴진다. 하지만 마이크로소프트 서피스 프로 랩톱을 2,000달러에 구입할 때 100달러가 추가된다면 부담을 덜 느낄 것이다.

독일의 고급 자동차 제조업체들이 특히 이런 방식에 능숙하다. BMW를 예로 들어보자. 승진한 기념으로 6만 8,000달러를 주고 BMW M3를 구입하려고 한다. 나쁘지 않은 선택이다. 과속딱지가 두렵지 않고, (경찰 순찰차의 눈에 잘 띈다는 현실에도 불구하고) 빨간색에 모든 것을 걸고 싶다면 그 대가를 치러야 한다. 그렇다! BMW는 뻔뻔하게도 차의 색상을 선택하는 것에도 돈을 받는다. 550달러를 추가하면 빨간색 M3를 가질 수 있다. '색상 선택하지 않음'이 기본 옵션이 아니라는 것을 고려한다면, 이것은 애석하지만 재미있는 발상이다.

BMW가 이렇게 하는 이유는 사람들이 돈을 내리라는 것을 알기 때문이다. 이뿐만이 아니다. 무선 충전과 블루투스에 500달러가 추가된다. 애플 기기를 연결하는 데만 300달러가 들고, 열선이 내장된 운전대에 200달러, 사이드미러 보호대에 1,100달러, 그릴을 검은색으로 칠하는 데 430달러가 들어간다. 그런데 이게 다가 아니다. 왜일까? 이미 차 값으로 7만 달러에 가까운 돈을 지불했는데, 몇 백 달러 추가되는 것이기 때문일까? 자동차나 집처럼 큰돈이 들어갈 때마다 엄청난 액수의 앵커가 가치에 대한 인식을 얼마나 왜곡하는지에 대해 사람들은 속수무책이다. 다른 것들은 작게 느껴진다.

가치를 계산할 때 아무런 기준도 없이 하는 것은 아니다. 가치에 대한 우리의 인식은 기준점(앵커)에 고정된다. 그 기준점은 때로는 최근에 구입한 물건이 되기도 하고, 때로는 선택지의 집합이, 또 다른 때에는 랜덤과 비슷한 무언가가 되기도 한다. 여기서 배울 점은 우리의 뇌는 어떤 물품의 객관적인 가치를 찾기보다는 그 물품의 가치를 느끼게 해주는 숫자를 찾도록 각인되어 있다는 것이다. 비록 그 수치가 전혀 무관하다고 할지라도 말이다.

이와 같은 숫자나 놀라움 같은 앵커는 우리의 필요 때문에 존재한다. 우리의 삶은 그 어느 때보다 많은 데이터와 함께하도록 진화해왔다. 이따금 표지판이 세워진 흙길이었던 곳이 이제는 자동차와 보행자, 자전거 차선, 스케이트보더, 신호등, 횡단보도, 도로 표지판, 주차된 자동차, 주차비 정산기, 소화전, 연석, 문과 창문과 낙서와 간판이 있는 건물이 있는 거리가 되었다. 우리의 뇌가 이 모든 정보를 정리하는 앵커링 같은 지름길이 없다면 우리는 어쩌면 집 밖으로 나가지 못했을지도 모른다.

소비자 세계는 옥외광고판, TV, 라디오 광고, 소셜미디어 광고, 낚시성 기사, 유력 인사 협찬 등으로 특히 붐빈다. 우리가 주목하는 범위가 좁아지는 것도 놀라운 일이 아니다. 온갖 소음에도 브랜드들은 기준점을 찾는 우리 뇌의 성향을 설계하려는 동기를 갖게 된다. 그렇지 않으면 어떻게 우리의 관심을 끌 수 있겠는가? 그리고 현대의 혼란스런 환경에서 지나치게 공격적이고 지나치게 혹사당한 우리의 뇌는 다른 대안을 배제하거나 편리한 가치 중심 수치에 의존하려는 구실에 더욱 기뻐할 것이다.

프랑스의 철학자 시몬 베유Simone Weil가 옳았다. 그녀는 이렇게 말했다. "관심은 가장 희귀하고 순수한 형태의 관용이다." 앵커가 어떻게 작용하는지 알게 되면 우리 자신의 가장 가치 있는 자원이 무엇인지 새롭게 인정하게 된다. 그리고 그런 자원을 수동적으로 빼앗기는 대신 적어도 브랜드가 가져가게 할 수 있다.

BLINDSIGHT

3장

강한 인상이 강력한 브랜드를 만든다

브랜드가 기억을 이용하는 방법

브랜드의 성공은 뇌에 얼마나 강한 인상을 남겼는지에 달려 있다.

강한 인상을 남기지 못한다면, 그것은 별로 중요하지 않다.

어떤 식으로든 미래의 행동에 영향을 미치지 못하기 때문이다.

따라서 브랜드의 역할은 인상을 만들어내는 것이다.

하지만 이는 속임수의 비즈니스이기도 하다.

사건이 인상으로 변환되는 과정이 정직하지 않기 때문이다.

— 영국의 동해안에 있는 웰랜드강의 강둑에는 스팰딩이라는 작은 마을이 있다. 고대 로마 시대에 이 지역은 소금 공장 역할을 했다. 오늘날에는 수상택시를 타고 강을 따라가면서 마을의 튤립 재배를 기념하는 유명한 스팰딩 꽃 퍼레이드를 볼 수 있다.

스팰딩은 또한 이 마을의 역사만큼이나 독특한 삶을 산 미셸 필포츠Michelle Philpots의 고향이기도 하다. 1994년에 미셸은 다니던 회사에서 해고 통보를 받았다. 사무 업무를 하던 그녀가 해고된 이유는 같은 서류를 몇 번이나 반복해서 복사했기 때문이다. 이유를 묻자 미셸은 그 서류를 복사해야 하는 줄 알았다고 말했지만, 이미 복사했다는 사실은 기억하지도 못했다. 그녀는 무한루프에 빠져 있었다.

미셸은 4년 간격으로 대형 자동차 사고를 당했고, 두 번 모두 머리를 다쳤다. 미셸이 해고를 당한 뒤, 지역 의사들은 미셸이 자동차 사고에서 당한 부상으로 간질의 일종인 병에 걸렸다고 진단했다. 그녀의 기억력은 계속해서 악화되었지만 몇 년 뒤에는 안정기에 접어들었다. 현재 그녀에게는 1994년까지의 기억만 남아 있다. 매일 아침 그녀는 20대의 여성으로 잠에서 깨어나며(이 글을 쓰던 당시 그녀는 54세였다), 전도유망한 감독 쿠엔틴 타란티노가 얼마 전에 〈펄프픽션〉이라는 신작을 내놓았다고 생각한다. 미셸은 1994년 이전에 만난 그녀의 남편 이안은 기억하지만, 그와 결혼했다는 사실은 기억하지 못한다. 1997년에 결혼했기 때문이다.

1994년 이후의 미셸의 기억은 하루도 빠짐없이 소거된다. 이런 상황은 〈첫 키스만 50번째〉라는 영화의 내용과 비슷해 보인다. 미셸은 드류 베리모어가 연기한 루시라는 인물이 앓고 있는 병에 시달리고 있다. 영화 속에서 루시는 아담 샌들러가 연기한 남자 친구 헨리를 매일 처음 만난다. 그리고 아침마다 자신의 일기장을 읽으며 헨리를 떠올린다. 한때 루시는 헨리와 헤어지면서 일기장에서 그를 언급한 부분을 모두 지워서 그에 대한 모든 기억을 지워버렸다.

이 부분에서는 왠지 으스스해진다. 루시는 요양원으로 들어가 그림을 그리며 하루를 보낸다. 몇 주 동안 그녀는 걸작을 완성하는데, 그것은 그녀가 의식적으로는 기억하지 못하지만 완전히 잊지 못한 것이 분명한 헨리를 그린 초상화였다. 그에 대한 잠재의식이 그녀의 행동을 유도할 방법을 찾아낸 것이다.

미셸과 영화 속의 루시와 같은 환자들은 신경과학자들이 '사건후 기억상실anterograde amnesia'이라고 부르는 병을 앓고 있다. 이 병은 해마와 그 부근에 있는 중앙 측두엽에 특정한 유형의 뇌 손상을 입어 발병

하는 것이다. 이처럼 다양한 유형의 기억상실 환자를 연구하면 기억의 수수께끼를 들여다볼 수 있는 놀라운 창이 생긴다.

기억이란 무엇인가?

직관적으로 볼 때 기억은 단일한 것처럼 보인다. 하지만 우리가 기억이라고 생각하는 것은 실제로 각각의 신경과학적 현상을 모아놓은 것이다. 박물관에 가는 경우, 경험을 통해 지식을 얻는 것과 연관된 뇌의 영역(의미기억semantic memory)과 박물관에 가는 행위 자체에 대한 기억(일화기억episodic memory)과 연관된 뇌의 영역은 다르다. 위키피디아에서 어떤 도시에 대한 정보를 알아보는 것(명시적 기억explicit memory)은 어떤 낯선 도시로 이주하고 나서 서서히 익숙해지는 것(암묵적 기억implicit memory)과는 전혀 다르다. 그리고 물리적인 기술을 습득하는 것은 또 다른 기억의 별개 형태(절차기억procedural memory)로 간주된다. 필기체를 연습한다거나, 주로 사용하지 않는 손으로 노트를 작성한다고 해보자. 내가 연습한 실제 환경에 대해서는 잊는다 해도 이러한 능력은 시간이 지나면 점점 더 좋아질 것이다.

이 모든 다양한 부분을 아우르는 기억을 정의한다면, 기억이란 '우리의 뇌가 우리를 과거와 연결해주려는 시도'라고 할 수 있을 것이다.

자신은 깨닫지 못할 수도 있지만, 마케터들은 모두 기억에 관한 비즈니스를 하고 있다. 세상에서 가장 놀랍고, 우리의 감정을 사로잡는

30초 분량의 상업 광고일지라도 보는 사람이 금세 잊어버린다면 아무런 의미가 없다. 아무리 멋지게 계획된 매장에서의 경험도 기억에 남지 않으면 아무 소용이 없다. 사실 어떤 브랜드에 관해 이야기할 때, 우리가 진정으로 언급하는 것은 모두 과거 경험에 관한 기억들과 이전에 갖게 된 특정 기업이나 상품과 관련된 지식이다.

경험을 기억으로 탈바꿈하는 것과 효과적으로 그런 기억을 떠올리는 것은 브랜드에 매우 중요하다. 브랜드가 우리와 연결되려면 우리 기억의 일부, 즉 우리 과거의 일부가 되어야 한다. 그리고 앞으로 살펴보겠지만, 뇌가 기억을 통해 우리의 과거에 연결하려는 방법은 의도적으로 편향되어 있다. 그리고 항상은 아니지만 대부분 선천적으로 부정확하게 편향되어 있다.

이와 관련하여 할 이야기가 많기 때문에 이 책에서는 두 장에 걸쳐 기억이란 주제에 대해 다룰 것이다. 이 장에서는 기억의 암호화encoding, 즉 경험을 기억으로 변환하는 방법에 초점을 맞출 것이다. 그리고 4장은 암호화된 기억의 회상에 집중할 것이다.

경험이 기억이 되는 순간

어떤 사건이 기억되려면 먼저 암호화되어야 한다. 뇌가 어떤 사건을 인상impression으로 바꾸는 과정을 신경과학자들은 암호화라고 한다. 암호화는 행위이고, 인상은 그 결과로 나타나는 물질이다. 인상은 뇌의 중심부에 있는 해마에서 강화되고, 나중에 뇌의 가장 크고, 가장 바깥쪽에 있는 피질cortex이라는 영역에서 통합된다. 경험이 기억이 되려면 말 그대로 물리적으로 뇌를 변화시켜야만 한다.

모든 사건이 인상이 되는 것은 아니다. 놀라운 경험을 했는데도 (이를테면 과음을 해서) 기억하지 못한다면 그 경험은 실제로 일어난 것일까? 물론 그렇다. 하지만 알코올이 강화과정을 방해한 탓에 뇌에 아무런 인상을 남기지 못한 것이다. 인상이 남지 않으면 기억도 생기지 않는다. 미셸이 1994년 이후의 일을 기억하지 못하는 것은 1994년 이후 그녀의 삶에 일어났던 사건들을 암호화하지 못했기 때문인데, 그 이유는 암호화를 담당하는 뇌 영역이 손상되었기 때문이다.

브랜드의 경우 캠페인의 성공 여부는 뇌에 얼마나 강한 인상을 남겼는지에 달려 있다. 앞에서도 언급했듯이 인상을 남기지 못한다면, 그 사건은 별로 중요하지 않다. 어떤 식으로든 미래의 행동에 영향을 미치지 못하기 때문이다. 따라서 브랜드의 역할은 (신경과학자들이라면 암호화 비즈니스라고 했을) 인상을 만들어내는 것이다. 하지만 이것은 속임수의 비즈니스이기도 하다. 사건이 인상으로 변환되는 과정이 정직하지 않기 때문이다.

영리한 브랜드들은 사건 자체뿐 아니라 그 사건으로 얻은 기억에 최적화된 경험을 만들어내는 데 능숙하다. 암호화를 '촉진'해서 뇌에 강한 인상을 남기는 사건의 특징이 있다. 이러한 인상 촉진제를 이용하면 브랜드의 목표를 성취하는 데 효과적으로 이용할 수 있는 강화된 기억이 생길 수 있다.

촉진제1 : 주목

어떤 사건이 일어나는 동안 사람의 정신 상태는 암호화 여부에 믿을 수 없을 정도로 중대한 영향을 미친다. 우리가 주목하지 않으면 기억이 생성되지 않을 가능성이 높다. 따라서 암호화의 첫 번째 촉진제는 주목 자체이다. 우리는 2장에서 주목을 하고 그 상태를 유지하는 방법, 즉 어떻게 앵커보다는 상대적으로 갑작스런 변화에만 주목하는지 살펴보았다. 하지만 주목은 단지 순간순간의 경험이 아니라, 명시적 기억을 형성하는 데 필수적인 첫 번째 단계이다.

주목은 어떤 대상을 집요하게 관찰하거나 혹은 거의 신경을 쓰지 않는 것 같은 극단적인 양자택일의 상태가 아니다. 주목은 하나의 스펙트럼 상에 존재한다. 그리고 그 스펙트럼은 대부분 여러 가지로 분산되어 있다. 콘서트나 공연 같은 행사에 대해 생각해보자. 아마도 상당수의 관객들이 스마트폰을 이용해 행사 내용을 녹화할 것이다. 카메라 렌즈를 통해 행사를 경험하는 것은 우리 앞에 펼쳐지는 행사뿐 아니라 스마트폰과 렌즈의 배치, 화면 녹화에 주목하는 것이다. 말하자면 멀티태스킹을 하고 있다.

2018년 프린스턴대학교의 다이애나 타미르Diana Tamir 교수의 연구팀은 콘서트 같은 행사를 녹화하면 실제로 행사를 단순히 보기만 했을 때보다 훨씬 기억이 남지 않는다고 발표했다.[1] 사진을 찍을 때 기억을 분석한 유사한 연구에서도 사진을 찍었을 때 기억이 훨씬 적게 남아 있다는 사실을 발견했다.[2, 3] 그 이유는 무엇일까? 사진을 찍거나 동영상 촬영을 하며 카메라를 통해 세상을 경험할 때는 우리 앞에서 펼쳐지는 사건에 전념했을 때보다 주목하는 힘이 떨어지며 기억이 암호화되는 정도도 줄어든다. 경험을 디지털로 복제해서 저장하기 위한 도구가 경험 자체를 기억하는 우리의 능력에 손상을 준다는 사실은 참으로 역설적이다.

이러한 상황에서 모바일 기술은 실제로 마케터에게 복잡한(엇갈린) 문제를 제기한다. 한편으로 그런 기술 덕분에 소셜미디어에서 확산 가능한 콘텐츠가 만들어진다. 하지만 다른 한편으로는 소비자가 소셜미디어에서 만들어내는 콘텐츠는 실제 경험에 대한 소비자의 기억을 퇴색시키고, 콘텐츠에 대한 인상을 약화하는 것으로 보인다.

주목이 암호화에 미치는 영향은 간접광고가 영화보다 비디오게임에서 크게 성공한 이유를 설명해준다. 영화를 볼 때 관객들은 수동적으로 등장인물에게 일어나는 사건들을 관찰한다. 하지만 비디오게임 플레이어들은 능동적이어서 자신의 아바타를 조종하는 데 각별하게 주의를 기울인다. 이렇게 해서 높아진 집중력은 (기업이 간접광고를 하는 상품을 포함하여) 강력하고 성공적인 암호화라는 결과로 나타난다.

촉진제2: 마찰

주목은 일반적인 현상이다. 2장에서 살펴본 것처럼 주목은 시각적 대비가 크고 기대를 깨뜨리는 자극을 받을 때 자연스럽게 나타난다. 한 걸음 더 깊게 들어가면, 어떤 유형의 자극은 단순히 우리의 주의를 끌 뿐만 아니라 어쩔 수 없이 더 깊이 주목하게 한다. 이러한 마찰을 유도하는 자극은 우리가 보고 있는 것을 깊이 생각하게 만든다. 처리하기 약간 어려울 정도로 마찰을 유도하는 자극을 봤을 때 우리는 그것을 파악하기 위해 주목하는 데 많은 노력을 기울일 것이다. 그리고 무언가에 대해 깊게 생각하면, 그것은 완벽하게 암호화되고 더 분명하게 기억에 남을 것이다.

이 개념은 서체로 잘 설명될 수 있었다. 카네기멜론대학교의 대니얼 오펜하이머Daniel Oppenheimer 교수는 같은 내용의 이야기를 서로 다른 서체를 이용하여 인쇄한 다음 그 이야기를 두 집단의 학생들에게 나누어주었다. 한쪽은 깔끔하고 읽기 쉬운 블록체로 되어 있었지만, 다른 쪽은 읽기가 다소 힘든 불규칙한 서체로 되어 있었다. 얼마 후 오펜하이머는 그 이야기에 관하여 퀴즈를 냈다. 그 결과 읽기 어려운 서체로 인쇄된 이야기를 읽은 학생들, 즉 마찰이 많은 상황에 처했던 한 학생들이 읽기 편한 서체로 인쇄된 이야기를 읽은 학생들보다 내용을 훨씬 잘 기억했다.[4]

어떤 경험을 할 때 열심히 주목할수록 암호화되는 기억은 더 강해진다. 바꿔 말하면 기억은 그냥 생기지 않는다. 그만큼 노력이 필요하다. 기억을 얻으려면 뇌가 일을 해야 한다.

하지만 어떤 정보에 대한 마찰을 최대한으로 높인다고 해서 기억이 극대화되지는 않는다. 일이 너무 어려우면 뇌는 기억하는 것을 포기한다. 설사 기억이 있어도 거의 남아 있지 않다. 암호화가 성공하기 위해 가장 중요한 것은 쉽고 어려움 사이의 균형을 유지하는 것이다. 오펜하이머 교수의 실험에서 사용된 서체는 분명히 정신적인 마찰, 즉 읽기가 너무 어려워서 뇌가 노력을 포기하지 않고 주목할 수 있을 정도였을 것이다. 흥미롭게도 호주의 왕립 멜버른공과대학교의 한 연구팀이 균형을 갖춘 서체를 만들었다. 이 서체의 이름은 산스 포게티카Sans Forgetica이다. 연구팀에 따르면, 산스 포게티카체로 인쇄된 정보를 읽으면 다른 서체보다 기억의 측면에서 유리하다고 한다.[5, 6] 산스 포게티카체가 기억을 증진하는 이유는 읽기의 난이도에서 오펜하이머가 '바람직한 난이도'라고 말한 완벽한 균형을 찾아주기 때문이다.

2018년 버거킹은 모바일 앱에 대한 관심을 불러일으키기 위한 이벤트를 시작했다. 와퍼 치즈버거를 1센트에 파는 것이었는데, 와퍼 치즈버거를 1센트에 사려면 먼저 경쟁업체인 맥도날드의 점포에서 180미터 이내인 곳까지 가서 사진을 찍어서 버거킹 앱에 업로드해야 했다. 이 떠들썩한 광고는 사람들의 주목을 끄는 데 성공했을 뿐만 아니라, 사진이라는 형태의 마찰을 만들어서 버거킹이라는 브랜드에 대한 기억을 암호화하는 데 도움을 주었다. 단지 앱을 다운로드했을 때 버거를 1센트에 살 수 있는 이벤트였다면 마찰은 거의 발생하지 않았을 것이다. 하지만 버거킹은 한 가지 행동을 하게 함으로써 기억을 증진시키는 '너무 어렵지 않은' 마찰이라는 단계를 만들어냈다.

왕립 멜버른공과대학교에서 개발한 서체인 산스 포게티카는 적당한 난이도로 내용을 기억하는 데 도움이 된다.
(출처 https://sansforgetica.rmit/)

촉진제3: 감정적 자극

감정은 주목과 기억을 하나로 붙여주는 강력접착제 역할을 한다. 감정적인 경험은 뇌에서 우선적으로 처리된다.[7] 좋은 것이든 나쁜 것이든 무언가가 감정을 불러일으킬 만큼 중요하다면 뇌는 그것이 중요하며 따라서 기억되어야 한다고 가정한다. 이처럼 감정적인 기억을 우선시하는 이유는 아마도 유전적인 중요성 때문인 듯하다. 매우 감정적인 기억, 이를테면 동물에게 쫓기거나 산딸기를 먹고 식중독에 걸렸던 기억은 생존율을 높이기 위해 기억할 만한 것이기 때문이다. 감정은 어떤 사건에 '중요함!'이라는 딱지를 붙인 다음 그 사건을 암호화하거나 강화를 해야 하는지 알려준다.

경험에 따라 기억의 우선순위가 달라진다. 자동차 사고처럼 감정적으로 격앙된 경험이 자동차를 운전해서 목적지까지 아무 사고 없이 갔던 지루하고 평범한 경험보다 더 잘 기억된다. 또한 텍스트 같은 단순한 자극도 기억에 영향을 미치는데, 사랑, 증오, 행복처럼 감정이 충만한 단어는 책상, 돈, 고속도로 같은 중립적인 단어보다 훨씬 정확하게 암호화되고 기억된다.[8] 따라서 감정적 단어가 옥외광고판, 인터넷 배너 광고, 검색 결과 같은 다양한 마케팅 환경에서 사람들의 관심을 유도하는 데 폭넓게 사용되는 것도 놀랄 일이 아니다.[9]

우리가 경험하는 감정은 어떤 경험에 얼마나 많이 주목해야 하는지를 비롯해서 무엇에 집중해야 하는지, 그리하여 무엇을 기억해야 하는지 등에도 영향을 미친다. 다시 말해, 감정은 우리가 주목하는 방식에 특성을 더해준다. 이와 관련된 여러 종류의 실험에 따르면, 부정적인 기분일 때 우리는 더 세세한 부분에 집중하고, 긍정적인 기분일 때는 큰 그림에 초점을 맞춘다.[10] 방금 전에 입사 면접을 봤는데 결과가 좋지 않다고 생각해보자. 우리는 했어야 했던 혹은 하지 말아야 했던 말을 비롯해 세세한 부분까지 곱씹고 있을 가능성이 크다. 반면 좋은 결과를 얻었다면 면접 과정을 전체적으로 생각하고 있을 것이다.

촉진제4: 음악

다음 촉진제는 우리 모두에게 너무나 친숙한 것이다. 바로 음악이다. 음악은 뇌에 심오한 영향을 미치며, 음악기억은 가장 오래 지속되고 내구성 있는 형태의 기억 중 하나이다. 음악기억은 마치 겨울잠을 자듯 우리의 기억 깊은 곳에 숨어버리는 기묘한 능력이 있다. 어떤 노래를 몇 년 동안 듣지 못했다고 해도 다음에 그 노래를 들으면 선율과 가사가 다시 기억나는 경우가 많다.

음악기억의 지속성에 관한 가장 두드러진 사례는 치매를 앓는 환자에게서 볼 수 있다. 가족이나 익숙한 물건을 알아보지 못하는 말기 알츠하이머 환자도 자신이 알고 있던 노래를 여전히 기억하곤 한다. 어떤 경우에는 말하는 능력을 상실한 환자가 노래를 부르기도 한다.[11]

음악기억만의 고유한 힘은 여러 해 동안 연구자들을 당황하게 만들었지만, 음악기억이 견고한 이유에 대한 한 가지 가능한 답은 음악의 암호화가 뇌의 여러 영역에서 일어난다는 것이다. 음악기억은 주로 청각 영역과 관련되어 있지만, 영상과 감정을 담당하는 부분과도 관련이 있다.[12] 음악기억이 다수의 뇌 영역에 걸쳐 있기 때문에 이들 영역 중 한 곳에만 자극을 주어도 그 기억을 소환할 수 있다. 이것이 치매 환자들에게 음악기억이 오랫동안 지속되는 이유일지도 모른다. 뇌의 한 영역이 손상된다면, 다른 건강한 영역에서 한가한 부분을 찾아내 이론적으로는 '지원'해주는 것이다.

어떤 노래 가사가 계속해서 입에서 맴도는 경험을 한 적이 있을 것이다. 미국 음악만큼이나 잘 잊히지 않는 이 현상은 문화를 초월한다. 이런 현상을 프랑스어로는 '끈질기게 머리를 아프게 하는 음악'이라는 의미에서 musique entêtante, 이탈리아어로는 '캐치프레이즈 음악'이라는 의미의 canzone tormentone, 영어에서는 '귀벌레'라는 의미의 구어로 earworm이라고 한다. 귀벌레는 다른 형태의 청각기억과는 달리 우리의 허락 없이 계속해서 상기되고 재생되며, 우리의 바람에도 불구하고 머릿속을 떠나지 않는다.[13, 14] (하지만 체계적인 연구 결과 사람들은 대다수가 이런 현상을 즐겁게 생각하는 것으로 보고됐다.[15])

반복은 모든 기억에 도움이 된다. 화학 학습 자료를 암기하고 싶다면 한 번 이상 반복해서 그 내용을 공부해야 한다. 대부분의 귀벌레는 성가시지만 자연스럽게 같은 내용을 반복하게 한다. 머릿속에서 노래 구절이 들릴 때마다 음악기억은 더욱 강화된다. 그 곡이 나의 애창곡이든, 기업의 최신 광고 음악이든 상관없다.

감정적이고, 사람들의 관심을 사로잡으며, 상호작용을 하는 광고나 상업방송 등은 사람들의 뇌에 잘 저장되도록 설계되지만, 그것을 우리 머리에 맴돌게 할 수는 없다. 어떤 브랜드가 내가 아무리 막으려고 해도 내 머리에 그 브랜드의 로고가 반복해서 튀어나오게 할 수 있다고 생각해보자. 광고 음악에서는 그것이 가능하다. 결국 광고 음악은 청각적인 로고라고 할 수 있다. 나이키의 '저스트 두 잇'이라는 광고 문구는 강렬하지만, 맥도날드의 '아임 러빙 잇'처럼 머릿속에서 맴돌지는 않는다. 왜일까? 음악기억 때문이다.

맥도날드의 트로이 목마 전략

지금까지 기억의 암호화에 관한 우리의 논의는 우리가 의식적으로 경험하는 사건의 인상에 관한 것이었다. 하지만 뇌는 의식적으로 인지하지 못하는 사건에 대한 기억까지 암호화하는 것으로 밝혀졌다. 기억은 우리가 생각지도 못하는 순간까지 항상 '대기중'이다. 사건은 인상이 생성되고 있다고 미처 의식하지 못하는 순간까지도 우리에게 인상을 남긴다.

우리는 직관적으로 기억을 '내려놓으려고' 노력해야 한다고 느끼지만, 전혀 그렇지 않다. 패턴을 찾는 기계인 우리의 뇌는 늘 정보를 받아들인다. 많은 정보가 기억의 흔적을 생성하고, 그것은 좋든 싫든 완전히 우리의 의식 바깥에 쌓인다. 신경과학자들은 이것을 '암묵적 기억'이라고 부르는데, 이는 기억상실증 환자에게 보존되어 있는 기억의 일면과 같다.

〈첫 키스만 50번째〉에서 루시가 어떻게 헨리에 대한 의식적이거나 명시적 기억 없이, 그리고 그림 그리는 법도 배우지 않은 상태에서 그의 초상화를 그릴 수 있었는지 떠올려보자. 이것이 바로 '암묵적 기억'이다. 암묵적 기억은 명시적 기억이 저장되는 해마에 의존하지 않으며, 그렇기 때문에 해마가 손상된 환자들에게도 지속된다.

예전에 농구를 해본 적이 있으면 농구 실력을 향상시키기 위한 유일한 방법은 연습밖에 없다는 사실을 알 것이다. 물론 교육을 받으면 도움이 되겠지만, 내가 직접 해보지 않으면 진정한 실력 향상은 없을 것이다. 매일 1시간씩 드리블을 하며 코트 주변을 달리기만 해도 시간이 지나면 서서히 하지만 꾸준히 실력이 향상될 것이다. 그러나 누군가가 내가 습득한 기술과 내가 드리블을 하는 방법에 대해 묻는다면 솔직하게 설명하기가 힘들 것이다. 학습과정의 세세한 부분은 의식하지 않았지만 (중요한 인상이 뇌에 남아 행동을 변화시키면서) 학습이 이루어진다.

앞에서 살펴본 것처럼, 뇌는 주변에 관한 통계 자료를 끊임없이 모아가고 있다. 이 통계적 학습과정은 암묵적이며, 우리의 기억 그리고 궁극적으로는 우리의 행동에 막대한 영향력을 행사한다. 코카콜라 광고에서 '코크'와 '행복'이라는 단어가 몇 번이나 함께 나왔는지 우리는 기억하지 못한다. 추측할 뿐이다. 하지만 어쨌든 우리는 암묵적인 통계적 학습을 통해 두 단어 사이에 연결 관계를 구축했다. 코로나 맥주와 해변은 어떨까? 이 두 단어가 함께 얼마나 자주 나타났는지 기억나지 않을지 모르지만, 뇌는 그 개념을 기억하고 연결한다. 그리고 뇌는 단지 연결하는 것 이상의 일을 한다. 코로나 맥주와 해변이 연결되어 있다는 사실을 기억하는 것 역시 행동에 영향을 미친다. 즉 해변에 있을 때 우리는 코로나 맥주를 소비할 가능성이 크다. 우리가 이러한 연관관계를 기억 속에 저장한 것은 아니다. 하지만 뇌는 이러한 통계적 규칙성을 의식의 바깥에서 별다른 노력 없이 완전히 이해하고 있다. 그리고 이러한 연결을 기억하여 미래의 행동에 영향을 미칠 것이다.

암묵적 학습과 젊은 뇌

아이들보다 암묵적 학습을 잘하는 사람은 없다. 우리는 모두 최소한 (방대하고, 복잡하고, 매우 상세한 시스템을 가진) 한 가지 언어를 그것도 아주 어린 나이에 배울 수 있다. 별다른 노력도 없이 말이다. 생후 6개월에 우리는 학습지를 구독하지도 않았고, (대부분은) 단어장을 이용해서 기초적인 어휘를 외우지도 않았다. 하지만 대부분의 아이들은 네 살이 되면 5,000단어 이상을 알고 있다. 그리고 수십 차례의 연구에서 밝혀진 것은 부모가 의도적인 교육을 통해 언어를 가르치지는 않는다는 사실이다. 대신 우리는 어렸을 때 주변 환경을 통해서 언어적 지식을 암묵적으로 흡수한다. '어린아이들은 스펀지이다'라는 격언은 상당히 절제된 표현이다.

어린 시절의 암묵적 학습 능력은 언어에만 국한되지 않는다. 악기 연주나 춤, 스포츠 등 많은 형태의 암묵적 학습은 성인이 된 이후보다 어린 시절에 훨씬 더 큰 효과가 있다. 우리는 이러한 것을 성장한 이후보다 어린 시절에 훨씬 잘 습득한다. 성인이 되어 외국어를 배워본 적이 있는 사람이라면 이 사실을 너무도 잘 알고 있을 것이다. 단어장을 들고 씨름하다 보면 두 개의 언어를 사용하면서 성장한 사람들이 부럽지 않을 수가 없다.

젊은 뇌가 지속적으로 흡수하는 상태에 있다는 사실은 우리에게 생각할 거리를 던져준다. 특정 유형의 기업은 아이들에게 직접 마케팅을 할 수 없도록 규제를 받는다. 이러한 규제는 적절한 조치라고 할 수 있지만, 안전에 관한 잘못된 인식을 심어주기도 한다. 아이들은 명백한 학습과정이 없어도 자연스럽게 언어를 배우는 것처럼, 노골적인 광고 없이도 특정 상품이나 시장에 대해 배울 수 있기 때문이다. 웹사이트나 TV, 모바일, 소셜미디어, 비디오게임 등을 생각해보자. 아이들은 수백 개 기업의 수천 가지 광고에 반복해서 노출되어 있으며, 스펀지처럼 흡수력이 좋은 아이들의 뇌는 계속해서 이러한 정보를 받아들인다. 니켈로디언(미국의 엔터테인먼트 채널-옮긴이)에서 실시한 한 연구에서 연구진은 아이들이 너무나도 많은 광고에 노출되어 열 살 생일이 되기 전에 300~400가지 브랜드를 기억하게 된다는 사실을 발견했다. 소름끼치는 사실은 아이들이 선택된 몇몇 브랜드와 지속적으로 관계를 형성하며 성장한다는 사실이다. 마치 우리가 모르는 아이의 절친한 친구처럼.

당신이 어린 시절 축구 연습을 하고 디즈니랜드로 자동차 여행을 한 추억이 모두 어느 도요타 자동차와 관계된 경험이라면, 이 자동차 브랜드에 대한 암묵적인 연상에 대해 생각해보자. 부모가 선택한 브랜드가 아이들의 기억에 스며들고, 아이들이 성장하면서 다시 그들의 선택에 영향을 미친다. 연상은 기억의 형성에도 핵심적인 역할을 하며, 어떤 브랜드에 대한 성인의 기억이 향수와 같은 긍정적인 감정과 연관되어 있다면 그것은 그들의 선호도에 영향을 미친다. 기억은 이런 식으로 서서히 퍼져갈 수 있다. 믿어지지 않는다고? 그렇다면 카프리선(영양소보다는 색소와 설탕이 많이 함유된 주스 음료-옮긴이)이 싫다고 말할 수 있는가?

같은 맥락에서 이제 로널드 맥도날드(맥도날드에서 사용하는 광대 마스코트-옮긴이)에 대해 이야기를 해보자. 아직 음식 값을 낼 수 있는 나이가 되지 않았지만, 아이들에게는 특별한 패스트푸드 브랜드에 대한 추억이 있다. 바로 맥도날드이다. 로널드 맥도날드 하우스 자선단체는 법적으로 맥도날드와 분리된 비영리재단이며, 이들의 공식적인 목적은 아이들의 복지를 향상하는 것이다. 하지만 이 재단은 공개적으로 맥도날드로부터 막대한 지원을 받고 있으며,[16] 직원들은 감자튀김이나 햄버거 모양의 옷이나 로널드 맥도날드와 같은 광대 복장을 하고 초등학교와 중학교를 방문해서 (역설적으로) 건강한 식사에 대한 메시지를 전파하는 공통된 계획을 가지고 있다.[17] 이 과정에서 맥도날드는 로널드 맥도날드라는 트로이의 목마를 이용하여 어린아이들의 마음속에 브랜드와 관련된 긍정적인 추억을 심어주고 있다. 이런 기억과 함께 성장한 아이들의 선택은 맥도날드의 황금빛 로고를 향할 것이다.

기업들은 오히려 브랜드에 대한 긍정적인 연상으로 이어지는 기억을 영리하게 (그리고 기술적으로 정교하게) 만들어내고 있다. 애플잭스(미국의 식품 기업인 켈로그에서 만든 시리얼의 한 종류-옮긴이)가 무엇인지 아는가? 시리얼이라고만 생각했다면 이 브랜드의 절반만 알고 있는 셈이다. 켈로그는 애플잭스를 아이들이 자동차 경주를 하고 '포인트'를 모으는 비디오게임으로 바꾸어놓았다. 그 비디오게임은 작은 애플잭스이다. 어떤 의미에서 이것은 어린 시절부터 브랜드에 대한 긍정적인 연상 기억을 만들어 그 브랜드를 선호하도록 만들기 위한 디지털 방식의 로널드 맥도날드 전략이다. 앞서 논의한 암호화의 촉진제에 대해 생각해보자. 상호작용은 주목도를 높여주므로 매우 효과적인 기억 암호화 방법이다. 애플잭스 게임을 하는 아이들은 단순히 애플잭스라는 시리얼 브랜드만을 인지하는 것이 아니다. 상호작용이라는 게임의 특성 때문에 아이들의 뇌는 애플잭스라는 브랜드를 깊이 흡수한다. 이 아이가 나중에 슈퍼마켓 진열대 앞에 섰을 때 과연 어떤 브랜드의 시리얼을 선택할까?

명시적 기억과 암묵적 기억은 별개의 시스템이지만, 함께 작용하여 과거의 경험에 대한 전반적인 인상을 만들어낸다. 아이들은 게임을 했던 단편적 경험을 솔직하게 저장한다. 동시에 아이들의 뇌가 재미를 연상하면서 애플잭스와 연결되면, 브랜드의 연상을 통한 암묵적 학습도 일어난다. 암묵적 학습은 아이들의 인지 능력이 전혀 미치지 못하는 영역에서 일어나지만, 앞으로 몇 년 동안 아이들의 취향을 형성할 수 있다.

애플스토어의 피크엔드 효과

앞에서 언급한 기억과 감정의 특별한 관계를 떠올려보자. 감정은 기억뿐만 아니라 기억 방식도 왜곡할 수 있어서 기억 자체의 본질을 형성할 수 있다. 이것은 예상치 못한 방식으로서 소비자의 기억에 영향을 미친다. 따라서 많은 기업들이 자신들이 남기고 싶은 인상을 최대화하기 위해 감정과 기억과의 관계의 특성에 주목했다.

어떤 사건의 모든 부분이 동일하게 기억으로 암호화되어 저장되는 것은 아니다. 최근에 다녀온 여행을 돌이켜보자. 여행 기간 동안 무엇을 했는지 모두 기억하는가? 물론 아닐 것이다. 그 대신 몇 가지 기억은 다른 기억에 비해 언제나 강한 인상을 남긴다. 그 이면에는 어떤 패턴이 존재한다. 그리고 그것은 전혀 예상 밖의 도구를 통해 밝혀졌다. 바로 장 내시경이다.[18]

대니얼 카너먼은 한 연구에서 마치 장 내시경 자체가 매우 불편한 것은 아니라는 듯이 내시경 검사 환자들에게 시술을 받는 동안 경험하는 불편함의 정도를 손에 부착된 다이얼을 이용해 표현해달라고 부탁했다. 그리고 시술이 끝난 후에 내시경 과정을 어떻게 기억하고 있는지에 대한 간단한 설문조사도 실시했다. 그 결과 환자들이 기억하고 있는 것(설문조사)과 (다이얼을 통해 표현한) 보고 내용은 경험이 기억되는 방식에 관한 패턴을 보여주었다.

환자들의 고통에 대한 기억은 시술을 받는 동안 자신이 직접 보고한 절대적인 고통의 정도와는 거의 관련이 없었다. 고통의 기억은 두 가지 요소와 관련이 있었다. 첫 번째는 그들이 경험한 고통의 최대치였다. (이를테면 의사의 손이 미끄러지는 등) 고통이 갑자기 커진 순간이 있을 때, 환자들은 다이얼을 통해 보고한 나머지 시간의 고통에 관계없이 시술 전체를 전반적으로 훨씬 고통스럽게 기억했다.

어떤 사건의 절정의 순간은 그 사건에 대한 기억에 영향을 미친다. 한 사건에서 가장 강했던 자극이 가장 깊이 암호화되는 것은 아니다. 오히려 가장 강했던 자극이 우리의 결정적인 인상과 경험 전체에 관한 기억에 영향을 미친다고 할 수 있다. 다시 말해, 다이얼로 측정한 고통의 평균이 10점 만점에 5점이고 최대치가 8점이었다면, 우리의 뇌는 전체 경험을 5가 아닌 8에 가깝게 기억한다.

환자가 경험을 기억하는 데 영향을 미치는 두 번째 요소는 '마지막 순간'이다. 고통 속에서 시술이 끝나는 경우 다이얼을 통해 실제로 보고된 것보다 고통스럽게 기억되었고, '그다지 나쁘지 않은' 상태로 끝난 시술은 보고된 것과 비슷하게 기억되었다. 시술 마지막 순간의 고통이 7점이고 다이얼로 측정한 평균 고통이 4점이었다면, 실험 참가자들은 전체 시술의 고통을 4보다는 7에 가깝게 기억했다.

두 번째 결과 때문에 후속 실험이 이어졌다. 후속 실험에서는 실제로 시술 시간이 더 길어졌다! 늘어난 시간은 비교적 위험하지 않았다. 내시경 튜브를 필요 이상으로 긴 시간 동안 몸속에 넣어두었을 뿐이다. 불편하긴 했지만 고통이 훨씬 줄었다. 주목할 만한 점은 더 긴 시간 동안 시술을 받았던 환자들이 전반적으로 고통이 줄었다고 기억한 것이다. 시술 시간이 길어지면서 객관적으로 그들이 경험하는 고통은 더 커졌지만 시술에 대한 기억은 훨씬 호의적이었다.

(어떤 사건에 대한 기억은 절정의 순간과 마지막 순간에 막대한 영향을 받는다는) 이 두 가지 통찰은 '피크엔드 효과peak-end effect'라고 불린다.

피크엔드 효과는 고통과 불편함을 연구하던 중 발견되었지만, 긍정적인 경험에 똑같이 적용되는 인간 기억의 특징이다.

당신이 어떤 음악 축제에 와 있다고 상상해보자. 모든 공연이 그저 그랬지만, 어느 한 밴드의 드러머가 깜짝 놀랄 만한 15분짜리 드럼 독주를 들려주었다. 몇 달 뒤 음악 축제를 되돌아보았을 때 그 놀라운 연주만 기억에 남을 가능성이 크다. 그리고 결과적으로 축제의 경험을 좋게 기억할 것이다.

피크 효과는 놀라움에 의해 더욱 증폭된다. 그 밴드가 드러머 대신 실로폰 연주자를 데려와 15분짜리 솔로 연주를 한다고 가정해보자. 절정 효과는 더욱 강하게 나타날 것이다. 드럼이든 실로폰이든 사람들은 음악 축제의 첫 인상은 잊어버리고 그 솔로 연주를 전체 공연에 대한 기억으로 간직할 것이다. 피크엔드 효과의 마지막 부분은 우리가 마지막 순간까지 결과를 알 수 없는 드라마나 영화를 좋아하는 이유를 쉽게 설명해준다. 우리가 그런 영화나 드라마를 좋아하는 까닭은 그것이 기억하기 좋게 설계되어 있기 때문이다. 그러나 우리가 폭로로 끝나는 결말(마지막 부분이 절정이 되는 결말)을 좋아한다는 사실에 대해 말하는 사람은 별로 없다. 책이든 영화든 어떤 이야기가 놀라운 폭로와 함께 끝날 때 전반적인 경험은 관객의 머리에서 확고해진다.

우리는 영화 〈식스 센스〉에서 브루스 윌리스가 이미 죽은 상태였다는 사실이나 영화 〈파이트 클럽〉에서 브래드 피트와 에드워드 노튼이 동일 인물이었다는 사실, 영화 〈유주얼 서스펙트〉에서 케빈 스페이시가 말하는 이야기 전체가 거짓이며 그가 카이저 소제였다는 사실을 결코 잊을 수가 없을 것이다. 아마도 클리프행어(극의 긴장감이 최고로 고조되는 순간 - 옮긴이)와 폭로를 결합하여 피크엔드 효과를 극대화한 최고의 사례는 영화 〈인셉션〉에서 레오나르도 디캐프리오가 마침내 아이들이 살고 있는 집으로 돌아온 장면일 것이다. 영화는 그가 여전히 꿈을 꾸고 있는 중일지도 모른다는 여지를 남겨둔다. 하지만 셰익스피어의 말처럼 "끝이 좋으면 다 좋다." 우리의 경험을 기억에 저장하는 방법에 대해 이보다 더 진실한 표현은 없을 것이다.

피크엔드 효과는 또한 왜 수많은 할리우드 영화의 결말이 안전하게 끝나는 경우가 많은지 설명해준다. 관객들은 100분짜리 영화에서 90분이 지날 때까지 몰입하다가도 결말, 즉 마지막 10분이 마음에 들지 않으면 영화 전체가 끔찍하다고 깎아내릴 가능성이 크다. 피크엔드 효과에 대해 모른다고 하더라도 지나치리만큼 결말의 비중이 큰 것이다. 실망스러운 결말은 2억 달러짜리 블록버스터가 되느냐 2억 달러를 손해 보는 영화가 되느냐를 결정할 수도 있다. 이와 반대로 평균 이하의 영화가 평균 이상의 결말에 의해 구원을 받을 수도 있다. 또는 〈앤트맨과 와스프〉처럼 영화보다 재미있는 쿠키영상의 도움을 받기도 한다.

많은 사람에게 텔레비전 프로그램의 피크엔드식 스토리텔링의 절정은 〈왕좌의 게임〉이다. HBO에서 제작한 이 드라마는 세세한 여러 작은 이야기에 등장하는 인물들이 하나의 거대 서사 안에 얽히고설켜 있다. 모든 작은 이야기에는 기억에 남을 만한 절정과 결말이 있다. 절정은 주요 등장인물의 죽음이라는 형태로 예상치 못한 곳에서 빈번하게 나타나고, 대체로 끔찍하다.

이와 유사하게 각 시즌의 결말은 시청자의 애를 태운다. 등장인물의 이야기에 답을 하지 않은 질문이 많기 때문이다. 〈왕좌의 게임〉은 논란의 여지가 많은 드라마이지만, 단일 시리즈로서 에미상 최다 수상(59회), 가장 많이 불법 다운로드된 드라마, 단일 파일로 가장 많이 공유된 토런트 파일(25만 8,000회), 시청률 조사업체 닐슨 역사상 최다 시청 에피소드(1,650만 명 시청) 등의 기록을 보유하고 있다. 서비스업은 특히 추억을 만들어내는 데 열정적이며, 호텔은 고객의 기쁨을 위해 작은 절정을 설계하는 데 전문가이다. 소인이 찍힌 화장지, 백조 모양으로 접힌 타월, 세심하게 신경 쓴 로비, 베개 밑에 숨겨 놓은 깜짝 초콜릿과 환영의 의미를 담은 샴페인 등은 모두 호텔 숙박을 기념하기 위해 설계된 작은 절정이다.

소매점 또한 절정 효과와 피크엔드 효과 모두에 많이 신경 쓰고 있다. 하지만 모든 소매점이 그런 것은 아니다. 블랙프라이데이 세일 때 밀려오는 인파를 경험해본 적이 없어서 원하는 제품을 사지 못하는 것은 아닐까 하는 두려움(이를 포모FOMO, fear of missing out라고 부른다)을 느낀다면, 그럴 필요는 없다. 어느 주말이든 가까운 프라이즈 일렉트로닉스(미국의 대표적인 전자제품 체인점-옮긴이)에 가도 마찬가지의 인파를 볼 수 있다. 프라이즈 일렉트로닉스에서 경험하는 절정은 계산대 앞에 무질서하게 늘어선 사람들과 폐허처럼 변해버린 진열대, 나만 도와주지 않는 것 같은 직원들을 통해 겪을 수 있다. 그리고 프라이즈 일렉트로닉스에서의 마지막 경험은 물건을 훔치는 도둑인지 아닌지를 가려내기 위해 영수증을 확인하는 직원이다. 프라이즈 일렉트로닉스의 절정과 결말은 그곳에서의 경험이 괴로움으로 기억되는 데 이용되고 있다.

프라이즈 일렉트로닉스를 애플스토어와 비교해보자. 애플스토어의 모든 직원은 계산창구이다. 매장 안으로 들어서는 순간 우리는 인사를 받는다. 원하는 만큼 직원과 대화하거나 제품을 사용해볼 수 있다. 그리고 매장을 나설 때 '안녕히 가세요'와 '감사합니다'와 같이 내 존재를 인정해주는 인사를 받는다. 애플스토어의 마지막 경험은 출입구에서 몇 걸음 정도 떨어진 곳에서 고객과 친절하게 눈을 맞추는 직원이다. 애플스토어의 마지막 경험은 프라이즈보다 크게 앞서 있다.

하지만 애플도 소매업계에서 피크엔드 효과가 가장 좋다고 하는 아마존고의 매장과는 비교가 되지 않는다. 아마존은 최근 소매상점을 테스트하며 전자상거래에서 소매업이라는 원점으로 돌아왔다. 아마존 최초의 소매상점 아마존고는 2018년 시애틀에서 문을 열었다. 아마존고의 개념은 아름다울 정도로 단순하다. 줄을 설 필요도 없고, 점원, 계산대, 현금 등도 필요하지 않다. 아마존은 "아마존고의 앱을 사용하여 입장하신 다음, 전화기를 치우고 쇼핑을 하시면 됩니다. 원하는 것은 무엇이든 가져가세요. 선택하신 상품은 자동으로 가상의 장바구니에 담깁니다. 마음이 바뀌면 언제라도 제자리에 가져다 놓기만 하면 됩니다"라고 안내한다. 아마존고에서 쇼핑을 하면서 경험하는 최고의 순간은 마지막 부분이다. 소비자들은 구입한 물건을 들고 곧바로 밖으로 나가기만 하면 완전히 새로운 방식으로 계산을 마치고 상점을 떠날 수 있다. 이는 다른 상점과 비교하여 쇼핑을 훨씬 기억에 남고 기분이 좋아지게 한다.

브랜드의 체험 마케팅

여러 가지 기억 촉진제를 능숙하게 결합하여 구체적인 브랜드와 제품이 잘 연관되게 하는 또 다른 형태의 새로운 마케팅은 체험 마케팅experiential marketing이다. 체험 마케팅에서 기업은 경험이나 소비자가 브랜드와 교류할 수 있는 물리적인 방법을 만들어낸다. 상호교류는 경험에서의 주목도와 마찰을 모두 증가시키며, 어떤 상호교류인지에 따라 감정도 증가한다. 상호교류의 경험은 브랜드에 대한 기억을 만들어줄 뿐만 아니라 해당 브랜드에 돈도 벌어다준다. 이벤트 트랙의 연구 결과에 따르면, 소비자 네 명 가운데 세 명은 브랜드화된 경험 덕분에 구매 가능성이 커진다고 대답했다.[19]

브랜드화된 경험이란 무엇일까? 어느 피아노 제조업체가 지하철 계단에 있는 광고 공간을 사서 그곳에 피아노 건반 그림을 넣었다고 생각해보자. 가까운 곳에 로고와 함께 비올라도 그려 넣었다. 이것이 브랜드화된 경험이다. 건반 위를 걸어다닐 때 소리까지 난다면 보너스 점수도 받을 수 있을 것이다.

소비자들이 약간의 고통을 감수하면, 약간 성의가 없어 보이지만 효과적으로 브랜드화된 경험을 만들 수 있다. 뉴욕의 그랜드센트럴 지하철 역에 2015년 브랜드화된 경험을 만들었을 때 린 퀴진(네슬레에서 만든 가공 다이어트 식품 브랜드-옮긴이)은 결코 성의가 없지 않았다. 먼저 린 퀴진은 단순히 제품을 홍보하는 광고 포스터를 붙이는 대신 소비자들과 상호교류할 수 있는 미니부스를 만들었다. 이러한 급격한 변화는 즉시 지하철 승객들의 이목을 사로잡았다. 광고 포스터보다는 부스가 더 많은 시선을 끌었다. 그리고 부스 자체를 상호교류를 유도하도록 설계했다. 마찰의 한 형태였다. 브랜드 체험은 단순한 광고판 대신 지나가는 행인들이 '무게를 잴 수 있는' 저울 하나로 구성되어 있었다. 단, 그 저울은 사람을 위한 것이 아니었다. 체중에 대한 건강하지 못한 강박에 반대하는 의미에서 참여자들은 한 인간으로서 어떤 식으로 측정되고 싶은지 결정하고 이를 나타낼 수 있는 물건을 저울에 올려놓았다.

한 여대생은 우등생에 선발된 것을 축하한다며 학교에서 보낸 편지를 올려놓았다. 무게가 얼마나 되냐고 묻자 그 학생은 "헤아릴 수 없을 정도"라고 대답했다. 또 다른 여성은 이혼서류를 올려놓았는데, 어려움을 극복했다는 의미였다. 한 참가자는 자신의 딸을 저울에 올려놓으며 모성애를 측정하고 싶다고 큰소리로 말했다. 이외에도 많은 사연들이 이어졌다. 이 캠페인에서 린 퀴진은 관심과 마찰, 감정을 이용하여 암호화에 최적화된 체험을 만들어낼 수 있었다. 당신이 캠페인 기간 중에 그랜드센트럴 역에 있었거나 나중에 영상을 보았다면 제아무리 눈길을 끄는 포스터도 줄 수 없는, 린 퀴진에 대한 강력한 기억을 갖게 되었을 것이다. 아이러니하게도 이 캠페인에는 린 퀴진이 판매하고 있는 음식 사진은 한 장도 사용되지 않았다.

2015년 구글은 약간 변형된 형태의 브랜드 체험을 만들었다.[20] 구글은 샌프란시스코 베이 에어리어 지역에 기반을 둔 비영리단체를 선정하여 550만 달러를 기부하기로 결정했다. 결선에 오른 단체는 지역 문제에 대한 혁신적인 해결책을 근거로 선발되었다. 하지만 그때 구글은 기부금을 수령하는 각각의 단체에게 돌아가는 기부금 액수를 공개 투표에 부쳤다. 구글은 간단하고 예측 가능한 방법을 이용한 온라인 기반의 투표 시스템 대신 투표를 통한 체험을 만들어냈다. 구글은 베이 에어리어 지역의 커피숍, 서점, 콘서트장, 푸드트럭 파크 등 여러 곳에 부스를 설치했다. 모든 부스에는 선정된 비영리단체들의 목적이 설명된 10개의 커다란 버튼이 붙어 있었다. 버튼을 누르면 한 표가 기록되었다. 전체 투표자 수는 40만 명이 넘었고, 이는 샌프란시스코 인구의 절반이 넘는 수였다.

구글은 이미 우리의 생활 곳곳에 퍼져 있지만, 깊은 상호교류를 통해 고객에게 감동을 전달할 새로운 방법을 찾았던 것이다. 10여 개의 비영리단체의 사회적 의식이 담긴 목적을 읽고 가장 마음에 드는 단체를 선택하여 물리적인 투표에 참가하는 것은 참가자의 입장에서 정신적으로나 육체적으로 많은 참여를 수반한다. 그리고 기억을 저장하는 혁신적이고 새로운 방식에 투자한다면 구글이 계속해서 시장의 정상을 유지하고 소비자가 가장 먼저 떠올리는 기업이 되는 데 도움이 될 것이다.

디지털 시대, 체험 콘텐츠의 부상

브랜드 체험은 체험 마케팅보다 약간 더 넓은 영역에 포함된다. 체험 마케팅은 체험을 통해 한 기업의 상품이나 브랜드를 마케팅하는 것을 말하는 비즈니스 용어이다. (라디오, 비디오, 출판 등) 일부 콘텐츠 산업에서 체험 마케팅은 단지 상품의 마케팅에 관한 것일 뿐 아니라 상품 그 자체이다. 이는 특히 한때 물리적인 상품이었다가 점차 디지털화되어가는 상품에 해당된다.[21]

VHS와 DVD를 기억하는가? 하지만 이제는 넷플릭스가 있다. 그리고 CD로 가득한 정리함 대신 스포티파이를 이용한다. 매일 아침 배달되는 신문 대신 손가락만 움직이면 분 단위로 기사들이 끝없이 쏟아진다. 불법복제는 더 많은 사람이 적은 비용이나 공짜로 디지털 콘텐츠에 접근할 수 있게 하여 오히려 디지털 콘텐츠의 상품화를 앞당겼다. 그에 따라 소비자들은 콘텐츠를 공짜로 얻을 자격이 생겼다. 스포티파이나 애플뮤직을 구독하는 데 최대 10달러가 넘는 돈을 지불하며 음악을 들으려는 사람은 없다. 뉴스에 돈을 낸다고? 그럴 일은 없을 것이다.

이것은 소비자에게는 좋은 일이지만 콘텐츠 창작자가 생계를 유지하기는 힘들게 만든다. 케빈 하트 같은 코미디언들은 요즘 공연을 할 때 휴대전화 반입을 금지하는 것으로 유명한데, 관객들이 공연을 녹화하여 디지털 공간에 현실의 경험을 공짜로 나눠주어 매출을 떨어뜨리는 것을 방지하기 위해서다.[22] 공짜로 얻을 수 있는 것이 너무 많기 때문에 디지털 콘텐츠를 제값을 받고 팔아 안정적인 비즈니스를 창출하는 것이 갈수록 어려워진다. 결과적으로 출판사와 창작자들은 CD나 신문처럼 물리적인 상품에서 (적어도 아직까지는) 온라인에 올리거나 디지털화될 수 없는 분야로 눈을 돌리고 있다. 그것은 다름 아닌 바로 체험이다.

만일 당신이 클릭을 유도하는 저속한 광고 기사를 쓰기에는 너무나도 고고하고 지적인 통신원인데, 돈을 내고 뉴스를 보려는 사람이 한 명도 없는 세상에 살고 있다면 어떻게 할 것인가? 음악업계를 흉내내서 '뉴스 축제'를 만든 다음 요금을 부과하는 것이다. 이와 똑같은 일을 존경받는 〈뉴요커〉가 했다. 2000년 창간 기념행사로 시작한 것이 진정한 문화 축제가 되었다. 가장 좋아하는 팟캐스트를 (공짜로) 듣고, 기사를 (대부분 공짜로) 읽는 대신 이러한 콘텐츠를 쓰거나 만든 사람들을 비롯해 선구적인 이론가, 정치인, 코미디언, 영화제작자, 음악가, 미술가 등을 바로 눈앞에서 실물로 볼 수 있게 만든 이 행사는 〈뉴요커〉의 팬을 위한 록페스티벌같은 것이다.

저널리스트 케이티 칼루티는 이처럼 경험에 투자하기(그녀는 이것을 '페이지를 벗어난 저널리즘'이라고 부른다)가 뜨고 있다고 말한다. "우리는 이제 편집자와 기자가 대화를 하거나 행사장에서 패널 역할을 하는 모습을 더 자주 보게 될 겁니다. 거의 유명인이 하는 행사가 되었어요. 저널리즘과 디지털 미디어 자체로는 쉽게 할 수 없는 방식으로 독자와 연결되는 독특한 방식입니다."[23]

디지털화는 음악인들에게는 특히 안 좋은 영향을 미쳤다. 판도라와 스포티파이 같은 할인점이 냅스터와 냅스터와 유사한 사이트, 그리고 비트토런트 같은 새로운 방식의 피어투피어peer-to-peer 공유 사이트에서 받았던 충격을 완화해주기는 했지만, 음악인이 단돈 1달러를 벌기 위해 여전히 평균 220개의 스트림을 해야 했다. 아니나 다를까 음악산업연구협회에서 발표한 2017년 보고서에 따르면 음악인의 수입 중 가장 많은 몫은 라이브 쇼와 콘서트가 차지했다.[24] 이것이 라이브 공연의 판도를 바꾸었다. 팬들은 온라인에서 사실상 공짜로 음악을 들을 수 있다. 팬들이 공연을 보러 오는 이유는 체험 때문이다. 이런 이유에서 음악 축제가 번성하게 된 것이다.

체험에 집중하는 것이 어떤 점에서는 소비자에게 좋다. 적어도 훨씬 더 재미있다. 이벤트 제작의 가치가 커지고 있다. 록페스티벌에서 켄드릭 라마(미국의 가수 겸 작곡가-옮긴이)의 음악을 경험하는 것은 집에서 켄드릭 라마의 앨범을 듣는 것과는 비교할 수 없는 체험이다. 그리고 이런 방식은 적어도 음악업계에서 만큼은 효과가 있는 것으로 보인다. 2016년 미국의 음악 산업은 앨범 다운로드로 6억 2,300만 달러의 매출을 올렸다.[25] 그리고 이듬해에 이 매출은 16억 달러까지 치솟았다.[26]

체험 마케팅이 늘어난 덕분에 브랜딩 생산 비용이 그 어느 때보다 커졌다. 하지만 그만한 비용을 감당할 만큼 설득력도 커졌다. 값비싼 브랜드 체험이 단지 사람들의 지갑을 노리는 것만은 아니라는 것을 잊어서는 안 된다. 그들은 우리의 마음 한구석을 노리고 있다.

이것이 성공한다면 브랜드 체험은 나중을 대비해 기억을 저장한다. 이러한 저장은 어마어마한 가치가 있다. 기억은 과거에 있었던 사건을 즐겁게 재생하는 그 이상이기 때문이다. 기억은 행동을 유발하는 힘이 있다. 이러한 이유로 기업들이 브랜드 체험을 설계하는 데 수백만 달러를 쓰는 것이다. 기업들은 브랜드 체험이 기억 저장을 촉진하며, 이로 인해 사람들이 자사의 제품을 이용한 행동을 유도하는 기반을 제공할 수 있다.

따라서 우리는 그 문제에 대한 다른 측면을 살펴볼 것이다. 뇌는 암호화된 기억을 어떻게 재생하는가, 브랜드는 어떻게 기억을 이용하여 사람들의 행동을 이끌어내는가?

BLINDSIGHT

4장

기억의 재구성

맥락이 모든 것을 바꾼다

우리는 말 그대로 수백만 가지의 경험을 하고,
원칙적으로 언제나 그 경험을 회상할 수 있다.
하지만 평생의 기억이 한꺼번에 밀려오는 법은 없다.
왜 특정 시간에 특정 기억이 떠오르는 걸까?
우리는 대체로 불완전한 기억이 쌓여 있는 방대한 저장소에서
무엇을 기억할 것인지 선택하지는 않는다.
무엇을 기억할지 선택하는 것은 우리를 둘러싼 맥락이다.

도로 위에서 심각한 교통정체 때문에 꼼짝도 못하고 시달리는 경험을 하고 싶은 사람은 별로 없을 것이다. 하지만 그것은 앞에 길게 늘어선 자동차들을 보며 분통을 터뜨리는 우리의 생각일 뿐이다. 로스앤젤레스 토박이인 밥 페트렐라는 이런 상황에 자주 처하곤 했는데, 밥에게 이런 상황은 온전히 즐길 수 있는 시간이다. 자신의 기억을 이용해서 말이다. 밥은 수년 혹은 수십 년 전 어느 날의 기억을 생생하게 그대로 떠올리고, 매년 6월의 토요일 중 가장 좋았던 토요일을 머릿속에 목록으로 정리하거나, 2002년에 있었던 일들을 돌아보며 하루하루를 되새겨본다.[1]

밥에게 이러한 기억력 게임이 가능한 이유는 그가 어떤 기록보다 발달된 기억력을 가지고 있기 때문이다. 밥에게 과거의 어느 날에 있었던 일을 물어보면 그는 믿기 어려울 정도로 상세하게 그날을 기억해낸다. "1966년 2월 18일은 어떤 날이었지요?"라고 물으면 그는 "금요

일이었고, (고등학교 풋볼팀) 비버폴스가 샤렌에게 승리를 거두었습니다"라고 대답했다. 그의 기억력은 무슨 일이 일어났는지 뿐만 아니라, 그 순간 자신이 느꼈던 감정까지 정확히 기억할 수 있었다. 밥은 자신의 기억을 "타임머신과 거의 비슷해서, 특정한 시기나 날짜로 되돌아가 내가 그곳으로 돌아가 있다는 느낌이 들 정도"라고 설명한다. 타임머신이 있는데 교통체증이 지겨울 리가 있을까?

밥은 신경심리학자들이 '매우 우수한 자전적 기억'이라고 부르는 기억력을 가지고 있는데,[2] 그에 관해서는 불과 60여 건 정도의 기록된 사례가 있을 뿐이다. 캘리포니아대학교 어바인 캠퍼스의 신경생물학 교수 제임스 맥고James McGaugh는 밥을 비롯하여 이와 비슷한 사례를 조사했다. "밥과 같은 기억력을 가진 이들은 보통 사람들이 어제 있었던 일을 묘사하는 것처럼 그들이 살았던 대부분의 하루를 묘사할 수 있다."[3]

머릿속에 이런 타임머신이 없는 우리에게 회상은 매우 색다른 체험이다. 지각과 마찬가지로 회상은 제한적이다. 사람들은 대부분 어제의 저녁식사 메뉴를 거의 기억하지 못한다. 하물며 15년 전 저녁식사에서 무엇을 먹었는지는 말할 것도 없다. 지금 이 순간 우리는 과거를 정확히 있었던 그대로 기억하지 못한다. 지각과 마찬가지로 우리에겐 심성 모형, 즉 우리의 뇌가 창의적으로 재현한 과거만 있을 뿐이다.

앞에서 우리가 정의한 기억에 대한 일반적인 정의를 떠올려보자. 기억은 두뇌가 우리를 과거와 연결해주려는 시도이다. 여기서 가장 핵심적인 단어는 '시도'이다. 우선 우리가 경험한 사건들은 암호화되어 인상이 된다. 그런 다음 인상은 우리의 머리에서 가물가물하게 기억에 남은 영화처럼 소환된다. 하지만 암호화된 사건과 소환된 사건 사이의 관계는 전혀 직접적이지 않다. 우리는 영상과 소리, 스토리 등을 떠올리며 우리가 기억을 떠올리는 방식대로 그런 일들이 일어났다고 생각한다. 우리는 기억이 정확하다고 믿으며, 암호화는 기록을 하고 회상은 과거를 있는 그대로 재연을 하는 것이라고 생각한다. 하지만 우리가 틀렸다.

실제로 우리가 암호화한 사건에 대한 회상은 선명하지 않다. 어떤 사건을 재생할 때 그것은 원본보다는 재구성에 가깝다. 기억은 지각과 마찬가지로 최선의 추측일 뿐, 편견의 영향을 받기 쉽다. 똑같은 사건을 경험한 두 사람이 그 사건을 전혀 다르게 기억할 수도 있다. 게다가 어떤 사건에 대한 우리의 회상은 함께 있었던 사람이나 기분, 그 밖의 다양한 변수에 따라 달라질 수 있다. 심지어 실제로 일어나지 않은 사건에서 무언가를 떠올릴 수도 있다. 우리가 기억의 소환이라고 생각한 것은 실제로는 단지 암호화된 원본의 재현일 뿐이다.

물론 기억을 그대로 소환하는 데 문제가 있다고 해서 기억이 강력하지 않다는 의미는 아니다. 맥고가 강조했듯이, "기억은 가장 중요한 능력이다. … 인류에게 기억이 없었다면 인류는 없었을 것이다." 이와 같이 기억은 거의 모든 행동의 출발점이나 다름없다.

이제 노스탤지어 마케팅에 대해 살펴보자. 이전 장에서 언급한 카프리선 덕분에 어린 시절의 기억이 떠올랐다면 당신은 노스탤지어를 경험하고 있는 셈이다. 노스탤지어란 일반적으로 긍정적으로 해석된 과거 기억의 개인적인 조합이다. 정확하든 그렇지 않든, 우리 내면의 주관적인 조합은 미래의 기초가 된다. 따라서 기억에 관한 마케팅에서 노스탤지어를 이기기는 어렵다. 노스탤지어를 마케팅에 이용하려는 브랜드는 대개 옛날 노래를 선택하여 현재 판매되는 제품의 과거 버전을 기억나게 하거나, 과거의 캐릭터를 광고에 등장시켜 소비자들이 가지고 있는 지난날의 개인적인 감각과 감정적으로 깊이 연결시키려 할 것이다. 이러한 연결은 근본적으로 소비자들의 미래 행동을 좌우할 수 있다. 누군가는 아디다스의 스니커즈가 적절한 마케팅으로 부활에 성공한 이유는 슈퍼스타와 스탠스미스(둘 다 아디다스 스니커즈 모델이다-옮긴이)와 같은 80년대와 90년대 신발 모델을 새로운 용도에 맞게 수정했기 때문이라고 주장할 수도 있다.

브랜드(그리고 때때로 정치인들)는 노스탤지어 효과를 더욱 교묘하게 활용하여 해당 제품이 '과거에도 있던 것'처럼 묘사한다. 이와 관련하여 가장 좋은 사례는 1971년에 나온 고전적인 코카콜라 광고이다.[4] 이 광고는 다양한 문화권의 청년들이 언덕에 모여 하나가 되어 노래 부르는 모습을 보여준다. "세상 사람들에게 세상을 노래하는 법을 가르치고 싶어. … 온 세상에 코카콜라를 사주고 싶어."[5]* 미국이 베트남 전쟁과 인권 시위라는 진흙탕에 빠져 있을 때, 이 노래는 더 단순하고 더 평화로운 시절에 대한 미국인들의 집단적인 노스탤지어에 호소해서 코카콜라와 노스탤지어에 대한 염원을 연결시키려 했다.

매년 미국에 1조 4,000억 달러를 뿌리고 다니는 밀레니얼 세대가 최고의 구매력을 가진 세대가 되어간다면 점점 90년대의 어린 시절과 직접적인 관련이 있는 상품이 나타나기 시작할 것이다.[6] 그것이 영화 〈탑건〉의 후속편이든, 닌텐도 휴대용 콘솔의 재등장이든,[7] 오리건 트레일 모바일 게임이든(미국에서 시리즈 전체를 합쳐서 6,000만 부 이상이 팔린 고전 명작 게임으로, 최근 모바일 게임으로 새롭게 출시되었다-옮긴이), (가상의 동물에게 먹이를 주는 게임인) 다마고치의 리부트이든, 갈수록 '밀레니얼 세대의 노스탤지어'라고 분류할 수밖에 없는 아이템과 미디어의 흐름이 거세게 나타날 것이다. 밀레니얼 세대의 지출 능력이 계속해서 커진다면, 청반바지와 딱지치기가 으르렁거리며 다시 돌아올지도 모른다!

노스탤지어 마케팅이 효과적이긴 하지만, 더 깊이 조사한 결과 그 효율성의 상당 부분은 과거의 경험에 기반을 두고 있지는 않다. 적어도 직접적으로는 말이다. 그 대신 마케팅에서는 우리를 과거와 연결시키려는 뇌의 기이한 역학관계를 놓고 게임을 한다. 기억의 오류 가능성과 함께 영리한 마케팅이 어떻게 기억의 창의적인 특징에 맞춰 작용할 수 있는지 더 깊이 살펴보자.

노스탤지어 마케팅과 기억의 오류 다이어트

지난 화요일 점심으로 무엇을 먹었는지 기억할 수 있는가? 그 전 주 화요일에는? 3주 전 화요일에는? 한 달 전에는? 쓸데없는 질문처럼 들릴지 모르지만 이해민의 가족에게는 결코 쓸데없는 질문이 아니다. 세라 코에닉Sarah Koenig 기자는 2014년 자신의 팟캐스트 〈시리얼〉의 첫 시즌에서 이해민의 죽음을 파헤쳤다.

볼티모어고등학교의 학생이었던 이해민은 1999년 1월 중순 실종되었다. 이 여학생의 시체는 2월 초에 발견되었고, 2월 28일 그녀의 남자 친구 아드난 사이드가 체포되어 살인혐의로 기소되었다. 하지만 지금까지도 이 사건은 불확실한 상태로 남아 있다. 왜일까? 기억의 오류 때문이다.

사이드는 이해민이 실종된 1999년 1월 13일 일어났던 사건을 명확하고 상세하게 기억하지 못했다. 지난주 점심으로 무엇을 먹었는지 기억하는 것은 어려운 일이다. 하물며 6주 전 오후 2시 15분에서 2시 36분 사이에 무엇을 했는지 정확히 기억할 수 있을까? 하지만 내가 명확하게 기억하지 못하는 21분 동안의 나의 행적을 다른 사람이 정확하게 설명한다면 어떻게 될까?

사이드의 모호한 기억은 또 다른 고등학생 제이 와일즈의 이야기와 상반되었다. 이 이야기는 다층적이지만, 팟캐스트에서 분명하게 일관성을 유지한 한 가지는 기억은 객관적이지 않다는 것이다. 1999년 1월 13일에 관한 몇몇 고등학생의 이야기는 1999년 경찰과 인터뷰할 때와 2014년 팟캐스트 때 모두 크게 달랐다. 어떤 이들의 회상은 사이드처럼 애매모호했고, 또 다른 이들의 회상은 와일즈처럼 명확하여 자신의 기억에 대한 자신감의 정도가 모두 달랐다. 이 사건에 대한 수사는 〈시리얼〉이 방송된 후 재개되었으나 여전히 미제로 남아 있다.

이처럼 모호함과 서로 엇갈리는 이야기들은 모두 우리의 기억에 오류가 많다는 사실을 보여준다.

이와 관련하여 쉽게 살펴볼 수 있는 사례는 우리가 얼마나 기존의 의미망에 의해 잘 속아 넘어가는가 하는 것이다. 당신에게 다음과 같은 목록을 주고 암기하게 한다고 생각해보자.

도넛, 케이크, 스콘, 패스트리, 캔디바, 아이스크림 샌드위치

일주일 뒤에 "내가 주었던 목록이 기억이 납니까? 파이가 있었나요?"라고 묻는다면, 파이가 있었다고 잘못 기억할 가능성이 크다. 자전거나 의자처럼 무관한 단어에 대해 물어봤을 때보다 잘못 기억할 가능성이 훨씬 더 클 것이다. 1장에서 뇌가 지식을 범주화해서 저장한다고 했던 사실을 떠올려보라. 그러므로 이런 목록을 보면 배가 고파지는 것 외에도 뇌에서는 '맛있는 음식'에 관한 의미망을 활성화한다. 그리고 그 의미망에는 파이 같은 것이 포함되어 있기 때문에 파이는 실제로 그 목록에는 없었지만 있었다고 기억하기 쉽다. 기억을 연구하는 과학자들은 이런 현상을 '의미적 기억오류 효과semantic misremembering effect'라고 부르는데, 이런 현상은 뇌가 기억과 정보를 체계화하는 방식에 따라 누구에게나 일어날 수 있다.

이 현상을 노스탤지어에 비추어 생각해보자. '기억'을 끌어내기 위해서 특정 브랜드나 광고가 우리의 기억에 직접 접근할 필요는 없다. '단서'만 충분하면 뇌가 스스로 단서를 연결한다. 인터넷 익스플로러 광고를 한번 보자.[8]* 이 광고에서는 90년대에 성장기를 보낸 사람에

게는 향수를 불러일으키는 체인이 달린 지갑("난 절대 잃어버리지 않아"), 바가지 머리("머리 자르는 데 60달러나 들지는 않았다. 4분이면 끝나거든."), 지퍼가 달린 작은 주머니("우리에겐 저장할 공간도 많았다") 등을 등장시켜 추억을 떠올리게 한다. 90년대를 생각할 때 인터넷 익스플로러가 즉시 떠오르지는 않을 것이다. 하지만 광고에 나오는 물건들을 보며 즐겁게 기억을 떠올리고 있었기에 우리는 인터넷 익스플로러가 어린 시절의 큰 부분을 차지했었다고 잘못 기억할 가능성이 매우 크다.

기억이 얼마나 영향을 잘 받는지 가장 잘 설명한 사람은 캘리포니아대학교의 심리학자 엘리자베스 로프터스Elizabeth Loftus이다. 로프터스와 동료들은 간단하지만 무언가를 연상시키는 일련의 질문("코니 아일랜드에 갔던 거 기억 안 나니? 네가 다섯 살쯤 되었을 때였고 밝고 화창한 날이었어.")을 통해 실제로 완전히 잘못된 사건을 실험 대상자의 머리에 주입시켰다.[9, 10] 우리의 뇌는 지식의 저장소와 기억에서 나온 익숙한 조각들을 연결한다. 그리고 일단 주입된 가짜 기억은 내가 실제로 경험했던 진짜 기억과 구별되지 되지 않는다. 로프터스의 연구는 목격자의 증언에 대한 의문을 제기함으로써 법정의 관례를 바꾸어놓았는데, 특히 질문을 주도하는 변호인이 증인이 기억하기를 원하는 구체적인 내용이 있는 경우가 그러했다.

다시 말해 기억은 매우 부정확한 재구축 과정이며, 뇌의 저장 방식 그리고 과거의 사건과 정보를 떠올리는 방식에 따라 오류가 생기기 쉬우며 불완전하다. 밥처럼 뛰어난 기억력을 가진 사람조차 그 영향력에서 벗어나지 못한다. 연구 결과에 따르면, 매우 우수한 자전적 기억을 가진 사람들도 평범한 사람들처럼 오류에 빠지기 쉽다.[11]

이것이 중요한 이유는 실제이든 상상이든 사건에 대한 우리의 기억이 극도로 중요하기 때문이다. 기억은 행동의 많은 부분에 대한 기반이 된다. 이 말은 기억을 이식하는 능력이라는 소재가 가벼운 칵테일 파티용 이야기만은 아니라는 뜻이다. 이는 또한 우리의 행동을 변화시키기 위해 의도적으로 사용할 수도 있다.

바로 옆에 있는 패스트푸드 식당에서 싸구려 돼지고기 샌드위치를 먹은 후에 구역질을 하더니 얼마 지나지 않아 화장실에서 심하게 구토를 했다고 상상해보자. 내게 실제로 이런 일이 일어났다면 다시는 그 식당에 가지 않을 것이다. 그리고 아마도 돼지고기 샌드위치는 평생 먹지 않을 것이다. 이상은 체중을 줄이고 싶어 하면서도 몸에 안 좋은 음식을 끊지 못하는 사람들에게 자신의 경험이라고 생각하게 하고 싶은 엘리자베스 로프터스의 예상 시나리오이다. 사람들이 어떤 음식을 먹고 끔찍한 경험을 했다고 믿게 되면 자연스럽게 그 음식을 피하게 되고 더 이상 먹지 않는다. 마치 그 기억이 진짜인 것처럼 말이다.[12, 13] 기억의 오류 다이어트The False Diet는 현실에 대한 기억의 권위를 보여주는 완벽한 사례이다. 살아가는 동안 내 인생에 가장 큰 영향을 미치는 것은 (세세한 실제 경험이 아니라) 기억 그 자체이다.

가상기술의 발전으로 잘못된 기억을 만들어내기가 점점 쉬워지고 있다. 2009년 스탠퍼드대학교의 연구에서는 아이들을 실험실에 데려와 돌고래와 함께 수영을 하는 실감나는 가상경험을 하게 해주었다.[14]

몇 주가 지난 뒤 아이들이 다시 실험실을 찾았을 때, 그들 중 상당수는 실제로 돌고래와 함께 수영을 했다는 기억을 가지고 있었다. 기술은 단지 기억을 주입했을 뿐이다.

VR과 AR 기술이 계속해서 발달하고 소비자들 사이에서 응용되면서 그러한 기술이 어떻게 우리의 지각뿐만 아니라 기억까지 왜곡하는지 살펴보는 과정은 흥미롭다. 하지만 과거에 대한 우리의 이해를 근본적으로 변화시키기 위해 복잡한 기술이 필요한 것은 아니다. 기억의 경우 맥락상의 작은 변화의 여파가 장기간 지속될 수 있다.

맥락이 모든 것을 바꾼다

우리의 기억은 부정확하긴 하지만 방대하고 상세하다. 기억을 디지털화하여 다운로드한다면 그것을 모두 저장할 정도로 용량이 큰 하드 드라이브는 없을 것이다. 우리는 말 그대로 수백만 가지의 경험을 하고, 원칙적으로 언제나 그 경험을 회상할 수 있다. 하지만 평생의 기억이 한꺼번에 밀려오는 법은 없다. 왜 특정 시간에 특정 기억이 떠오르는 걸까? 우리는 대체로 불완전한 기억이 쌓여 있는 방대한 저장소에서 무엇을 기억할 것인지 선택하지는 않는다. 무엇을 기억할지 선택하는 것은 우리를 둘러싼 맥락이다.

3장에서 살펴본 것처럼, 기억이 암호화되면 생각보다 훨씬 많은 정보를 받아들인다. 그와 동시에 우리는 기억과 연관된 맥락을 받아들인다. 사실 모든 기억은 맥락과 관련이 있다. 한동안 듣지 않던 어린 시절의 인기곡을 듣다 보면 몇 년 동안 잊고 지냈던 오래된 추억이 물밀듯 밀려올 것이다. 이것은 뇌가 세부적인 기억을 암호화된 기억으로 압축하기 때문이다. 특별한 노래가 흘러나오거나 특별한 향을 맡으면 그 노래나 향과 연관된 전체적인 기억이 생생하게 떠오를 수도 있다.

이는 경험에 대한 기억뿐만 아니라 지식에 대한 기억도 마찬가지이다. 특정 커피숍의 똑같은 좌석에서 늘 같은 음악을 들으며 시험공부를 했다면, 그 커피숍의 같은 의자에 앉아 같은 음악을 들을 때 공부했던 내용을 기억할 확률이 높아질 것이다. 껌을 씹는다거나 특정한 옷을 입는 것처럼 상황과 관련된 신호 역시 마찬가지이다. 실험 결과에 따르면, 물속에서 사람들의 명단을 외우면 그 이름을 기억할 때도 육지보다는 물속에서 더 잘 기억할 수 있었다.[15]

다른 연구에서는 각기 다른 방에서 했던 경험은 실제로 시간의 지각을 왜곡한다는 사실을 보여주었다. 4시간 동안 같은 방에서 파티가 지속된다면 같은 4시간 동안 각기 다른 네 방에서 파티가 열릴 때보다 훨씬 길게 느껴질 것이다. 상황이 바뀌면 시간이 늘어난다. 혹은 적어도 그렇게 지각한다. 훌륭한 주최자는 상황을 이용하여 거실에서는 전채, 식당에서는 정찬, 테라스에서는 칵테일, 서재에서는 시거와 브랜디 등 같은 날 저녁 각기 다른 공간에서 다양한 활동을 기획하여 즐거운 경험뿐 아니라 기억에 남을 만한 경험을 만들어낸다. 물리적인 장소를 적절하게 이용하면 이러한 즐거운 이벤트가 다음날 방문객의 머릿속에서 모두 함께 뒤섞이지 않을 것이다. 훌륭한 주최자들은 이것을 직관적으로 안다. 물리적인 상황을 통제하면 기억을 통제할 수 있다.

하지만 상황은 단지 기억에만 영향을 미치는 것은 아니다. 기억에 영향을 미쳐 행동하게 한다.

상황이 행동을 결정한다

솔직히 말해서 기억이 그렇게 부정확하고 쉽게 오류가 발생하는 주요한 이유 중 하나는 실제로 뇌가 정확도에 신경을 쓰지 않기 때문이다. 인간의 뇌는 근본적으로 앞날을 생각하는 기관이며 대단히 실용적이다. 앞서 설명했듯이 기억은 단지 뇌가 우리를 과거와 연결해주려는 시도만은 아니다. 미래를 최적화하기 위해서 과거와 연결해주려는 뇌의 시도인 것이다. 과거를 돌아보는 것은 훌륭한 도구가 될 수 있지만, 그 과정에서 정확성은 기억의 주요한 목적에 비하면 부차적인 것이다. 기억의 주된 목적은 앞으로 나아가기 위해 과거를 충분히 이해하게 해주는 것이다.

이렇듯 기억과 행동은 긴밀하게 연결되어 있다. 모든 행동의 시작점은 기억이다. 자기 자신과 자신이 살고 있는 세상, 자신이 무엇을 하고 있었는지에 대한 기억이 없는 것은 미래의 행동에 대한 확고한 근거가 없어지는 것이다. 그리고 기억이 그것이 만들어진 상황에 민감한 것처럼, 행동 역시 마찬가지이다.

이는 대부분 단순 학습 연상을 통해 쉽게 볼 수 있다. 노스웨스턴 대학교에서 시행한 흥미로운 연구에서 연구원들은 일반적인 사람들로 구성된 참가자들을 무작위로 두 집단으로 나누었다.[16] 그리고 한 집단에게는 하얀색 의사 가운을, 다른 집단에게는 수수한 외출복을 나누어주었다. 그 결과 의사 가운을 입은 집단은 정확도와 집중력 테스트에서 훨씬 좋은 결과를 보였다. 왜일까? 오랜 시간에 걸쳐 우리의 뇌는 무의식적으로 의사와 지성 및 정확성 사이에 연관관계를 구축해왔다. 오랜 시간 동안 구축된 의사의 개념은 이러한 특징을 지니고 있다. 의사 가운을 입으면 그러한 연상 작용이 활성화되어 결국 우리의 행동을 변화시킨다. 다시 말해 의사 가운을 입은 이들은 무의식적으로 학습된 (지성과 정확성 등의) 개념에 어울리는 행동을 하게 되는 것이다.

이는 우리가 가장 좋아하는 운동선수의 유니폼이나 신발을 신으면 운동을 더 잘하게 되거나 적어도 더 잘할 거라는 자신감이 생기는 이유이다. 옷처럼 단순한 것으로도 학습된 연상에 의해 익숙해진 상황은 우리의 기억과 태도 그리고 궁극적으로는 우리의 행동에 막대한 영향을 미칠 수 있다.

음악의 경우를 생각해보자. 릴 존의 〈샷〉이라는 노래가 바에서 흘러나오는 상황을 생각해보자. 이 노래가 싫을 수도 있지만 바에서 이 노래를 트는 행위의 천재성은 인정해야 할 것이다. 이 노래가 흘러나올 때마다 손님들은 술 생각이 나서 술을 주문을 할 가능성이 커지기 때문이다. 다시 말해 바에서 이 노래를 틀면 바의 매출을 올려주는 행동, 즉 술을 사는 행동을 촉발한다는 것이다.

마찬가지로 우리의 행동을 유발하는 또 다른 노래에는 체인스모커스의 〈셀피〉라는 곡도 있다. 이 노래의 가사는 허영기 많은 전형적인 부잣집 딸의 의식의 흐름으로 구성되어 있으며, 각 구절의 끝부분에 셀프카메라를 찍고 싶다는 내용이 나온다. 이 노래를 모르는 사람을 위해, 노벨상을 수상할 만한 가사의 첫 부분을 소개한다. 나이트클럽의 바에 있는 거울에서 화장을 고치고 있는 어떤 여성이 이렇게 말한다.

그 여자는 어쩌다가 여기 왔을까?

그 여자 봤어?

키도 작고 옷도 싸구려야

누가 호피무늬를 입고 다닌담?

여름도 아닌데 DJ는 왜 계속 〈여름의 슬픔〉을 틀지?

화장실 갔다가 담배 한 대 피우러 갈래?

정말 한 대가 간절하군

하지만 먼저(정적)

셀프카메라 한 장 찍고!

이 노래에서 셀프카메라는 릴 존의 노래에서의 술을 주문하는 행동과 같다. 이 노래는 셀프카메라를 찍는 행동을 유도하는 상황을 제공한다. 그리고 당연하게도 클럽 주인들은 이 노래를 좋아한다. 장소를 홍보할 필요가 없기 때문이다. 이 노래가 시작되면 '철없는' 군중들은 셀프카메라를 찍기 시작하고 자신의 셀프카메라에 클럽을 태그한다. 서로에게 이익인 것이다.

이처럼 상황에 의해 행동이 유도되는 현상은 우리 주변 어디서나 볼 수 있다. 특정 행동, 그중에서도 구매 행위를 불러일으키는 상황에는 다음과 같은 것이 있다. 주 박람회와 축제 음식, 야구와 핫도그, 영화와 팝콘, 땅콩버터와 젤리, 피자와 맥주, 휴식시간과 담배, 요트 위크와 신탁기금.

브랜드의 경우 뇌가 상황과 행동을 자연스럽게 조합하는 것은 행동 설계를 연습할 수 있는 기회이다. 오래됐지만 좋은 사례로 킷캣 초콜릿의 광고 음악이 있다. "그만 좀 해. 잠시 쉬었다 하자. 킷캣바 좀 줘!" 이 광고에서 네슬레(킷캣의 모회사)는 휴식시간이라는 상황과 킷캣을 먹는 행동을 교묘하게 연결한다. 일하는 도중 점심시간이 되었나? 킷캣을 먹자! 공부하는 도중 휴식시간이 필요한가? 킷캣을 먹자! 한번 들으면 잊히지 않는 수준의 광고 음악은 이처럼 상황과 행동 간의 조합의 효율성을 두 배로 증폭시킨다. 이 광고 음악을 한번 들으면 머리에서 떠나지 않는다. 누군가 "잠시 쉬었다가 할까요?"라고 말하는 소리를 들을 때면 어떤 멜로디가 떠오를까? (여담이지만 광고 음악은 점점 사라져가는 미디어 중의 하나로 보호할 만한 가치가 있다. 하지만 코미디 등에서 사용되는 녹음된 웃음소리는 사라질 가능성이 있다.)

상황을 이용한 킷캣의 성공은 세월을 이겨내지는 못했다. 하지만 다음에 이야기할 브랜드는 살아남았다. 최선을 다해 다음 시나리오를 머릿속에서 상상해보자. 날씨가 따뜻한 곳에서 휴가를 즐기고 있다. 날씨는 춥지도 덥지도 않고 완벽하다. 차도 사람도 많지 않아 파도가 부서지는 소리만 들릴 뿐이다. 바닷바람은 상쾌하고 발끝에는 모래가 느껴진다.

1분 동안 정말 그런 장소에 있다고 상상해보자. 다 됐는가? 좋다. 이제는 맥주를 주문할지 묻는 웨이터가 있다고 상상해보자. 어떤 맥주가 떠오르는가? 아마 코로나 맥주일 것이다. 수십 년에 걸쳐 코로나 맥주는 사람들의 머릿속에 코로나 맥주를 해변과 확고하게 연관시켜 사람들을 인셉션inception(영화 〈인셉션〉에서 '인셉션'이라는 단어는 '무의식 속에 생각을 심는다'라는 뜻으로 사용되었다-옮긴이)했다. (공평을 기하기 위해 우리는 이전 장에서 코로나 맥주를 언급함으로써 코로나에 대한 기억을 되살렸다.) 이러한 연상 작용은 우연히 일어나는 것이 아니다. 수없이 많은 맥주 중에서 어떻게 한 브랜드의 맥주가 소비자의 눈에 확 띌 뿐만 아니라 소비자 스스로 그 맥주를 생각하게 할 수 있을까? 그 비결은 상황이다. 해변과 연관되지 않은 코로나 맥주 광고를 찾아보라. 상황을 독점하려는 코로나 맥주의 목적에 관한 힌트를 코로나 맥주의 태그라인에서 그다지 어렵지 않게 찾아볼 수 있다. "인생은 해변이다."

하지만 행동을 유발하는 상황의 힘은 예상치 못한 영향을 미칠 수도 있다. 상황과 밀접하게 연관된 상품은 매출 증대에 주요한 장애물이 될 수 있다. 샴페인은 특별한 경우와 연관되어 있다. 축하행사를 떠올려보자. 샴페인을 터뜨리는 모습이 보이고 소리가 들릴 것이다. 많은 사람들이 샴페인은 특별한 경우에만 어울린다고 여기긴 하지만, 비싼데다 뿌리는 재미 외에는 샴페인에 본질적으로 축하와 관련된 것은 없다. 그리고 사실 몇몇 값비싼 수제맥주 브랜드는 거품이 나는 술 가운데 샴페인을 제치고 소비자의 선택을 받아 '축하행사' 시장에 진출하는 데 성공했다. 이것이 가능했던 이유는 흥미롭게도 수제맥주 브랜드들이 샴페인과 연관된 상황과 행동에 자신의 브랜드를 적용하고, 샴페인과 같은 모양의 병을 사용하여 축하할 때 코르크 뚜껑을 열 수 있게 했기 때문이다.[17]

이로 인해 경쟁이 치열해지자 샴페인 회사들은 특별한 상황이 아닌 경우에도 샴페인을 권하여 타깃을 확장하기 위해 노력해왔다. 이들 기업은 상황과 관련된 연상을 극복하기 위해 연구해왔다. 이를테면 무역그룹인 프렌치 와인 앤 푸드는 샴페인이 어울리는 상황을 확장하기 위해 "예스라고 말할 때 기대하지 않았던 일이 일어난다"라는 광고 캠페인에서 미리 계획된 축하행사에 대비되는 즉흥적인 즐거움의 매력을 호소해왔다. 이보다 더 프랑스다운 슬로건은 없을 것이다.

상황은 습관도 유도한다

충분히 오랜 시간 동안 상황과 행동의 관계에 대해 조사한다면 인간의 성향이 일상적인 행동에 의해 구분된다는 것을 알 수 있을 것이다. 다시 말해 인간은 습관의 피조물, 즉 무의식적으로 끊임없이 되풀이하는 행동의 피조물이다. 그리고 상황은 이러한 습관을 형성하는 데 중요한 역할을 한다. 록 그룹 50센트의 〈인 다 클럽〉처럼 특정 상황에 잘 어울리는 노래는 없을 것이다. 이 노래는 오로지 파티만을 위한 곡이다. 비가 오는 일요일에 고양이를 데리고 푹신한 의자에 몸을 웅크리고 앉아 이 노래를 배경음악 삼아 소설책을 읽는 사람은 없을 것이다. 이 노래는 파티의 분위기를 띄우는 노래의 전형이다. 파티에 참석하지 않더라도 이 노래가 흘러나오면 금세 파티 분위기가 날 것이다.

이 노래에서 연상되는 모든 것이 파티와 관련이 있기 때문이다.

우리가 상상할 수 있는 것 가운데 가장 상황 의존적인 짝은 무엇일까? 영화관과 팝콘이다. 듀크대학교 그렉 번스Greg Burns 교수의 인상적인 연구에 따르면, 영화관에서 팝콘 먹는 것을 좋아하는 사람이 영화관에 갈 때마다 팝콘을 먹을 확률은 거의 100퍼센트이다. 방금 전에 팝콘을 먹어서 배가 부를 때도 이들은 계속해서 팝콘을 먹었고, 연구진이 일부러 눅눅해진 팝콘을 제공해도 그들은 팝콘을 먹었다! 이 연구에서 가장 흥미로운 점은 이러한 행동이 믿기 어려울 정도로 상황과 연관되어 있다는 것이다. 이를테면 이들은 학교 도서관 같은 곳에서는 배가 부르거나 눅눅해진 팝콘이 나올 때 팝콘을 거부했다. 영화관을 나오면 팝콘의 마법이 작용하지 않는 것이다.

습관이 형성되고 유지될 때 가장 중요한 것은 상황이다. 가장 극단적인 예는 베트남 전쟁이다.[18] 베트남에 파병된 미군은 헤로인 중독 비율이 매우 높았다. 1971년 이 소식이 워싱턴에 전해지자, 정부는 경종을 울리기 시작했다. 이것은 닉슨 행정부가 절대 해서는 안 될 일이었다. 닉슨은 엄격하고 불관용적인 약물 정책에 관한 캠페인을 벌였지만, 계속되는 전쟁으로 인해 인기는 날로 떨어졌기 때문에 부정적인 여론과 승산 없는 싸움을 벌이고 있었다. 그는 즉시 약물에 중독된 군인과 중독률을 연구하는 특별위원회를 구성했다. 이 연구에서 군인들을 대상으로 조직적으로 약물 사용에 관한 조사를 했고, 베트남 전쟁에 참전한 미군의 20퍼센트가 헤로인을 습관적으로 복용한다는 경험에 근거한 보고서를 제출했다.

하지만 충격적인 것은 군인들이 미국으로 돌아온 후의 약물 사용이었다. 헤로인은 마약 중에서도 가장 중독성이 강한 것으로 알려져 있다. 복용한 사람들의 4분의 1이 중독되고,[19] 치료를 받으려고 노력한 사람들의 약 91퍼센트가 다시 중독된다.[20] 하지만 베트남에서 돌아온 병사들은 치료를 받으려고 하지 않았을까? 미국으로 돌아온 병사의 5퍼센트 미만이 계속해서 약물을 사용했다. 차이점이 있다면 상황이다.

많은 부분이 생물학적 요소에 의해 결정되는 약물을 사용하는 행동조차 모든 것이 상황에 따라 바뀐다. 어떤 상황에서는 어김없이 잘 진행되던 것이 상황이 바뀌면 전혀 효과가 없을 수 있다. 상황을 통제하면 행동을 제어할 수 있다. 어떻게 그것이 가능할까? 반복된 상황은 기억을 생성하고, 그 기억들은 연상을, 연상은 행동을 유도한다. 하지만 상황이 사라지면, 연상의 통제가 느슨해지고 행동(습관)이 정지된다.

사람들의 상황은 대부분 정해져 있다. 집, 직장, 좋아하는 몇몇 상점과 식당 등. 우리는 습관에 따라 소비한다. 가령 모닝커피나 아침식사와 같은 구매 행위 중 절반은 정기적으로 반복된다. 즉 동일한 상황, 동일한 시간대, 동일한 요일, 동일한 상점에서 발생한다.[21] 같은 상황 속에서 소비자들은 동일한 브랜드의 제품을 구매하는 성향이 있을 뿐만 아니라 구매하는 양도 동일하다.[22, 23] 너무나도 쉽게 예측할 수 있다! 일단 습관이 생기면 우리는 그 습관에서 벗어나지 않으려고 한다. 일상적인 상황의 주된 양상은 바뀌지 않기 때문이다.

기업들은 우리의 일상에 통합되기를 간절히 바란다. 그것이 아침에 일어나 가장 먼저 확인하는 전화기 혹은 앱이든, 출근길에 마시는 커피이든, 저녁에 쉬기 위해 소파에 몸을 던지는 순간에 클릭하는 음악 서비스이든 말이다. 우리의 습관과 습관을 형성하게 하는 상황은 엄청난 수익을 가져다주기 때문이다.

인지부조화의 마케팅 전략

지금까지 살펴본 것처럼 우리의 기억에 오류가 많은 이유는 기억이 정확성보다 실용성을 더 중시하기 때문이다. 기억이 완벽할 필요는 없다. 단지 미래의 의사결정을 위한 근거로 사용할 수만 있으면 된다. 이것은 우리가 과거에 일어난 특정 사건을 어떻게 생각하는지는 물론 과거를 전체적으로 어떻게 느끼는지에도 적용된다. 또한 흥미롭게도 자신을 어떻게 생각하는지와도 관련이 있다.

의사결정을 하고 일을 계속 진행하려면, 뇌는 일관된 자아의식을 형성하고 유지해야 한다. 의사결정의 결과가 우리에게 이로울 것인지 해로울 것인지를 예측하려면, 우리가 어떤 사람인지 알아야 한다. 기억은 여기서 핵심적인 역할을 한다. 기억은 우리의 자아를 온전하게 고정시켜주는 접착제이자 연속성을 유지하게 해주는 수단이다. 실제로 우리는 끊임없이 진화하고 변화한다. 시인 T. S. 엘리어트는 이 상황을 다음과 같이 표현했다. "당신은 그 역을 떠났던 사람 / 종착역에

도착하게 될 사람과 다른 사람이다." 생물학적으로 우리의 세포는 자체적으로 약 7년마다 완전히 재생된다. 이와 같은 변화를 겪는 내내 우리의 자아의식이 지속될 수 있는 것은 우리를 과거와 연결해주는 기억 덕분이다. 우리는 매일 아침 조금씩 다른 물리적 개체가 된 채 일어나지만, 기억이 우리를 일관성 있고 변함없는 하나의 존재로 이어준다.

중요한 것은 (창의적으로 뒤섞여 기억을 형성하는) 자아의식 역시 우리를 일관된 존재로 유지하게 한다는 점이다. 새로운 경험에 직면하거나 새로운 결정을 내릴 때, 우리는 자아의식과 일치하도록 그 문제를 원만하게 해결하려 한다. 이 과정에서 불일치가 발생할 때, 심리학자들이 '인지부조화cognitive dissonance'라고 일컫는 심리학에서 가장 오래되고 강력한 현상이 나타난다.[24] 이는 신념과 행동 사이에 갈등이 생길 때, 그 문제를 해결하기 위해 정신적으로 불편해지는 것이다.

고기를 먹지 않는다는 신념을 가진 채식주의자가 있다고 가정해보자. 그가 친구들과 술을 마시러 갔다. 술자리는 여느 때처럼 늦게까지 이어져 새벽 2시에 타코(고기와 야채 등을 밀가루 반죽으로 만든 빵에 싸서 먹는 멕시코 음식-옮긴이)를 파는 술집에 가게 되었다. 이러한 상황에서는 술에 취한 친구가 강요하지 않아도 피치 못할 사건이 벌어진다. 그가 고기가 든 타코를 먹는 것이다.

이러한 상황에서는 갈등이 생길 수밖에 없다. '나는 고기를 먹지 않는다'와 '나는 고기가 든 타코를 먹었다'는 말이 되지 않는다. 한쪽이 양보해야 한다. 이처럼 인지부조화가 발생했을 때는 조정이 필요하다.

방법은 두 가지가 있다. 첫 번째는 거부하는 것이다. '난 정말 타코를 먹지는 않았어. 씹기만 했다고나 할까. 그건 중요하지 않아'라고 생각하는 것이다. 두 번째는 조금 더 합리적인 방법이라고 할 수 있다. 자신의 행동을 인정하고 현재의 신념체계와 자아의식을 수정하는 것이다. '그래. 고기가 들어간 타코를 먹은 게 사실이야. 보통 때는 고기를 먹지 않지만, 먹을 때도 있어'라고 생각하는 것이다.

인지부조화는 마법과도 같은 마케팅이다. 브랜드는 의도적으로 부조화를 만듦으로써 즉, 스스로 생각하는 자신과 자신이 소유하고 있는 것 사이에 분열을 일으킴으로써 인지부조화를 마케팅에 활용한다. 인지부조화는 특히 소비자들에게 야심이나 자신이 아직 성취하지 못한 것들을 상기시키는 광고를 하는 (패션이나 스포츠카 같은) 라이프스타일 브랜드에서 공통적으로 나타난다.

닛산의 SUV 엑스테라를 예로 들어보자. 이 차는 20대 중반에서 후반의 평범한 사람들이 모래 언덕이 이어진 평탄하지 않은 길에서 트럭을 운전하는 광고와 함께 출시되었다.[25]* 고프로(미국의 액션 카메라 브랜드-옮긴이)나 레드불(에너지 드링크 브랜드-옮긴이)의 유튜브 채널에 있는 영상들을 떠올리면 쉽게 이해할 수 있을 것이다. 이 영상을 보면 젊은이들은 마침내 정상에 올라 결심을 한 듯 스노보드를 꺼낸 다음 모래 언덕을 미끄러져 내려간다.

닛산 광고에 숨겨진 메시지는 '멋진 사람들은 이처럼 멋진 일을 하기 위해 닛산 자동차를 산다'이다. 닛산 광고를 보는 사람 중에는 이 메시지에 동조하는 사람도 있고, 그렇지 않은 사람도 있을 것이다. 동조하지 않는 사람은 (지금까지는) 안전하다. 하지만 동조하는 사람들, 그중에서도 자신이 멋지다고 생각하는 사람의 뇌는 자신이 멋진 사람이라는 믿음과 엑스테라를 소유하지 않았다는 사실 사이의 간극을 해결해야 한다. 엑스테라를 구입해서 자신이 멋지다는 믿음을 계속 유지하거나, 엑스테라를 사지 않는 대신 ('내가 그렇게까지 멋진 사람은 아닐지도 모르겠군'이라며) 자신의 가치에 대한 기존의 신념을 수정해야 할 것이다.

유명인사가 제품을 보증하거나, 멋진 액션 장면의 이면에서 동경을 불러일으키는 유형의 광고는 제품의 긍정적인 면을 부각시킨다. 이러한 광고는 감춰진 메시지를 통해 다음과 같이 주장한다. '멋지고 매력적인 성공한 사람이 되려면 이 제품을 구입하세요.' 암묵적으로 동경을 불러일으키는 광고가 주장하는 바에 동조할 때마다 우리의 뇌는 엑스테라와 같은 계산 문제를 풀어야만 한다.

미용업계에서 이 문제는 특히 중요하다. 메이블린은 이레이저라는 전체적인 미용제품 생산라인을 갖추고 있는 기업이다. 잡지와 인쇄물 광고에서 메이블린은 닛산과 유사한 주장을 하고 있다. '매력적인 사람이 되려면 이레이저를 사용해야 합니다.' 메이블린은 여성들에게 당신은 별로 매력이 없으니 이레이저 제품이 필요하다고 공공연히 이야기하지는 않는다. 그래서는 안 된다. 인지부조화는 암암리에 일어난다. 의지가 강한 사람들은 메이블린의 주장을 거부하고 제 갈 길을 간다. 그렇지 않은 사람들은 자신에게 묻는다. '나는 매력적인 사람일까?' 자신이 매력이 있다고 생각한다면, 뇌는 인지부조화를 해결하기 위하여 메

이블린의 이레이저를 사러 가거나 자신의 신념을 바꾼다. '나는 매력이 없는 사람인가 봐.'

대다수의 사람들은 동경을 불러일으키는 광고에서 주장하는 것을 거부할 수 있고, 거부하고 있다. 몇몇 유형의 광고는 다른 광고보다 쉽게 거부할 수 있다. 영화가 현실이 아니라는 것을 인지하는 것과 똑같은 방식으로 광고가 상업적인 목적을 가지고 있다는 사실을 깨닫는 것은 광고가 의도하는 내용과 거리를 두는 한 가지 방법이다. 영화배우 드웨인 존슨이 셔츠를 벗은 채 언더아모 헤드폰을 광고하는 모습은 인상적이지만, 소비자들이 그 모습을 보고 '드웨인 존슨은 유명인이야. 물론 외모도 액션피겨 같은 모습이지. 헤드폰이 있든 없든 말이야'라고 생각한다면 소비자를 기만하는 것은 아닐 것이다.

유명인들은 비현실적인 동경의 대상이라 할 수 있지만, 인플루언서들은 그렇지 않다. 아무리 정신력이 강한 소비자라 할지라도 소셜미디어에서는 한순간의 불협화음에 무너져내린다. 유튜브나 인스타그램 등의 인플루언서들은 비현실적이라고 할 수는 없다. 사람들은 인플루언서를 '유명인'이라기보다는 '현실 속의 사람'이라고 여긴다. 안젤리나 졸리가 립스틱을 판다면 무시할지 모르지만, 똑같은 립스틱을 유튜브 메이크업 전문가 패트릭 스타가 판다면 그렇게 하지 못할 것이다.

인지부조화와 카그라 증후군

광고를 받아들이고 구매하는 것은 부조화를 해결하는 한 가지 방법이지만, 유일한 방법은 아니다. 부조화는 다른 방법으로도 해결할 수 있다. 심리적으로 현실을 왜곡하는 것이다. 보통은 ('나는 고기가 들어간 타코를 먹은 게 아니고 씹기만 한 거야'라며) 기억을 수정한다는 뜻이다. 이런 식으로 기억과 행동 사이의 관계는 뒤집힐 수 있다. 이런 경우에 행동이 기억을 바꾸어놓는다.

인간의 뇌가 가진 흥미로운 특징 중 하나는 끝없이 합리화하는 능력이다.[26] 이러한 능력은 카그라 증후군Capgras syndrome 같은 극단적 형태의 뇌 손상으로 발전하기도 한다. 카그라 증후군처럼 괴이한 병도 없을 것이다. 카그라 증후군에 걸리면 기억을 떠올리고, 계산을 하고, 말을 하는 등 인지 능력은 그대로이지만, 매우 특별한 신념 한 가지가 새롭게 생긴다. 자신과 가까운 사람들이 사기꾼이라고 확신하게 되는 것이다. 유명한 신경과학자 빌라야누르 라마찬드란Vilayanur S. Ramachandran은 그 이유를 연구했고, 매우 특별한 뇌 손상 때문에 이와 같은 병이 생긴다는 결론을 내리게 되었다. 카그라 증후군은 안면 기억을 책임지는 중추와 정서적 현저성emotional salience을 책임지는 중추 사이의 연결이 끊어져서 생기는 병이다.

카그라 증후군 환자의 행동은 우리가 보기에는 이상하고 무의미하지만, 그들에게 논리적으로 일관된 설명은 그 행동밖에 없다. 사람들은 부모님의 얼굴을 보며 따뜻함과 애정을 느끼는 데 익숙하다. 우리는 부모님의 사랑을 당연시해서 거의 느끼지 못하지만 부모님의 사랑은 늘 그 자리에 있다. 하지만 뇌에 있는 안면 기억과 감정 사이의 연결이 단절되면 따뜻한 감정은 더 이상 그 자리에 없다. 이에 대한 유일한 합리적인 설명은 (이 심리적인 사건의 특이한 상황을 고려하면) 그 사람이 아버지가 아니고 아버지를 흉내 내는 아버지와 똑같은 복제인간이라는 것이다. 우리의 생각과 설명은 내적 실재internal reality를 수용하는 쪽으로 기울게 된다.

신체의 한쪽 부분이 마비되는 뇌졸중에 걸리거나 그 과정에서 좌측 측두엽과 (신체의 위치를 감지하는 자기수용 감각과 연관된) 정두엽이 교차하는 부위에 손상을 입은 환자에게 유사한 왜곡 현상이 나타날 수 있다. 분명히 (이를테면 왼팔을 들지 못하는) 마비 상태에 있지만 자신이 마비된 것을 전혀 인정하지 않는 것이다.[27] 팔을 움직여보라고 하면 믿을 수 없을 만큼 엉뚱한 변명과 이유를 늘어놓는다. "너무 피곤해서요." "그럴 기분이 아니에요." "그러고 싶지만, 이 병원에 있는 마비 증상 환자들의 기분을 나쁘게 하고 싶지 않아요." 어떤 경우에는 자신이 움직이고 있는데 의사들이 관심을 보이지 않을 뿐이라고 주장해 의사를 놀라게 하기도 한다. 또한 팔다리가 움직이지 않는 것이 사실이지만 그 팔다리가 자신의 것이 아니라고 주장하는 신체망상분열증somatoparaphrenia을 보이는 환자들도 있다.[28] 이들은 끝도 없이 이야기를 꾸며낸다.

처음에는 이러한 사례들이 말도 안 되는 소리처럼 들리겠지만, 이 현상들은 뇌가 손상되었을 때만 나타나는 것이 아니다. 건강한 뇌도 늘 이런 일을 한다. 〈사이언스〉에 발표된 다음 실험에 대해 생각해보자.[29] 피터 요한슨 연구팀은 사람들에게 간단한 임무를 부여했다. 매우 비슷한 얼굴을 찍은 사진 두 장을 고른 다음, 어떤 쪽이 더 좋은지 물었다. 연구팀은 나중에 참가자들에게 자신들이 선택한 사진을 나누어주며 왜 그 사진을 선택했는지 설명해달라고 부탁했다.

일정 횟수만큼 시험을 하고 나서 연구팀은 다른 사진을 참가자에게 주었다. 참가자들이 선택하지 않았던 사진이었다(사진 속의 얼굴은 누구라도 알아보기 어려울 정도로 비슷했다). 흥미로운 점은 그들의 설명이었다. 그들이 제시한 근거는 설득력 있고 믿을 만했다. 그들은 "안경 때문에 이 사진을 선택했죠" 혹은 "머리칼 때문에 이 사진을 골랐어요", "처음 봤을 때 이 사진이 눈에 확 들어왔어요"라고 말했다. 의사결정에 관한 설명은 참가자들이 실제로 선택한 얼굴에 대해 설명할 때만큼이나 자신이 선택하지 않은 얼굴의 정당성을 설명할 때에도 설득력이 있었다.

소비자 연구에서도 비슷한 결과가 나왔다. 얼굴 대신 잼 병 사진을 보여주었을 때 매우 흡사한 결과가 나온 것이다.[30] 누군가를 속여서 그들이 사과잼을 선택하게 했다면, 그런데 그들이 실제로는 산딸기잼을 좋아한다면, 그들은 자신들의 의견을 고집하며 그들의 '선택'을 완강히 고수할 것이다. 그들은 실제로는 사과잼을 좋아하지 않지만, 맛좋은 사과를 찬미하는 노래를 부르며 그들의 선택을 정당화하는 화려한 설명을 쏟아낼 것이다. 마케터들은 자신들이 광고할 제품의 특징을 칭찬하려고 애쓰며 시간 낭비를 하고 있는 것일지도 모른다! 소비자들은 자신이 선택한 것은 모두 좋아하는 것 같다. 우리 모두 신체망상분열증 환자가 되는 것은 그다지 어려운 일이 아니다.

이 연구는 의사결정에 관한 여러 가지 의미를 담고 있다. 뉴욕대학교의 심리학자 조너선 하이트Jonathan Haidt가 설명했듯이, 마치 대통령

집무실에 있으면서도 실제로는 대통령의 모든 입장을 정당화하는 공보관처럼, 의식은 자신의 모든 행동을 정당화하려 한다. 실수로 내려진 의사결정 때문에 사후에 변명만 늘어놓는 경우가 얼마나 많을까? 이 책에서 실제로 어떻게 의사결정을 통제하는가에 관한 주제에 대해 다시 다룰 것이다. 하지만 당장 흥미를 끄는 것은 우리가 저지른 행동에 대해 해명하는 것이다. 일단 '선택'을 하게 되면 우리는 그것을 이해해야 한다. '매끄럽게 다듬어야' 하고 과거의 행동과 우리가 생각하는 자기 자신과 일관성이 있어야 한다. 어떤 경험에 대한 우리의 기억, 그리고 그 기억을 설명하는 방식은 우리가 유지하려는 서사와 일관성을 유지하기 위해 어쩔 수 없이 왜곡될 수밖에 없다.

이것은 소비자 세계에서 여러 가지 서로 다른 방식으로 나타난다. 소비과잉에 대해 생각해보자. 우리가 실제로 필요한 것보다 더 많은 물건을 사고 있다는 사실은 분명하다. 그리고 마음속으로는 이런 사실을 알고 있다. 동시에 우리는 일반적으로 자신을 합리적이고 의식 있는 사람으로 보이고 싶어 한다. 이것은 어떻게 설명할 것인가?

그에 대한 해답을 마케팅 업계에서는 '기능적 알리바이functional alibis'라고 부른다.[31] 하버드 비즈니스 스쿨의 연구진은 작고 실용적인 특징 등을 포함한 관대하고 쾌락적인 구매가 매출을 크게 증가시킬 수 있다는 사실을 발견했다. 이 연구의 저자 중 한 사람인 아나트 케이난Anat Keinan은 〈애틀랜틱〉에 기고한 글에서 이렇게 말했다. "사람들은 자신이 합리적이고 현명한 구매자이며, 낭비하지 않고 그저 남들에게 과시하고 싶어서 물건을 사는 사람으로 인식되지 않기를 바란다." 킬로

미터당 9.5리터의 연비를 자랑하는 6만 달러짜리 '합법적인 거리의 탱크'인 허머(사륜구동의 지프형 차량-옮긴이)를 예로 들어보자. 허머는 요란하고 크고 비싸다. 하지만 광고에서 안전 기능에 대해 짧게 언급함으로써 마케터들은 구매를 합리화하려는 사람들을 위한 구실을 제공한다. 실제로는 허머가 멋있어서 사려고 하면서도 자신에게는 이렇게 말한다. "안전하기 때문에 사려는 것뿐이야." 안전에 대한 평가는 구매할 때 거의 고려하지 않으면서도, 구매를 합리화할 때는 맨 앞에 온다.

다른 자동차 브랜드에서도 유사한 경향을 찾아볼 수 있다. 오길비 광고 그룹의 부회장 로리 서덜랜드Rory Sutherland는 이렇게 언급했다. "테슬라를 타는 사람들은 처음에 그 차를 구매한 이유와는 무관하게 테슬라의 환경적 순수성에 점점 열광한다."[32]

과거에 집착하는 이유

일관성을 유지하는 힘은 우리를 과거의 어떤 요소에 대한 애착을 갖게 하는 방법으로 일종의 관성으로도 작용할 수 있다. 우리는 기이한 방식으로 과거에 집착하며, 의사결정을 할 때도 아주 비합리적인 방법으로 집착하는 경향이 있다. 이와 관련된 한 가지 사례는 행동경제학자들이 '함몰비용 오류sunk cost fallacy'라고 부르는 것이다. 2년 전에 중고차를 한 대 샀는데, 이 차가 계속해서 정비소를 들락거렸다고 생각해보자. 동료들이 그냥 새 차를 한 대 사는 게 낫지 않겠냐고 물으면 이렇게 대답한다. "수리하는 데 꽤 돈을 많이 썼는데, 새 차를 사는 건 말이 안 됩니다." 이것이 함몰비용 오류가 작용하는 경우이며, 과거를 이용해서 현재와 미래의 의사결정에 영향을 미치는 것이 얼마나 비합리적인지 보여준다.

자세히 살펴보면 이것이 얼마나 비합리적인지 알 수 있다. 우리는 미래에 무언가와 함께 있지 않으면, 과거에 거기에 무엇을 쏟아부었든 낭비했다고 생각하는 경향이 있다. 그렇긴 하지만 과거는 이미 사라졌다. 공리주의적 의미에서 시간과 돈은 미래에 무슨 일을 하든 관계없이 이미 '낭비'된 것이다. 과거에 내 차에 무슨 일이 있었는지는 무관하다. 차를 수리하기 위해 지출한 돈은 이미 사라져버렸다. 논리적으로 지금 중요한 것은 내 중고차 가격과 앞으로 구입할 새 차이다. 그러나 우리는 이전에 구입한 차가 본전의 값어치는 충분히 했다는 것을 인정을 받으려고 비논리적인 행동을 한다.

마케터들은 함몰비용 오류를 이용하여 잠재고객을 창출하는 데 특히 능하다. 잠재고객을 만들어내는 가장 쉬운 방법 중 한 가지는 이메일을 수집하는 것이다. 그리고 새로운 이메일을 수집하기 위한 한 가지 전략은 이메일 주소를 묻기 전에 먼저 시간을 내준다는 약속을 받는 것이다. 양식의 나머지 부분을 채우는 데 이미 시간을 많이 썼다면 맨 끝에 있는 이메일 주소를 채우지 않겠다고 말하기는 어렵다. 나중에 어떤 양식을 접하거나 '《해리 포터》에 등장하는 캐릭터 중 어느 캐릭터가 자신과 비슷한가?'와 같은 인성검사를 하게 된다면, 결과를 보내줄 이메일 주소를 언제 물어보는지를 주의 깊게 보기 바란다. 답변을 모두 채우고 나서 이메일 주소를 묻는다면 함몰비용을 이용한 설계라고 할 수 있다. 자신이 일하고 있는 회사를 대신해서 대규모 구매 결정을 할 때, 함몰비용 오류는 의사결정에 반드시 영향을 미친다. 영업 인력은 다른 기업의 고객을 관리해주는 소프트웨어를 판매하는 기업이다. 소프트웨어 가격은 기업의 규모에 따라 수천 달러에서 수백만 달러에 이른다. 영업 인력의 전략은 ('전자책을 무료로 드릴 테니 우리에게 이메일을 보내주세요'와 같은) 작은 약속을 하는 데서 시작한 다음, ('전화번호를 알려주시면 디지털 데모를 해드리겠습니다' 등의) 중간 정도의 약속과 ('고객의 사무실에서 직접 라이브 데모를 하시죠'라는) 큰 약속을 하고 나서, 결국 구매를 요구하는 것이다. 영업 인력과 교류가 많아질수록 거절하기가 힘들어진다. 이미 많은 시간을 할애했기 때문이다. 자동차 딜러는 항상 이 전략을 사용한다. 흥정이 길어질수록 그리고 함께 보낸 시간이 길어질수록 거래를 멈추기가 어려워진다.

또한 함몰비용 오류는 애인 혹은 부부 사이에서 한쪽 혹은 양쪽이 헤어지길 원할 때 불만스런 관계가 지속되는지에 대해도 새로운 설명을 해준다.[33] 그들은 스스로에게 말한다. '그래도 여기까지 왔잖아.' 그것은 사람들을 일종의 심리적 관성 상태에 빠지게 하는 기이한 자기 정당화이다. 열정적인 마케팅 담당자들은 우리가 먼저 시간과 돈, 또는 두 가지를 모두 투자할 수 있는 방법을 교묘하게 설계하여 그들의 제품과 서비스에 헌신할 수 있게 하는 경우도 많다. 그리고 일단 이러한 경로를 따라가기 시작하면 함몰비용 오류 때문에 자신의 관성에서 벗어나기가 힘들 수 있다. 영화 〈매그놀리아〉의 유명한 대사처럼 "우리는 과거를 잊을지라도, 과거는 우리를 잊지 않는다."

기억은 정적이거나 정지되어 있지 않다. 대신 기억은 시간이 지남에 따라 서서히 발전한다. 뇌의 불완전성, 실용주의, 일관성에 대한 추구 덕분이다. 정확도 측면에서 보자면, 우리의 기억은 영상 재생과는 전혀 무관하다. 기껏해야 기억은 우리의 허락도 없이 우리가 모르게 뇌에 의해 끊임없이 '포샵'되고 있는 한 장의 사진이다. 우리의 뇌는 미래를 계획하기 위해 과거를 창의적으로 구성하며, 때로는 그 과정에서 정확성을 희생하기도 한다.

이러한 유연성은 중요하므로 알아둘 필요가 있다. 기억과 행동은 밀접하게 연관되어 있기 때문이다. 기억은 대개 상황과 어우러져 행동을 유발한다. 그리고 기이한 방법이지만, 행동 또한 기억을 유발할 수 있다.

결과적으로 기억은 규모가 큰 사업이다. 기억은 이익을 추구하는 데 사용될 수 있지만 우리가 기대하는 방식은 아닐 것이다. 소비자 행동의 다른 측면들처럼 브랜드의 기회는 우리의 기이한 심리(우리의 뇌가 현실과 인식 사이의 격차를 무의식적으로 어떻게 메우고, 경험과 기억, 행동 사이를 어떻게 메우는지)에 있다. 무언의 심리학적 통찰을 통해서든, 시행착오를 통해서든 브랜드들은 이러한 기이함을 이용하고 우리의 행동을 유발하기 위해 어떻게 마케팅 캠페인과 광고를 기획할 것인지를 알아냈다.

좋은 소식은 우리도 이러한 통찰을 이용할 수 있다는 사실이다. 기억에 의해 유발된 행동에 관한 한 상황의 영향력을 알고 있기에 우리는 목표에 도달하기 위해 우리만의 방식대로 상황을 설계할 수 있다.

기억의 불완전성을 알고 있기에 우리는 적절하게 기억에 대한 확신을 조절할 수 있다. 그리고 일관성을 추구하고 있기에 우리는 과거에 대한 자신의 해석을 부정확하고, 심지어는 도움이 되지 않는 방식으로 왜곡할지도 모른다는 것을 이해할 수 있다.

우리는 결코 밥 페트렐라 같은 사람이 가진 기억의 깊이와 정확도는 성취하지 못할 것이다. 하지만 기억의 오류를 알아내는 예리한 인지능력, 마케팅 담당자가 기억의 오류를 어떻게 이용할 것인가, 우리가 뒤섞어놓은 함정에 맞서 경계를 늦추지 않는 방법 등 우리가 보기에 소중한 것을 성취할 수 있다.

BLINDSIGHT

5장

충동 성향과 마케팅 전략

충동형 인간과 숙고형 인간을 위한 마케팅

충동의 거부이든, 만족을 미루는 것이든,

쇼핑 환경에서 지혜를 유지하는 것이든,

핵심은 인지조절이다. 우리가 통제할 수 있는 양과

우리가 유지할 수 있는 정도가 결국 다양한 상황에서

우리의 행동 방식을 결정한다.

우리가 통제하고 있는 것일까,

아니면 자동 모드로 작동되고 있는 것일까?

—— 내가 곧 은퇴를 앞둔 최고경영자이고, 후계자를 골라야 할 때가 되었다고 상상해보자. 후보자는 두 사람, 샘과 크리스로 압축되었다. 이들이 하는 말은 자신들의 리더십을 요약하여 보여준다. 누구를 선택할 것인가?

샘

- 뛰어난 리더십은 관리와 훈련의 결과이다.
- 논리는 현명함의 시작이며, 끝이 아니다.
- 감정이 나를 통제하지 않도록 감정을 통제하라.

크리스

- 아무리 비논리적일지라도 직관은 명령으로 인정된다.
- 때로는 느낌만 있으면 된다.

• 포커 게임은 하지만, 체스는 하지 않는다.

〈스타트렉〉 오리지널 시리즈의 팬이라면 누가 어느 대사를 인용했는지 알아챘을 것이다. 샘의 말은 스팍의 대사에서, 크리스의 말은 커크 선장에게서 나온 말이다. 가상의 인물 샘과 크리스는 뇌가 의사결정을 내리는 두 가지 주요 방식을 의인화한 것이다. 느리지만 논리적인 방식과 빠른 직관을 이용하는 방식이 그것이다. 또는 노벨상을 수상한 대니얼 카너먼처럼 (느리지만 세심한) 시스템2와 (빠르고 직관적인) 시스템1로 설명할 수 있다. 스팍(시스템2)은 성급한 결정은 내리지 않는다. 세심하게 통제하며, 최적화된 논리적인 결론에 이르기까지 모든 변수를 분석하기 위해 속도를 늦춘다. 커크(시스템1)는 그 반대이다. 속도를 늦추거나 무엇을 해야 할 것인지에 대해 생각할 시간이 없다. 그 대신 직관을 이용하는 일을 한다.

우리가 내리는 결정의 많은 부분이 (우리 자신의 의도적인 사고과정에 대한) 통제에 관한 문제로 귀결된다. 스팍처럼 자신의 의사결정을 인지하고 통제하거나, 커크처럼 직관에 따라 행동한다.

커크처럼 의사결정을 내리는 모델은 오토 기어가 있는 차를 운전하는 것과 같다. 덮개 안에서 일어나는 일은 생각할 필요가 없다. 운전만 하면 된다. 스팍과 같은 모델은 수동 기어가 있는 차를 운전하는 것과 유사하다. 엔진 스피드, 속도계, 기어의 위치 등을 능동적으로 고려해야 한다. 수동 모드에서 내리는 결정은 느리지만, 합리적이고 분석적이며 섬세하다.

우리의 뇌는 기본적으로 커크 모드이다. 스팍 모드는 예외적인 상황이다. 하지만 이 두 가지 의사결정 모드는 우리가 무엇을, 언제, 얼마나 구매하는 데 영향을 미치기 위해 고안된 마케팅 전략을 구상하는 데에는 취약하다.

아마존과 넷플릭스가 설정한 기본 옵션

2장에서 살펴본 바와 같이 우리가 의식적으로 관심을 기울이는 부분은 매우 제한적이다. 결과적으로 현실에서 어떤 행동을 해야 할지에 대한 합리적인 '최선의 추측'에 이르기 위해 우리는 단순한 지름길을 이용한다. 이와 같은 역학관계가 의사결정에서는 확대된다. 우리는 언제나 모든 관련 정보를 가진 상태에서 의사결정을 하지 않는다. 아이스크림 가게에 가면 모든 맛의 아이스크림을 하나하나 시식하거나 그에 대한 기억을 떠올릴 시간이 없다. 그리고 짧든 길든 시간을 들여 딸기맛과 초콜릿맛을 신중하고 섬세하게 평가하지 않는다. 그러려면 아이스크림 하나를 고르는 데 하루가 걸릴 것이다. 그 대신 재빠르게 훑어보고 나서 '그런대로 괜찮아 보이는' 한 가지를 선택한다. 그리고 인간의 뇌는 '그런대로 괜찮은' 것을 무척 좋아한다.

우리의 관심은 제한적일 뿐 아니라, 처리 중인 정보에 대해 깊게 생각하지 않는 것을 더 선호한다. 다른 조건이 모두 같다면, 뇌는 생각을 많이 하기보다는 적게 하는 것을 더 좋아한다. 쉽게 해결책을 얻을 수 있는 방법이 있다면, 뇌는 언제나 그 방법을 택할 것이다. 이것은 매우 안정적인 특징이기에 '법칙law', 즉 '최소 정신적 노력의 법칙law of least mental effort'이라고 불린다.

하지만 스도쿠나 십자퍼즐, 직소퍼즐을 좋아하는 사람들은 어떨까? 이들은 생각하는 것을 좋아하지 않을까? 그럴 것이다. 어떤 사람들은 특별한 유형의 사고와 지적인 자극에서 본능적으로 즐거움을 느낀다. 하지만 즐겁지 않은 일을 매일 생각해야 한다면 퍼즐을 좋아하는 사람의 뇌도 많이 생각하는 것보다 적게 생각하는 것을 좋아하게 될 것이다. 이것이 '최소 정신적 노력의 법칙'이다.

이 법칙은 잘 알려져 있듯이 셰인 프레더릭Shane Frederick과 대니얼 카너먼의 실험을 통해 증명되었고,[1] 카너먼의 저서《생각에 관한 생각》에서 설명된 것처럼, 의사결정에 중대한 영향을 미친다.

두 사람은 실험 참가자들에게 아래의 질문에 빠르게 응답해달라고 요청했다.

배트 한 개와 공 하나는 1.1달러이다.
배트는 공보다 1달러 비싸다.
공의 가격은 얼마인가?

연구에 참여한 대다수의 사람들이 아마도 0.1달러라고 답할 것이다. 이 실험은 MIT, 프린스턴대학교, 예일대학교 등의 학부생을 대상으로 실시되었는데, 약 50퍼센트의 학생이 동일한 답변을 내놓았다.

하지만 잠시 계산을 해보면 실제로는 이 답이 틀렸다는 것을 알 수 있다. 공이 0.1달러라면 배트는 (공보다 1달러가 비싸기 때문에) 1.1달러가 되고, 전체 금액은 1.1달러가 아닌 1.2달러가 된다. 따라서 요구조건을 만족하려면 공은 0.05달러가 되어야 한다. 이럴 경우 공보다 1달러 비싼 배트의 가격은 1.05달러가 되고, 배트와 공의 가격은 총 1.1달러가 된다.

이 문제를 처음 접하는 독자들은 직관적으로 보이는 답이 떠오를 것이다. 그리고 그것으로 끝이다. 우리의 뇌는 추가적인 분석을 위해 수동 모드로 전환하지 않아도 되는 그 답에 충분히 만족한다. 답이 틀렸는데도 말이다. 카너먼의 말했듯이 "편리함에 만족하여 생각하기를 멈출 때 문제가 발생한다." 뇌의 게으름이 사고(수동 모드로 전환)를 멈추게 한다. 행동보다 말이 쉽기 때문이다.

기본적인 상태에서 우리는 의도적인 사고 행위를 별로 하지 않으며, 다른 것에 영향을 많이 받는다. 수동으로 상황을 통제해야 하는 극단적인 상황이 발생하지 않는다면, 우리는 기꺼이 흘러가는 대로 따라간다.

뇌가 최소 정신적 노력의 법칙을 고수하는 현상은 오토 기어로 운전하는 것을 좋아하는 성향과 결합되어 인간의 수많은 행동을 설명한다. 우리가 검색엔진을 어떻게 사용하는지 생각해보자. 구글에서 검색할 때 얼마나 자주 두 번째 페이지나 세 번째 페이지를 보는가? 아마도 대다수의 사람들은 첫 번째 페이지만 볼 것이다. 또한 두 번째나 세 번째 페이지를 클릭하기보다는 원하는 것을 찾기 위해 새 검색어를 시도해볼 것이다. 첫 번째 페이지를 볼 때도 클릭하기 전에 10개의 검색 결과를 빠짐없이 읽는 경우가 얼마나 될까? 아마도 두 번째나 세 번째 결과보다는 그럴 듯해 보이는 첫 번째 결과를 클릭할 것이다. 사람들이 구글을 검색하는 형태는 정확도보다는 속도를 중시하는 일반적인 인터넷 탐색 방식을 보여준다. 우리의 뇌가 기억의 정확도보다 일관성을 중요시하는 것과 마찬가지로 의사결정에서 뇌는 정확도보다 속도와 편리함을 중요시한다. 우리가 그토록 불완전한 피조물이라는 것은 전혀 놀랄 일이 아니다.

검색을 할 때 정확도란 다음 페이지를 클릭하기 전에 각 페이지에 있는 검색 결과를 모두 분석해야 한다는 뜻이다. 이렇게 하면 이론적으로 내가 찾고자 하는 것을 정확히 찾아낼 가능성을 극대화할 수 있다. 하지만 그러기 위해서는 우리의 뇌가 수동 모드로 바뀌어야 한다. 우리의 뇌는 꼼꼼하게 읽고 맞는 답을 추측하기보다는 재빨리 훑어보고 틀린 답을 추측한다. 뒤로가기 버튼은 뇌의 게으름을 더욱 충족시킨다. 뒤로가기 버튼은 잘못된 추측을 효과적으로 삭제하고 다시 시도할 수 있게 하기 때문이다. 인터넷 검색에서 성급하게 잘못된 추측을 한 결과는 거의 존재하지 않는다.

소비자 세계는 우리가 가능한 한 생각을 하지 않고 쉽게 구매결정을 내릴 수 있게 하여, 우리가 기꺼이 생각하기를 싫어할 수 있게 해준다. 이는 온라인에서 가장 명확하게 알 수 있다. 웹 디자인을 예로 들어보자. 웹을 탐색할 때, 영어 사용자들은 자연스럽게 F자 모양의 패턴으로 페이지를 훑어본다. 유능한 웹디자이너들은 사람들의 자연스럽고 무의식적인 선호에 순응하여 그들이 우리에게 가장 보여주고 싶은 것들을 F자 모양을 따라 배치한다. 웹사이트의 주요 탐색 요소는 상단을 수평으로 가로지르거나, 하단 왼편에 수직으로 놓이게 된다.

흥미로운 점은, 대부분의 중동 국가에서는 오른쪽에서 왼쪽으로 가는 뒤집힌 F자 패턴이 표준이라는 것이다.[2] 왜일까? 페르시아어, 히브리어, 아랍어 같은 언어들은 오른쪽에서 왼쪽으로 읽기 때문이다. 영어를 비롯한 유럽에서 사용되는 대다수의 언어들은 왼쪽에서 오른쪽으로 읽는다. 읽는 것은 무의식적인 과정이다. 따라서 웹페이지의 디자인을 이처럼 자연스러운 경향에 맞추면 최대한 마찰 없이 웹페이지를 볼 수 있다.

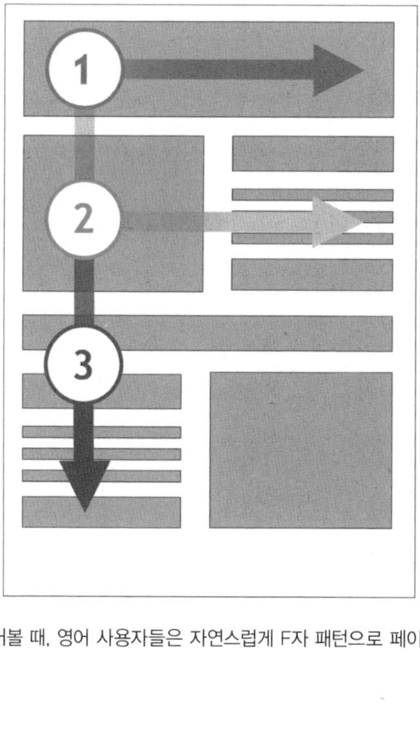

웹페이지를 훑어볼 때, 영어 사용자들은 자연스럽게 F자 패턴으로 페이지를 살펴본다.

웹에서 디지털 디자인 요소들은 한눈에 훑어보기에 최적화되어 있다. 웹에서는 가능하면 아이콘이 문자를 대체한다. '장바구니'라는 단어를 읽는 것보다 장바구니 아이콘을 보는 것이 정신적인 노력이 덜 들기 때문이다. 또한 웹사이트에서 문자를 사용할 때 문단이 짧아지는 경우가 많다. 텍스트를 여러 개의 제목과 부제로 나누고, 글머리 기호가 흔하게 쓰이며, 중요한 단어는 대개 굵은 글씨체로 표현된다.

뇌가 웹에서 사용되는 디자인 요소를 명백하게 선호한다는 사실을 우리가 언제나 인식하고 있는 것은 아니다. 하지만 우리는 웹사이트나 모바일 앱, 소프트웨어에서 좋은 느낌을 받을 때가 많다. 어떤 모바일 앱은 좋아하지만, 전혀 사용하지 않을 만큼 싫어하는 앱도 있다.

디지털 생활에서는 뇌의 자동 모드에 맞춰 설계하는 회사에 대해서 불평보다는 감사해야 할 일이 많다. 결국 기술의 가치는 사용의 편리함을 통해 인지된다. 하지만 일부 교활한 기업들은 우리가 자동 모드를 선호한다는 점을 악용하여 마찰을 제거하지 않고 도리어 마찰을 일으킨다. 이들은 최소 정신적 노력의 법칙을 이용하여 우리가 보지 않거나 하지 말았으면 하는 것들을 정신적 노력의 벽 너머에 감춰둔다.

자신이 가장 좋아하는 전자상거래 사이트에 대해 생각해보자. 아마도 그 사이트는 최대한 물 흐르듯이 물건을 구입할 수 있도록 최적으로 설계되었을 것이다. 반면에 반품 정책에 관한 내용은 일반적으로 찾기 어렵다. 이론적으로 반품에 관한 정보를 찾기 어려울수록 반품 수량은 줄어든다.

페이스북에 대해 개인정보가 문제라고 말하는 것은 절제된 표현이다. 페이스북은 사람들의 데이터를 이용하여 돈을 번다. 사람들이 좋아하고, 공유하고, 댓글을 달고, 보는 것은 광고업자들이 광고의 대상을 더 잘 선택할 수 있도록 모두 더해져 광고업자에게 팔린다. 그런 이유로 페이스북에서는 좋아요, 공유, 댓글 등을 별 어려움 없이 경험할 수 있다. 이러한 행동을 하기 위해 가야 하는 곳은 누가 봐도 알 수 있고, 무의식적이면서 자연스럽기까지 하다. 하지만 좋아요와 공유, 댓글 대신 개인정보 설정을 변경하여 페이스북이 내 데이터를 이용하여 돈을 벌기 어렵게 하고 싶다면, 그 과정은 그리 쉽지 않다. 정확히 어디에서 설정을 변경할 수 있을까? 막연하게 상단 오른쪽에 있지 않을까 추측할 수도 있을 것이다. 하지만 그다음은? 게으른 뇌는 어쩔 수 없이 수동 모드로 전환하지만, 하고 싶어서 하는 것은 아니다.

웹사이트들이 우리가 수동 모드로 전환하길 요구한다면, 그것은 우연이 아니다. 그 속에는 우리가 무언가를 발견하기 어렵게 하려는 의도가 있다.

기본 옵션과 빈지 워칭

전 세계적으로 13억 이상의 사용자를 가지고 있는 유튜브는 현재 인터넷을 통틀어 방문자 수가 두 번째로 많은 사이트이다. 페이스북보다는 한 단계 높고, 모기업인 구글보다는 한 단계 아래이다.[3] 전 세계의 사용자가 매일 10억 시간 이상 유튜브에 올라온 영상을 보면서 시간을 보낸다. 어마어마한 규모의 중국 시장에서 여전히 접속이 차단되어 있는 데도 말이다. 미국의 TV 쇼 〈오피스〉의 등장인물인 마이클 스캇이 "유튜브를 처음 봤을 때, 5일 동안 일을 못했다"라고 밝힌 것은 유명하다. 유튜브가 기본설정을 어떻게 이용하는지 보면 많은 사람들이 유튜브에서 눈을 떼지 못하는 이유를 이해하기가 어렵지 않을 것이다.

1분에 400시간 이상의 새로운 유튜브 콘텐츠가 업로드되고 있기 때문에 사용자들이 볼 수 있는 새로운 콘텐츠가 부족한 일은 없다. 기본 모드를 최대한 완화하기 위해 유튜브는 갈수록 정교해지는 '추천 영상' 기능을 개발했다. 이와 같은 머신러닝 알고리즘은 검색기록, 방문기록, 인구통계학적 정보를 이용하여 계속해서 영상을 시청하게 할 다음 콘텐츠를 완벽하게 찾아낸다.[4]

예를 들어, 처음에 '찰리가 내 손가락을 물었어요'라는 콘텐츠를 보았다면, 유튜브는 '재미있는 아기 비디오 10선'을 다음 콘텐츠로 추천할 것이다. 그리고 이 콘텐츠를 다 보고 나면 그 유명한 '악마 같은 아기 얼굴 모음'을 보라고 추천할 것이다. 이런 식으로 계속 추천 영상이 이어진다. 얼마 지나지 않아 당신은 유명 모델인 킴 카다시안의 아기가 비밀 결사 조직인 일루미나티와 함께 있는 장면을 확신하면서 4시간 전 유튜브를 처음 보기 시작했을 때는 들어본 적 없는, 모든 사람들이 충격을 받은 동영상을 보게 된다. 모든 방문자에 대하여 다음 영상을 정확하게 예측하는 엔지니어 집단이 있기에, 방문자들이 유튜브 사이트에 머무는 평균 시간이 이 글을 쓰고 있는 현재 매년 무려 60퍼센트가 증가하고 있는 것도 놀랄 일이 아니다.

그것만으로는 충분하지 않다는 듯 2014년 유튜브는 자동재생 기능을 메인 사이트에 도입했다. 이제는 다음 고양이 영상을 보기 위해 클릭을 하지 않아도 잠시 후에 영상이 자동으로 재생된다. 사소한 조정처럼 보이지만 자동재생 기능을 만들어 넣음으로써 유튜브는 기본 설정을 효과적으로 만들었고, 대세를 따르는 뇌의 성향 때문에 우리는 계속해서 그것을 기본 설정으로 사용한다.

유튜브가 자동재생을 구현한 뒤 얼마 지나지 않아 넷플릭스도 이와 유사한 포스트 플레이 옵션을 채택했는데, 이는 해당 시리즈의 다음 에피소드를 자동으로 보게 해주는 기본 설정이다. 넷플릭스도 유튜브처럼 이미 성공한 플랫폼이었지만, 포스트 플레이 옵션을 도입한 이후 시청자 수가 최고치를 돌파했다. 애덤 올터Adam Alter가 자신의 저서《멈추지 못하는 사람들》에서 지적한 것처럼, 이때 문자 그대로 빈지 워칭binge-watching(드라마나 영화를 한 번에 몰아보기-옮긴이)이 탄생했다. 구글 트렌드에 따르면, '빈지 워칭'이나 '넷플릭스 빈지'라는 말이 나타난 것은 포스트 플레이 기능이 구현된 지 몇 개월 뒤인 2013년 1월부터이다.[5] 넷플릭스의 자체 조사에 따르면, 성인의 60퍼센트 이상이 2013년에 몰아보기를 한 것으로 나타났으며, 넷플릭스에서 드라마를 시청한 사람들은 대부분 4일에서 6일 동안 몰아보기를 했다고 한다.[6] 이후 아마존과 HBO가 곧 비슷한 기능을 구현했고, 자동재생은 업계 표준이 되었다.

이처럼 기본 옵션이 강력한 이유는 안전해 보이는 현재 상황을 자연스럽게 유지할 수 있기 때문이다. 자동재생 기능 덕분에 사용시간이 늘어났는데, 계속 시청하는 것으로 되어 있는 기본 설정을 변경하려면 의식적으로 행동을 해야 하기 때문이다. 기본 설정을 거부하려면 자동 모드에 있는 뇌를 수동 모드로 전환해야만 한다. 하지만 앞에서 말했듯이 우리의 뇌는 수동 모드를 피하고 싶어 한다.

이것은 영상에만 적용되는 것은 아니다. 자동차보험에 가입한다고 생각해보자. 어디까지 보험을 적용할 것인지에 대해 다양한 옵션이 있을 것이다. 사고에 대비해서 상대방 운전자까지만 보험에 포함되기를 바라는가, 아니면 나 자신과 내 자동차까지 포함되기를 바라는가? 기본 옵션에 포함되어 있는 것은 신규 보험 고객의 최종 선택에 지대한 영향을 미치는 것으로 알려져 있다. 선택하지 말아야 할 '태풍 피해'가 기본 옵션에 포함되어 있다면, 결국 그 옵션을 포함할 가능성이 크다. 하지만 선택해야 한다면, 그런 옵션은 신경 쓰지 않을 가능성이 크다.

1992년 뉴저지주와 펜실베이니아주의 납세자들은 현실 실험에서 직접적인 타격을 받았다.[7] 이 주들은 그 해에 소비자들이 범죄 피해에 대하여 소송을 제기할 권리를 제한하여 돈을 절약할 수 있는 무과실 보험제도로 전환했다. 하지만 옵션의 구성 방식이 주에 따라 달랐다. 뉴저지주는 소송을 제기할 권리를 제한하는 것을 기본 옵션으로 구성한 반면, 펜실베이니아주는 보험 가입자들이 일부러 제외하지 않으면 모두 선택한 것으로 가정했다. 이 작은 차이가 그들의 행동에 막대한 영향을 미쳤다. 펜실베이니아주 소비자의 75퍼센트는 모든 범죄 피해를 대상으로 한 보험료를 지불해야 했지만, 뉴저지주는 20퍼센트의 소비자만 전체 범죄 피해를 대상으로 한 보험료를 지불했다.

학생 대출 상환을 비롯하여, 흥미롭게도 자발적 장기기증 등 다른 유형의 여러 행위에서도 유사한 효과가 발견되고 있다.[8] 장기기증이 기본인 오스트리아 같은 국가에서는 그 비율이 약 90퍼센트에 이른다. 반면에 장기기증을 선택해야 하는 미국이나 독일 같은 국가에서는 장기기증 비율이 20퍼센트에 불과하다.[9]

기본 옵션은 소비자 세계에서 사람들의 행동에 영향을 미치도록 의도적으로 설계되었다. 최근에 뉴욕에 왔던 때를 떠올려보자. 아마도 뉴욕은 미국에서 택시가 우버나 리프트(우버와 같은 승차공유 서비스 기업-옮긴이)보다 많은 마지막 도시일 것이다. 2007년 뉴욕시가 처음 택시기사들에게 신용카드 결제 시스템을 도입하도록 한 이래 뉴욕시의 택시 결제 시스템은 지능적으로 설계된 기본 옵션을 제공해왔다. 우선 택시 승객들을 팁을 20, 25, 30퍼센트 중에서 얼마나 줄지 선택할 수 있다. 팁을 10퍼센트나 15퍼센트를 주고 싶으면 어떻게 해야 할까? 그러려면 기본 옵션에서 벗어나 추가적인 단계를 거친 다음 금액을 계산해야 한다. 모든 과정을 오로지 혼자 해내야 한다. 택시요금을 현금으로 지불했을 때 팁은 평균적으로 10퍼센트였다. 하지만 신용카드의 기본 설정을 새롭게 바꾸자 팁의 평균은 22퍼센트로 올라갔다. 결제 시스템에 기본으로 설정된 세 종류의 옵션 덕분에 연 1억 4,400만 달러의 추가적인 순수익을 올린 것이다! 스퀘어 같은 신용카드 결제기에 기본 옵션을 도입하자, 유사한 효과를 얻을 수 있었다.[10, 11] 보통은 전혀 인지하지 못하는 이러한 초기 기본 설정 덕분에 우리는 설계자가 선호하는 방향으로 쉽게 바뀔 수 있었다. 그리고 일단 변화가 시작되면, 우리는 그 관성을 거부하기가 어려워진다.

편리함의 기본

'편의점convenience store'라는 말을 들으면, 세븐일레븐 같은 것들이 떠오를 것이다. 그렇지 않은가? 하지만 우리 저자들은 동의하지 않는다. 세계 최대의 편의점은 아마존이다. 지난 20년 동안 아마존은 최대한 편하게 쇼핑을 할 수 있게 해주었고, 이로 인해 세계에서 가장 가치가 높은 기업 중 하나가 되었다. 그 이유 가운데 하나는 아마존이 자동 모드를 설계하는 데 탁월하기 때문이다. 2일 안에 배송, 1클릭 주문, 구독 및 저장 프로그램은 모두 아마존이 마찰을 제거하고 계속해서 사람들의 뇌를 자동 모드로 유지하는 방식이다. 여러 연구 결과에 따르면, 즐거운 쇼핑이 되기 위해서는 물건을 구입하는 과정의 편리함이 상품 자체의 품질보다 비중이 클 정도로 가장 중요한 요소인 것으로 보인다.[12] 아마존의 창립자이자 최고경영자인 제프 베조스는 이것을 아마존의 철학으로 삼았다.

스마트폰과 스마트워치 같은 기술 덕분에 소비자들은 그 어느 때보다 자동 모드에서 구매하기가 간편해졌다. 자동 모드는 의사결정을 내릴 때 나타나는 충동 사이의 저항을 최소화하는 경로를 찾는다. 그리고 기술은 윤활유 역할을 한다. 미국의 공영 라디오 방송인 NPR의 2019년 한 보고서에 따르면, 미국인의 약 80퍼센트가 온라인에서 쇼핑을 한다.[13] 그리고 2019년 시장조사업체인 스태티스타의 보고서에 따르면, 미국에서 온라인으로 쇼핑을 하는 사람들 중 40퍼센트 이상이 한 달에 2회 이상 온라인에서 구매를 한다고 밝혔다.[14] 과거에는 차를 타고 운전을 해서 매장으로 가서 주차를 한 다음 진열대 사이를 훑어본 이후에 상품을 구매를 했다. 이제는 생각할 머리와 인터넷에 연결된 디바이스만 있으면 언제든 물건을 구입할 수 있다.

자동 모드에서 움직이면 잠시 숨을 돌리고 구매하는 것에 대해 다시 생각할 틈이 없기 때문에 기업들은 끊임없이 사람들이 돈을 쓸 수 있는 새로운 방법을 고안하고 있다. 아마존의 대시 버튼에 구입할 상품을 등록해놓으면 그 제품을 구입하고 싶을 때는 버튼을 누르고 지켜보기만 하면 된다! 그러면 이틀 혹은 그보다 일찍 그 제품이 현관 앞에 도착할 것이다. 노트북을 열고, 로그인을 하고, 브라우저를 실행하고, 아마존에 접속하여, 상품을 검색하고, 장바구니에 넣은 다음 계산을 해야 하는 마찰이 심한 경험과 아마존 대시를 비교해보라.

버튼을 누르는 것조차 힘이 든다 해도 걱정할 것은 없다. 적임자가 있기 때문이다. 아마존 에코나 구글 홈 어시스턴트 같은 스마트 스피커가 도와줄 것이다. (여러 번 말해야 할지도 모르지만) 그냥 단어를 말하기만 하면 아마존의 음성 비서인 알렉사가 내가 "이거 정말 끝내주는데!"라고 말하기도 전에 나의 구매 충동을 구매로 바꿔줄 것이다. 이처럼 에코나 구글 홈에 광고할 방법을 찾으려는 마케팅 담당자의 소리가 높아지면서, 생각 한 번으로 구매가 끝나는 유형의 쇼핑은 갈수록 편리해질 것이다.[15]

자동 모드는 비즈니스에 도움이 되는 반면 수동 모드는 (일반적으로) 도움이 되지 않는다. 과거를 쇼핑하는 유령이 찾아온다고 상상해보자. 과거를 쇼핑하는 유령 때문에 지난해에 늘 재방문을 해서 구매 버튼을 눌러야 했다. 그렇게 구입한 물건 중에 반품한 것 얼마나 될까?

수동 모드와 자동 모드가 충돌하다

지금까지 살펴본 것처럼 우리의 뇌는 대부분 순리에 따라 자동 모드로 움직이는 것을 좋아한다. 하지만 수동으로 통제하기 위해서는 정신적인 에너지가 필요할 때가 있다.

수동 모드와 자동 모드 사이에 직접적인 갈등이 존재하는 환경에서는 '스트루프 현상Stroop phenomenon'이 나타난다. 고전적인 패러다임에서 스트루프 현상은 사람들에게 다양한 색으로 색상을 의미하는 단어를 쓴 다음 그 글자가 어떤 색인지 소리 내어 말하게 할 때 나타난다. 단어와 글자색이 일치하면 (예를 들어, '파란색'이라는 글자가 파란색으로 쓰여 있다면) 쉽게 파란색이라고 대답하지만, 색이 일치하지 않으면(예를 들어, '파란색'이라는 글자가 빨간색으로 쓰여 있다면) 응답시간이 길어진다. 읽기에 대한 우세반응prepotent response을 먼저 중단하고, 대신 글자색을 말하는 수동적이고 비직관적인 일을 해야 하기 때문이다.

스트루프 현상은 단지 실험적인 패러다임만은 아니다. 이 현상은 현실에서도 늘 일어난다. 예를 들어, 내가 (다른 언어도 꽤 능숙하게 할 줄 아는 데도 불구하고) 영어만 사용하면서 성장했다면 영어를 하지 못하는 사람과 이야기를 하거나 비영어권 국가를 여행할 때도 나는 자동적으로 영어로 대답할 것이다. 러시아 출신의 NBA 선수 티모페이 모즈고프가 이에 관한 재미있는 사례를 보여주었다. NBA 뉴스캐스터가 모즈고프의 최근 성적에 관해 그와 영어로 인터뷰를 하는 도중에 모즈고프가 약 20초 동안 자신도 모르게 모국어로 말을 하다가 자신의 실수를 깨닫고 말았다! 2미터가 넘는 장신의 러시아 센터가 부끄러워하는 모습이 궁금한 사람은 영상을 찾아보기 바란다.[16] *

자동 시스템은 느리더라도 계획적인 시스템으로 바뀔 필요가 있다. 무언가에 관해 깊이 생각하기 위해서는 능동적으로 결정해야 한다. 단지 대세를 따르려고 해서는 안 된다.

주어진 자동 모드 환경에서 어떻게 행동하는지는 우리가 성장하면서 경험하고, 시간이 흐르면서 익숙해진 환경에 의해 결정된다. 그 환경에서 벗어날 때에 비로소 우리는 스스로 얼마나 자동 모드에 따라 행동하는지 깨닫게 된다. 만일 미국에서 성장한 내가 영국에 간다면, 곧 여러 가지 어려움에 직면하게 될 것이다. 클로티드 크림(영국 남서부 지방에서 주로 먹는 우유로 만든 스프레드 타입의 크림-옮긴이)이나 축구에 열광하는 훌리건 등 문화 충격에 대해 말하는 것이 아니다. 그보다는 여기저기 길을 다니는 것 같은 훨씬 단순한 상황을 생각해보자. 대부분의 사람들은 낯익은 마을이나 도시에서는 자동 모드로 길을 건넌다. 그러는 동안 우리는 딴 데 정신을 팔기도 하고, 사람들과 대화를 나누거나 음악을 듣고, (때로는) 문자까지 보내며 여러 가지 일을 동시에 처리할 수 있다. 하지만 미국에서 영국으로 이주하게 되면 자동 모드를 이용하는 능력이 사라진다. 영국에서는 차가 반대 방향으로 다닌다. 차가 오는지 보기 위해 먼저 왼쪽을 보는 자동적인 성향은 더 이상 내가 사는 환경에 어울리지 않는다. 이제는 수동적으로 접근해야 한다. 자동적인 반응을 의도적으로 거부하고, 그 대신 안전을 위해서 차가 어느 쪽에서 오는지 생각해야 한다. 이전에는 쉽게 느껴졌던 것들이 이제는 힘들게 느껴진다. 뇌가 수동 모드로 작동하기 때문이다.

수동 모드로 전환하는 것은 말처럼 간단하지 않다. 수동 모드로 전환하는 자체가 자동으로 이루어지지 않는다. 수동으로 해야 한다. 우리는 말 그대로 자동으로 반응하려는 충동과 싸워 이겨야 한다. 글자색을 말하는 대신 단어를 읽으려는 자연적인 충동, 모국어로 말하려는 충동, 길을 건널 때 왼쪽을 먼저 살피려는 충동과 싸워 이겨야 한다. 인지조절은 물을 거슬러 상류를 향해 가는 연어와 비슷하다. 모두가 우리를 자동 모드 쪽으로 떠밀지만, 우리는 거기에 맞설 수밖에 없다.

(충동의 영향을 받기 쉬운) 자동 모드에서 (충동에 저항하는) 수동 모드로 전환이 가능한 이유는 신경과학자들이 '인지조절cognitive control'이라고 부르는 능력 때문이다. 인지조절은 충동이 없는 상태가 아니라 충동을 억제하는 능력을 의미한다. 우리에겐 모두 맛있는 햄버거를 먹거나, 공부 대신 TV를 보고 싶은 욕구가 있다. 이러한 행동을 하는 사람과 하지 않는 사람 사이의 차이는 욕구의 여부가 아니라, 욕구에 따라 행동하지 않는 능력에 달려 있다.

수동 모드는 충동에 맞서는 정신적 갑옷이다. 수동 모드는 우리에게 충동에 따라 의사결정을 했을 경우와 만족을 지연시켰을 경우를 평가하게 한다. 어느 쪽이 보상이 더 클까? 파티에 가서 즐거운 시간을 보낼까, 아니면 집에 남아 공부를 해서 좋은 성적을 받고 졸업한 뒤 최고의 일자리를 얻을까? 군침이 도는 맛있는 베이컨 치즈버거를 먹을까, 아니면 샐러드를 선택할까? 휴가비로 받은 5,000달러를 이번 휴가에 모두 사용할까, 아니면 퇴직금으로 적립해둘까?

누군가는 이런 질문에는 답이 없다고 주장할 수 있다. 하지만 충동을 억제할 수 없다면 우리는 언제나 가장 즉각적으로 끌리는 (파티에 가고, 햄버거를 먹고, 휴가비를 모두 써버리는) 선택을 할 것이다. 수동 모드를 통해 인지조절을 하는 경우에만 충동에 빠지지 않고 장기적인 보상을 선택하게 될 것이다.

충동 조절에 관련된 과학은 매우 흥미롭다. 대표적인 사례로 마시멜로 테스트가 있다. 이 테스트에서는 어린아이들에게 다음과 같이 간단한 시나리오를 말해준다. "여기 마시멜로가 하나 있단다. 지금 당장 먹을 수도 있지만, 10분만 기다리면 마시멜로 두 개를 받을 수 있어!" 이 실험을 촬영한 영상은 정말 귀중하다. 아이 앞에 마시멜로를 놓고 실험자가 방을 떠나면 아이와 맛있는 마시멜로 사이에는 인지조절이라는 얇은 막만 존재할 뿐이다. 그들의 반응은 돈 주고도 볼 수 없는 것이다. 아이는 앉아서 몸을 배배 꼬고 마시멜로를 보며 군침을 흘리다가 어떻게 할지 고민에 빠진다. 이러한 설정에서 다양한 행동이 나타나는 것은 어찌 보면 당연하다. 몇 분 만에 기다리는 것을 포기하고 마시멜로를 먹어버리는 아이가 있는가 하면, 10분을 모두 채워 별 문제 없이 두 번째 마시멜로를 즐기는 아이도 있다.

마시멜로 테스트는 만족을 나중으로 미루는 아이의 능력과 이후에 그 아이들의 삶에 나타난 여러 가지 중요한 결과 사이의 흥미로운 연관성을 보여준다. 두 번째 마시멜로를 먹기 위해 기다린 아이들은 수능시험에서 높은 점수를 받았고, 수십 년 뒤 남들보다 좋은 직장에서 일하고 있었다. 실험자가 이 테스트에 쏟은 노력과 열정은 인정받았지만, 이 테스트를 그대로 재현하기는 어려웠다. 장기적인 효과를 측정하려면 수십 년이라는 긴 시간이 필요하기 때문이기도 했고, 이러한 장기적인 결과에 인지조절이 얼마나 기여했는지 정확히 알아내기가 어렵기 때문이기도 했다.[17] 마시멜로 테스트는 최소한 인지조절이 충동을 억제하는 데 어떤 역할을 하는지 이해하는 데 중요한 시사점을 제공했다.

물론 충동을 억제하는 것은 대부분의 기업이 우리에게 바라는 것과는 정반대일 것이다. 인지조절은 수많은 유형의 상거래에서 크립토나이트(영화 〈슈퍼맨〉에서 슈퍼맨에게 치명적인 역할을 하는 물질-옮긴이) 같은 역할을 할 수도 있다. 충동구매(어마어마하게 큰 비즈니스이다)에 대한 사례를 들어보자. 신용카드 정보업체인 크레딧카드닷컴에서 실시한 설문조사에 따르면, 미국인의 84퍼센트가 최소한 한 번 충동구매를 한 적이 있다고 인정했다.[18] 반면 소비자의 54퍼센트는 충동구매에서 최소 100달러를 썼고, 20퍼센트는 1,000달러 이상 썼다고 인정했다.[19] 기업 입장에서 충동구매는 매우 유용하기 때문에 기업들은 사람들이 충동에 약해지기 쉬운 자동 모드를 유지하게 할 뿐만 아니라 수동 모드에 있으려고 애쓸 때조차 자동 모드에 있도록 설계한다. 사실 인지조절, 그리고 수동 모드로 전환시켜주는 능력을 없앨 수 있는 몇 가지 믿을 만한 방법이 있다.

뇌가 아니라 위에 주목하라

인지 능력을 제대로 발휘하기 위한 가장 좋은 방법은 뇌가 아니라 위장에 주목하는 것이다. 든든한 밥 한 끼(특히 포도당이 많이 들어간 식사)는 깊이 생각하고 투지를 북돋우는 데 중요할 수 있다.

우리가 생각하는 것을 기피하는 이유는 육체적인 소모가 크기 때문이다. 뇌의 수동 모드는 포도당 형태의 에너지를 필요로 하는 육체적인 과정이다. 도서관에서 오랜 시간 공부한 적이 있다면, 종일 앉아 있기만 했는데도 얼마 지나지 않아 육체적으로 많이 피곤하고 배가 고파진다는 사실을 알 것이다. 직접적으로 움직인 것은 아니지만 뇌는 오랜 시간 동안 작동하느라 바빴던 것이다.

대사 에너지가 낮으면 모든 결정을 내릴 때 기본 옵션에 끌리게 된다. 별다른 노력이 필요하지 않기 때문이다. 밤늦게 피로한 몸을 이끌고 집에 돌아왔다고 생각해보자. 문을 열자마자 가방을 내던지고 소파에 몸을 던진다. 젖 먹던 힘까지 다해 간신히 TV 리모컨을 집어 든다. 이런 정신 상태에서 당신이라면 무엇을 볼 것 같은가? 머리가 복잡해지는 프랑스 스릴러 영화? 아니면 〈분노의 질주 8〉? 영화에 등장하는 빈 디젤 패거리와 친구들에게 악의는 없지만, 다른 영화를 볼 때보다 정신적 에너지가 더 많이 필요한 영화가 있는 것은 분명하다. 그리고 정신적으로 지쳐 있을 때 사람들은 재미도 있으면서 쉽고 빠른 영화만 선택하려고 한다.

이러한 정신 상태에서는 충동적으로 물건을 살 가능성이 훨씬 높다. 그리고 기업들은 이를 위한 계획을 세워놓았다. 일반적인 슈퍼마켓의 배치에 대해 생각해보자. 계산대로 가는 길이 사탕이나 건강에 좋지 않은 과자 같은 '충동구매하기 좋은 상품'으로 채워져 있는 데는 한 가지 이유가 있다. 정말 몸에 좋은 식료품을 샀다고 가정해보자. 당분과 탄수화물이 적은 건강식품을 골랐고, 아이스크림과 포테이토칩은 건너뛰었다. 자제력과 거부하는 능력을 통해 수동 모드를 이용했다. 바람직한 점은 자신의 열망을 잘 다스렸다는 것이다. 안 좋은 점은 자제력이 허머(사륜구동의 지프형 차량-옮긴이)의 연료탱크와 같아서 금방 텅 비어버린다는 사실이다. 그리고 이제 내가 좋아하는 것들이 줄지어 눈앞에 나타난다. 평소에는 인내심을 발휘하여 맛 좋은 캔디바를 모두 거부했다. 하지만 오랜 시간 쇼핑을 하느라 지치고 배가 고파오자 자제력 탱크는 고갈되어 저항할 힘이 사라진다.

배고픔의 부정적인 효과는 특히 의사결정을 내릴 때 매우 일반적이면서 현실적이다.[20] 심지어 사회적으로 가장 중요한 의사결정을 책임지고 있는 판사들도 의외로 배고픔에 약하다. 가석방 신청을 심의할 때 점심시간이 가까워질수록 가석방을 승인할 가능성이 상당히 낮아진다.[21] 이유가 뭘까? 가석방을 승인하려면 심사숙고해야 하는데 배가 고픈 상태에서 판사는 (무조건 '불가'라고 하며) 덜 힘든 결정을 내리려고 할 가능성이 높기 때문이다. 속도위반딱지에 대한 청원 역시 마찬가지로 배가 고파 화가 난 위장에 의해 결정된다.[22]

배고픔으로 충동구매를 하는 사람들을 대상으로 하는 마케팅을 최적화한 기업도 있다. 바로 스니커즈(초콜릿 바 브랜드-옮긴이)이다. 식료품점 계산대 앞에 늘어선 줄에서 충동적인 만족감을 피하는 것은 쉽지 않다. 스니커즈 옆에 서 있다 보면 스니커즈를 놓고 갈등을 벌이고 있는 나를 향해 직접적으로 이야기하는 광고 문구와도 싸워야 한다. "출출하다고? 뭘 기다려? 스니커즈를 집어." 스니커즈의 태그라인은 불안할 정도로 그들이 팔고 있는 제품과 소비자가 가장 스니커즈를 사고 싶어 하는 시기에 완벽하게 어울린다. 새롭게 업데이트된 스니커즈의 슬로건은 원래의 것에서 크게 벗어나지 않았다. "출출할 때 넌, 네가 아니야."

쇼핑몰에 감춰진 함정

물리적인 환경 또한 자제력을 떨어뜨릴 수 있다. 그리고 쇼핑을 위한 물리적인 환경을 생각할 때 반드시 고려해야 하는 것이 쇼핑몰이다.

미국 사람들에게 쇼핑몰이 없던 시대는 상상하기조차 어렵다. 하지만 쇼핑몰은 비교적 최신 '발명품'이다. 쇼핑몰은 1960년대에 오스트리아의 건축가 빅토르 그루엔Victor Gruen이 처음 지어 유명해졌다. 그루엔은 미국의 쇼핑몰을 상업의 중심지가 아닌, 교외 지역의 삶에서 중심이 되며 일에서 벗어나 가족과 친구들이 소중한 시간을 함께 보내는 장소로 설계했다.[23] 그는 높은 수익을 보장하는 것이 곧 좋은 설계라는 지론을 가지고 있었다. 즐길 만한 장소를 설계하면 사람들이 그곳에서 시간을 보내고 싶어 할 것이고, 그곳에 있는 동안 사람들은 자연스럽게 돈을 쓸 것이다.

그루엔의 말은 반은 맞고 반은 틀렸다. 쇼핑몰을 비롯한 현대적인 쇼핑 공간은 모두 소비를 부추기고 있지만, 그것은 고객들이 그들의 미학을 인식했기 때문이 아니다. 오히려 그와는 반대로 쇼핑 공간은 의도적으로 사람들을 어지럽게 했고, 지나치게 자극적이며, 내가 어디에 있는지 알 수 없게 설계되었다. 쇼핑 환경이 사람들을 더욱 피곤하게 할수록 쇼핑몰을 찾은 손님들이 충동을 억제하기 어려워지고 더 많은 돈을 쓰기 때문이다.

쇼핑몰 내부의 구획 중에 그 어느 것도 직관적인 것은 없다. 쇼핑 공간에 발을 들여놓을 때 길을 잃은 것처럼 느껴지는 것을 가리켜 쇼핑몰을 처음 만든 건축가인 그루엔의 이름을 따서 '그루엔 효과Gruen Effect'라고 한다. 하지만 그루엔은 이러한 기법을 크게 비판했는데, 이후 미국식 쇼핑몰을 보고 "저런 사생아에게는 위자료를 줄 수가 없다"라고 주장하며 격렬한 비난을 퍼부었다.[24] 미국식 쇼핑몰의 쇼핑 환경은 사람들을 수동 모드(심사숙고)에 있게 하며, 사람들의 한정적인 수동 모드 자원이 고갈될 때까지 수동 모드를 최대한 오랫동안 유지할 수 있도록 설계되었다.[25]

감각의 과부하로 사람들을 무장해제시켜버리는 그루엔 효과는 시작에 불과하다. 언뜻 보기에 쇼핑몰은 편안한 장소이다. 에어컨이 가동되고, 청결하며, 상점을 찾는 이들을 웃으며 반겨주는 사람들로 가득하다. 하지만 그 이면에 쇼핑몰은 의도적으로 사람들을 지치게 하도록 설계되어 있다.

쇼핑몰 설계자들은 한 가지 상품만 사러 오는 사람들이 많다는 사실을 알고 있다. 예를 들어, 신발 한 켤레를 사러 쇼핑몰에 온 고객이 있다고 하자. 상점에서는 흔쾌히 신발 한 켤레를 팔겠지만, 보통은 고

미로처럼 배치된 쇼핑몰의 구조는 소비자들이 쉽게 충동구매를 하게 만든다.
(출처: Victor Xok on Unsplash)

객들이 그보다 더 많은 물건을 사게 할 수 있다고 생각한다. 신발을 파는 상점이 한 군데 모여 있는 것이 편리한데도 모여 있지 않고 정반대편에 떨어져 있는 경우가 많은 이유가 여기에 있다. 신발을 파는 상점 사이를 왔다갔다 하다 보면 다양한 상품을 파는 수십여 개의 상점들이 손님을 안으로 잡아당긴다('공짜' 샘플을 준다는데 누가 거부하겠는가?). 그렇게 돌아다니다 보면 육체적인 피로가 쌓이게 된다. 쇼핑몰의 에스컬레이터는 이처럼 '많이 걸을수록 좋다'는 원칙에 따라 설계되어 있다. 에스컬레이터를 타고 1층에서 3층으로 올라가려면, 에스컬레이터를 타고 2층으로 올라가서 반대편에 있는 곳까지 걸어간 다음, 3층으로 올라가는 에스컬레이터를 타야 한다. 말 그대로 '지쳐서 쓰러질 때까지 쇼핑'을 하도록 만드는 것이다.

사람들이 지쳐서 혼란스러워 할 때, 상점들은 자체적으로 가장 비싸고 이윤이 많이 남는 상품에 눈길이 가게 만든다. 그러기 위해서는 이러한 상품을 사람들의 기본적인 눈높이, 즉 부담 없이 쳐다보기에 가장 적절한 위치에 배치한다.[26] 최소 정신적 노력의 법칙에 물리적인 위치가 있다면, 눈높이에 맞는 곳이라고 할 수 있을 것이다. 기업들은 이 위치에 자신의 상품을 전시하기 위해 매장에 프리미엄을 지불한다.

왜 상점에서 특정 상품을 아주 싼 가격에 판매하는지 궁금한 사람이 있을지도 모르겠다. 이를테면, 베스트바이(미국의 전자제품 소매업체-옮긴이)에서 TV를 50달러에 판매하거나, 월마트에서 칼 한 세트를 30달러에 팔기도 한다. 이들 기업이 이런 미끼상품만 팔고 다른 상품은 팔지 않는다면 손해를 볼 것이다. 이런 가격에 상품을 제공하는 이유는 사람들을 가게 안으로 들어오게 하는 것이다. 일단 가게 안에 들어오기만 하면 사람들은 훨씬 많은 상품을 제 가격에 살 것이다.

흥미롭게도 사람들은 실제로 온라인보다 상점에서 쇼핑할 때 훨씬 더 충동적이다. 인공지능 플랫폼 기업인 라이브퍼슨에서 2013년에 실시한 글로벌 연구 결과에 따르면, 소비자들은 온라인 매장보다는 오프라인 매장에서 충동적인 의사결정을 하는 경우가 두 배 가까이 많았다.[27] 의도적으로 사람들을 지치게 하는 환경과 포도당 고갈이 어우러지면, 아주 유용할 수 있다!

감정은 생각보다 강하다

아마도 우리가 인지조절을 하는 데 가장 큰 적은 감정일 것이다. 극도로 화가 나거나, 슬프거나, 행복하거나 혹은 다른 강렬한 감정을 느낄 때, 우리는 평상시라면 이해가 되지 않는 행동을 할 수 있다. 단 한 번의 감정적인 의사결정 때문에 종신형을 선고받아 교도소에서 복역 중인 사람도 있다. 감정이 진정되기를 기다렸다면 그런 의사결정을 하지 않았을지도 모른다. 냉정하고 계산적인 결정만이 최선이라는 말은 아니다. 실제로 감정은 우리의 의사결정에 상당히 긍정적인 방식으로 기여할 수 있다. 자신이 받은 교육에 얼마나 자부심을 느끼는지가 그 사람이 석사과정을 마치는 데 힘이 될 수 있고, 얼마나 아이들을 사랑하는지가 아이들에게 제공하는 환경에 영향을 미칠 수 있는 것처럼 말이다. 오랫동안 사귄 남자친구나 여자친구와 결혼해야 하는 걸까? 그 사람과의 감정적 경험과 이 결정으로 인한 감정적인 영향 모두 합리적이면서 필요한 것이다.

그러나 일반적으로 감정은 상황을 악화하는 방향으로 의사결정에 영향을 미친다. 그리고 감정적인 충동에 따라 행동할 것인지 아닌지 통제하는 능력은 우리가 내리려는 결정에 지대한 영향을 미친다. 인지조절에 필요한 에너지가 충분하다면, 우리는 감정적인 충동을 인지하여 그에 따라 행동할 것인지 아닌지를 더욱 신중하게 결정할 수 있다. 하지만 에너지가 부족하면, 우리는 쉽게 충동에 휩쓸린다. 그리고 수동 모드를 이용하여 다른 충동을 거부하는 것처럼, 꾸준하게 우리의 감정을 억누르면 인지조절을 약화할 수 있다. 하루 종일 거부하려고 애써야 하는 감정적인 자극이 쏟아지면 우리는 하지 말아야 하는 자동 모드를 사용하게 된다. 쇼핑할 때처럼 말이다.

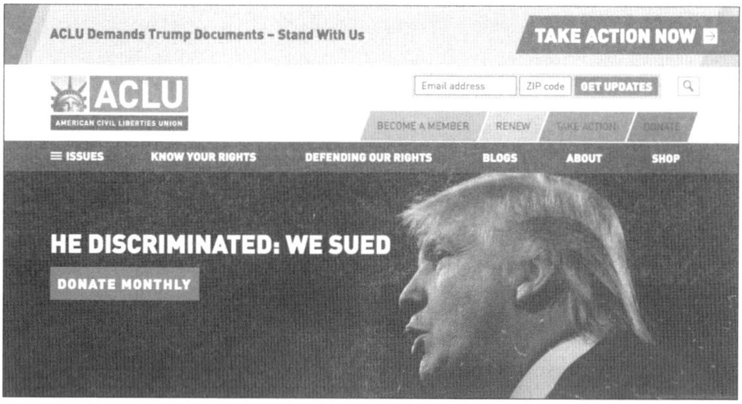

미국시민자유연맹은 "그는 인종차별을 했고, 우리는 고소했습니다"라는 글로 사람들에게 기부를 촉구했다.

TNS 글로벌은 미국인의 절반 이상이 감정을 다스리기 위한 방법 또는 '쇼핑 치료retail therapy'의 수단으로 정기적으로 쇼핑을 이용한다고 밝혔다.[28] 마찬가지로 대부분의 사람들은 기분 전환을 위해 무언가를 구입하며, 4분의 1은 무언가를 기념을 하기 위해 큰 물건을 구입한다고 한다.[29]

전반적으로 감정에 호소하는 마케팅은 우리의 인지조절을 쉽게 극복하여 행동을 지시할 수 있기 때문에 매우 효과적이다. 미국시민자유연맹ACLU, American Civil Liberty Union에 물어보라. 2017년 도널드 트럼프의 부동산회사가 1970년대에 아파트를 임대하고 구입하는 과정에서 인종차별을 했다고 주장하는 보도가 나왔다. 이런 행동을 보고 충격을 받은 시민들은 가만히 있지 않았다. 그와 같은 감정의 힘은 인지조절을 피해 자동 모드로 돌아가게 했다. 미국시민자유연맹은 위와 같은 사진을 이용해서 기부를 촉구함으로써 사람들이 충동에 따라 행동하도록 부추겼다.

그 결과 불과 48시간 만에 2,400만 달러가 모금됐다. 감정이 잔뜩 실린 광고는 아주 흔하게 찾아볼 수 있고, 또한 아주 효과적이다. 영국의 IPAInstitute of Practitioners in Advertising는 무려 900편에 가까운 사례 연구를 검토하여 광고에서 '감정'과 '이성' 중 어느 쪽이 더 설득력이 있는지를 조사했다. 보고서에 따르면 광고를 본 사람들이 감정적이라고 인지할수록 설득력이 있었다. 게다가 대부분의 효과적인 광고의 내용은 전혀 이성적이지 않았다.[30] 우리의 이성적인 능력에 대해 지나친 과신은 금물이다!

충동과 통제 사이에서

물론 우리는 모든 결정이 '충동적 혹은 저항적', '자동적 혹은 수동적'처럼 이분법적으로 분명하게 나뉘는 삶을 살지는 않는다. 현실은 스펙트럼에 더 가깝다. 우리는 인지조절을 이용해서 이러한 두 가지 극단 사이에서 움직이고 있다. 신경과학에서 어떤 충동에 대해 얼마나 잘 저항할 수 있는지 측정한 것을 'K팩터'라고 한다.

행동과학자들이 소위 '시간 사이의 선택intertemporal choice'(시간이 우리의 돈에 대한 심리적인 평가에 영향을 미치는 정도)이라는 것을 알아보기 위해 하는 실험이 있다. 성인용 마시멜로 테스트에 약간의 산수가 더해진 이 실험은 액수와 기간을 서로 다르게 변화시킬 때 우리의 반응을 테스트하는 것이다. 가령 실험 참가자들은 "지금 10달러를 받겠습니까? 아니면 이틀 후에 12달러를 받겠습니까?"처럼 두 선택지 사이에서 한 가지를 선택하게 된다. 그리고 참가자들은 이와 비슷하지만 액수와 기간이 조금씩 바뀐 일련의 질문에 응답하게 된다. 약 50가지의 질문에 응답을 하고 나면 어떤 개인이 장기 투자보다 즉각적인 보상을 얼마나 소중하게 여기는지 식별 가능한 패턴이 나타난다. 수많은 테스트를 통해 구한 평균값인 이와 같은 패턴에서 자신의 K팩터를 알 수 있다.

누구에게나 K팩터가 있다. K팩터는 충동과 통제 사이의 척도에서 내 위치를 나타낸다. K값이 높은 사람들은 즉각적인 만족을 나중으로 연기할 수 있어, 결과적으로 장기적인 이익을 최적화하는 데 능하다. K값이 낮은 사람들은 당장 눈앞의 충동에 굴복하여, 장기적인 보상에서 손해를 보는 경우가 많다. K팩터를 이해할 때 자동 모드와 수동 모드의 관점에서 생각하면 도움이 된다. K값이 높은 사람은 수동 모드 지향적이고, K값이 낮은 사람은 일반적으로 기본적인 자동 모드를 그대로 사용한다.

우리는 K값이 얼마나 낮으면 장기적인 최적의 이익에 방해가 되는지 쉽게 이해할 수 있다. 널리 알려진 최후통첩 게임Ultimatum Game의 패러다임을 생각해보자. 나와 또 다른 사람에게 돈을 준 다음, 둘이 그 돈을 나누라는 임무가 주어진다. 둘 중 한 사람이 무작위로 돈을 어떻게 나눌 것인지 결정하는 역할을 맡는다(이를테면 나는 7달러, 그 사람은 3달러). 하지만 돈을 나누는 사람은 너무 욕심을 부리지 않게 조심해야 한다. 다른 한 사람이 그 제안을 받아들일지 결정하기 때문이다. 그리고 그 사람이 제안을 받아들이지 않기로 하면 두 사람은 모두 한 푼도 받지 못한다. (이 게임에서 중요한 점은 두 사람이 장기적으로 협조하거나 전략을 개발하지 않도록 하기 위해 각자 한 번만 플레이할 수 있다는 것이다.)

우리는 모두 돈이 한 푼도 없는 것보다 얼마라도 있는 것이 좋다는 데 논리적으로 동의할 것이다. 하지만 실험 결과 약 3달러 이하의 액수는 일관적으로 거부되었다! 우리는 마음속으로 '3달러?! 어떻게 감히 나한테! 그렇다면 내가 어떻게 하는지 잘 보라고'라는 생각이 들 수밖에 없을 것이다. 그리고 앞으로 다시는 만나지 않을 전혀 모르는 사람을 골탕 먹이기 위해 돈을 거부하는 것이다. 컴퓨터 알고리즘을 방해하기 위해 이런 식으로 행동하기도 한다! 최후통첩 게임에서 자신의 선택이 자신의 K팩터가 된다.

비록 문화에 따라 다르긴 하지만, 참가자들은 대부분 상대방이 더 많은 이익을 가져가는 것보다는 차라리 아무것도 받지 않는 쪽을 선택하여, 불공평한 최후통첩 게임을 거부한다.[31] 최초의 충동이 불공평한 제안을 거부하는 것이라면 걱정할 필요 없다. 맞은편에 앉은 탐욕스러운 사람(혹은 컴퓨터)에게 벌을 주고 싶은 충동을 경험하는 것은 인간밖에 없으니 말이다. 하지만 흥미롭게도 벌을 주고 싶은 충동을 어느 정도까지 억제할 수 있는지에 따라 우리의 최종적인 반응이 결정된다. 참가자들의 자제력은 비록 불공평할지라도 제안을 거부하지 않으려고 하는 것과 밀접한 상관관계가 있기 때문이다. 그리고 이 게임을 하기 전에 술을 마시게 하면 불공평한 제안을 거부할 가능성이 크게 높아진다는 사실은 더 강력한 단서를 제공한다.[32] 술집에서 겉보기에 별것 아닌 일로 싸움이 발생하는 것을 본 적이 있는 사람이라면 누구나 술이 인지조절에 치명적이라는 사실을 알 수 있을 것이다.

주어진 시간에 우리의 인지조절은 K값의 스펙트럼 상에서 (통제되고 의도적인 시스템2를 지향하는) 높은 K값과 (충동적이고 자동적인 시스템1을 지향하는) 낮은 K값 사이 어딘가에 존재한다. 그리고 우리는 각자 K값을 타고나지만, 감정이나 안전, 환경 등 상황에 따라 K값은 변한다. 어느 순간 (인지조절 능력을 나타내는) K값의 스펙트럼 상의 위치는 소비자로서 내리는 의사결정에 큰 영향을 미친다. K값이 낮을 때 그 물건을 구입한 이유가 K값이 높은 상태일 때에는 영향을 미치지 않을지도 모른다.

K값이 낮은 사람을 위한 판매 전략

마케팅 담당자들은 소비자들이 약해지거나 K값이 낮을 때를 포착해서 이익을 올린다. 그 순간에는 소비자들이 사지 않을 물건을 쉽게 팔 수 있기 때문이다. 체질적으로 K값이 낮은 소비자들은 마케팅 담당자들의 이상형이다. 그리고 K값이 낮은 사람에게 친화적인 전략은 반응이 가장 높을 때를 포착한 다음, (의사결정을 빨리 내리도록 서두르게 하여) 소비자들의 충동을 부추기는 데 승부를 건다.

'반짝 세일'을 하는 회사들은 K값이 낮은 자동 모드로 먹고산다.

길트는 의류 반짝 세일을 처음 시작한 기업 중 하나로, 길트에서 진행하는 세일은 하나의 청사진에서 나온 것들이다. 판매 중인 상품들에는 기한이 정해져 있으며 판매가 종료되는 시각이 초 단위로 줄어들면서 선명하게 표시된다. 정해진 시간 안에만 물건을 구입할 수 있다는 사실이 이 상품을 못 살 수도 있다는 두려움(강렬한 감정)을 불러일으켜 우리의 뇌가 자동 모드에서 의사결정을 내리게 하는 것이다.

연구 결과에 의하면 13세에서 24세 사이의 사람들 중 42퍼센트가 의류를 구입할 때, 충동적이고 비계획적으로 구매를 결정했다.[33] 하지만 나이가 들어도 소비자들은 현명해지지 않는 것처럼 보인다. 25세에서 34세 사이의 사람들도 10대와 동일한 충동적인 행태를 보였다. 심지어 이론적으로 가장 현명한 연령대인 56세에서 70세 사이의 사람들도 구입한 의류의 3분의 1 이상이 충동구매였다. 반짝 세일은 K값이 낮은 사람에 대한 판매 전략, 즉 소비자의 충동을 끌어낸 다음 최

반짝 세일을 하는 의류 브랜드 길트는 판매가 종료되는 시각을 초 단위로 표시하여 소비자들에게 두려운 감정을 불러일으킨다.

대한 신속하고 마찰 없이 충동을 실행에 옮기게 하는 전략을 구체화한 것이다.

아마존은 하루 동안 지속되는 '오늘의 골드박스 상품'과 제한적인 상품에 대하여 몇 시간 안에 끝이 나는 '번개 세일'이라는 이름의 자체적인 반짝 세일을 하고 있다. 프라임 데이에는 유사한 방식으로 극소수의 상품을 엄청나게 싼 가격에 판매한다. 이 상품들은 전자상거래 버전의 미끼상품이라 할 수 있다. 아마존의 번개 세일 상품에는 남은 시간과 재고량이 함께 표시되는데, 다른 고객들이 반짝 세일을 하는 상품을 구입하면서 재고량이 줄어드는 것은 절박한 느낌을 심화시켜 사람들을 자동 모드로 전환시킨다.

K값이 낮은 사람에게 친화적인 또 다른 마케팅 전략은 무료배송과 무료반품 서비스이다. 표면적으로는 이런 서비스는 소비자에게 도움

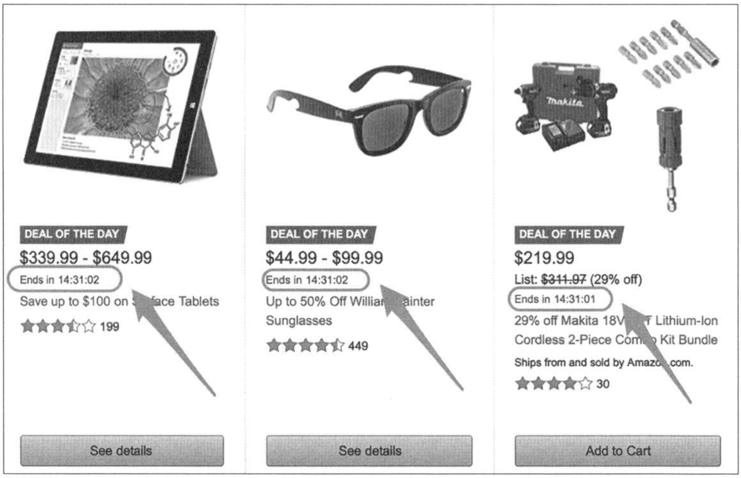

아마존은 번개 세일을 하는 상품에 남은 시간과 재고량을 함께 표시하여 소비자들의 절박한 느낌을 심화시킨다.

이 된다. 하지만 이 또한 소비자들이 더 많은 제품을 구매하도록 하는 기능이기도 하다.[34] 이러한 프로모션들은 구매하려는 충동이 잠시라도 멈추지 않게끔 설계되어 있다. 어쨌든 시도해보는 데 돈이 들어가지는 않는다!

집중력이 낮아지는 것도 K팩터가 낮은 것이다. 새러 겟츠Sarah Getz의 연구팀은 실험 참가자들에게 (지금 당장 10달러를 받을지, 2주 뒤에 12달러를 받을지를 묻는) 전형적인 시간차 실험에 참가하게 했다.[35] 다만 특정 참가자에게는 수행할 임무가 한 가지 주어졌다. 그들에게는 (648912와 같은) 긴 숫자를 기억한 다음에 실험이 끝날 때 기억해서 말해달라고 요청하여, 연구원들의 질문에 대해 생각하면서도 어쩔 수 없이 계속해서 머릿속에서 그 숫자를 되뇌어야 했다. 이 참가자들은 즉각적인 보상을 선택할 가능성이 훨씬 높았다. 심사숙고 대 자동적인 생각에 대한 논의에서 알 수 있듯이, 자동적인 생각을 하지 못하게 하려면 노력이 필요하다. 우리에게는 많은 정신적 에너지가 있지만, 그것을 다른 일에 사용하면 즉각적인 만족을 위한 충동을 억제하는 데 그 에너지를 사용할 수 없다.

소비자들에게 정신적으로 부담이 되는 설계 중 가장 명확한 사례는 카지노이다. 사람들은 대부분 카지노에는 시계가 없으며, 내부 설계를 의도적으로 혼란스럽게 하여 사람들이 '길을 잃은 상태'를 벗어나지 못하게 한다는 사실을 알고 있다. 쇼핑몰과 마찬가지로 카지노의 혼란스러운 내부 구조가 잘 작동하는 심리적인 이유는 정신적으로 부담이 되기 때문이다. 카지노의 배치는 기억하기 어렵기 때문에 화장실이나 바, 특정 게임 테이블을 찾아가는 것 같은 공간과 관련된 일을 기억하는 데 큰 부담을 느낀다. 그리고 정신적 에너지가 줄어들면 충동적인 선택을 하게 될 가능성이 높다. 충동적인 결정에 관해서는 카지노가 언제나 승리한다.

충동적인 의사결정을 많이 내리는 것으로 알려진 특정 집단이 있는데, 바로 빈민층이다. 빈곤선(최저 생활을 유지하는 데 필요한 수입 수준-옮긴이) 이하의 소득으로 살아가는 사람들은 예방보건관리를 받지 못하고,[36] 수입보다 많은 돈을 사치품에 탕진하는 경우가 많다.[37] 식료품과 야채를 사는 대신 직접적인 만족감을 주는 햄버거를 자주 사 먹는다. (천성적으로 K값이 낮은) 이러한 성향이 빈곤의 첫 번째 이유라고 생각하기 쉽다. 하지만 지아잉 자오Jiaying Zhao 팀의 연구 결과를 보면 실상은 그것과 달랐다.[38] 그보다는 가난과 연관된 정신적인 상태(많은 스트레스와 그에 따르는 정신적 피로)가 주범이었다. 가난한 사람들은 경제 사정만 생각하면 장기적인 최선의 이익에 따라 경제적인 의사결정을 내릴 수가 없었다. 이와 같은 결과는 농부들에게서도 나타났다. 농부들은 자신의 농작물과 관련하여 매년 주기적으로 스트레스를 겪고 있다. 모든 것이 풍족한 추수 후에 비해 모든 것이 부족한 추수 직전의 시기에 농부들의 인지 능력이 감소했다.

바꿔 말하면 일반적인 생각과는 달리, 대부분의 사람들이 가난 때문에 패스트푸드를 구입하는 것은 그것이 더 싼 경제적 결정이기 때문이 아니다. 그들이 패스트푸드를 구입하는 이유는 경제적인 스트레스로 인하여 뇌의 의사결정이 눈앞의 즐거움에 기울어 있고 장기적

해결과는 거리가 멀어져 있기 때문이다. 자오 박사의 설명처럼, "수년 동안 가난한 사람들이 가난한 이유는 그들이 스스로를 가난하게 만드는 잘못된 의사결정을 하기 때문이라고 여겨졌다. 하지만 연구 결과는 정반대였다. 가난은 본질적으로 잘못된 의사결정을 내리게 한다."[39] 그리고 이것은 영원한 악순환으로 이어진다. 가난한 사람들은 만성적인 스트레스와 허기를 경험하고, 이것이 그들을 잘못된 충동적인 선택으로 이끌어 결국 가난에서 헤어나지 못하게 한다.

그렇다면 가난한 사람들에게 돈을 주면 충동적인 구매에서 벗어날 수 있을까? 초기 결과는 긍정적이다. 기본소득의 효과를 알아보는 대규모 실험에서 자오는 밴쿠버 정부와 협력하여 노숙자 100명에게 아무 조건 없이 직접 1인당 8,000달러를 제공했다. 비관적인 사람이라면 돈을 받은 노숙자들이 제일 먼저 즐기기 위해 돈을 썼을 거라고 짐작했을지도 모른다. 하지만 결과는 전혀 그렇지 않았다. 이 실험은 이 글을 쓰고 있는 지금까지도 여전히 진행 중이지만, 현재까지의 결과는 실험 참가자들이 가난의 정신적인 부담에서 벗어나 안정적인 경제적 선택을 할 수 있다는 희망을 보여주고 있다.

K팩터가 높은 사람을 위한 판매 전략

당신은 아마도 K팩터가 높을지도 모른다. 그러면 어떻게 되는 걸까? 마케팅이 전혀 통하지 않는 걸까? 전혀 그렇지 않다. 마케팅 담당자들이 물건을 팔기 위해 당신에게 사용하는 전략은 전혀 다르다. K팩터가 낮은 경우의 마케팅 전략은 소비자가 빠르게 움직이게 하는 것이었지만, K팩터가 높은 경우에는 정확히 반대로 소비자가 천천히 움직이게 하는 전략을 사용한다.

K팩터가 낮은 경우에 사용하는 마케팅 전략이 그렇게 효과가 있다면, 왜 그 방법을 K팩터가 높은 경우에는 사용하지 않는 것일까? K팩터가 낮은 경우의 마케팅 전략은 어쩔 수 없이 수동 모드로 전환해야 하는 구매 결정 유형에는 별로 효과가 없었다. 구매하는 물건이 비싸고 정교하거나 긴 시간에 걸쳐 구매 결정이 이루어지기 때문이다. 고K팩터 전략은 소비자가 부가적인 정보나 추가적인 타당성을 필요로 하는 까다로운 결정을 내려야 할 때 가장 효과가 크다.

프로그레시브 손해보험사가 보험료를 비교 검색할 수 있는 엔진을 출시했을 때는 이름 그대로 '진보적'이었다. 프로그레시브 손해보험사는 자동차 보험회사 중에서 최초로 자사의 상품뿐만 아니라 경쟁사 상품에 대한 견적도 제공했다. 왜 그랬을까? 아마도 어느 자동차 보험을 선택할지 결정할 때 매우 분석적인 사고를 하는 경우가 많기 때문일 것이다. 왜냐하면 결정을 내릴 때 위험성, 확률, 사고의 범위, 직접 비용, 프리미엄 등 여러 가지 정책 요소들을 고려해야 하기 때문이다. 또한 자동차 보험은 꽤 값비싼 결정이 될 수 있기 때문에 바로잡고자 하는 의욕이 더욱 넘치게 된다. 게다가 가입하는 보험 역시 장기계약인 경우가 많다. 당장 125달러를 내는 것이 얼마나 최선인지를 결정하는 것뿐만 아니라 매달 125달러를 내야 하는 보험회사를 결정해야 한다. 프로그레시브 손해보험사는 경쟁사의 사이트와 자신이 만든 사이트를 비교하며 왜 자신들의 사이트에 와야 하는지에 대한 이유를 제시했다. 프로그레시브 손해보험사는 스스로를 한 번에 여러 회사의 견적을 받을 수 있는 회사로 포지셔닝한 것이다.

비교 견적은 소비자를 서서히 움직이게 한다. 구매자가 결정을 내리기 전에 천천히 음미할 데이터를 주기 때문이다. 구매자는 가격 비교를 통해 똑똑해진 기분이 든다. 그리고 자신이 최종적으로 선택한 보험에 대해 논리적인 정당성을 부여한다. 프로그레시브 손해보험사의 고객이 가장 자연스러운 생각을 하는 모드로 바뀌게 되자 회사는 번창했다. 비교 견적 툴을 출시한 뒤 1년이 지났을 때 프로그레시브 손해보험사의 주가는 두 배로 뛰었다.[40] 프로그레시브 손해보험사는 고객들이 자사의 사이트에서 쇼핑을 하고 있다는 것을 이미 알고 있다. 그렇다면 투명하고 친절해지면 어떨까? 고객들이 그들의 사이트를 떠나지 않고 시스템2의 사고를 하게 하는 것이다.

프로그레시브 손해보험사는 스스로를 한 번에 여러 회사의 견적을 받을 수 있는 회사로 포지셔닝하여 크게 성장했다.

K팩터가 높은 구매 경험을 원하는 소비자들의 상황별 욕구는 메타검색 여행 사이트가 우후죽순 생겨나는 이유를 설명해준다. 여행 사이트인 카약닷컴이 이러한 서비스 훌륭하게 제공하는데, 수백여 가지 다른 사이트의 항공편 견적과 렌터카, 호텔 예약 정보를 한 자리에 모아 제공하면서 소비자들의 수동 모드에 호소하고 있다. 이들은 더 많은 데이터를 제공하여 천천히 이성적으로 비교한 후에 결정을 내리도록 도움을 주는 동시에 개별적으로 모든 사이트를 방문했을 때보다 더 빠르고 쉽게 결정할 수 있게 해준다.

신속한 의사결정을 위해 유효기간이 있는 가격과 제한된 재고물량을 이용하는 아마존과 달리 K팩터가 높은 설계는 의사결정의 속도를 늦추고 이미 이런 방식으로 구매를 하고 있을 가능성이 높은 고객들을 위해 심사숙고 모드로 전환해준다. 이를 통해 기업들은 무엇을 얻을 수 있을까? 기업들은 시스템2의 사고에 관한 한 '이길 수 없다면 힘을 합쳐라'라는 정책을 도입하고 있다. 고객들이 우리 상품에 대해 생각하고 있다는 것을 안다면, 우리는 고객들이 '올바른' 것(우리 물건을 구입할 수 있게 이끌어주는 것)을 생각할 수 있도록 방향을 제시해주는

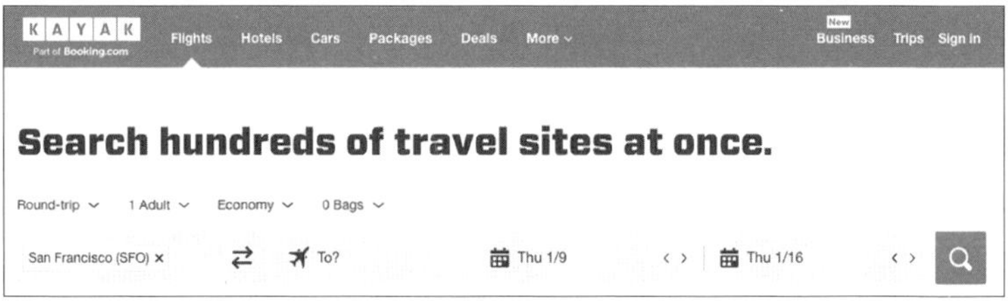

카약닷컴은 수백 가지 다른 사이트의 항공편 견적과 렌터카, 호텔 정보를 한 자리에 모아 제공하면서 소비자들의 수동 모드에 호소하고 있다.

것이다. 웹사이트를 통해 고객에게 심사숙고할 수 있는 정보를 제공함으로써 이러한 상태로 전환할 수 있다.

이와 관련하여 에버노트의 판매 페이지는 훌륭한 사례이다. 에버노트는 파워유저들이 즉흥적으로 노트 필기 어플리케이션을 구독하지 않는다는 사실을 알 정도로 그들의 고객 기반을 잘 이해하고 있으며, 고객들이 자신이 구입하는 것을 정확히 알고 싶어 한다는 사실을 알고 있다. 에버노트의 판매 페이지에는 16가지 기능이 설명되어 있으며, 가격 정책(무료, 전문가용, 기업용)이 상단에 표시되어 있다. (앞서 언급한 참조 전략을 이용하여 사용자들이 가운데 있는 옵션을 선택하면 보너

	Free	Pro — 30 day free trial —	Enterprise
	For: Personal Use, Casual Enthusiast	For: Small Businesses, Social Media Professionals & Consultants (from $9.99/month)	For: Businesses, Organizations, Agencies & Governments
Plans & Pricing	Get Started Now	Get Started Now	Get Started Now
Social Profiles ?	Up to 3	50 included*	Unlimited
Enhanced Analytics Reports ?	Basic	1 included*	Unlimited
Message Scheduling ?	Basic	Advanced	Unlimited
Team Members ?	None	1 included*	Up to 500,000
Campaigns ?	2 included	2 included, up to 8*	Up to 18*
App Integrations ?	Basic	Basic	Unlimited
RSS ?	Up to 2	Unlimited	Unlimited
Hootsuite University ?	Optional	Optional	Included for all seats
Security ?		✔	Advanced
Vanity/Custom URL's ?		Optional	✔
Enhanced technical support ?		Optional	✔
Professional services ?			All inclusive
Custom Permissions ?			✔
Brand Protection ?			✔
Risk & Policy Management ?			✔
Dedicated Account Rep. ?			✔
	Get Started Now	Get Started Now (from $9.99/month)	Get Started Now

에버노트는 16개의 기능과 가격 정책 등 고객들이 알고 싶어 하는 정보를 제공하여 소비자들의 좋은 반응을 얻었다.

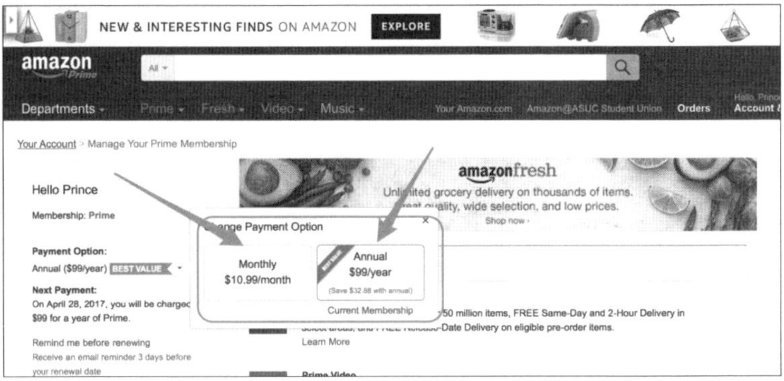

아마존 프라임은 매달 회비를 내는 방식과 연회비를 한 번에 내는 방식 두 가지를 도입하여 자동 모드와 수동 모드에 있는 고객 모두를 만족시켰다.

스 점수를 받는다.)

K팩터를 소개하면서 논의했던 것처럼 사람들은 전적으로 시스템1이나 시스템2에 속하지는 않는다. 그리고 모든 유형의 사람들에게 관심을 끌고 싶다면, 그리고 심사숙고하여 구입하는 상품뿐만 아니라 충동구매를 하는 상품을 팔고 싶다면, 나의 모든 기반을 포함하고 싶을 것이다. 아마존은 자동 모드와 수동 모드 서비스를 모두 제공한다는 점에서 이에 대한 대표적인 사례이다. 처음 아마존 프라임은 1회의 연회비로 제공됐다. 시간이 흐르면서 아마존은 두 가지 선택지를 제공하는 것으로 전환되었다. (빠른 결정을 내리는 자동 결정론자들을 위해) 매달 회비를 내는 방식과 (심사숙고하는 수동 결정론자를 위한) 연회비를 한 번 내는 방식이었다.

슬기로운 소비자가 된다는 것

이 모든 것이 좋고 흥미롭지만 어떻게 하면 우리가 의사결정을 할 때 더 많이 통제되고 신중한 유형의 사고를 할 수 있을까? 이러한 요소에 대하여 인지하게 된 것을 유지하는 것(그리고 포도당이 풍부한 음식으로 배를 가득 채우는 것) 외에 우리가 더 많은 인지조절을 할 수 있는 실질적인 방법이 있기는 한 것일까? 자제력에 관한 질문은 이 책의 범위를 훌쩍 넘어가지만, 특히 효과적으로 보이는 더 좋은 의사결정을 내리기 위한 한 가지 방법은 '계획'이다.[41]

아이스크림을 거부하기가 어렵다면 냉장고에 아이스크림을 두지 말아야한다. 충동에 굴복하기가 최대한 어렵게 하려면 미리 계획해야 한다. 이런 유혹을 억지로 거부하는 대신 인지조절이 필요 없도록 미리 수동 모드로 전환하는 것이다. '금욕상자'는 이것을 하는 데 도움이 되는 훌륭한 상품이다. 이것은 사탕에서 아이폰에 이르기까지 나를 유혹하는 것에 쓸 수 있는 간단한 기계장치이다. 스스로 가까이 하지 않았으면 하는 것을 안에 넣고 뚜껑을 닫은 다음 타이머를 가동한다. 타이머가 멈출 때까지 금욕상자는 열리지 않을 것이다.

우리는 가난이 어떻게 사람들을 자동적인 의사결정에 기대게 하는지 보았다. 이와 유사하게 은행잔고가 비어 있거나 적자인 사람은 재정계획을 세우기가 어렵다. 일련의 한 실험은 사람들에게 잠시 하던 일을 멈추고 생각을 해보라고 요구하는 전화 자동응대 서비스의 메시지 같은 단순한 무언가가 사람들의 경제적인 행위를 변화시킬 수 있다는 것을 보여주었다. 이 연구에서는 신용카드 자동응답 서비스가 참가자에게 신용카드 결제액만 알려주는 것이 아니라 언제 잔액을 결제할 것인지 묻도록 수정되었다.[42] 이 간단한 변화로 결제액을 갚을 확률이 크게 증가했고, 전화상으로 말한 결제일보다 더 이른 시간에 대부분 돈을 갚았다. 이와 같은 전화 자동응답 메시지는 듣는 사람이 자동적인 사고를 억제하도록 충분한 시간 동안 수동 모드로 전환할 수 있도록 해주었고, 더욱 신중하게 행동하는 데 도움을 주었다.

장기적인 경제 계획을 세우는 것은 사회경제적 지위에 상관없이 어려운 일일 수 있다. ING 은행은 그들 자신과 고객 모두에게 이익이 되는 방식으로 수동 모드를 이용한 서비스를 멋지게 설계했다. 매달 자동적으로 저축을 하기 전에 ING는 특정 고객에게 저축액을 늘렸을 경우 일어나는 긍정적인 일에 대해 잠시 생각해보라고 부탁했다. 다른 모든 변수의 영향을 배제하고 다른 고객과 비교할 때 퇴직연금 가입자 수가 20퍼센트 증가했다.

우리가 할 수 있는 가장 좋은 방법은 K팩터가 올바르게 높은 상태에 있는 동안, 다시 말해 우리의 모든 인지자원을 온전히 이용할 수 있을 때 장기계획을 세우는 것이다. 그리고 ('쿠키를 먹지 말자', '은퇴 후를 대비하여 수입의 10퍼센트를 저축하자'와 같은) 계획을 세우면 생각하지 말고 실행하는 것이다. 저축한 액수의 10퍼센트는 매번 시스템2 자원을 떠올리지 않아도 매달 자동으로 공제될 것이다. 역설적이지만 우리가 시스템2로 할 수 있는 최선은 시스템2가 포함되지 않아도 되는 의사결정을 내리는 것이다. '생각을 한다'는 것은 곧 '인지자원의 고갈'

을 의미하고, 이는 다시 '더 많은 충동성'으로 이어진다. 한번 생각하고 최대한 최고의 결정을 내린 다음, 다시는 생각하지 않아도 되도록 그 결정을 실행할 외부 시스템을 활용하라.

충동의 거부이든, 만족을 미루는 것이든, 쇼핑 환경에서 지혜를 유지하는 것이든, 핵심은 인지조절이다. 우리가 통제할 수 있는 양과 우리가 유지할 수 있는 정도가 결국 다양한 상황에서 우리의 행동 방식을 결정한다. 우리가 통제하고 있는 것일까, 아니면 자동 모드로 작동되고 있는 것일까?

자동 모드가 언제나 나쁜 것은 아니다. 의사결정을 할 때도 마찬가지다. 철저한 조사 끝에 내린 결정보다 더 빠르게 내린 결정이 도움이 될 때가 있다. 그것은 다른 곳에서처럼 소비자 세계에서도 마찬가지다. 하지만 우리의 구매 결정이 통제될수록 우리는 성공적인 구매, 특히 장기적으로 성공적인 구매를 위해 가능한 모든 자원을 활용할 것이다.

SF가 아닌 현실 세계에서는 캡틴 커크처럼 K팩터가 낮은 구매자들은 마케팅 담당자의 공상의 산물이다. 반면 K팩터가 높은 스팍은 이상적인 소비자, 즉 언제나 이성을 잃지 않고 충동에 굴하지 않는 소비자가 될 것이다. 쇼핑을 할 때는 스팍에 가까워지는 것이 오랫동안 풍요롭게 사는 길일지도 모른다.

BLINDSIGHT

6장

이상한 나라의 소비자

쾌락과 고통의 소비 방정식

쾌락은 직관적이다. 우리의 경험을 통해 알 수 있다.

우리는 쾌락을 즐기며 더 많은 쾌락을 원한다.

하지만 우리는 실제로 쾌락이 얼마나 우리의 기분과 행동,

행복감에 영향을 미치는지에 대해 놀라울 정도로 잘 모른다

— 내가 산 모든 물건, 선물 받은 모든 것, 내 집에 있는 가구들, 옷장 안의 물품들, 벽에 걸려 있는 그림을 비롯하여, 오래된 편지, 사랑의 쪽지, 졸업장, 엽서까지 내가 소유한 모든 물건을 한데 모은다면 얼마나 될까? 몇 개인지 세려면 시간이 얼마나 걸릴까?

2001년 마이클 랜디는 7,227개의 물건을 소유하고 있었다. 그는 (귀찮은 영수증을 포함하여) 37년 동안 살아오면서 쌓아놓은 모든 것을 수개월에 걸쳐 세어봤다.

랜디가 자신의 소지품 개수를 세어본 데는 특별한 목적이 있었다. 전부 버리기 위해서였다. 모두 다 말이다. 2001년 2월 10일에서 2월 24일 사이에 자동차에서 컴퓨터, 아버지가 선물한 양가죽 코트까지, 그의 개인적인 소유품은 모두 공개적으로 폐기되었다. 모든 물건을 커다란 창고에 모아놓은 다음 태그를 붙여 노란 상자에 넣어 컨베이어 벨트를 따라 랜디와 열두 명의 조수가 '분해Break Down'라는 미술 프로젝트의 일환으로 물건들을 분해하고, 잘게 찢고, 부수고, 해체하기 위해 모였다.[1] 모든 작업이 끝났을 때 랜디에게는 입고 있던 파란색 점프슈트 말고는 아무것도 남아 있지 않았다.

아마도 랜디의 작품에서 가장 흥미로운 점은 모든 과정을 지켜본 구경꾼들의 반응이었을 것이다. 그들은 공포나 다름없는 감정을 느꼈다. 이 프로젝트의 큐레이터였던 제임스 링우드James Lingwood는 BBC와의 인터뷰에서 이 과정을 구경하는 사람들이 "개인적인 기념품과 편지, 사진, 미술작품 등이 폐기되는 모습을 보면서 깊은 불안감을 느꼈고, 때로는 얼이 빠진 것처럼 보였습니다. 그 모습에 마음 깊이 충격을 받았습니다"라고 말했다.[2]

랜디 작품의 반대편에는 말 그대로 쓸데없는 물건을 수 톤이나 쌓아놓고, 집 안으로 들어온 것은 무엇이든 버리지 못하는 사람들이 있다. 이처럼 물건을 저장해놓는 이들은 미국 성인의 2~5퍼센트가 될 정도로 매우 흔한 것으로 알려져 있다.[3] 이런 사람들의 경우 집 전체가 무의미해 보이는 물건으로 가득 찰 수 있다. 산더미처럼 쌓인 물건 더미들이 자신의 삶을 차지해가는데도 불구하고 저장강박자들은 포장지도 끌러보지 않은 펜을 곁에 두지 못한다는 생각만으로도 어마어마한 불안감을 느낀다.

랜디에서 저장강박자들까지, 물건을 소유하는 것에 대한 태도와 행동의 믿을 수 없는 스펙트럼을 어떻게 이해할 수 있을까? 이는 쾌락과 고통이라는 아주 근본적인 이유로 설명된다. 우리는 쾌락은 극대화하고 고통은 극소화하는 결정을 내리면서 살아간다. 소비자의 삶에 적용되는 공식은 간단하다. 쾌락에서 고통을 빼면 쇼핑이다.

스탠퍼드대학교의 브라이언 넛슨Brian Knutson 교수의 연구팀은 흥미로운 fMRI 조사에서 뇌의 쾌락중추(중격의지핵)와 고통중추(도피질insular cortex) 사이의 활성화 차이를 측정함으로써 상품을 구입할지 여부를 대부분 예측할 수 있다는 사실을 발견했다.[4] 상품이 제공되었을 때 쾌락이 측정되었고, 가격이 제시되었을 때 고통이 측정되었다. 뇌에서 쾌락과 관련된 부위의 활동이 고통과 관련된 부위의 활동보다 활발하면 구매가 일어날 가능성이 매우 높았다. 마찬가지로 고통이 쾌락을 능가하면 구매가 일어날 가능성은 낮았다. 바꿔 말해, 쾌락에서 고통을 빼면 구매이다. (수식으로 표현하면 쾌락-고통 〉 0, 구매 〉 0이라고 할 수 있지만, 그다지 눈에 잘 들어오지는 않는다.)

대략적으로 말하자면, 어떤 물건에서 기대할 수 있는 쾌락이 그것을 얻을 때의 고통보다 크다면 우리는 행동에 옮긴다. 랜디에게는 소유하지 않는 삶에서 오는 쾌락이 자신의 소유물을 불태웠을 때 느끼는 고통보다 컸다. 저장강박자들에게는 자신의 소유물을 없애는 데에서 오는 고통이 깨끗한 집이 주는 쾌락보다 크다.

영리한 브랜드들은 우리의 쾌락을 극대화하고 고통을 극소화하는 방식을 최적화한다. 하지만 그것은 쉬운 일이 아니다. 우리가 고통과 쾌락을 경험하는 방식은 단순하지 않기 때문이다. 또한 쾌락을 주는 경험과 고통스러운 경험에 의해 우리의 행동이 형성되는 방식 역시 늘 단순한 것은 아니다. 그 결과 이상한 소비자의 세계가 나타난다.

기이한 쾌락의 성향

한편으로 쾌락은 직관적이다. 우리의 경험을 통해 알 수 있다. 우리는 쾌락을 즐기며 더 많은 쾌락을 원한다. 하지만 우리는 실제로 쾌락이 얼마나 우리의 기분과 행동, 행복감에 영향을 미치는지에 대해 놀라울 정도로 잘 모른다. 쾌락이 얼마나 변덕스러운지에 대해 자세히 들여다보자.

쾌락은 변덕스럽다

> 윌리 웡카: 하지만 찰리, 하루아침에 원하는 모든 것을 얻은 사람에게 무슨 일이 일어났는지 잊으면 안 돼.
>
> 찰리 버켓: 무슨 일이 생겼는데요?
>
> 윌리 웡카: 오랫동안 행복하게 살았지.

《찰리와 초콜릿 공장》에 나오는 윌리 웡카의 말처럼, 원하는 것을 얻었을 때 만족과 행복이 오래도록 지속된다면 좋을 것이다. 하지만 윌리 웡카의 말은 우리에게는 해당하지 않는다.

쾌락의 변덕스러움은 악명이 높다. 최근에 맛있는 케이크를 먹었던 때를 떠올려보라. 눈앞에 놓인 케이크가 얼음처럼 반짝거리고 어떤 맛일까 하는 기대감이 미각을 흥분시킨다. 포크로 첫 조각을 찍어 입에 집어넣는다. 이것이 바로 쾌락이다. 내가 바라던 모든 것, 아니 그 이상이다! 맛을 음미하려고 눈까지 감는다. 잠시 스스로에게 되묻는다. 실제로 쾌락을 경험하는 시간 자체는 얼마나 될까? 쾌락을 느끼고 나서 한 입 더 먹어야겠다고 생각하기까지 걸리는 시간은 얼마나 될까? 1초? 2초? 거의 쾌락을 경험하는 것만큼이나 빠르게 이미 우리는 더 많은 쾌락을 찾고 있다.

뇌의 생물학적 수준에서 볼 때, 우리는 어떤 것을 처음 경험하기 직전에 쾌락이 상승하며 절정에 이른다. 치즈케이크의 첫 한 입, 새 차로 하는 첫 드라이브, 새 러닝화를 신고 달리는 첫 조깅처럼 말이다. 그런 다음 한 입 더 먹을 때마다, 드라이브나 조깅을 한 번 더 할 때마다 우리가 느끼는 쾌락의 강도는 곤두박질치기 시작한다. 두 번째, 세 번째가 되면서 쾌락은 점점 줄어든다.

표면적으로 볼 때 이것은 이상하다. 왜 내가 원하는 것에 대해 뇌가 보상을 한 다음, 그 보상을 받자마자 쾌락을 줄여나가는 것일까? 진화적 동력의 맥락에서 볼 때, 이는 뇌가 우리에게 생존에 대한 동기부여를 하는 것으로 볼 수 있다. 우리에게 쾌락을 주는 많은 것들은 우리의 생존에도 핵심적인 역할을 한다. 우리는 생존하기 위해서 언제나 성性이나 식량 등 생명 유지에 필수적인 것들을 찾아다녀야 한다. 만일 우리가 원하는 것을 손에 넣었을 때 갑자기 만족한다면 더 이상 그것을 얻기 위해 찾아다니지 않으려고 할 것이다. 당근은 계속 흔들어 주어야 한다. (적어도 장기적 측면에서) 만족과 충족은 생존에는 도움이 되지 않는다. 이러한 이유 때문에 뇌가 만족과 쾌락을 경험하는 순간이 그토록 짧은 것이다. 더 정확히 말하면 만족의 순간에 이르렀을 때 뇌가 쾌락을 느끼는 시간이 짧아지는 이유이다. 진화는 우리가 항상 조금만 더 원하도록 하기 위해 이러한 메커니즘을 구축했다.

대니얼 네틀Daniel Nettle은《행복의 심리학》에서 이에 대해 잘 설명하고 있다. "행복은 진화의 목적을 성취하도록 도움을 주는 시녀이며, 실질적인 보상으로서가 아니라 방향과 목적을 제시하는 가상의 목표로서 기능한다. 토머스 제퍼슨의 근본적인 권리는 결국 행복 자체가 아니라 행복을 추구하는 것이었다." 우리는 쾌락에 대한 미래의 기대를 향해 전진하게 된다.

새롭고, 더 많고, 남들과는 다른 것을 향한 끊임없는 채찍질은 소비자들에게 물건을 팔 무수한 기회를 제공한다. 하지만 이 기이한 쾌락 탓에 우리의 구매는 장기적으로 불만으로 바뀌게 된다.

예컨대 마치 어린 시절 부모님에게 새 자전거를 사달라고 몇 달 동안 조르는 것과 비슷하다. 결국 오랜 기다림 끝에 크리스마스 선물로 자전거를 받으면 세상을 다 가진 것 같다. 하지만 며칠 동안 자전거를 타고 놀아본 다음에는 어떻게 되었나? 다시 뭔가 부족해진 것 같다. 자전거 생각으로 느끼는 쾌락은 자전거를 받는 날 절정에 이른다. 내 눈은 이미 다음 장난감을 찾아 떠돌고 있다. 심리학자들은 이것을 '쾌락의 쳇바퀴hedonic treadmill'(처음의 쾌락이 분출한 이후 다음 것을 추구하고 성취하고 다시 다음 것을 찾아 움직이는 과정)라고 부른다.

성인이 된 후에도 크게 바뀐 것은 없다. 더 이상 부모님에게 쾌락의 쳇바퀴를 태워달라고 조르지 않아도 된다는 사실만 바뀌었을 뿐이다. 자신이 번 돈으로 쾌락의 쳇바퀴에 탈 수 있게 된 것이다! 소비자 세계는 끊임없이 우리에게 우리가 가진 것이 낡고 오래된 것임을 상기시키고 최신 유행에 열광하게 함으로써 잠시나마 우리를 즐겁게 한다.

이를테면, 애플의 아이폰 출시 일정은 계획된 쾌락주의이다. 2015년까지 새로운 아이폰은 모두 2년을 주기로 출시되었다. 새 모델이 출시된 첫 해에 아이폰은 완전히 새롭고 모험적인 디자인을 뽐냈다. 두 번째 해에 출시된 아이폰S는 동일한 디자인을 자랑하면서도 내부가 강력하게 바뀌었다. 세 번째 해에는 완전히 새로운 디자인의 아이폰이 나왔고, 모든 과정이 반복된다. 어떤 모델의 아이폰을 사더라도 1년 동안은 디자인이 구식이거나 내부가 구식일 수밖에 없었다.

흥미로운 점은 우리의 지갑만큼이나 우리 몸이 아이폰에 익숙해져서 능숙하게 사용하는 정도도 2년 주기를 따르게 된다는 것이다. 컬럼비아 경영대학원에서 나온 흥미로운 연구에 따르면, 기능이 향상된 신제품이 출시되거나 곧 출시될 예정일 경우에 아이폰을 부주의하게 다룰 가능성이 훨씬 높아진다고 한다.[5] 연구진은 3,000개 이상의 분실된 아이폰의 데이터를 살펴보고 신제품이 출시되기 직전에 분실물이 급증한다는 기이한 사실을 발견했다. 아이폰 자체 보고에 대한 설문조사에서 600여 대가 파기되거나 파손되었다는 결과가 이를 뒷받침했다. 이 역시 새로운 모델 출시가 발표된 후에 급증하는 경향을 보였다. 설사 우리가 아이폰을 떨어뜨리거나 택시에 놓고 내렸다 할지라도 무의식중에 최신 모델을 살 수밖에 없다는 구실을 제공하는 것일지도 모른다!

스포츠 비디오게임 업계에서는 계획된 쾌락주의에 또 다른 기회를 제공한다. 일렉트로닉 아츠사의 피파 축구게임은 전 세계에서 가장 인기 있는 스포츠게임으로, 2억 5,000만 카피 이상이 판매되었다.[6] 미국에서는 2017년과 2018년의 베스트셀러 5위권 안에 스포츠게임이 세 가지나 포함되었다. 애플의 2년 전략과는 달리 스포츠게임은 매년 새 제품을 출시한다. 새 제품은 최신 선수 명단과, 아주 사소하지만 그럼에도 불구하고 지나치게 과장된 게임플레이를 포함하고 있을 뿐 전체적으로 아주 약간 조정된 제품이다. 미세한 변화에도 불구하고 쾌락의 쳇바퀴에 빠진 사람들은 매년 60달러를 지불해서 새 제품을 구입한다(이 책의 함께 쓴 매트도 이와 똑같은 쾌락의 쳇바퀴를 굴리고 있다). 기대감은 게임을 시작하는 순간 사라지기 시작하지만, 쾌락을 유발하는 도파민에 의해 보상받는다.

쾌락은 우연을 즐긴다

쾌락의 소멸 특성은 또 다른 결과를 불러온다. 그 결과는 번쩍이는 최신 전자제품에 대한 무의식적 욕망을 훌쩍 뛰어넘는 것이다. 스티브 잡스Steve Jobs가 첫 번째 아이폰을 공개하기 50년 전 실리콘벨리에서는 선禪 철학에 관심이 있는 또 다른 인물이 명성을 떨치고 있었다. 뛰어난 기지와 지혜의 소유자로 알려진 앨런 와츠Alan Watts는 영국 태생의 철학자로, 동양의 사상을 서구사회에 소개한 공로를 인정받고 있었다. 그는 1960년대와 1970년대에 대규모 디너파티를 개최했으며, 여러 대학에서 강의와 워크숍을 진행했다. 어느 날 저녁, 사람들이 던지는 일련의 질문에 대답을 해가며 손님들을 접대하던 중에 누군가가 그에게 물었다. “인생의 의미가 뭘까요?” 부담스러운 질문이었지만, 그의 답변은 기대에 어긋나지 않았다.

> 자신이 원하는 것을 찾으려고 노력해야 합니다. 그래서 나는 무슨 일이 일어나기를 원하는지에 대해 곰곰이 생각해보았습니다. 그리고 물론 자신에게 공상을 시작하라고 요구하자마자 우리의 놀라운 기술은 인간의 욕망, 권력을 향한 욕망, 성취욕에 대한 하나의 표현이 됩니다. 그래서 나는 우리가 얼마나 멀리까지 갈 수 있는지에 대해 심사숙고하기 시작했습니다. 그러자 곧 커다란 버튼이 있는 곳을 발견했습니다. 그곳에는 내가 상상할 수 있는 모든 것에 사용할 수 있는 버튼을 이용한 환상적인 메커니즘이 있었습니다. 그래서 저는 꽤 오랜 시간을 그 버튼을 가지고 놀았습니다. 어떤 버튼을 누르면 클레오파트라가 나타납니다. 그리고 또 다른 버튼을 누르면 교향악이 16채널 사운드로 흘러나오고, 온갖 즐거움을 누릴 수 있습니다. 그 순간 ‘서프라이즈’ 버튼이 눈에 들어옵니다. 여러분이 그 버튼을 누르자 이 자리에 오게 된 것입니다.

여기에서 와츠는 인간 행동의 근본적인 또 다른 동인을 멋지게 설명한다. 그 동인은 우연성에 대한 깊이 감추어진 애정이다. 쾌락은 우연성이라는 틀을 통해서 가장 잘 느낄 수 있다. 우연성에 대한 선호는 뇌의 깊은 곳에서 찾아볼 수 있다. 2001년 신경과학자 그렉 번스는 fMRI를 이용하여 어떻게 예측 가능성이 우리가 쾌락을 경험하는 데 영향을 미치는지 살펴보았다.[7] 실험 구성은 간단했다. 참가자들은 입에 소량의 맛 좋은 주스가 분출되는 튜브를 설치하고 진단장치 안에 눕는다. 한 조건에서는 주스가 정기적으로 10초마다 나왔다. 다른 조건에서는 전체적으로 주스의 양은 같지만, 주스가 주입되는 시간이 무작위적이어서 예측할 수 없게 했다. 연구진은 주스를 예측할 수 없는 방식으로 주었을 때 중격의지핵의 활동이 훨씬 활발하다는 사실을 발견했다. 게다가 주스가 계속 나올수록 참가자들의 쾌감은 급속도로 줄어들었는데, 이는 예측 가능한 간격으로 주스가 나올 경우에만 해당됐다. 보상이 무엇이고 언제 나오는지 아는 경우에는 즐거움이 갈수록 줄어들었다. 예측하지 못할 때 즐거움은 오래 지속되며, 매번 새로운 즐거움을 느끼게 된다.

우연한 즐거움은 소비자의 경험에 의도적으로 반영되어 큰 효과를 가져오기도 한다. 연구 결과에 따르면, 무작위로 선정된 이들에게 머그컵을 특별한 가격에 살 수 있게 해줄 경우 소비자들이 그 제품을 구매할 가능성이 세 배 높았다.[8] 급속도로 성장 중인 샌드위치 체인점 프레타 망제는 직원들에게 그들이 무작위로 선정한 고객에게 주는 공짜 티켓에 대한 자금을 지원했는데, 최고경영자는 이 기획을 애정을 담아 "무작위적인 친절한 행동"이라고 불렀다.[9] 자포스는 모든 업계에서 가장 높은 고객서비스 점수를 받는 기업으로, 고객을 기분 좋게 놀라게 하여 고객을 무방비 상태로 만들어 사로잡는 것으로 알려져 있다.[10] 한때 자포스는 뉴햄프셔주의 하노버라는 도시에서 집집마다 다니며 장갑과 스카프 같은 따뜻한 선물을 나눠주어 고객을 놀라게 했다.[11]

우리는 우연하고 예측할 수 없는 쾌락을 위한 최선의 기회를 얻기 위해 기꺼이 일탈을 마다하지 않을 것이다. 여러분이라면 어떤 상품을 100퍼센트의 확률로 50퍼센트 할인된 가격으로 받겠는가, 아니면 행운의 바퀴를 돌려 무엇이든 무작위로 0퍼센트에서 100퍼센트 사이의 할인을 받겠는가? 전체적인 기대치가 같다고 하더라도 대부분의 사람들은 정해진 할인율보다는 무작위로 정해지는 할인율을 선호한다. 이러한 현상을 관찰한 끝에 복권과 유사한 독특한 저축계좌가 개발되었다.[12] 이 계좌에 예금을 하면 1퍼센트의 고정금리를 받는 대신 0에서 10,000달러 사이의 무작위적인 수익을 받게 된다. 이것은 사실상 내 저축을 걸고 벌이는 도박이다. 이와 같은 잠재적이고 무작위적인 쾌감의 매혹은 다수의 고객들이 기존의 저축 계획을 포기하게 하기에 충분하다.[13]

미래의 쾌락은 잘 예측할 수 없다

30일 동안 공짜 아이스크림을 먹을 수 있다면 얼마나 기분이 좋을까? 대니얼 카너먼은 실험을 통해서 이와 똑같은 질문을 해보았다. 실험 참가자들은 30일 동안 매일 (공짜로) 아이스크림을 먹었다. 처음에 참가자들은 당연히 열광했다. 모두가 실험 참가자들이 아이스크림에서 느끼는 쾌감이 날이 갈수록 커져서 30일째가 되면 아이스크림에 푹 빠져 있을 거라고 예상했다. 하지만 결과는 예상과는 전혀 달랐다. 10일째가 되었을 때 사람들은 이 연구에서 제발 빼달라고 간청하고 있었고, 끝까지 참가한 사람들은 비참한 기분까지 느꼈다. 매일 아이스크림을 먹는다는 아이디어는 훌륭했다. 그러나 현실은 그렇지 않았다.

이와 같은 판단 착오는 가끔씩 먹는 간식인 아이스크림이 주는 '쾌락'이 예측 가능해졌기 때문이다. 우리는 무언가를 소유하는 것보다 그것을 바라는 데서 더 많은 즐거움을 느끼는데, 이것은 쾌락을 추구할 때에만 쾌락을 느끼도록 뇌가 조종하기 때문이다. 따라서 현재의 그 무언가를 향한 욕망은 미래에 느끼게 될 실제의 즐거움보다 언제나 훨씬 크다. 그 차이를 보정하지 않으며, 인간은 실제로 우리를 행복하게 하는 것이 무엇인지 예측하지 못하게 된다. 행동경제학자들은 미래에 어떤 기분일지 예측하는 능력을 '정서 예측affective forecasting'이라고 부르는데, 우리의 정서 예측 능력은 무시무시할 정도이다.

더 많은 선택이 더 많은 쾌락을 주는 것은 아니다

선택은 인간이 미래의 행복을 예측할 때 얼마나 힘겨워하는지 보여주는 적절한 사례이다. 선택이 좋은 이유는 선택지가 많을수록 내가 원하는 것을 얻을 가능성이 높아지기 때문이다. 그렇지 않은가?

첫 선택이 마음에 들지 않는다면 다시 선택할 수 있기를 바랄지도 모른다. 하지만 사실 너무 많은 선택지 때문에 끔찍한 선택 장애의 길로 접어들 수도 있다.[14]

이것을 '선택의 역설paradox of choice'이라고 하는데, 2000년 잼 연구에 의해 널리 알려졌다.[15] 어느 날 고급 식료품점에서 쇼핑하던 고객들은 한 진열대에 24가지의 고급 잼이 놓여 있는 것을 보았다. 또 다른 날 비슷한 진열대에 역시 잼이 진열되어 있었는데, 이번에는 잼의 종류가 6개였다. 24개의 잼이 전시된 것을 본 사람들은 6개의 잼이 전시된 것을 본 사람들보다 잼을 살 가능성이 크게 낮았다. 선택할 것이 많다고 해서 더 즐거운 것은 아니었다. 밝혀진 바에 따르면, 24개의 잼이 전시되고 있을 때 잼을 구입한 사람들은 6개의 잼이 전시되어 있을 때 구입한 사람보다 만족도가 떨어졌다고 한다.

요즘에는 "새 청바지가 필요해" 혹은 "BMW를 한 대 사고 싶다" 같은 단순한 행동에도 수많은 선택지가 있다. 리바이스 청바지 한 벌을 사려고 해도 8가지의 형태, 6가지의 색상, 3가지 유형의 신축성 중에서 선택해야 한다. 이것을 모두 조합하면 144가지의 서로 다른 선택을 할 수 있다. BMW를 사려면 10가지 모델 가운데 한 가지를 선택하고, 수동기어인지 자동기어인지, 후륜구동인지 사륜구동인지, 최소 두 가지 엔진 옵션, 12가지 색상, 6가지 종류의 휠, 5가지 내부 장식, 8가지 가죽, 그리고 또 다른 8가지 부가 패키지 등을 선택해야 한다. 이를 모두 합하면 총 180만 가지의 자동차 옵션이 된다.

잼 연구의 결과가 처음 나왔을 때, 선택의 역설에 관하여 많은 사람이 흥미를 보였다. 하지만 그 결과를 재현하려는 시도에서 엇갈리는 결과가 나왔다. 선택의 폭을 넓힌다고 해서 항상 불안감이 커지는 것은 아니며, 곧바로 선택지를 줄여도 더 즐거운 경험을 하는 경우는 그다지 많지 않았다. 흔히 말하듯 악마는 디테일에 있다.

50편 이상의 연구 결과를 메타분석으로 재검토한 결과, 내 기분에 영향을 미친 것은 실제로 '선택의 가짓수' 자체가 아니라 오히려 실제 '선택 행위'였다.[16] 특히 필요로 하는 제품을 선택하는 것보다는 원하는 제품을 선택하는 것이 우리를 더 지치게 만든다.[17] 10가지 음식이 소개된 메뉴판과 30가지 음식이 있는 메뉴판 중 어느 쪽이 정신적으로 지치게 할까? 5장에서 살펴보았듯이 선택 행위는 뇌가 기본 설정인 자동 모드에서 벗어나 수동 모드 상태가 되게 한다. 모든 조건이 같다면 뇌는 일을 많이 하기보다는 덜 하는 쪽을 선호한다는 '최소 정신적 노력의 법칙'을 떠올려보자. 선택은 게으른 뇌를 일하게 한다.

예상했을지 모르겠지만, 선택지가 많을 때 그 선택지들을 평가하는 데 수반되는 추가적인 노력은 다른 방식으로 의사결정에 영향을 미친다. 더 위험한 결정을 내리는 것이다. 투자용어를 사용하여 설명한다면, 훨씬 안전하지만 수익률이 낮은 우량주보다는 고위험, 고수익의 정크본드를 선택하기가 쉬워진다는 것이다. 한 실험에서는 선택지가 많을 때 사람들은 선택지에 대한 조사를 덜 하게 될 뿐만 아니라 결론적으로 위험도가 높은 선택지를 고르게 된다는 사실이 드러났다. 선택에 압도되면 불편하고 잘못된 의사결정을 할 수 있다.[18] 선택이 반드시 행복에 이르는 비결은 아닌 것이다!

사람들은 선택지가 있는 것을 원한다. 스스로 결정한다는 기분을 느끼기 때문이다. 그리고 기업들은 선택지를 제공하고 싶어 한다. 하지만 선택 행위는 정신적으로 부담이 될 수 있다. 기업들이 이러한 모순적인 상황을 해결하는 방법은 선택의 고통을 풍부함의 쾌감으로 바꾸는 것이다.

구매옵션이 크게 증가하면서 기업과 고객 모두 단순하고 자연스러운 쇼핑 경험을 목표로 하게 되었다.[19] 선택 행위를 단순화할 수 있는 기업은 후한 보상을 받는다. 연구 결과에 따르면 (모든 상품을 간편하고 사용자 친화적으로 볼 수 있는 방법을 제공하여) 소비자의 의사결정을 단순화하는 데 성공한 브랜드는 소비자들에게 긍정적인 인상을 주어서 주변 사람들에게 추천될 확률이 115퍼센트 이상 높았다.[20]

서점으로 출발해서 '모든 것을 파는 상점everything store'으로 현재의 위치에 오르기까지 아마존을 위대하게 만든 것은 선택지를 통합하는 엄청난 능력이었다. 아마존은 책을 상점의 선반보다는 창고에 넣어둔 덕분에 더 많은 책을 선별하기가 수월해졌다. 하지만 많은 책을 선별할 수 있어 좋은 경우는 내가 찾는 책이 어디에 있는지 아는 경우뿐이다. 그 문제에 대한 아마존의 해결책은 A9, 즉 책뿐만 아니라 '책 내용까지 검색'하게 해주는 검색 알고리즘과 책이 아닌 상품도 추천해주는 아마존의 추천엔진이었다. 2003년에 처음 소개된 A9 알고리즘은 검색엔진이 아직 걸음마 단계였던 세상에서 검색과 선택을 아주 수월하게 해주었다.

이와 유사하게 많은 상품을 취급하는 플랫폼인 넷플릭스 역시 선택의 고통을 풍요로운 즐거움으로 바꿔버렸다. 2018년 넷플릭스는 1만 3,000편 이상의 작품을 방영했다.[21] 그리고 여러 해에 걸쳐 넷플릭스는 검색이 추천보다 부수적인 작업일 될 만큼 지능적인 알고리즘을 만들었다. 좋아하는 영화의 제목을 찾기 위해 넷플릭스의 오래된 목록을 찾지 않아도 된다. 내가 보고 싶은 모든 것이 (알고리즘에 따라) 이미 화면에 올라와 있기 때문이다.

소비 세계에서 우리의 선택 방식은 대개 우리가 삶에서 선택하는 방식을 반영한다. 하버드대학교의 심리학 교수 댄 길버트Dan Gilbert는 학생들과 함께 선택이 행복에 미치는 영향을 테스트했다. 길버트 교수는 학생들에게 일련의 흑백사진을 나눠주고 자신이 가장 좋아하는 사진 두 장을 고르게 했다. 학생들은 두 장의 사진 중 한 장은 집으로 가져갔고, 한 장은 실험에 참여했다는 것을 증명하려고 연구실에 기증했다. 실험에 참가한 학생들 중 한 집단에게는 그들의 결정이 마지막이며 가져가기로 한 사진을 바꿀 수 없다고 말했다. 또 다른 집단에게는 언제든 돌아와서 연구실에 기증한 사진과 가져가기로 한 사진을 교환할 수 있다고 말해주었다. 한 달 뒤 길버트 팀은 학생들에게 자신이 선택한 사진으로 얼마나 행복감을 느끼는지 물었다. 경쟁은 없었다. 자신이 선택한 사진을 바꿀 수 없었던 참가자들은 언제든 사진을 교환할 수 있었던 참가자보다 두 배나 행복했다.

이러한 결과는 다른 연구에서 재연되었다. 그중에는 사진 대신 초콜릿을 사용한 연구도 있었다.[22] 결론적으로 자신의 의사결정에 따라 살아야 하는 것 말고는 다른 선택지가 없는 사람들은 다른 선택을 할 기회가 주어졌던 사람들보다 자신의 선택에 크게 만족했다.

소비자의 경험을 토대로 검토해볼 때, 이것은 중요한 의미가 있다. 예를 들어, 환불정책에 대해 생각해보자. 환불이 가능한 기간은 선택을 망설이는 시간대라고 할 수 있다. 연구 결과에 따르면, 환불정책이 없었다면 고객은 자신이 내린 결정에 더 만족했을 것이라고 한다. (그렇다면 왜 기업들은 환불정책을 만들었을까? 왜냐하면 고객들이 원하기 때문이다. 환불정책 때문에 장기적으로는 불만이 생길지언정 말이다.)

이것을 관계에 적용하면 흥미진진한 결과가 나타난다. 연구에 따르면, 중매결혼(강제결혼이 아니다)을 한 사람들 중 약 6퍼센트가 이혼을 했는데,[23] 이는 전체 이혼율 44퍼센트보다 크게 낮은 수치이다.[24] 이를 설명하는 한 가지 방법은 중매결혼에는 환불정책이 없지만 연애결혼에는 있다는 것이다. 하지만 중매결혼을 한 부부는 행복할까? 미국의 연애결혼과 중매결혼을 비교한 파멜라 리건Pamela Regan 박사의 연구에 따르면, 예상과는 달리 중매결혼을 한 사람들이 느끼는 사랑, 만족, 헌신 등에 대한 평가가 연애결혼을 한 이들의 평가와 같았다.[25]

쾌락과 고통의 마케팅 전략

쾌락과 쾌락이 우리의 행동을 유발하는 방식을 바라보는 수많은 방법이 있지만, 쾌락은 방정식의 절반일 뿐이다. '쾌락-고통=구매'라는 공식을 떠올려보자. 고통이 소비자의 삶에 들어오면 상황이 묘해진다.

지불의 고통을 무감각하게 하기

상품을 구매할 때 소비자들에게 가장 고통스러운 부분은 무엇일까? 그것은 돈을 지불하는 순간이다.

사람들은 일반적으로 남에게 돈을 주는 것을 좋아하지 않는다. 구매 행위를 할 때 뇌의 내부를 관찰한 신경과학자들은 지불은 말 그대로 고통이라는 사실을 발견했다. fMRI 촬영을 이용한 실험 결과에 의

하면, 상품의 가격이 비쌀 때 가격에 대해 생각하는 것은 뇌의 도피질의 활동과 연관이 있는데, 이 부위는 물리적인 고통이나 혐오감을 느낄 때 활성화되는 영역이다.[26]

구매의 고통을 완화하는 한 가지 방법은 당연하게도 가격을 낮추는 것이다. 5달러를 낼 때 느끼는 고통이 50달러를 지불할 때보다 훨씬 덜 고통스럽다. 하지만 비즈니스 측면에서는 가격을 낮추는 전략은 이성적이지도 않고 수익성도 없다. 가격을 낮추면 매출이 감소한다. 뿐만 아니라 사치품 업계에서 가격 하락은 품질의 하락을 의미하기도 한다. 따라서 기업들은 고통을 완화하는 두 번째 방법에 초점을 맞춘다. 그 방법이란 고통을 지각하는 인간의 기이한 속성을 이용하여 지불과정의 고통을 줄이는 것이다.

5장에서 보았듯이, 마케팅 담당자들은 소비자가 최대한 빠르고 간편하게 결정할 수 있도록 노력한다. 지불의 경우도 마찬가지이다. 빠르고 간편할수록 (바꿔 말해서 고통스럽지 않을수록) 좋다. '나를 생각하게 하지 마'가 상품 선택의 전략이라면, 지불을 가장 잘 표현하는 말은 '나를 느끼게 하지 마'일 것이다. 기업들은 지불 절차를 최대한 무해한 기분이 들게 하면서 최대한 많은 금액을 지불하게 하려 한다.

가장 고통스럽게 돈을 내는 방법은 직접 지갑에서 현금을 꺼내서 건네는 것이다. 내 손에 쥐고 있는 동안에는 돈의 힘을 느끼며 즐거워하지만, 다음 순간 돈은 내 손을 떠나 내 삶에서 사라진다. 헤어짐과는 다르다. 전화나 문자보다 훨씬 더 마음을 아프게 한다. 내가 잃어버린 재정적 손실이 구체적일수록 고통은 심해진다.

당연한 말이지만, 지불 방법이 추상적일수록 고통은 줄어든다. 라스베이거스가 그토록 위험한 이유 중의 하나도 바로 이 때문이다. 사람들은 현금을 칩으로 교환한다. 이것은 거래이며, 따라서 무엇을 잃는다는 기분이 들지 않는다. 칩에 대해 느끼는 애착감은 지폐보다 훨씬 적다. 칩을 잃을 때 느끼는 고통은 갈수록 줄어든다. 그래서 계속해서 도박을 하게 되는 것이다.

신용카드는 이것을 한 단계 끌어올린다. 사람들은 현금을 사용할 때보다 신용카드를 사용할 때 훨씬 더 많이 소비한다.[27] 소비 횟수도 증가한다. 비자카드는 매년 1,000억 회, 즉 초당 약 3,500회의 거래를 처리한다![28] 신용카드를 사용할 때는 돈을 쓸 때와는 느낌이 다르다. 돈이 줄어든다는 것이 몸으로 잘 느껴지지 않는다.

그보다 더한 것이 있는데, 바로 디지털 거래이다. 따라서 디지털 거래가 급속도로 성장한 것은 전혀 놀라운 일이 아니다. 2020년의 디지털 거래는 7,280억 회에 이를 전망이다.[29] 거래금액이 아니라 거래 횟수가 그렇다는 말이다. 2000년에 페이팔은 지갑을 꺼내서 온라인에 신용카드 정보를 입력하는 과정의 고통을 없애버렸다. 페이팔에 정보를 타이핑하는 것이 고통스러운가? 애플의 터치 아이디는 노트북이나 모바일 기기와 엄지손가락만 있으면 지불할 수 있다. 이 방법 또한 너무 많이 움직여서 칼로리가 지나치게 많이 소모될 것 같다고? 애플의 안면 인식 아이디는 스마트폰을 쳐다보기만 하면 지불할 수 있다. 그들은 다음 단계로 무엇을 생각하고 있을까? 아마도 아마존 슈퍼 프라임일 것이다. 알고리즘과 지불 방식이 너무 매끄러워 주문하기 이틀 전에 배송이 될 것이다. 이른바 시간여행 프라임 쇼핑이다.

시간에 대해 말하자면, 지불의 고통에 관한 한 시간은 훌륭한 이퀄라이저이다. 누군가 릭 제임스의 〈슈퍼 프릭〉에 맞춰 사람들 앞에서 춤을 추면 10달러를 주겠다고 제안한다면, 춤을 추겠는가? 카네기 멜론대학교의 조지 뢰벤슈타인George Loewenstein은 일련의 연구에서 정확히 (춤을 출 노래까지 똑같은) 이런 행동을 하도록 사람들을 설득할 수 있었다.[30] 하지만 사람들에게 당장 그 자리에서 해달라고 부탁하면, 실제로 하는 사람은 거의 없었다. 며칠 후에 춤을 춰달라고 하면 춤을 추겠다는 사람이 더 많아지긴 했지만, (돈을 되돌려줘야 하는데도 불구하고) 당일에 춤을 추는 것에는 거절하는 사람이 많았다.

우리는 지금 당장은 전혀 상상도 할 수 없을 만한 일이나, 그 정도는 아니지만 평소에 하지 않는 일을 미래에는 할 수 있을 것이라고 말한다. 왜 그럴까? 미래에는 무슨 일이 일어날 것이라는 상상이 우리에게 미칠 감정적인 영향을 무감각하게 하기 때문이다. 이것을 카너먼의 아이스크림 연구의 반대로 생각해보라. 우리는 미래의 쾌락만큼이나 미래의 고통도 잘 예측하지 못한다. 동료들이 바로 내 앞에 있는데 동료들 앞에서 뭔가를 할 때는 쑥스러워지기 쉽다. 그러한 쑥스러움을 머릿속에서 상상하기는 훨씬 어려운 일이다.

지불의 경우도 마찬가지다. 신용카드(물리적인 형태가 있는 카드 혹은 애플페이와 함께 사용하기 위해 스마트폰에 저장된 카드)는 궁극적인 시간여행을 제공한다. 신용카드에는 카지노의 칩에서 볼 수 있는 추상적인 특징이 있지만, 칩과 현금 기능을 모두 가지고 있다. 돈을 지불하기 전에 물건을 사는 것보다 편리한 것이 무엇이 있을까? 마시멜로 테스트의 측면에서 보면 신용카드를 사용하는 것은 마시멜로를 미리 얻는 것과 비슷하다. 물건을 살 수 있는 자금을 구할 때까지 만족감을 뒤로 미루는 대신, 더 빠르게 처리하는 것이다. 미래에 돈을 지불하지만 물건은 지금 받는 것이다. '물건은 지금 사고, 돈은 나중에 내는' 방식은 구매로 인한 재정적인 교환 과정을 불투명하게 하여 지불의 고통을 둔화시킨다. 대부분의 재정부담은 신용카드를 긁을 때가 아니라 신용카드 대금을 납부할 때 느끼게 된다.

같은 원리가 에어비앤비의 지불 방법에도 활용되고 있다. 오랫동안 숙박비는 손님들이 숙소를 예약할 때 미리 전체 금액을 지불해야 했다. 하지만 에어비앤비가 이것을 바꾸었다. 손님들이 절반을 지금 지불하면 나머지 절반은 자동적으로 몇 주 뒤에 부과되는 선택지를 만든 것이다. 그리고 예약할 때 예약금을 미리 내는 방식과는 달리, 이 방법을 이용하면 나중에 돈을 지불해도 추가수수료가 붙지 않는다. 그렇다면 달라진 것은 무엇일까? 먼저 절반을 지불할 때 동일한 정도로 지불의 고통을 느끼지 않는다는 것이다.

고통의 맥락에서 지불의 역사를 살펴보는 것은 흥미롭다. 동물의 가죽은 운반하기가 고통스러웠다. 그래서 인간은 은과 금 동전을 통화로 사용하기 시작했다. 마침내 금을 놓고 싸우기 시작하자 어음을 쓰기 시작했다. 어음을 가지고 은행에 가서 금으로 교환했다. 그리고 현재 금본위제는 완전히 폐기되었다. 현금을 소지하기가 너무 불편해지자 수표를 쓰기 시작했다. 그리고 수표에서 플라스틱 카드로 바뀌었

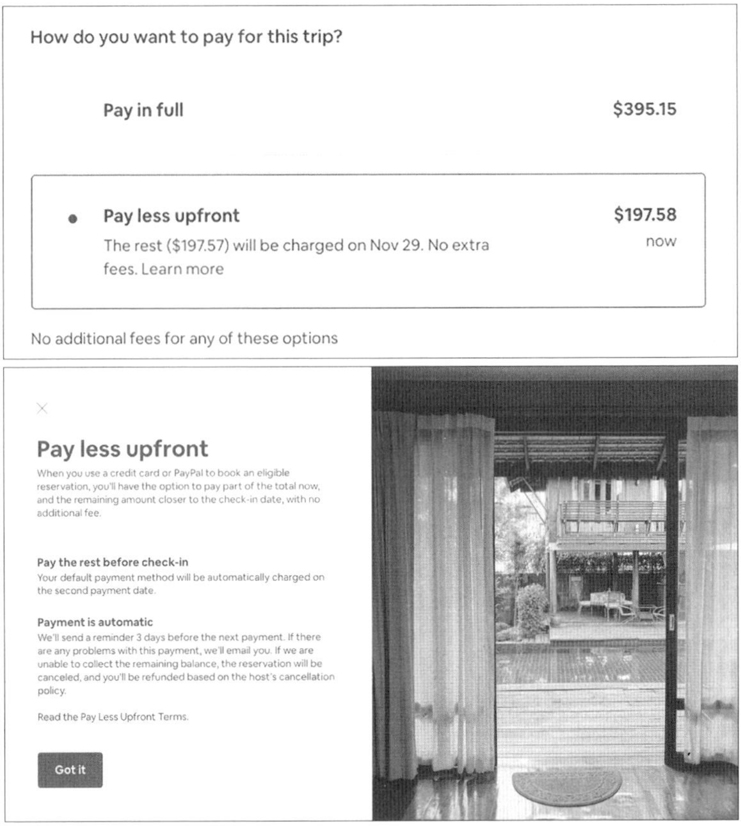
How do you want to pay for this trip?
Pay in full
$395.15
Pay less upfront
The rest ($197.57) will be charged on Nov 29. No extra fees. Learn more
$197.58
now
No additional fees for any of these options
Pay less upfront
When you use a credit card or PayPal to book an eligible reservation, you'll have the option to pay part of the total now, and the remaining amount closer to the check-in date, with no additional fee.
Pay the rest before check-in
Your default payment method will be automatically charged on the second payment date.
Payment is automatic
We'll send a reminder 3 days before the next payment. If there are any problems with this payment, we'll email you. If we are unable to collect the remaining balance, the reservation will be canceled, and you'll be refunded based on the host's cancellation policy.
Read the Pay Less Upfront Terms.
Got it

에어비앤비는 'Pay less upfront'라는 분할 결제 옵션을 도입하고 지불의 고통을 뒤로 미룰 수 있게 했다.

다. 그러다가 칩이 내장된 신용카드가 등장하여 긁고 서명하는 고통을 없애버렸다. 다음에는 갖다 대는 신용카드가 나왔다. 카드를 안으로 밀어 넣는 고통을 줄이려면 갖다 대기만 하면 된다. 이제 간편하게 지문을 읽히거나 잠시 쳐다보기만 하면 지불을 할 수 있다. 기술 혁신이 일어날 때마다 지불방식 자체가 간편하고 추상적으로 바뀌면서 궁극적으로 고통이 줄어들었다. 그리고 그 과정에서 기업의 수익이 늘어나는 데 도움을 주었다.

고통의 프레임을 이용하여 구매 촉진하기

지불의 심리적 고통이 구매 버튼을 누르기 일보직전에 잠시 멈칫하게 하는 반면, 고통은 대개 구매를 촉진하는 데 중요한 역할을 할 수 있다. 마케팅 담당자들은 고통과 상실에 대한 고유한 감각을 이용하여 자신들의 최대 이익을 얻기 위해 소비자의 행위를 조정할 수 있다.

뭔가를 잃는 것과 뭔가를 얻는 것 중에 어느 쪽이 더 영향력이 클까? 고통의 상처가 쾌락의 즐거움보다 크다고 한다. 쾌락에 대한 기대감은 강력한 동기유발 효과가 있지만 이미 가지고 있는 것을 잃는 고통은 가장 강력한 동기부여의 원천이 된다. 랜디가 의도적으로 자신의 모든 소유물을 파괴하면서 했던 일들이 자신에게 일어나지 않게 하기 위해 대다수의 사람들은 많은 돈을 지불할 것이다. 아니, 사람들은 이미 그렇게 하고 있다. 보험업은 전적으로 이와 같은 상실에 대한 고통에 기반하고 있다.

행동경제학자들은 고통에서 벗어나려는 사람들의 특별한 성향을 '손실 혐오loss aversion'라고 부른다. 이에 대한 명쾌한 사례는 우리가 돈을 다루는 방식에서 볼 수 있다. 다음 질문에 대해 생각해보자. 150달러를 받을 수 있는 확률이 50퍼센트이고, 100달러를 잃을 확률이 50퍼센트이다. 이 도박을 할 것인가? 수학의 관점에서는 언제나 이 제안을 받아들여야 한다. 우리가 수동 모드에 있다면 이 제안을 받아들일 것이다! 순수익이 25달러이기 때문이다. (150달러를 받을 50퍼센트의 가능성인 75달러에서 100달러를 잃을 50퍼센트의 가능성인 50달러를 뺀 금액이다.)

하지만 뇌는 이런 식으로 시뮬레이션을 하지 않는다. 잠재적인 손실이 잠재적인 이득보다 훨씬 가중치가 크다. 손실에 대한 두려움 때문에 우리는 이 결과를 회피하는 방향으로 결정을 내린다. 여기에는 진화론적인 의미가 있다. 수렵채집인들은 식량을 구했을 때의 즐거움보다 식량을 잃었을 때의 고통을 훨씬 강하게 느꼈다는 것이다.

대니얼 카너먼과 오랫동안 그의 조력자였던 아모스 트버스키Amos Tversky의 연구에서 대부분의 사람들은 제안된 도박을 받아들이지 않았다. 우리는 이기기 위해 게임을 하는 것이 아니다. 지지 않으려고 게임을 한다. 삶을 축구경기에 비유한다면, 우리는 '버스 축구' 전략으로 유명한 첼시 축구클럽이라고 할 수 있다. 일단 첼시가 경기에서 앞서기 시작하면, 더는 점수를 올리려고 하지 않으면서 상대팀이 점수를 올리지 못하게 하는 데에만 집중한다. 전력을 다하는 모험적인 플레이(분명 이런 게임이 더 재미있다)를 좋아하는 스포츠팬들은 경악했지만, 이 전략은 효과가 있었고 지난 10년 동안 첼시가 상위권을 유지하는 데 핵심적인 역할을 했다.

따라서 (스포츠나 삶에서) 위험 회피가 가장 흥미로운 철학은 아닐지 모르지만 심사숙고한 위험만 감수하는 것이 생존의 관점에서는 이상적이다. 위험을 감수하지 않으면 잃지 않는다. 그리고 진화적인 관점에서 우리 자신과 우리가 이미 가지고 있는 것을 지키는 것이 잠재적인 이익보다 중요하다.

소비자 세계에서 브랜드들은 저자들이 '고통의 프레임pain frame'이라고 부르는 작전을 통해 손실 회피의 과학을 운영화한다. 고통의 프레임은 손실을 회피하는 개인들을 설득하기 위해 손실 방지를 강조한다.

이것을 공포심 조장이라고 부르는 사람도 있고, 정치라고 부르는 사람도 있다. 고통을 설득 도구로 사용하는 것은 공포를 활용하는 것과 관련이 있으며, 영리한 정치가와 그들의 마케팅팀은 현재 우리가 가지고 있는 큰 영향력을 잃을지도 모른다는 두려움을 이용한다. 어떤 후보자에게 투표하지 않으면 그 후보자가 질 수도 있다는 사실을 강조하는 방식으로 광고는 우리에게 겁을 주어 '안전한' 선택지인 그 후보자에게 투표하게 한다. 그리고 이런 유형의 마케팅은 미국의 양당독식 정치체제 같은 제로섬 게임에서 특히 효과적이다.[31]

고통의 프레임을 노골적으로 드러내는 사례는 오래된 것이 좋다는 것이다. 1964년 미국 대통령 선거가 있기 전, 유력한 후보였던 린든 B. 존슨 캠프는 '데이지'라는 이름의 TV 광고에서 공포 마케팅을 사용했다. 광고는 서너 살 정도의 어린 여자아이가 데이지 꽃 한 송이에서 꽃잎을 하나씩 떼어내고 있는 모습으로 시작된다. 하나, 둘, 셋…. 아이가 열까지 세자 갑자기 한 남성의 메가폰 음성이 이어지며, 이번에는 열에서 하나까지 카운트다운을 한다. 0이 되자 핵폭발 장면으로 이어진다. 폭발 이후에 어떤 행동을 요청하는 메시지(콜투액션call to action)가 나왔을까? 바로 "11월 3일, 존슨에게 투표를"이다.

겉보기에는 이 광고는 공포심을 유발하고 있지만, 실제로는 고통을 주고 있다. 핵전쟁으로 사랑하는 사람을 잃는 고통이다. 고통이 느껴지자마자 곧바로 해결책이 상품의 형태로 제시된다. 이 경우에 상품은 후보자이다. 이러한 이유로 "11월 3일, 존슨에게 투표를"이라는 콜투액션이 나온 것이다.

고통의 프레임은 2016년 미국 대통령 선거와 2016년 브렉시트 국민투표 기간에는 특히 명확했다. 승자의 슬로건을 살펴보자. 미국 대통령 선거에서 도널드 트럼프는 로널드 레이건의 1980년 슬로건, "미국을 다시 위대한 나라로Make America Great Again"를 재사용했다. 영국의 국민투표에서 팀 리브는 "주도권을 되찾자Take Back Control"라는 슬로건을 사용했다. 두 슬로건 모두 상실을 말하고 있다. 더 구체적으로는 상실에서 회복하는 것에 대해 말하고 있다. 트럼프 캠페인의 주장은 미국이 위대함을 상실했으니 미국의 위대함을 되찾자는 것이다. 팀 리브는 영국이 운명적으로 타고난 주도권을 잃었으니 되찾자고 말한다. 두 슬로건 모두 뭔가를 잃는 고통을 그들의 프레임으로 사용하고 있다.

고통의 프레이밍 VS. 이익의 프레이밍

고통의 프레이밍이 작동하는 방식을 더 잘 이해하기 위해 프레이밍에 대한 다른 접근 방식인 이익의 프레이밍을 살펴보자. 다음 두 가지 질문에 대해 생각해보자.

1. 현재 소득의 80퍼센트로 살아갈 수 있는가?
2. 현재 소득의 20퍼센트를 포기할 수 있는가?

두 질문은 근본적으로 같다. 현재 소득이 얼마든, 두 질문은 동일한 액수의 수입으로 살아갈 의향이 있는지 묻고 있다. 하지만 두 질문이 주는 느낌은 다르다. 동일하게 프레이밍되어 있지 않기 때문이다. '80퍼센트로 살아간다'는 이득을 프레이밍하고 있는 반면, '20퍼센트를 포기한다'는 고통을 프레이밍하고 있다. 후자는 첫 번째 질문에서는 느껴지지 않는 방식으로 상실감을 유발하고 있다. 결과적으로 첫 번째 질문에 대해 '그렇다'라고 대답할 가능성이 두 번째 질문보다 훨씬 높다.[32]

상품은 이득의 프레임이나 고통의 프레임을 통해서 똑같은 방식으로 마케팅할 수 있다. 다음 메시지 중 어느 쪽이 가슴에 와 닿는가?

1. 우리 멀티비타민은 더 많은 힘과 지구력을 제공한다.
2. 우리 멀티비타민은 힘과 에너지의 손실을 방지한다.

상품의 효과는 동일할지라도 프레임으로 인해 상품을 바라보는 관점과 결국 어떤 상품을 살 것인지에 큰 차이가 생긴다. 특히 손실을 회피하려는 사람들에게 고통의 프레임은 훨씬 설득력이 있는 경우가 많다. 도교에는 이런 가르침이 있다. "유와 무는 단지 이름의 차이일 뿐이다."[33] 상품은 어떻게 프레이밍 하는가에 따라 매우 다르게 인식된다.

손실 프레이밍 마케팅

뭔가를 잃는다는 것은 아주 고통스러울 수 있다. 이러한 고통과 그 고통을 피하게 하는 힘은 기회의 상실(할 수 있었는데 하지 못한 것)로 확장되며, 마케팅 파워를 갖는다.

ISM 경영 및 경제 대학교의 다우기르다스 양쿠스Daugirdas Jankus의 연구는 이를 확인해주었다.[34] 연구진은 한 전자상거래 사이트를 대상으로 (250명의 사람들이 이미 이 상품을 구입했다는) 밴드웨건 기법, (빨리 주문할수록 빨리 받을 수 있다는) 이익 심리, (앞에 나온 것에 해당되지 않을 때) 통제/심리 기법 등과 같은 다양한 형태의 심리적 특징에 반대되는, 일시적으로 할인된 가격을 통해서 손실 프레이밍을 테스트했다. 그러자 기회를 잃는 것에 대한 두려움FOMO, fear of missing out을 최대화하도록 프레이밍된 제안들은 결과적으로 온라인 판매 최고기록을 세우며, 특히 통제/기본 설정 집단을 무색하게 만들었다.

손실 프레이밍 마케팅은 FOMO 마케팅이라고 부르는 것이 좋을 것 같다. 마케팅 담당자들은 다음과 같은 두려움을 유발하기 위해 자신들의 제안과 문구를 최적화한다.

- 기회는 이번밖에 없어요!
- 당장 구매하세요!
- 놓치지 마세요!

이것은 앞에서 논의한 길트의 반짝 세일과 아마존의 번개 세일이 강력한 또 하나의 이유이다. 길트나 아마존이 사람들을 자동모드에서 생각하게 영향을 미칠 뿐 아니라 손실 프레이밍을 통해서 FOMO가

커지기 때문이다.

특히 약삭빠르게 FOMO 마케팅을 이용한 브랜드는 미국에서 팝 일렉트로닉 댄스 음악의 1세대를 알리는 데 일조한 베스트셀러 DJ 그룹 스웨디시 하우스 마피아이다. 이들은 2011년에 해체할 것이라고 발표했다. 자신들의 해체를 상업적으로 이용하지 않은 비틀스와는 달리 스웨디시 하우스 마피아는 자신들의 해체와 관련된 투어를 기획했다. 투어는 러시아, 인도, 남아프리카, 스톡홀름, 부에노스아이레스 등과 이외에도 전 세계의 여러 도시에 일정이 잡혔다. 티켓은 몇 분 만에 모두 팔렸다.

해체 투어는 결국 2년 동안 지속됐고, 새로운 투어 일정이 체계적으로 추가됐다. 투어를 마친 지 1년도 되지 않아 이들은 해체라는 다큐멘터리를 출시했다. 그리고 다큐멘터리 출시 후 얼마 지나지 않아 재결합 투어를 발표했다. 마이클 조던은 NBA에서 확실하게 은퇴를 선언했다. 그것도 두 번씩이나 말이다! 결국 스웨디시 하우스 마피아 해체의 진위는 의심스러울지 모르지만 상실에 대한 두려움이 티켓 판매에 얼마나 큰 영향을 미쳤는지는 의심의 여지가 없다.

손실 프레임이 실패한 상품까지 성공시킬 만큼 강력할 수 있을까? 맥도날드의 맥립의 경우는 확실히 맞다. 맥립을 계절메뉴라고 생각할 수 있지만 맥립은 애초부터 계절메뉴는 아니었다. 처음 출시되었을 때 맥립은 1년 내내 새로운 주요 메뉴로 판매하기로 되어 있었다. 하지만 잘 팔리지 않았다. 사실 맥도날드가 곧바로 판매 중단을 고려할 만큼 판매 실적이 저조했다. 하지만 맥도날드가 맥립을 계절메뉴로 다시 도입하자 매출은 급상승했다. 비록 매년 가을마다 돌아오지만 맥도날드는 맥립을 계절메뉴로 마케팅하지 않도록 조심했다. 왜냐하면 맥립은 손실의 고통으로 최적화되지 않기 때문이다. 반면에 "맥립이 잠시 동안만 돌아왔다!"는 표현은 정확히 그 말이 옳다는 것을 말해주고 있다.

마케팅 코스의 모든 입문과정에서 학생들은 가격price, 상품product, 장소place, 프로모션promotion 등 마케팅의 4P에 대해서 귀에 못이 박히도록 듣는다. 더욱 중요한 것은 소비의 새로운 P인 고통pain, 쾌락pleasure, 구매purchase 등이다.

우리의 구매 행태는 주로 쾌락과 고통에 대한 우리의 관계와 서로 간의 관계에 의해 에너지를 얻는다. 그리고 우리가 알아본 바와 같이 그러한 관계는 단순하지 않다. 쾌락은 손에 잘 잡히지 않으며, 스스로 추구할 때 가장 잘 얻을 수 있고, 우연성에 의해 힘을 얻고, 예측하기가 어렵다. 그리고 우리는 무엇이 우리에게 쾌락을 가져다줄 수 있을까 하는 생각(대개 틀리는 경우가 많다)에 따라 구매하는 반면, 고통의 회피에 근거하여 구매하는 경우가 훨씬 많다. 직접 공포심을 퍼뜨리든, 손실의 측면에서 상품을 프레이밍하든 고통을 피하기 위해 인간의 추진력에서 구현되는 전술은 마케팅 담당자가 가지고 있는 능력 중 자주 사용되는 도구이다.

이런 식으로 쾌락과 고통의 역할을 살펴보면, 현대의 소비자 세계가 매우 불안하다 보는 견해가 정당화될 수 있을 것이다. 사냥꾼과 채

집인이 살던 환경에서 작동했던 것이, 카드를 긁고 검색을 하는 현재 환경에서는 효과가 없을 수도 있다. 이제 우리는 매년 애플의 마법사들이 우리에게 가져다주는 커다란 쾌락을 기다리며, 매년 한 번에 하나의 아이폰으로 세상을 살아간다. 무수히 많은 선택지는 매년 점점 더 많아지고, 우리는 그곳을 계속해서 올라간다. 그러나 동시에 우리는 쾌락을 조금이라도 잃을까 두려워한다. 쾌락의 쳇바퀴에서 벗어나기로 결정한다는 것은 고통과 쾌락의 궁극적인 혼합체일지 모른다. 문득 마이클 랜디의 행동이 전혀 이상하게 느껴지지 않는다.

BLINDSIGHT

7장

디지털 중독 시대의 마케팅

페이스북, 구글, 유튜브의 성공법

우리는 쾌락을 얻는 것이 아니라

쾌락을 추구하는 것에 최적화되어 있다.

우연하고 전혀 예측하지 못한 쾌락은 즐거움이 더 크다.

쾌락을 느끼는 것은 우리에게 결정적으로 중요하다.

하지만 우리는 대부분 앞으로 얼마나 많은

쾌락을 경험하게 될지 잘 예측하지 못한다.

━━ 주기적으로 카페인을 섭취하는 사람 네 명 중 세 명은 카페인에 중독되어 있다.[1] 전 세계적으로 여덟 명 중 한 명은 니코틴 중독이다.[2] 중독은 큰돈이 걸린 사업이다. 소송, 대중의 인식 그리고 갈수록 더해가는 의사들의 경고에도 불구하고, 2018년 전 세계 담배산업의 연간 매출은 여전히 5조 달러가 넘었다.[3] 하지만 담배는 1세대 중독성 상품 중 하나일 뿐이다. 그리고 어떤 점에서 담배는 선방하며 많은 사람들을 중독시켰다. 소비자는 니코틴을 함유한 상품을 만지고, 느끼고, 맛을 음미할 수 있다. 또한 중독이 될 수 있다는 사실을 미리 알고 있기 때문에 정보에 입각한 결정을 내릴 수 있다.

담배와 달리 친절하게 중독 가능성을 알려주지 않는 새로운 중독성 상품이 등장하고 있다. 기술 발전 덕분에 기업이 사람들을 중독시키는 데 더 이상 니코틴 같은 물질은 필요하지 않다. 커피와 담배를 판매하는 기업들과는 달리, 2세대 중독성 상품은 대가를 바라지 않는다. 적어도 돈을 원하지는 않는다. 그 대신 사람들의 시간과 관심을 지불하기 원한다. 사람들의 관심은 그 자체로 돈이 되기 때문이다. 중독 2.0 시대가 시작된 것이다.

사실 우리의 시간은 돈이다. 인스타그램이나 페이스북 같은 인기 플랫폼은 전형적인 의미에서 무료 서비스를 제공하지만, 우리는 그 플랫폼에 간접적으로 대가를 지불하고 있다. 빈지 워칭(몰아보기)이나 데이팅 앱 탐색, 뉴스 보기 등으로 사라진 3시간을 돌려주는 정책은 존재하지 않는다. 사이트나 앱은 사람들을 더 오랫동안 붙잡아둘수록 그리고 더 많은 사람들이 참여할수록 많은 광고를 팔 수 있다. 이와 같은 '사이트 체류시간'에 따른 비즈니스 모델에서는 사용자들이 더 오랫동안 왕성하게 활동할수록 더 많은 광고매출을 올릴 수 있다.

이러한 영역에서 운영되는 기업들은 '참여engagement'라는 용어를 쓰기 좋아하지만, 사실 이는 중독을 완곡하게 표현한 것일 뿐이다. 그리고 사용자의 관심을 먹고사는 플랫폼 기업들에게 사용자들이 그들의 플랫폼에 중독되는 것보다 더 바라는 것은 없을 것이다. 기업들은 사람들의 관심을 판매할 수 있고, 그 가치는 수십억 달러에 이르기 때문이다.

이들 플랫폼이 우리의 관심으로 돈을 버는 방법은 디지털 광고이다. 기업들은 스냅챗이나 인스타그램, 핀터레스트 같은 플랫폼에 돈을 지불하여 자사 제품의 사용자들에게 다가간다. 과거에 기업들이 신문과 잡지 등에 광고를 하며 돈을 지불했던 것과 같은 방식이다. 2000년대 초반 이후 디지털 광고는 대규모 산업으로 발전했다. 2016년 디지털 광고에 사용된 금액은 미국에서만 720억 달러가 넘는다. 그중 100억 달러가 페이스북으로 들어갔다. 페이스북 사용자들은 하루에 평균 50분 동안 페이스북에서 시간을 보낸다. 현재 페이스북이 업계 최정상에 있지만, 경쟁이 치열한 새로운 관심 경제에 페이스북만 있는 것은 아니다. 관심 경제에서 경쟁하는 플랫폼들(그중 일부는 사회적 요소가 있지만 일부는 그렇지 않다)은 우리의 관심과 그에 따르는 광고비를 놓고 경쟁을 벌인다.

미국인은 하루에 3시간 이상 스마트폰을 사용하는데, 일반적인 스냅챗 사용자들은 하루에 18번이나 이 앱을 실행한다. 결과적으로 이 분야의 기업들은 인류의 역사에서 가장 수익성이 높은 조직에 포함될 것이다. 소비자가 구입할 물리적인 상품이 존재하지 않는데도 말이다. 2019년 10월 현재 미국에서 가장 방문자가 많은 5개의 웹사이트인 구글, 유튜브, 페이스북, 아마존, 레딧(미국 최대의 온라인 커뮤니티-옮긴이)을 살펴보자. 이들 가운데 아마존만이 실질적으로 소비자가 돈을 지불하는 상품이나 서비스를 제공한다.[4] 나머지 웹사이트의 경우 어떤 상품이나 서비스를 판매하지 않는다. 고객들이 바로 상품이 되었고, 기업들은 우리를 사고판다.

소셜미디어 기업들은 특히 최근 관심 경제 분야에서 매우 잘 운영되고 있다는 이유만으로 큰 부담을 지게 되었다. 이들은 수익을 추구하기 위해 인간 심리의 취약점을 이용하는 기술적인 특성을 통합하는 데 성공했다. 온라인 플랫폼만이 가진 독특한 특징이 있는데, 이 업계에서 가장 영향력 있는 창업자들이 가장 크게 한목소리로 이 업계를 비판하고 있다는 것이다. 페이스북의 첫 번째 사장이었던 숀 파커Sean Parker, 구글의 G챗을 만든 저스틴 로즌스타인Justin Rosenstein 등 다른 수많은 원조 기술 전문가들이 이러한 플랫폼들이 우리의 관심사를 알아내고 우리의 심리를 장악하는 방식에 대해 경고하고 있다. 기술업계에서 신과 같은 인물인 스티브 잡스조차 자신의 집에서는 아이폰과 아이패드의 사용 시간을 제한했다는 일화는 유명하다. 클라우드 컴퓨터 솔루션 제공업체인 세일즈포스의 최고경영자 마크 베니오프Marc Benioff는 "분명한 것은, 기술에는 우리가 해결해야 할 중독적인 특징이 있으며, 제품 디자이너들은 제품을 더 중독적으로 만들고 있고, 우리는 그것을 다시 통제해야 한다는 것이다"라고 공개적으로 말했다.[5]

오늘날의 모든 중독성 있는 기술의 공통점은 쾌락의 경험이라는 인간의 근본적인 부분을 이용하여 사용자들이 플랫폼에서 원하는 방식대로 행동하게 하는 데 성공했다는 것이다. 중독을 이해하려면 우리는 쾌락에 대해 더 깊게 파고들어야 한다. 쾌락이 어떤 기분이며 우리에게 어떤 영향을 미치는지까지 말이다.

플랫폼 기업에 중독되다

6장에서 살펴보았듯이, 쾌락에 대한 경험은 우리가 의사결정을 하는 데 중요한 역할을 한다. 쾌락은 또한 (최악의 경우) 강박적 행동과도 불가분의 관계에 있다.

기본적인 내용부터 살펴보자. 쾌락의 경험이 사람들을 행동을 하게 하는 가장 간단한 방법은 행동 강화behavioral reinforcement를 통해서이다. 우리가 새로운 식당에 가서 맛있게 식사를 한다면 우리의 뇌는 그 식당에 가는 것과 쾌락 사이에 관계가 있다는 것을 학습하게 되고, 얼마 지나지 않아 자연스럽게 그 식당에 다시 가려고 할 것이다. 맛있게 먹은 경험이 그 식당에 가는 행동을 강화하는 것이다.

실험심리학자 버러스 F. 스키너Burrhus F. Skinner는 1960년대 하버드대학교에서 '강화학습reinforcement learning'이라는 학문 영역을 개척했다(그는 이를 '조작적 조건화operant conditioning'라고 불렀다). 강화학습의 전반적인 메커니즘은 믿기 힘들 정도로 직관적이다. 개를 키우는 사람들은 모두 맛있는 간식을 확보하는 것이 새로 입양한 애완견의 행동을 형성하는 데 핵심적인 역할을 한다는 사실을 알고 있다. 애완견이 실내에서 실례하지 않고 밖에서 대소변을 해결하면 맛있는 간식을 줘야 하고, 앉으라고 했을 때 앉으면 역시 맛있는 간식을 줘야 하기 때문이다. 시간이 흐르면서 애완견은 서서히 자신의 행동과 맛있는 간식 사이에 강화 관계가 있다는 사실을 학습하게 된다.

개를 키우는 사람과 마찬가지로 애플이나 페이스북, 구글 같은 기술기업들은 사용자들이 최대한 오랜 시간 동안 자신들의 사이트에 머무는 행동을 강화하고 있다. 이 기업들의 중독성 있는 특성이 행동 강화만큼 단순해질 수 있을까? 우리 모두는 재미와 사회적 만족이라는 맛있는 간식거리를 얻으려고 페이스북의 뉴스피드를 새로고침하고 있는 것일까?

모바일 앱 모멘트(스마트폰의 사용 시간을 확인하고 제한할 수 있는 앱-옮긴이)에서 나온 최신 데이터에 따르면 그렇지 않다. 모멘트는 사용자들이 가장 많은 시간을 소비하는 앱 등 스마트폰의 어플리케이션 사용을 추적한다. 그들은 매주 어떤 앱을 즐겨 사용했는지 조사해서 실제 사용 시간과 비교한다. 단순한 강화가 행동을 유발한다면 가장 많은 즐거움을 주는 앱이 가장 인기 있고 구독도 많이 하겠지만, 사실은 정반대이다. 2017년 발표된 한 보고에 따르면, 사람들이 많은 시간을 소비하는 앱은 일관되게 불만족과 관련되어 있었다. 우리가 가장 자주 사용하는 앱은 우리가 최소한의 즐거움을 느끼며 가장 적은 시간 동안 사용하길 바라는 앱이다. 하지만 솔직하게 말하면, 이것은 버스나 지하철에서 한시도 눈을 떼지 않고 스마트폰을 들여다보는 이들의 모습을 본 사람이라면 누구나 당연하게 여길 것이다. 이제는 너무나 익숙해진, 멍 때리며 인스타그램을 스크롤하는 사람들의 표정은 무아지경과는 한참 거리가 있다.

분명한 사실은 단순한 행동 강화보다 더 복잡한 무언가가 작용하고 있다는 것이다. 이것은 사실 놀라운 일이 아니다. 우리의 행동에 영향을 미치기 위해 수십억 달러를 투자하는 기업에게 단순한 조작적 조건화는 애들 장난일 뿐이다. 페이스북이 개 조련사라면, TV 시리즈 〈도그 위스퍼러〉의 엘리트 동물 훈련사인 시저 밀란도 유치원생처럼 보일 것이다. 그리고 평범한 개 주인과 엘리트 동물 조련사를 구분 짓는 것은 그들의 개가 얼마나 많이 강화되어 있는가가 아니라 강화가 주어지는 방식이다.

도파민형 인간

6장에 이야기했듯이, 우리가 쾌락을 경험하는 방식은 우리의 생각처럼 단순하지 않다. 쾌락을 느끼는 것은 본질적으로 덧없는 것이며, 우리는 쾌락을 얻는 것이 아니라 쾌락을 추구하는 것에 최적화되어 있다. 우연하고 전혀 예측하지 못한 쾌락은 즐거움이 더 크다. 쾌락을 느끼는 것은 우리에게 결정적으로 중요하다. 하지만 우리는 대부분 앞으로 얼마나 많은 쾌락을 경험하게 될지 잘 예측하지 못한다. 쾌락이 우리의 행동에 어떻게 영향을 미치는지에 대해서도 몇 가지 기이한 점이 있다. 이러한 모든 기이한 점은 뇌가 어떻게 쾌락의 경험을 처리하는가와 관련이 있다.

또한 과학자들은 1장에서 살펴본 중격의지핵이라는 뇌의 중심부 근처에 있는 특별한 영역에서 쾌락을 느낄 때 뇌에서 어떤 반응이 나타나는지 잘 알고 있다. 전극을 이용하여 직접 이 영역을 자극하면 사람들은 "기분이 좋다"라고 말한다. 원숭이에게 전극을 이용해 자신의 중격의지핵을 자극할 수 있는 버튼을 누르게 한다면, 원숭이들은 먹이나 물, 심지어 섹스보다도 자신의 중격의지핵을 자극하기 위해 지칠 때까지 버튼을 누를 것이다. 웃지 않아서 근육까지 퇴화된 (심리치료도 도움이 되지 않는) 심각한 만성 우울증 환자도 중격의지핵을 자극하면 얼굴에 미소가 나타난다.

바꿔 말하면, 중격의지핵은 쾌락중추에 가깝다. 또한 중격의지핵은 예리한 점쟁이이기도 하다. 그렉 번스 교수의 연구팀은 대중음악의 성공을 예측할 수 있는지를 알아보기 위한 실험을 했다.[6] 이 실험에서 연구원들은 최신 대중음악을 최초로 들려주며 실험 참가자들의 뇌 활동을 조사했고, 쾌락은 음악의 성공을 예측할 수 있다는 사실을 증명했다. 음악을 들려주었을 때 실험 참가자의 중격의지핵이 많이 발화할수록 그 음악이 일반 대중에게 공개되었을 때 더 인기 있는 것으로 밝혀졌다. 흥미롭게도 특정한 노래가 얼마나 좋았는지에 대한 사람들의 주관적인 보고는 노래의 성공과는 전혀 관련이 없었다. 우리의 중격의지핵은 우리가 〈데스파시토〉(푸에르토리코의 가수 루이스 폰시가 부른 노래-옮긴이)나 니켈백, 백스트리트보이즈, 드레이크의 음악처럼 남들에게 좋아한다고 밝히기 어려운 음악을 좋아한다는 사실을 보여준다.

중격의지핵에는 도파민을 통해 소통하는 뉴런이 (실제로 수백만 개 이상) 빽빽하게 모여 있다. 이런 이유에서 도파민을 쾌락분자라고 부르는 경우가 많다. 하지만 실제 도파민의 역할은 그것과는 미묘한 차이가 있다. 6장에서 사람의 뇌는 언제나 어떤 것(쾌락)을 추구하거나 어떤 것(고통)으로부터 멀어지고 있다고 한 것을 떠올려보자. 도파민은 어떤 것을 향해 달려갈 때 핵심적인 역할을 한다. 도파민은 결핍분자이다. 뭔가가 일어나기를 기대하며 즐거움을 느낀 적이 있다면, 이는 뇌에서 도파민을 배출한 것이다. 도파민이 아닌 것은 '소유'분자이다. 즉 무언가를 원할 때 (더 구체적으로 말하자면, 무언가를 기대할 때) 뇌에서 도파민이 배출되지만, 일단 원하는 것을 얻고 나면 도파민은 배출되지 않는다. 도파민은 스테이크가 아니라 스테이크가 익는 소리에 반응한다.

도파민은 결핍과 쾌락이 생물학적으로 구별되는 주요 원인 중 하나이다. 대니얼 Z. 리버만Daniel Z. Lieberman 박사와 마이클 E. 롱Michael E. Long 박사는 도파민을 전문적으로 다룬 저서《도파민형 인간》에서 다음과 같은 글로 도파민의 본질을 멋지게 표현했다. "도파민의 작용에 의한 흥분(즉, 기대감 때문에 느끼는 전율)은 영원히 지속되지 않는다. 결국 미래가 현재가 되기 때문이다. 스릴 넘치는 미지의 미스터리가 지루한 일상이 된다. 그 지점에서 도파민이 할 일은 모두 끝난다. 그리고 실망이 시작된다."[7]

영국의 실험적인 일렉트로 음악인 덥스텝이나 일렉트로하우스 같은 전자음악 장르에 대해 생각해보자. 영원함의 느낌을 표현하는 어떤 일렉트로하우스 음악이 오랫동안 기대하던 절정을 향해 점차 고조되다가 마침내 긴장감이 풀린다. 이것이 바로 도파민이 작용하는 방식이다. 미래에 뭔가가 더 자주 나타나기를 기대할수록 도파민의 효과는 커진다. 쾌락을 기대하는 것 자체가 뇌에 대한 보상이다. 이런 맥락에서 도파민을 '미래의 분자'라고 부르는 것이 더 정확할 것이다.

이러한 원리가 저녁식사 때 어떻게 나타나는지 생각해보자. 혀로 느끼는 맛은 좋은 음식에서 느끼는 쾌락 중 빙산의 일각에 불과하다. 수면 아래에는 기대감과 예상이 자리하고 있다. 이것은 새로운 음식과 그 음식에 어울리는 와인을 선택할 때 특히 잘 드러난다. 사람들은 음식과 와인이 잘 어울릴 것이라고 막연하게 생각하지만, 음식에 어울리는 와인을 찾아보지 않았다면 잘 알 수 없을 것이다. 이처럼 긍정적이지만 불확실한 느낌은 사람들을 미래에 대한 쾌락에 대해 기대하게 한다. 내가 주문한 지고다뇽(양 넓적다리 스테이크-옮긴이) 같은 양고기 요리에 소믈리에가 코트 뒤 론 같은 와인을 골라주면 정신적인 기대감이 작동하기 시작한다. 두 요리 중 어느 쪽도 먹어보지 못했지만 이미 쾌락을 느끼고 있는 것이다.

우리는 기대감에 따라 도파민을 경험하지만, 우리의 예측을 뛰어넘는 경우 특별한 쾌감을 느끼게 된다. 이러한 이유 때문에 우연한 쾌락이 가장 좋다고 하는 것이다. 레드와인과 붉은색 육류를 함께 먹는 것은 충분히 예측할 수 있다. 하지만 퓨전 요리, 이를테면 누텔라 라자냐 같은 요리를 주문한다면 어떻게 될까? 와인을 조합하는 것과는 달리, 우리는 누텔라 라자냐를 와인과 함께 먹어본 적이 없다. 단지 처음 보는 음식의 조합이라는 이유만으로도 기대감에서는 얻는 쾌락은 이미 어울리는 와인을 선택했을 때 느끼는 쾌락보다 크다. 뇌는 또한 그 요리에 대한 기대감의 수준을 정한다. 무언가가 우리의 기대를 훌쩍 뛰어넘을수록 쾌락은 커질 것이다. 누텔라 라자냐에 대한 배경지식이 없는 상태에서 놀랄 만큼 맛있는 결과가 나왔을 때, 뇌에 도파민이 급증하여 쾌락이 배가 될 것이다. 그것은 가장 강렬한 미각을 줄 것으로 기대되는, 예측하지 못했던 쾌락이다.

이것은 또한 쾌락이 본질적으로 덧없는 이유를 설명해준다. 우리는 일단 어떤 것을 경험하고 나면, 그 경험이 어떤 것이며 그것으로부터 무엇을 기대할 수 있는지 알게 되고, 따라서 그 경험에서 얻는 즐거움은 사라진다. 열대 지방으로 휴가를 다녀온 적이 있는 사람이라면 이것에 대해 잘 알 것이다. 칵테일을 마시며 해변에 누워 있으면 처음에는 천국에 온 것 같은 기분이 들지만, 며칠 지나면 멋진 백사장이 있는 해변마저도 익숙해진다. 얼마 지나지 않아 다시 해변에서 그와 같은 즐거움을 느끼려면 뭔가 다른 경험이 필요해진다. 이것은 '감쇠attenuation 현상'이라고 하는데, 감정이나 관심 같은 심리적 경험이 시간이 흐르면서 자연스럽게 사라지는 경향을 의미한다. 쾌락의 경우 이 현상은 진화에 의해 우리 몸에 각인되어 있을지도 모른다. 행복은 단순히 지속 가능한 상태가 아니다. 계속해서 먹다 보면 베이컨도 지겨워진다.

덜 약속하고 더 해줘라

우리는 다음에 무슨 일이 일어날지를 끊임없이 예측한다. 식당에 가면 음식 맛이 얼마나 좋을지를 예측하게 된다. 그저 그럴 것 같다고 생각한 음식점에서 아주 훌륭한 음식이 나올 경우를 과학 용어로 '긍정적인 예측 오류positive prediction error'라고 한다. 틀렸지만 어떤 면에서는 좋기 때문이다. 이와 같은 행복한 오류 덕분에 앞에서 배운 대로 도파민이 움직이기 시작한다. 우리는 긍정적 놀라움을 좋아한다.

이러한 유형의 긍정적인 놀라움을 구축하기 위한 일반적인 전략 중 하나는 기대치를 신중하게 관리하는 것이다. 자포스의 직원들이 공짜 장갑을 들고 우리집 앞에 서 있는 모습을 보았을 때 즐거움이 큰 이유는 그런 일이 있을 거라고 전혀 기대하지 않았기 때문이다. 사실 소비자의 경험이 우리의 기대를 넘어서지 않는다면 우리는 새로운 즐거움을 찾아 나설 가능성이 크다. 그래서 이런 비즈니스 격언이 나온 것이다. "덜 약속하고, 더 해줘라."

아마존이 인수하기 전까지 자포스는 체계가 잡히지 않은 신생기업이었다. 자포스는 사람들이 온라인에서 신발을 살 의향이 있다는 것을 세상에 입증한 최초의 기업 중 하나였다. 전자상거래 초기 시절 온라인 쇼핑객들은 온라인에서 상품을 구입하면 배송에 오랜 시간이 걸린다는 것을 알고 있었다. 영업일로 4~5일이 평균적인 배송일로 자리잡고 있었다. 하지만 자포스는 일부러 고객에게 알리지 않고 이틀 만에 상품을 배송했다. 왜 그랬을까? 고객들은 일주일 후에야 그들이 구입한 새 나이키 운동화를 볼 수 있으리라고 기대하고 있었는데, 이틀 만에 배송이 되면서 기대가 어긋나면 새 나이키 운동화를 받는 기쁨이 놀라움으로 증폭될 것이기 때문이다.

자포스만이 고객들의 긍정적인 경험을 위해 기대치를 이용하는 것은 아니었다. 오후 2시 30분에 샌디에이고에 도착할 예정이었던 항공기에서 기장이 기내방송으로 2시 30분이 아닌 2시에 도착한다고 알려준다고 생각해보자. 기내에 있는 사람들은 모두 만족할 것이다. 왜 내가 이용하는 항공사는 너무 자주 일찍 도착하는 것처럼 보이는지 궁금한 적이 없었는가? 켈로그 경영대학원의 연구원들도 그 이유가 궁금했다.[8] 연구 결과, 항공사에서 공지하는 비행시간은 지난 20년 동안 8퍼센트 이상 늘어났다. 하지만 이 늘어난 시간은 실제로 A지점에서 B지점으로 가는 데 걸리는 시간이 바뀌었기 때문이 아니었다. 그보다는 항공사에서 전략적으로 시간을 늘린 것이었다. 항공사들은 고의적으로 비행시간을 실제 비행시간보다 더 걸린다고 발표하여 도착시간보다 일찍 도착했을 때 탑승고객들에게 긍정적인 놀라움을 주었다(실제로 일찍 도착한다고 한 시간이 실제 도착 예정시간이었다). 정시 혹은 예정보다 일찍 비행기가 도착하면 고객들은 만족한다. 그리고 무엇이 정시이고 무엇이 예정보다 이른 것인지에 대한 우리의 개념은 정해진 예정시간과 관계가 있다.

그러나 이러한 접근방법에는 한계가 있다. 어떤 항공사가 매번 어김없이 정확히 10분 전에 도착해서 고객들을 놀라게 한다면, 사람들은 10분 빠른 시간이 원래 도착 예정시간임을 눈치챌 것이다. 그리고 다음에 비행기를 탈 때 사람들의 기대치는 바뀌어 있을 것이다. 사람들의 예측 오류와 그에 따른 즐거움은 높아진 기대 수준 때문에 줄어들 것이다. 도파민은 우리의 기대를 재보정한다. 기대되는 쾌락과 실제 쾌락에 관한 추가적인 데이터가 나올 때마다 예측의 오류는 줄어든다. 도파민은 쾌락에 대한 '기대감'뿐만 아니라 쾌락에 대해 학습한 내용 그리고 쾌락을 기대할 수 있는 시기와도 큰 관련이 있다.

오프라 윈프리의 이벤트 효과

극도로 높은 기준을 가지고 있는 사람들에게 "덜 약속하고, 더 해줘라"를 어떻게 적용할 수 있을까? 예를 들어 오바마 대통령 혹은 오프라 윈프리를 위해 주최하는 파티에서 어떻게 하면 "덜 약속하고 더 해주는 것"을 해낼 수 있을까? 오프라에게 "아주 멋진 파티가 되겠지만,

기대를 너무 많이 하지는 마세요"라고 말할 수 있을까? 그러는 동안 아무도 모르게 오프라를 놀라게 할 것을 기획하면서? 데비 릴리는 이러한 상황을 여러 차례 겪어왔다. 릴리는 오프라를 위해 여러 유명인사가 참석하는 이벤트를 개최했다. 그중에 TV로 생방송된 오프라의 50번째 생일 기념 이벤트도 있었다. 이 이벤트에는 영화배우 존 트라볼타와 가수 티나 터너가 하객으로 참석하기로 되어 있었다. 이 이벤트를 기획한 릴리는 "이 정도 규모의 이벤트에 대한 소문은 새어나가기 마련이죠"라고 말한다. 하지만 이 이벤트의 놀라움은 사라지지 않았다. "아주 작은 뜻밖의 몸짓이 얼마나 강력할 수 있는지 정말 놀라워요. 누군가가 내가 앉아 있는 테이블에 뭔가 사려 깊고 전혀 예상치 못한 것을 들고 나타나는 건 놀라운 일이죠. 아니면 현지에서 만든 선물 가방에 놀라거나요."[9]

아마도 역대 가장 많이 회자된 TV 이벤트인 '2004년 오프라의 대단한 자동차 경품'의 뒤에는 릴리와 그녀의 팀이 있었다.[10] "차를 받으세요, 차를 받으세요. 모두들 차를 받으세요!"[11]* 수없이 봤던 장면이지만 흥분된 가슴을 진정시키기가 쉽지 않다. 왜 그럴까? 기쁨과 기대, 놀라움이 쌓이다가 기회가 있을 때마다 극대화되었기 때문이다.

먼저 오프라는 관객 중 열한 명을 무작위로 선발하여 무대 위에 오르게 했다. 그들이 모두 교사라서 특별하게 인식될 것이라는 계산이었다. 이벤트가 거기서 끝났다면 이들 열한 명은 단지 그것만으로도 만족하여 집으로 돌아갔을 것이다. 하지만 오프라는 이제 시작했을 뿐이었다. "저 사실 거짓말을 했습니다. 지금 이 자리에서 인정합니다. 여러분은 모두 허황된 꿈을 꾸고 있습니다. 모두 이것을 절실하게 원하고 있을 겁니다. (도파민에게 신호를 보낸다.) 바로 새로 출시된 자동차죠!" 열한 명은 하늘에 둥둥 떠다니는 기분이었다. 그리고 관객들은 박수를 치고 즐거워하며 기쁨을 나누었을 것이다. 하지만 이것은 단지 준비운동일 뿐이었다.

좌중이 조용해지자 오프라는 자신이 또 거짓말을 하고 있다며 관객에게 줄 자동차가 한 대 더 있다고 말한다. 사람들은 웅성이며 기대감에 차서 숨을 크게 쉬었다. 이때 릴리 팀이 사람들 사이를 지나다니며 리본으로 포장한 작은 은색 상자를 나누어주는 사이에 오프라는 "상자를 열지 마세요. 이 상자 중 하나에 폰티액 G6의 열쇠가 들어 있어요!"라고 말한다. 기대감이 점점 커지면서 사람들은 모두 궁금해한다. '나도 받을 수 있을까?!'

오프라가 드럼소리를 내달라고 신호를 보낸 다음 (도파민이 추가된다) 관객에게 말한다. "상자를 열어보세요." 물론 놀랍게도 모든 상자 안에 자동차 열쇠가 들어 있었다. 상자를 열어본 사람들은 모두 자신이 당첨된 것이라고 생각한다. 관객 모두가 G6를 받게 되어 행복할 뿐만 아니라 놀라움과 함께 전체 관객 중에서 당첨자로 뽑히는 특별한 행운까지 누리는 경험을 한 것이다.

모든 사람에게 이처럼 무작위적이고 개인적인 쾌락이 주어지자, 관객들은 모두 순수한 기쁨을 분출한다. 그런 다음 서서히 사람들은 주변을 살피고 모든 사람이 열쇠를 가지고 있다는 것을 알게 된다. 그리고 그 순간 오프라의 유명한 멘트가 나온다. "이제 당신의 차입니다.

당신도 마찬가지예요. 모두 차를 받으세요!" 아마도 자동차를 경품으로 받는 행운의 당첨자가 되는 것보다 더 기쁜 일은 그 순간 TV 역사에서 30년에 한 번 있을까 말까 한 장면에 자신이 나왔다는 것을 깨닫는 순간일 것이다.

이러한 놀라운 쾌락의 중첩이 얼마나 중요한지는 생각해볼 가치가 있다. 오프라가 스튜디오에 들어오면서 곧바로 "당신은 차를 갖게 되셨습니다. 그리고 당신도 차를 갖게 되었습니다. 모두 다 차를 갖게 되셨습니다!"라고 발표했다면, 관객들은 의심의 여지없이 믿을 수 없을 만큼 행복해졌을 것이다. 하지만 오프라의 TV쇼에서는 놀라움을 이중으로 배치해서 도파민의 반응을 극대화했고, 사람들의 경험을 거의 다른 세상의 수준에 올려놓았다.

페이스북과 라스베이거스의 공통점

행동을 유발할 때 무작위성의 중요성은 1960년대에 행동심리학자 마이클 자일러Michael Zeiler의 중요한 연구에 의해 처음 밝혀졌다. 마이클 자일러는 비둘기가 보상시간이 달라질 때 반응이 어떻게 달라지는지를 비교했다.[12] 비둘기는 개와 마찬가지로 빠르게 학습한다. 비둘기가 지렛대를 쪼아대자 음식이 나왔다면 비둘기는 그것이 어떤 의미인지 알고 계속해서 지렛대를 쪼아댄다. 비둘기의 식욕은 만족하는 법이 없기 때문에 옥수수 알갱이만으로도 큰 보상이 된다.

자일러의 실험에서 비둘기들은 두 개의 지렛대 중에서 어느 쪽이든 마음대로 고를 수 있었다. 한쪽 지렛대는 비둘기가 누를 때마다 꾸준히 먹이가 나왔다. 다른 쪽 지렛대 역시 먹이를 제공했다. 하지만 열 번 중 다섯 번이나 일곱 번 정도만 먹이가 나왔고 그 간격도 예측할 수 없었다. 결과를 예측하기는 쉬워 보인다. 당연히 비둘기들은 매번 언제나 맛있는 간식이 나오는 선택지를 고를 것이다. 하지만 비둘기의 결정은 단호했다. 비둘기들은 보상을 예측할 수 없을 때 거의 두 배에 가까운 시간 동안 지렛대를 쪼아댔다. 이 결과는 인간을 포함해서 다양한 종을 대상으로 수백 번 재현되었고, 그 결과는 놀라울 정도로 일관되었다. 우리는 이상하게 일관되지 않은 대상에 끌리는 경향이 있다.[13] 어떤 행동을 강화하는 경우 보상 시기가 정해지지 않았을 때 (다시 말해, 어떻게 해야 보상이 나온다는 것은 알지만 언제 나오는지는 모를 때) 보상 시기가 일정할 때보다 효과가 훨씬 크다.

재미있는 어떤 것이 일정한 간격으로 주어지지 않을 때 우리는 왜 그것을 더 원하게 되는 걸까? 6장에서 살펴본 그렉 번스의 주스 실험에서 주스가 주어지는 간격이 일관되지 않을 때 즐거움이 훨씬 더 커졌다. 기대 자체가 보상이라는 것을 다시 생각해보자. 그리고 일관되지 않아서 기대치가 낮아진 순간에도 쾌락은 우리를 놀라게 한다. '이제 주스가 나오려나? 지금쯤이면 나올까? 지금? 아, 드디어!'

이처럼 변동성이 큰 경우에도 우리는 반복해서 같은 행동을 하며 자극을 추구한다. 우리의 행동에 반응하여 다음에 무슨 일이 일어날지 예측하지 못할 때, 우리는 이러한 이해하기 어려운 관계를 이해하려는 무의식적인 노력에서 그 행동을 반복할 가능성이 크다. 이러한 상황에서 강박적 행동이 생겨난다. 일부 사람들은 이것을 '중독'이라고 부른다.

도파민의 특이한 활동 때문에 라스베이거스의 카지노에는 수많은 사람들이 큰 희망을 갖고 슬롯머신 앞에 앉아 있다. 시간이 흘러 이득은 거의 없지만, 자일러의 실험에 나오는 비둘기처럼 사람들은 이번에는 큰돈을 벌 것이라는 (도파민의 작용에 의한) 희망을 가지고 레버를 당기고 또 당긴다.

중독의 측면에서 보면 소셜미디어 플랫폼은 담배보다는 도박과 더 많은 공통점이 있다. 페이스북 뉴스에 접속할 때마다 우리는 소셜미디어라는 슬롯머신의 레버를 당기는 셈이다. 그렇게 하면 일반적으로 보상을 받을 것이라는 기대를 갖는다. 새로운 영상을 보거나, 친구가 결혼한다는 사실을 알게 되는 것 등이다. 하지만 우리가 받게 되는 쾌락의 정도는 예측할 수 없고 무작위적이다. 모든 글이 끝내주게 재미있는 것은 아니기 때문이다. 어떤 글은 재미있지만, 짜증나는 글도 있고, 기분 나쁜 글도 있다. 그럼에도 계속해서 스크롤을 하는 이유는 다음 글에는 달콤한 보상이 기다리고 있을 것 같은 기분이 들기 때문이다.

초창기 페이스북의 투자자이자 첫 번째 대표이사였던 숀 파커는 이 점을 너무나도 잘 이해하고 있다. 페이스북은 사용자들이 페이스북을 경험할 때 도파민이 분비되도록 설계되었다. 파커는 "우리는 이따금 사진이나 글 같은 데에서 '좋아요'를 클릭하거나 댓글을 단 사람에게 도파민이 나오도록 해야 합니다"라고 말한다.[14] 그러한 경험은 역동적이고 그에 따라 쾌락이 언제 어디서 오는지 모르기 때문에 우리는 계속해서 같은 행동을 하게 된다. 자일러의 비둘기처럼 우리는 변동성 때문에 계속해서 추측을 하게 되고, 이로 인해 도파민 수치는 일정하게 유지된다.

뉴스피드의 사악한 천재성

페이스북의 뉴스피드는 너무나도 강력하고 어디서나 흔하게 볼 수 있기 때문에 뉴스피드 없는 세상은 상상하기가 어렵다. 페이스북은 2004년 하버드대학교와 관련이 있는 사람만 이용하는 인맥 사이트로 출발했는데, 서서히 다른 대학으로 퍼지기 시작하여 결국 누구나 이용할 수 있게 되었다. 초창기에도 페이스북은 빠르게 진화하는 기민한 플랫폼이었다. 페이스북이 쉴 새 없이 새로운 기능을 도입하면서 사람들의 개인 프로필 페이지가 바뀌었고, 시간이 흐르면서 페이스북의 기능은 더욱 개선되었다. 우선 블로그를 할 수 있게 되었고, 그런 다음 사진을 올리는 기능과 친구를 태그하는 기능이 더해졌다. 페이스북은 하버드 학생들에게 최초로 공개된 지 1년도 채 되지 않은 2004년 말에 총 사용자가 100만 명에 이르렀다. 불과 2년 뒤에 페이스북의 가치는 10억 달러 이상으로 추정되었다.

이처럼 빠른 발전에도 불구하고, 개인 페이지(현재 '타임라인'에 해당하며 사용자가 게시하는 사진, 글 등을 실시간, 시간 순으로 보여주는 공간으로 초창기 명칭은 '담벼락Wall'이었다-옮긴이)로만 이루어진 사이트 자체의 구조는 지금보다도 훨씬 단순했다. 이는 아주 색다른 사용자 경험

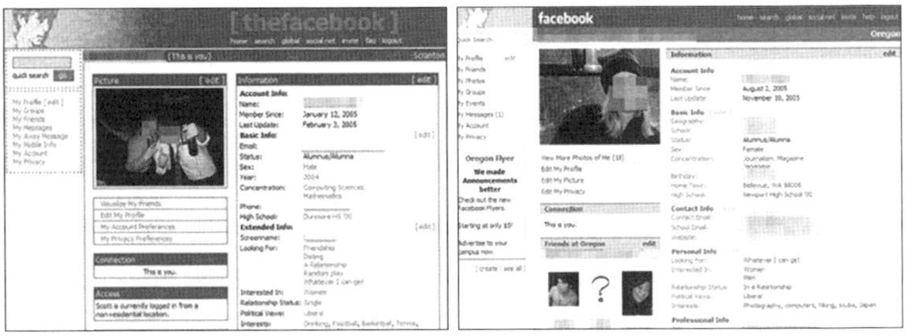

단순한 형태의 2004년 페이스북 개인 페이지(왼쪽)는 2006년 뉴스피드의 도입(오른쪽)으로 사용자들의 주목을 독차지하기 시작했다.

으로 이어졌다. 사회적인 요소의 추가는 상대적으로 지지부진했다. 사람들은 마음대로 '친구 맺기'(그리고 '친구 끊기')를 할 수 있었지만, 어떤 친구가 신청을 했는지 보고 싶을 때는 미개인처럼 그들의 개인 페이지에 가서 그들이 쓴 글을 스크롤해야 했다. 페이스북에 뉴스피드가 생기기 전 1,000만 명의 사람들의 생활은 단순했다. 여기저기 찔러보는 것이었다. 정말 운이 좋으면 누군가 내 담벼락에 글을 쓸 터였다.

2006년 9월 6일 모든 것이 바뀌었다. 페이스북은 뉴스피드를 시작하면서 이제껏 가장 중요한 변화를 시도했다. 뉴스피드는 마크 저커버그가 페이스북에 대한 비전을 투명하고 사교적인 이메일의 형태로 표현한 것이었다. 저커버그는 인터넷의 미래가 신중하게 체계화된 스트림이 될 것이라고 예측했고, 최초의 현실적인 소셜스트림이었던 뉴스피드는 이러한 개념을 구체화한 것이었다.

페이스북 사용자들은 당연히 뉴스피드에 환호를 보냈을까? 사실 뉴스피드에 대한 반응은 온통 부정적이었고 사람들은 분노했다. 뉴스피드의 책임자였던 프로덕트 매니저 루시 생비Ruchi Sanghvi는 디지털

화형을 당했다. 뉴스피드가 공개된 후 가장 빠르게 성장한 페이스북 커뮤니티는 '루시는 악마다'였다. 뉴스피드가 공개된 다음 날 아침 화가 난 기자들과 사용자들이 실제로 페이스북 본사 앞에 모여 항의했다.

사용자들의 분노에도 불구하고, 사이트 체류시간을 분석한 결과 주목할 만한 점이 있었다. 거의 모든 반응이 부정적이었지만 사람들은 그 어느 때보다도 페이스북에서 오랜 시간을 보내고 있었다. 상비는 직접 이러한 사실을 자신의 페이스북에 기록했다.[15]

> 수많은 사람들이 뉴스피드를 중단하기를 원했다. 그리고 다른 회사였다면 사용자들의 요구대로 서비스를 중단했을 것이다. 특히 사용자의 10퍼센트가 서비스를 보이코트하겠다고 위협했을 때는 말이다. 하지만 우리는 그렇게 하지 않았다. … 뉴스피드는 실제로 효과가 있었다. 이러한 혼란과 분노 속에서 우리는 특이한 점을 발견했다. 모든 사람들이 뉴스피드가 싫다고 주장했음에도 서비스 이용자는 두 배로 늘었다.

그렇다. 서비스 이용자가 두 배로 증가했다. (자일러의 비둘기와 같은) 가변적인 강화가 정식으로 소셜미디어에 상륙한 것이었다.

사용자들이 뉴스피드에 익숙해지면서 부정적인 과잉반응은 줄어들었고 사용자의 활동만 더욱 활발해질 뿐이었다. 새로 업데이트를 하면서 페이스북은 사용자의 주목을 독차지하는 걸작 서비스인 뉴스피드의 틀을 현재와 같은 방식으로 잡아갔다. 2009년 페이스북의 뉴스피드는 연대기적 순서를 파괴하는 업데이트를 단행했다. 그 대신 새로운 마법의 알고리즘이 어떤 글을 언제 볼지 결정하기 시작했다. 이 업데이트는 무작위성의 완벽한 승리였다. 사용자들이 갖고 있던 게시글에 대한 통제권, 즉 글이 보이는 순서에 대한 권한을 모두 빼앗아버렸기 때문이다.

'뉴스피드 모델'(이 모델에서 플랫폼은 일반적으로 즐겁지만, 그 즐거움을 전달할 때 가변적인 경험을 전달한다)은 이제 소셜미디어 세상에서 흔히 볼 수 있다. 인스타그램과 스냅챗은 거의 동일한 뭔가를 도입했다. 오랫동안 구식이고, 지루하고, 보수적인 소셜미디어 플랫폼으로 여겨졌던 링크드인조차 뉴스피드를 구현하면서 사용자들의 체류시간이 엄청나게 증가했다. 애드위크가 수행한 2012년 연구에서 평균적인 링크드인 사용자는 한 달에 터무니없을 정도로 적은 시간인 12분 동안 사이트에 머물렀다.[16] 하지만 다음 해에 뉴스피드를 구현한 후, 사용자의 참여가 45퍼센트 이상 폭등하여 거의 절반에 가까운 사용자가 일주일에 두 시간 이상 링크드인 사이트에서 시간을 보냈다.

결코 멈출 수 없는 이유

행동을 유발할 때 쾌락을 전달하는 힘을 바라보는 또 다른 방법은 완성도의 심리학을 통하는 것이다. 인간에게는 선천적으로 완성에 대한 심적 동인이 있다. 가장 친한 친구가 긴장감 넘치는 이야기를 하고 있다고 상상해보자. 하지만 이야기가 끝나기 직전에 친구는 가버리고 말았다. 당연히 불만스러울 것이고, 이때 해결책을 찾지 못하면 다른 일에 집중하기가 어려울 것이다.

이처럼 마무리하지 않은 채 남겨진 것에 대해 집착하는 것을 '자이가르닉 효과Zeigarnik effect'라고 한다. 이 현상을 발견한 리투아니아의 심리학자 블루마 자이가르닉Bluma Zeigarnik의 이름을 딴 자이가르닉 효과는 일단 무언가에 몰두하여 그 일을 마치는 데 집중하면, 방해받는 것을 싫어하게 된다고 명시한다. 하고 있는 일을 끝마치지 못하고 간절히 바라던 해결책을 구하지 못하면, 우리의 행동은 아주 독특한 방식으로 영향을 받는다. 마치지 못한 일에 계속 신경을 쓰게 되고 일이 끝날 때까지 불편한 기분이 든다. 스트레스를 받아 마무리하지 못한 일에 집착하게 되고, 일을 중단했던 때의 기억은 갈수록 또렷해진다.

초창기에 자이가르닉 효과가 시연된 장소 중 하나는 기억과 관련된 교실이었다.[17] 학생들에게 단어 목록을 암기하라는 과제를 준 다음 도중에 다른 과제를 주어 방해하면, 학생들은 단어를 모두 암기하고 나서 다른 과제를 줄 때보다 훨씬 좋은 결과를 보였다. 게다가 처음에 과제가 아무리 지루하더라도 방해를 받은 학생들은 기회가 있을 때 그 일을 마치려는 강한 욕망을 드러냈다.

인간의 본성은 시작한 일을 마치는 것이다. 시작한 일을 마치지 못했을 때 인간은 불편함을 느낀다. 이때 충족되지 못한 욕구가 생겨나고, 인간은 기회가 있으면 이 욕구를 가장 먼저 충족하려 한다. 관심경제의 플랫폼들은 충족되지 못한 욕구를 열심히 만들어내 우리에게 결코 오지 않을 충족의 순간을 계속해서 찾아다니게 한다. 결코 만족할 수 없는 일을 찾아다니느라 시간을 쓸수록 플랫폼들은 많은 돈을 벌 수 있다.

낚시성 콘텐츠에 낚이다

소비자의 관심을 유지하기 위하여 자이가르닉 효과를 이용하는 것은 중독 2.0 시대에서 극에 이르렀다. 하지만 이것이 새로운 것은 아니다. 지역 TV 방송에서는 자이가르닉 효과를 이용하여 지난 수십 년 동안 광고가 끝난 뒤에도 다음과 같은 문구로 시청자들이 채널을 돌리지 못하게 만들었다. "한 주민이 드론과 가장 친한 친구가 된 사연과 함께 광고 후에 더 많은 이야기가 방송됩니다." 스포츠 뉴스쇼인 〈스포츠센터〉는 광고를 방송하기 전에 스포츠 상식을 묻는 방식을 사용한다. 스포츠에 관한 답이 없는 질문은 전형적인 자이가르닉 효과이다. 이처럼 결과를 알 수 없는 상황에 시청자들을 남겨둠으로써 채널을 고정하도록 만드는 것이다.

넷플릭스의 포스트 플레이 기능은 특히 강한 자이가르닉 효과를 활용한다. 포스트 플레이 기능을 도입한 이후 〈기묘한 이야기〉의 첫 에피소드를 보고 나서 시청을 중단하면 마치 중간에 쉬는 시간이 없는 8시간짜리 영화를 보다가 도중에 나가버리는 듯한 기분이 든다. 하지만 HBO의 드라마 〈왕좌의 게임〉은 포스트 플레이 기능 없이도 자이가르닉 효과를 보여주었다. 어떻게 했을까? 이 드라마에는 수십 명의 캐릭터가 등장하며 여러 가지 줄거리가 전개되기 때문에 미완성의 규모만으로 시청자와 독자들의 아쉬움을 끊임없이 자아냈다.

스토리텔링에서 대규모 자이가르닉 효과의 대가는 아마도 마블 스튜디오의 마블 시네마틱 유니버스일지도 모른다. 2019년 영화만으로 228억 달러의 매출을 올린 (이 금액은 점점 더 늘어나고 있다!) 마블 시네마틱 유니버스는 역대 가장 많은 돈을 벌어들인 영화 프랜차이즈이다.[18] 자이가르닉 효과는 영화의 미드 크레디트와 엔딩 크레디트 장면에서만 나타나는 것이 아니다. (현재까지) 32명의 슈퍼히어로가 등장하는 23편 마블 영화 사이의 얽히고설킨 스토리라인에서도 자이가르닉 효과가 나타난다. 캐릭터와 플롯, 서브플롯, 서브서브플롯의 규모만으로도 미완성의 느낌을 주며, 이것은 새 마블 영화에서만 충족될 수 있기 때문이다.

자이가르닉 효과는 현대 기술보다 먼저 사용되었으며, 오늘날 디지털 마케팅은 자이가르닉 효과를 예술의 형태로 바꾸어놓았다. 오늘날 '낚시성' 기사는 수수께끼 같은 형태를 이용하여 사이트 방문자의 클릭을 유도하는 미끼 역할을 한다.

일반적인 웹 서퍼라면 디지털 광고 플랫폼인 아웃브레인이나 타불라에 대해 들어보지는 못했겠지만, 이들 기업이 웹 기사의 하단에 채워 넣고 있는 '후원 콘텐츠'는 분명히 보았을 것이다. '그녀가 지금 어떤 모습인지 보면 놀랄 것이다!'라는 제목은 많이 들어본 것 같지 않은가? 시리아 내전 기사 아래에 배치되어 있는 이 광고의 방식이 얼마나 부적절한지에 대해서는 신경 쓰지 말기 바란다.

이러한 유형의 후원 콘텐츠 광고업계의 조용한 거물인 아웃브레인과 타불라는 다음과 같은 제목으로 자이가르닉 효과를 노골적으로 남용하고 있다. '암스테르담 사람 세 명이 제이크루(의류 브랜드-옮긴이)의 사진 촬영을 한다.' '남자들이 이 속옷에 집착하는 이유는 무엇인가?'

2014년 타임 주식회사는 아웃브레인과 1억 달러에 달하는 계약을 맺었다.[19] CNN, 스포츠 전문 매체인 블리처 리포트, 온라인 잡지 슬레이트, ESPN 등도 모두 아웃브레인의 고객이다. 이 글을 쓰는 동안에도 타불라와 아웃브레인은 10억 달러 이상의 가치를 가져올 합병을 진행하고 있다. 웹 서퍼들은 그들을 싫어할 수도 있지만, 시리아 기사 아래에 '끝내주는 야구선수의 부인들'이라는 광고는 늘 그 자리에 있을 것이다.

자이가르닉 효과를 이용하여 대부분의 기자들이 가짜 뉴스라고 부르는 기사를 올리는 것으로 잘 알려진 또 다른 회사가 있다. 바로 버즈피드이다. 월 90억 콘텐츠뷰, 한 달 순방문자 2억 5,000명, 17억 달러의 자산 가치 등 그들의 성과를 보면 비난하기가 어렵다.[20] 그들은 어떻게 이런 성과를 올렸을까? 버즈피드의 기사 제목은 미완성의 느낌을 유도하여 기사를 클릭해야만 해소할 수 있는 미니 자이가르닉 클리프행어이다. '톰 하디가 24번이나 당신 때문에 다른 남자를 파멸시켰다.' '세상에서 가장 희귀한 영상. 어디인지 절대 상상도 하지 못할 것이다. 도저히 믿을 수가 없다.' 이런 제목을 보고 어떻게 클릭을 하지 않을 수 있을까? 언론의 진실성은 무슨 얼어 죽을!

멈추지 못하는 걸까, 멈추지 않는 걸까?

낚시성 광고는 소비자들에게 미완성의 느낌을 줌으로써 작동한다. 그러면 우리는 해결책을 찾기 위해 어쩔 수 없이 클릭을 해야만 한다. 일단 클릭을 하면 보통 해결책이 제공된다. 하지만 오늘날 온라인 플랫폼은 그렇지 않다. 특히 소셜미디어의 중독적인 기술은 우리가 완성하지 못하게 하고 영원히 찾지 못할 해결책을 찾게 만듦으로써 작동한다. 이러한 이유 때문에 인스타그램과 페이스북의 무한 스크롤에서 벗어나기가 힘든 것이다. 이런 앱들은 분명하게 '끝'이라고 명시하지 않음으로써 사용자들을 미완성의 상자에 집어넣는다. 이것이 바로 디지털 지옥이다. 더 정확히 말하자면 그것이 바로 강박적 행동의 씨가 뿌려진 자이가르닉 연옥이다.

일상을 살아가면서 우리는 일반적으로 우리의 삶을 적절한 크기의 '덩어리'로 나누어 끝마치려는 욕구를 수용할 수 있다. 책을 읽을 때 우리는 카페를 나가기 전까지 읽고 있던 챕터를 마저 읽을 수 있고, 일을 할 때에는 점심시간이 되기 전까지 작성 중인 이메일을 끝마칠 수 있다. 하지만 소개팅 앱인 틴더에서 스와이핑을 계속하든, 페이스북의 뉴스피드를 끝없이 스크롤하든, 디지털 플랫폼상에서 사용자의 경험에는 심리적인 정지 지점이나 사용자들이 "좋아, 저건 다 끝냈어"라고 말할 수 있을 만한 결승점이 존재하지 않는다. 끝이 보이지 않는 뉴스피드의 경우, 우리가 일을 마쳤다고 느낄 수 있는 지점이 없기 때문에 결코 만족을 느끼지 못한다.

업계에 알려진 대로 '연속적인 스크롤' 모델은 소셜미디어 밖에서도 인기를 얻고 있다. 예를 들어, 타임닷컴은 2015년 연속적인 스크롤 인터페이스를 도입하기 위해 개편을 단행했다. 그러자 거의 즉각적으로 사용자들의 참여가 증가했다. 사이트를 방문해서 한 페이지만 보고 떠나는 방문자의 비율인 이탈률이 15퍼센트 감소했다.[21] 블리처 리포트도 기존의 1면을 없애고 무한 스크롤 디자인으로 교체하자 이탈률이 비슷하게 감소했다.

2012년 가장 큰 디지털 미디어 기업 중 하나인 매셔블은 팝과 기술 뉴스를 다루고 있으며, 하단부가 끝이 없이 이어지는 타일의 흐름으로 뉴스 기사를 보여주기 위해 모바일과 데스크톱 웹사이트의 디자인을 모두 개편했다. 매셔블닷컴에 가서 페이지의 하단부로 가려고 해보자. 무슨 일이 일어날 것이라 기대를 해서는 안 된다. 스크롤을 하면 타일 형식으로 기사가 나타나는 시각적 배치 방식이 익숙하게 느껴진다면, 당신은 아마도 핀터레스트에서 시간을 보낸 적이 있을 것이다. 핀터레스트는 무작위성과 자이가르닉 효과를 강력하게 조합하여 이미지를 제공한다. 완벽한 크기와 간격의 타일 형식으로 끝없이 이어지는 이미지들의 흐름은 시각적 쾌락을 선사한다. 핀터레스트가 웹 역사에서 가장 빠르게 사용자 수 1,000만 명을 기록하고, 가장 빨리 주식을 상장하고, 현재 기업 가치가 거의 130억 달러에 이른다는 것은 놀라운 일이 아니다. 다음에 내가 가장 좋아하는 웹사이트에 가거나 앱을 사용하게 되면 전통적인 홈페이지가 있는지, 아니면 자이가르닉 효과를 최대화하기 위해 디자인된 콘텐츠의 끝없는 강이 있는지 확인해보기 바란다.

'공짜' 플랫폼의 함정

가변적인 강화와 자이가르닉 효과를 이해한 덕분에, 우리는 온라인 플랫폼이 어떻게 그들이 하는 일에서 엄청난 아이디어를 만들어내고 세계에서 가장 높은 수익을 올리는 영향력 있는 기업이 되었는지 이해할 수 있다. 하지만 우리는 여기에서 어디로 가야 하는가? 우리는 갈수록 인스타그램을 스크롤하거나 스냅챗을 스와이핑하는 데 계속해서 엄청난 시간을 써야 하는 운명일까?

트리스탄 해리스Tristan Harris는 이 문제에 대해 많은 생각을 했다. 33세의 해리스는 우리의 관심사를 장악하는 현대의 플랫폼에 대해 거침없는 비판을 퍼부었으며, 실리콘밸리의 양심에 가장 가까운 인물로 알려져 있다.[22] 해리스는 관심 경제가 어떻게 돌아가는지 몸으로 이해하고 있다. 2012년 해리스는 다수의 주요 웹 플랫폼에 팝업 광고를 설치한 앱을 출시했다. 이 회사는 얼마 지나지 않아 구글에 인수되었고, 해리스는 그 앱을 구글의 광고 상품 포트폴리오에 통합하는 일을 하게 되었다.

해리스는 실리콘벨리라는 천국에 있었다. 대부분의 사람들에게 실리콘벨리는 꿈을 실현해주는 곳이었다. 하지만 해리스에게는 아니었다. 구글의 지메일 팀에서 근무하던 해리스는 자신이 일하고 있는 업계에서 뭔가 정직하지 못한 일이 벌어지고 있다는 생각을 떨칠 수가 없었다. 2013년에 해리스는 141장의 슬라이드로 구성된 문서를 만들어 배포했다. 그 문서는 기술 대기업이 사용자들을 낚으려고만 하지 말고 사용자의 장기적인 웰빙을 고려하는 플랫폼을 설계해야 한다는 내용을 담은 '사용자의 주의에 대해 윤리적인 접근법' 개발을 요약하고 있다.[23] 이 문서는 5,000명의 구글 직원들에게 빠르게 퍼져나갔고, 그중에는 C급 관리직까지 포함되어 있었다. 해리스는 자신이 구글에서 해고당하지 않은 사실에 놀랐다. 오히려 그는 최고경영자인 래리 페이지와 일대일 면담을 하게 되었고, 최고윤리임원Chief Ethicist이라는 공식 직함까지 부여받았다.

해리스는 기술기업들에게 윤리적 디자인 원칙을 도입하라고 촉구했다. 또한 소비자에게도 기술기업들의 유혹과 강요를 조심해야 한다고 권고했다. 그는 모멘트 앱을 출시한 기업의 창립자인 조 에덜먼Joe Edelman과 팀을 이루어 비영리집단인 타임 웰 스펜트를 만들었다. 타임 웰 스펜트 뒤에 숨겨진 목적은 자신의 관심에 관심을 갖게 하는 것이다. 조금 더 구체적으로 말하면 타임 웰 스펜트의 목적은 생각 없고 강박적인 행동에 대항하여 기술 사용자들에게 권한을 부여하자는 것이었다.

그들의 제안은 믿을 수 없을 정도로 단순했지만 효과적이었다. 우선 앱의 알림 설정을 끄고, 스마트폰 홈 화면을 나에게 맞게 구성한다. 그리고 하루를 스마트폰 화면을 보는 것으로 시작하고 끝내지 않는 루틴을 만든다. 또한 사람들이 많이 사용하는 플랫폼에서 소비하는 시간을 감시하는 다양한 앱을 사용하라고 권고하고 있다. 사용자들에게 그들이 얼마나 많은 시간을 특정 사이트에서 보내고 있는지만 보여주어도 사용을 억제하는 효과가 있지 않을까 하는 바람에서다.

타임 웰 스펜트는 지지자가 생겼고, 다수의 기술 창업주가 트리스탄 해리스와 페이스북의 투자자 숀 파커를 따라 자신들이 만든 제품에 반대하는 입장을 솔직히 털어놓았다. 모바일에서 슬롯머신처럼 생긴 '당겨서 새로고침pull-down-to-refresh' 메커니즘을 설계한 로렌 브리처Loren Brichter는 이렇게 말했다. "'당겨서 새로고침'은 중독성이 있다. 트위터도 중독성이 있다. 좋지 않은 것들이다. 작업을 할 때 생각만큼 성숙하지 못했던 것 같다. 지금은 성숙하다는 말은 아니다. 하지만 조금은 더 성숙해졌고, 좋지 않았던 점에 대해 후회하고 있다."

페이스북이 뉴스피드를 도입한 지 거의 10년이 지난 뒤, 대중들은 기술적인 플랫폼이 얼마나 강력해졌는지 이해하기 시작했다. 그리고 2018년 마침내 댐이 무너졌다. 아마도 스마트폰으로 사진을 찍으면 사진가의 시각기억 형성 능력이 감소한다고 주장한 스탠퍼드대학교의 연구이거나,[24] 소셜미디어 중독과 청소년 우울증 사이에 강력한 연관관계가 있다는 것을 보여준 펜스테이트대학교의 연구일 것이다.[25] 아니면 갈수록 늘어가는 기술 창업주와 우려를 표하는 개척자들일 수도 있다. 이들의 합창은 마침내 무시하기에는 너무 시끄럽고 거슬리게 되었다. 이유가 무엇이든 2018년은 기술 중독의 국가적 의식이 바뀌는 전환점이었다. 사람들은 들여다보던 스마트폰에서 고개를 들어 기술이 자신을 중독시키고 비참하게 만들었다는 사실을 깨달았다.

시장은 사람들의 이와 같은 깨달음에 빠르게 반응했다. 모멘트 외에도 선구적인 디지털 해독제와 몇몇 상용 도구들이 사용자들의 인식과 자율성을 높이는 데 도움을 주고 있다. 예를 들어, 로스앤젤레스에 위치한 스타트업인 바운드리스 마인드는 중독성 기술의 힘을 이용하여 사람들이 더 건강한 습관이 갖도록 하는 것을 목표로 하고 있다. 공동창업자 램지 브라운은 타임닷컴과의 인터뷰에서 "우리는 마인드 컨트롤에 대해 말하고 있습니다. 맞죠? 하지만 우리가 파는 마인드 컨트롤 도구가 마약을 끊는 데 도움이 된다면 어떨까요? 아니면 서로 더 의미 있는 수준으로 소통할 수 있게 한다면 어떨까요? 우리는 왜 뇌를 조작해서 자신이 되고 싶은 사람이 될 수 없는 거죠?"라고 말했다.[26]

디지털 솔루션 이외에도, 기술의 중독성을 가장 잘 보여주는 것은 아마도 디지털 재활시설의 확산일 것이다. 디지털 재활시설은 여행객들이 '세상에 다시 연결될 때까지 연결을 끊어주거나' 정해진 기간 동안 전화기를 사용하지 않는 고객에게 특전을 제공하는 리조트를 비롯해서 합법적인 재활센터까지 다양한 형태가 존재한다.[27] 그들의 정확한 설명에 따르면 이런 회복시설들은 대개 시골에 고립되어 있는 자연주택으로, 전화기, 노트북, 태블릿PC를 비롯한 디지털 기기는 엄격하게 금지되기 때문에 시설에 들어가는 순간 모든 디지털 기기를 맡겨야 한다. 예를 들어, 워싱턴에 본사를 둔 리스타트는 6주와 8주짜리 프로그램을 제공하며, 전업으로 근무하는 몇몇 중독 전문 상담사가 직원으로 근무하고 있다.[28]

이 글을 쓰고 있을 때 페이스북은 아직 자신의 플랫폼을 책임감 있게 사용하는 데 주도권을 잡지 못하고 있었다. 하지만 애플이나 구글 같은 거대 기술기업은 2018년의 책임감 있는 기술 사용에 관한 대화에서 자사의 스마트폰인 아이폰과 픽셀에서 사용할 수 있는 디지털 웰빙 앱을 만드는 방법으로 응답했다. 두 앱은 비슷했지만, 아이폰에는 사용한 데이터의 양을 제공해준다는 점에서 장점이 있었다. 애플의 앱은 내가 어느 앱을 가장 오랫동안 사용하는지 뿐만 아니라 하루에 알림 메시지를 얼마나 많이 받고 있는지, 어느 앱에서 온 메시지가 얼마나 되는지를 보여준다.

비관론자인 피트는 이 스마트폰 앱은 브랜드화된 미봉책일 뿐이라고 말할지도 모른다. 일리가 있는 말이다. ('현재 시속 75킬로미터로 달리고 있습니다'라는 메시지로) 운전 중에 속도를 감지하는 도로 표지판은 은연중에 속도를 줄이게 해준다. 우리 사회에서 이런 도로 표지판이 효과가 있는 이유는 다음과 같다.

- 우리는 속도를 높이는 것이 좋지 않은 행동이며, 운전자와 타인의 안전에 영향을 미친다는 데 동의하기 때문이다.
- 속도를 높이면 법적, 경제적인 문제가 발생하기 때문이다.

디지털 웰빙 앱은 사람들이 도로에서 과속을 하는 것이 나쁘다고 생각하지 않고 과속을 처벌하는 법도 없는 나라에서 속도 감지 도로 표지판을 설치하는 것과 같다. 극소수의 사람들은 속도를 늦출지 모르지만, 대다수는 곧바로 지나쳐버릴 것이다. 기술 사용의 경우, 일반 대중은 대부분 이러한 디자인 요소가 얼마나 중독성이 있는지 인지하지 못하고 있다. 반면 국회의원들은 이제야 아이폰을 만든 회사가 구글이 아니라 애플이라는 것을 알게 되었다.[29] 그 영향력을 아는 것은 경제적인 생계수단이 습관적인 앱 사용 기금인 사람밖에 없다.

결국 디지털 웰빙 앱들이 효과가 있는지는 시간이 말해야 할 것이다. 현재 디지털 환경에서 돈을 번다는 것은 사람들의 관심을 가로채는 것을 의미한다. 이것을 성공적으로 해낸 기업들은 경제적으로 크게 번창했다. 자사의 제품에서 중독성을 줄인다는 것은 그만큼 수익이 줄어든다는 것을 의미한다. 소비자들이 플랫폼에 머무는 시간이 줄어들 때마다 기업의 매출은 줄어든다. 적어도 지금까지는 소비자들이 중독성이 없는 버전을 요구하거나 돈을 주고 구입할 의사가 없다. 소비자들이 중독성 있는 '공짜' 플랫폼의 매력을 극복할 만큼 그들의 시간과 웰빙을 소중히 여길 때까지 이 비즈니스 모델이 진정으로 바뀌기는 어렵다.

구글이나 애플 같은 기업들은 경쟁사보다 윤리적으로 보이기 위해 '체류시간' 같은 직접적인 목표를 희생할 여유가 있지만, 관심 경제 안에서 운영되는 다른 소규모 브랜드들은 그럴 능력도 의지도 없다. 그리고 구글(혹은 구글의 지주 회사인 알파벳)이나 애플이 시간이 흘러 경쟁사에게 시장을 내어준다면, 아마도 주주들이 설득하여 이런 정책을 재고하게 될지는 모르겠다.

소비자들에게는 한 가지 선택권이 있다. 돈을 내거나, 돈 대신 관심으로 지불하는 것이다. 지금까지 관심에 대해서는 돈을 지불하지 않았다. 좋았던 화폐의 시절로 돌아갔으면 좋겠다.

기술에 중독된 시대

중독은 단순히 물리적인 상품에 대한 의존을 의미하지는 않는다. 디지털의 경우 중독은 '참여', 즉 우리의 관심을 집중하는 것이다. 우리가 도박 같은 것에 나이를 제한하는 이유는 중독이 강박적인 행동을 유도할 수 있기 때문이다. 그러나 소셜미디어에는 그런 규제가 존재하지 않는다. 심지어 음악이나 영화에서처럼 부모의 조언도 필요하지 않다. 갈수록 많은 사람이 이러한 플랫폼을 사용하기 시작하면서 우리의 관심에 대한 값어치는 늘어날 것이고, 플랫폼이 우리의 관심을 장악하는 능력은 계속해서 좋아질 것이다. 해리스의 말처럼 "우리보다 훨씬 강력한 하나의 전체적인 시스템이 존재한다. 그리고 그것은 계속해서 강해지기만 할" 것이다.[30]

우리의 스크린은 2차원 상태에서도 충분히 중독성이 있다. 이제 가상현실과 증강현실이 3D와 그 이상에서 '참여'를 강화하기 시작했다. 중독 3.0은 가상현실과 증강현실을 이용하여 경험의 깊이와 설득력을 더하게 될 것이다. 페이스북이 가상현실 비디오게임 시스템인 오큘러스 리프트를 구입하는 데 20억 달러를 쓰거나, 2016년에만 VR과 AR 스타트업에 19억 달러에 가까운 벤처캐피탈 자금을 투자한 것은 전혀 놀라운 일이 아니다.[31] 그리고 만일 2016년 여름 다운로드 1억 건을 기록한 AR 현상인 포켓몬고가 어떤 징후라면, 우리는 관심 경제를 바꾸어놓을 AR의 잠재력을 극히 일부만 보았을 뿐이다.

내일 눈을 떴을 때 기술과 온라인 플랫폼의 강요를 느끼지 않는 세상을 상상하기는 어렵다. 거대 기술기업들이 그들의 플랫폼을 중독성이 없게 만들어서 수십억 달러의 광고수익을 기꺼이 포기하는 세상 역시 상상하기 어렵다.

기술상품은 투명하지 않다는 고유한 특성이 있다. 기술상품을 들고서, 이를테면 신발을 평가할 때처럼 부품과 그 부품이 어떤 식으로 작동하는지 평가할 수는 없다. 이 분야의 상품에 대한 비즈니스 모델 역시 모호하다. 신발을 사는데 한 켤레를 사면 한 켤레를 더 준다고 하면 실제로 그렇게 판다는 뜻이다. 하지만 기술상품에서 '공짜'는 절대 공짜를 의미하지 않는다. 결국 이것은 비즈니스이다. 그리고 이들의 상품, 특히 '공짜' 상품은 우리의 관심과 행동을 그들의 구미에 맞게 조정할 수 있을 때에만 성공할 것이다.

기술 발전에 힘입어 우리의 관심을 둘러싼 싸움은 앞으로 몇 년 동안은 더 치열해질 것이며, 여기에 걸린 돈의 규모는 엄청나게 커질 것이다. 시간과 의식적인 관심은 우리가 가진 것 가운데 가장 값진 것이며, 그것을 투자할 방법을 선택하는 것은 우리가 삶을 어떻게 살아가는가에 달려 있다.

붓다에서 소크라테스에 이르기까지 오랜 현인들은 우리에게 이런 자원을 소중하게 다루고, 자신의 관심사를 늘 주시하며, 정신이 해이해지지 않도록 하라고 충고했다. 이를테면 아리스토텔레스는 글쓰기의 출현이 우리의 생각을 차지하고, 소중한 관심을 다른 곳에 허비하여 그릇된 길로 빠지지 않을까 걱정했다는 이야기는 유명하다.[32] 강력한 틴더(세계 최대의 데이팅 앱-옮긴이)의 힘을 그가 보았더라면 어떻게 반응했을지 상상에 맡길 뿐이다. 결론을 내리자면, 스토아 철학자 에픽테투스의 말에 귀를 기울이는 것이 현명할지도 모른다. “우리는 우리가 관심을 기울이는 것이 된다.”

BLINDSIGHT

8장

취향의 마케팅

코카콜라와 테슬라의 홍보 전략

인간은 자신이 무언가를 좋아하는 이유,

다시 말해 자신의 취향에 대한 근본적인 이유를

전혀 알지 못하는 경우가 많다.

때때로 우리가 좋아하는 것은 겉보기에

전혀 무관해 보이는 경험에서 비롯되기도 한다.

—— "유네스코의 모토는 '전쟁은 인간의 마음에서 시작되니 평화의 방어선이 구축되어야 하는 것은 인간의 마음이다'이다. 그리고 전쟁이 끝난 지 얼마 안 되는 시점에 이 모토는 내가 미래의 전쟁을 예방하는 데 기여를 할 수도 있는 과학 프로그램에 참여할 만한 충분한 동기가 되었다."[1]

20세기의 가장 영향력 있는 심리학자 중 한 명인 로버트 자욘스 Robert Zajonc의 말이다. 그는 호감의 심리학을 이해하는 데 근본적인 기여를 했다.

자욘스의 개인사는 그의 연구만큼이나 눈여겨볼 만하다. 1939년 나치가 폴란드를 침공했을 때 자욘스와 그의 부모는 어쩔 수 없이 고향을 떠났다. 얼마 지나지 않아 그들이 숨어 있던 건물이 폭격을 당했고 자욘스는 가까스로 죽음을 면했지만 그의 부모는 사망하고 말았다. 몇 년 후 힘겹게 바르샤바에 있는 지하대학교에 다니던 자욘스는 독일의 강제노동수용소로 가는 배를 타게 되었다. 그는 탈출했지만 붙잡혔고, 프랑스에 있는 감옥에 수감되었다가 그곳에서 다시 탈출했다.[2] 전쟁이 끝난 뒤 많은 대학 중에서도 독일에 있는 튜빙겐대학교에서 학업을 계속 이어갔고, 미국으로 건너가 미시건대학교에서 박사학위를 받았다.

어린 시절 자욘스의 경험은 그가 심리학에 관심을 갖는 데 영향을 주었다. 그는 인종차별과 고정관념에 대한 연구부터 시작했다. 하지만 후반부 경력은 믿기 어려울 정도로 단순한 질문에 답하는 데 바쳤다. '왜 우리는 우리가 좋아하는 것은 좋아할까?'

자욘스는 뭔가를 '좋아한다는 것'이 우리 생각만큼 단순하지 않으며, 대부분의 사람들은 우리의 취향을 형성하는 요인에 대해 알지 못한다는 사실을 발견했다. 이 발견은 현대 심리학의 풍경을 바꾸어놓았다. 그의 연구는 대중적으로 알려져 있지는 않을지 몰라도 소비자 세계에서 취향을 형성하는 데 일조했다.

구글이 광고가 필요 없는 이유

나중에 설명하겠지만, 인간은 자신이 무언가를 좋아하는 이유, 다시 말해 자신의 취향에 대한 근본적인 이유를 전혀 알지 못하는 경우가 많다. 때때로 우리가 좋아하는 것은 겉보기에 전혀 무관해 보이는 경험에서 비롯되기도 한다. 자욘스의 가장 일관된 발견은 인간은 친숙한 것을 놀라울 정도로 선호한다는 사실이다. 이처럼 친숙한 것을 좋아하는 우리의 취향은 (소비 세계를 비롯하여) 우리가 즐기고 추구하는 것을 형성하는 데 지대한 역할을 하지만 과소평가되기도 한다. 어떤 기업이 사람들에게 친숙한 느낌을 주는 데 성공한다면 그 기업에 대한 선호도에 적지 않은 긍정적인 영향을 미칠 수 있다.

흥미로운 점은, 친숙한 것에 대한 선호가 우리가 전혀 인지할 수 없는 영역에서 작동한다는 것이다. 자욘스는 한 고전적인 연구에서 중국어를 모르는 영어 사용자에게 다양한 한자를 보여주었다. 실험에 참여한 사람들이 특별히 할 일은 없었다. 그들은 그저 한자를 쳐다보고 주목하라는 지시를 받았다. 그 후 자욘스는 그들에게 다른 한자를 보여주었다. 일부 참가자들에게는 처음에 보여주었던 한자들을 다시 보여주었지만, 다른 사람들에게는 새로운 한자를 보여주었다. 그리고 이번에는 각각의 문자가 의미하는 것을 추측해보라고 했다. 중국어를 하나도 모르는 참가자들은 '개', '컵', '잘생긴', '축구' 같은 단어를 내뱉었다.

참가자 입장에서 볼 때, 그들은 어둠 속에서 사격을 하는 격이었다. 하지만 자욘스는 참가자들의 추측이 무작위적이지 않다는 것을 발견했다. 이전에 본 한자를 다시 보았을 때, 참가자들은 그 글자가 긍정적인 것과 관련이 있다고 가정할 가능성이 훨씬 높았다. 이처럼 참가자들은 친숙한 문자에는 '행복'이나 '사랑' 같은 의미를 부여했고, 친숙한 문자들을 보고 난 뒤에 친숙하지 않은 문자들을 보았을 때보다 더 행복하다고 대답했다.[3] 후속 실험에서는 참가자들 가운데 전에 보았던 문자를 기억한다고 주장하는 사람이 없었지만, 이 효과는 지속되었다.

어떤 것에서 친숙함을 느낄 수 있는 가장 단순한 방법은 그 대상과 최대한 많은 시간을 함께 보내는 것이다. 자욘스는 이런 현상을 '단순 노출 효과mere exposure effect'라고 명명했다. 다른 조건이 모두 같다면 함께한 경험이 많을수록 그것을 더 좋아하게 된다.

소비자 세계에서 이것이 의미하는 바는 매우 중요하다. 펩시콜라 광고에 더 많이 노출될수록 펩시콜라를 더 많이 살 것이라는 주장이 말이 안 되는 것처럼 보이지는 않지만, 자욘스의 연구는 노출이 미치는 영향이 훨씬 크다고 설명한다. 만일 혼자 오지에 살면서 펩시콜라와 탄산음료가 무엇인지도 모르고 영어는 들어본 적도 없는 사람이라면, 펩시 로고에 노출되는 것만으로도 펩시를 더 좋아하게 될 수도 있을 것이다. 밝혀진 바에 따르면 조금만 친숙해져도 그 효과는 오래 지속된다.

많이 노출될수록 많이 좋아하게 된다는 단순 노출 효과는 다양한 분야에서 시행된 200건이 넘는 연구에서 재연되었다.[4, 5] 또한 유사한 결과가 동물에게도 나타났다. 연구 대상 중에는 알에서 부화 중인 병아리도 있었다. 부화 중인 두 집단의 달걀에게 서로 다른 주파수의 음색을 들려준 결과 부화한 병아리들은 과거에 들은 적이 있는 음색을 더 좋아했다.[6]

단순 노출 효과가 동물의 세계에서도 비교적 확고하게 남아 있는 것은 이 효과가 진화에 근거하고 있을지도 모른다는 점을 시사한다. 어떤 것에 여러 번 노출되었다는 것은 (특히 그것이 의식적으로 타격을 입히지 않았다면) 당연히 그것이 해롭지 않다는 것을 의미한다. 그리고 생존의 관점에서 보면 해롭지 않다는 것은 분명히 좋은 것이다.

마케팅에서 가장 오랜 격언 중 하나는 '7의 법칙'으로, 고객이 우리 회사의 물건을 사려면 적어도 일곱 번은 광고를 봐야 한다는 것이다. 이 법칙은 1930년경 영화산업에서 유래한 것으로, 당시 마케팅 담당자들은 사람들에게 새 영화를 보게 하는 데 필요한 마법과도 같은 광고의 수가 일곱 번이라는 데 의견을 같이했다. 어찌 됐든 일곱 번이라는 수치는 연구된 적은 없었다. 그리고 현재 사용자 추적과 데이터 분석을 통해 일곱 번이라는 수치에 근거가 없다는 사실이 밝혀졌다. 하지만 이러한 근거 없는 믿음은 광고의 근본적인 진실에 대해 이야기하고 있다. 어떤 사람이 영화를 보거나 물건을 사는지 여부는 개인과 상품, 사람들이 본 광고의 유형, 친구들에게 들은 말 등에 의해 결정된다. 많을수록 좋다는 것이다.

이런 이유로 우리는 코카콜라, 애플, 나이키 같이 잘 알려진 대규모 브랜드의 광고를 끊임없이 보는 것이다. 나는 코카콜라를 마셔봤고 어떤 맛인지 알고 있다. 우리가 만났던 모든 사람이 그렇다. 그러나 코카콜라는 계속해서 광고에 돈을 쓰고 있다. 어딘가에 코카콜라에 대해 들어본 적이 없는 잠재 고객이 있기 때문에 필사적으로 그 사람과 접촉하려 하는 것일까? 코카콜라에 대한 브랜드 인지도는 이미 더 이상 높아질 수 없다. 그런데도 왜 계속 광고를 하는 걸까? 광고를 반복해서 볼 때마다 코카콜라에 대한 우리의 생각이 조금씩 향상되기 때문이다.

1장에서 대기업들이 그들의 브랜드에 긍정적인 연관성을 만드는 사업을 하고 있다고 한 것을 떠올려보자. 코카콜라보다 이것을 잘 실천한 기업은 아마 없을 것이다. 코카콜라는 코카콜라를 행복이라는 개념과 연관 짓는 데 수백억 달러를 사용했다. 하지만 그러한 행복과의 조작된 연관성과는 거의 무관하게 코카콜라라는 이름을 여러 번 보고만 있어도 코카콜라에 대한 선호도는 증가한다.

코카콜라는 1년에 광고비로 거의 40억 달러를 사용한다.[7] 전 세계 인구 75억 명에게 1인당 1년에 50센트가 넘는 광고비를 지불하는 셈이다. 10년이면 한 사람에 5달러를 쓰는 것이다. 우리는 지난 10년 동안 각자 코카콜라를 5달러 이상 구입했을까? 아마 그랬을 것이다. 영화 〈일렉션〉에서 트레이시 플릭이라는 등장인물은 이 상황을 가장 잘 설명하고 있다. "코카콜라는 단연 세계 최고의 음료수이고, 그 어느 기업보다 많은 광고비를 씁니다. 제 생각에는 그래서 세계 최고를 유지하고 있는 것 같습니다."

언젠가 로스앤젤레스에 가서 프롬나데 3번가를 걷는다면 '스타벅스가 몇 개일까요?'라는 간단한 게임을 해보라. 이 글을 쓰고 있을 때는 걸어서 갈 수 있는 범위 내에 다섯 곳에 스타벅스가 있었다. 샌프란시스코에서 이 게임은 마켓가에 '월그린(미국 최대의 식품 및 잡화 판매 기업-옮긴이)은 몇 개일까요?'가 된다. 월그린은 뉴욕의 듀안리드(뉴욕의 편의점 체인-옮긴이)도 소유하고 있다. 듀안리드는 2019년 현재 400개 이상의 지점을 가지고 있다. 그리고 단순 노출 효과는 사람들이 듀안리드 지점을 좋아하게 만들며, 새로운 지점이 두 배로 늘어날 수 있다는 것을 의미한다.

확장 자체는 시장을 주도하는 기업에게는 아주 훌륭한 방법이다. 대기업들은 그 지역에서 경쟁을 막기 위해 손해를 보면서 지점 한두 곳을 운영할 여유가 있기 때문이다. 하지만 자리를 잡지 못한 소자본 기업들은 위험을 감수해야 하는 일이다. 공격적인 커피하우스인 조이 앤 더 주스는 샌프란시스코, 시드니, 암스테르담, 런던 같은 인구가 많은 도시를 대상으로 많은 지점을 운영하는 전략을 도입했다. 이러한 주요 국가의 수도에 소매점을 임대하는 비용 때문에 많은 지점에 재정 손실이 발생했다. 하지만 눈에 잘 띄는 지역에 지점을 내면서 노출을 통해 호감도를 증가시켰고, 기존의 손익계산서를 뛰어넘는 가치를 창출했다.

이것은 단지 상점에서만 효과가 있는 것은 아니다. 기업들은 택시 외관에 광고를 하는 데 수백만 달러를 지불하지만, 자동차 회사들은 공짜로 이와 같은 방식의 광고를 한다. 내가 혼다 어코드를 타고 동네를 돌아다닐 때마다 나는 사실상 바퀴에 광고판을 달고 운전을 하는 셈이다. 혼다는 광고 비용을 한 푼도 내지 않는데도 말이다(오히려 내가 혼다에 돈을 지불했다!).

여기서 가장 특이한 사례인 구글에 의문점이 생긴다. 기술업계에서 가장 큰 광고회사임에도 불구하고 구글은 광고에 많은 돈을 쓰지 않는다. 1998년에 설립된 구글의 첫 광고는 2010년 슈퍼볼 시즌 중에 있었다. 시가총액이 2,000억 달러에 이르는 구글은 분명히 더 많이 광고를 할 수 있는 여유가 있었을 것이다. 반복과 노출의 중요성에 관해 말해왔지만, 왜 이런 일이 일어나는 걸까? 그 답은 간단하다. 구글은 이미 너무나도 강력하고 유용해서 광고할 필요가 없는 상품을 만들었기 때문이다. 구글은 자신의 역할을 통해 소비자의 일상 속에서 그들이 원하는 모든 노출을 얻고 있었다. 구글의 검색이 매일 분당 380만 번 사용되고 있는데, 구글이 노출을 위해 광고비를 지불할 이유가 어디 있겠는가?[8] 불현듯 코카콜라의 40억 달러가 완벽하게 이해된다. 코카콜라의 상품은 구글과 정반대이기 때문이다. 실생활에 효용이 전혀 없으니까 말이다.

테슬라가 너무나도 강력한 상품을 만들어서 구글의 뒤를 잇자 노출이 따라왔다. 테슬라는 슈퍼볼에 광고를 하는 대신 아이들을 위한 테슬라S 미니어처를 만드는 프로젝트에 돈을 썼다. 당연히 언론사는 이런 것을 좋아했고, 테슬라는 매스컴의 보도를 통해 노출되었다. 이밖에도 테슬라가 가장 효과적으로 노출된 마케팅 캠페인의 예산은 0달러였다. 이 캠페인에 필요한 단서 조항이 있다면, 그것은 스페이스X의 로켓이었다. 스페이스X의 로켓이 테슬라의 슈퍼카인 로드스터를 싣고 우주로 날아가는 모습이 방송되었을 때, 테슬라는 돈을 지불하지 않고 직접적인 노출을 얻었다.

이러한 유형의 '광고 없는 노출'은 기존의 광고보다 훨씬 효과적이다. 구글의 광고를 보는 것과 구글을 이용하는 것은 동일한 결과(구글에 대한 노출 증가)를 가져온다. 하지만 우리는 구글 사이트를 이용하는 것을 광고라고 생각하지 않기 때문에 단순 노출 효과는 더욱 강해질 뿐이다. 자동차 광고가 광고라는 것을 알고 있으면 광고의 메시지는 힘을 잃는다. 그들이 물건을 팔고 있다는 것을 깨닫는 순간 가짜라는 느낌이 들고, 결국 광고의 메시지는 약해진다. 이 문제는 다음 장에서 공감에 대해 논의할 때 다시 살펴볼 것이다. 여기서는 당신이 어떤 상품에 간접적으로 노출되어 그 상품을 원할 때에도 그것이 자신이 진짜 원하기 때문이라고 여긴다는 사실만 말해두자. 하지만 그렇지 않다는 사실이 수십 년 전 연구에서 입증되었다.[9] 마치 뇌가 브랜드들에게 교활해지라고 경제적인 인센티브를 주는 것 같다!

단순 노출 효과는 경고와 함께 나타난다. 처음에는 어느 정도 즐거워야 효과가 있다.[10, 11] '코카콜라'라는 말을 30초 동안 아홉 번 읽었다고 해서 코카콜라를 좋아한 적이 없는 사람이 코카콜라를 더 좋아하게 된다는 의미는 아니다. 〈콜 미 메이비〉라는 노래를 처음부터 좋아하지 않았다면, 100번을 더 듣는다고 해서 그 노래가 좋아지지는 않을 것이다. (하지만 처음 들었을 때 그저 그랬다 하더라도 점점 좋아져서 상당히 좋아하게 될 수도 있다.)

가독성과 신뢰성의 상관관계

여러 차례 노출되면 호감도가 높아지는 이유가 단순 노출 효과에만 있는 것은 아니다. 우리가 여러 차례 본 것을 좋아하는 이유 중 하나는 쉽게 머리에 떠오르기 때문이다. (뇌는 일반적으로 생각이나 계산을 싫어한다는) 최소 정신적 노력의 법칙을 떠올려보자. 친숙한 것을 다시 처리하는 것보다 완전히 새로운 것을 처리하는 데 더 많은 노력이 필요하다. 따라서 어려운 것보다 머리에 쉽게 떠오르는 것을 좋아하는 성향을 보인다. 이것은 단순 노출 효과의 사촌 격인 '유창성 효과fluency effect'이다.

유창성 효과는 소비자 세계에 놀라운 영향을 미친다. 뉴욕대학교의 애덤 올터 교수의 연구에 따르면, 유창함을 선호하는 뇌의 성향은 주식시장에서 소비자의 투자에 영향을 미친다. 밝혀진 바에 따르면, (GOOG 같은) 매끄럽게 읽히는 이름을 가진 주식이 (NFLX처럼) 쉽게 읽히지 않는 이름의 주식보다 단기적으로는 결과가 더 좋았다.[12]

유창성 효과는 또한 진실에 대한 우리의 감각에 영향을 미친다. 다음 두 문장을 읽고 어느 쪽이 더 진실에 가깝게 들리는지 생각해보자.

1. Baltimore is the capital of Maryland.
(볼티모어는 메릴랜드주의 주도이다.)
2. Baltimore is the capital of Maryland.
(볼티모어는 메릴랜드주의 주도이다.)

대부분의 사람들은 아마 1번을 선택할 것이다. 1번은 베르다나 서체의 11포인트를 사용했다. 2번은 타임 뉴로만 서체의 11포인트를 사용했다. 소프트웨어 사용성 연구소Software Usability and Studies Lab에서 몇몇 서체의 가독성을 조사한 결과, 베르다나 서체가 가장 가독성이 좋았고 타임 뉴로만 서체가 가장 가독성이 떨어졌다.[13] 또한 사람들은 읽기 쉬운 문장을 더 좋아하는 것은 물론이고 읽기 어려운 문장보다 읽기 쉬운 문장이 더 정확하다고 판단할 가능성이 크다.[14] 어떤 것을 이해하기 쉬울수록 그것이 진실이라고 믿기 쉽다. 또 한 가지 재미있는 사실은 메릴랜드의 실제 주도는 볼티모어가 아니라 아나폴리스이다.

체감 범죄율의 비밀

우리가 쉽게 뭔가를 떠올릴 수 있는가는 또 다른 방식으로 진실성에 대한 우리의 감각에 영향을 미친다. 즉, 그것이 얼마나 흔한 것인지에 대한 우리의 감각에 영향을 미친다. 이처럼 머릿속에 쉽게 떠오르는 정보가 더 중요한 정보라고 믿는 우리의 성향은 '가용성 휴리스틱(편향)availability heuristic' 또는 '최근에 나에게 무엇을 해주었지' 편견으로 알려져 있다.

만일 미국의 범죄율이 높아졌는지 혹은 낮아졌는지를 묻는 질문을 받는다면, 어떻게 답하겠는가? 나는 아마도 범죄율이 높아졌다고 답할 것이다. 나만 그런 것은 아닐 것이다. 다수의 여론조사에 따르면 대다수의 미국인들은 범죄율이 상승했다고 믿고 있었다. 하지만 모든 단서가 그 반대를 가리키고 있다. 1만 명당 범죄 건수는 하락하는 추세이다(10년 동안 하락하고 있다). 왜 이와 같은 괴리가 생긴 걸까? 그 이유는 '가용성 휴리스틱' 때문이다.

당신이 어느 날 밤 지역 TV의 뉴스를 보고 있다고 해보자. 지역 뉴스 프로그램은 선정적이고 정서적인 사연을 주로 다룬다. 자동차 추격전과 빈집털이에 대한 보도도 흔히 볼 수 있다. 이런 사건을 다루면 24시간 내내 정부 활동을 다루는 C-SPAN보다 시청자들이 TV에 더 집중하게 할지는 모르지만, 실제로 이런 사건들이 흔히 일어나고 있다는 착각을 일으키게 한다.

방금 봤던 연쇄 가택 침입에 대한 보도를 떠올리며 페이스북에 접속했다가 친구가 올린 빈집털이에 관한 비슷한 이야기를 보게 된다. 내가 사는 곳 근처에서 일어나는 빈집털이 사건의 발생 건수는 많지 않을지도 모르고 지난주에 비해 오히려 줄어들었을지도 모르지만, 빈집털이 사건의 발생 빈도와 내가 사는 집이 빈집털이를 당할 가능성에 대한 뇌의 감각은 이제 극도로 부정확해진다.

여러 연구 결과에 따르면, 사람들은 주요 어린이 유괴사건 이후에 유괴사건 발생률을 실제보다 높게 추정했다. 더 나아가 폭력적인 미디어에 빠져들수록 범죄율이 높다고 생각한다.[15] 이런 사건들이 자주 머리에 떠오를수록 우리의 세계관 형성에 지대한 영향을 미친다.

도미노 피자는 2009년 이러한 사실을 힘들게 알아냈다.[16] 노스캐롤라이나주의 코노버 지점에서 일하던 도미노 피자의 직원 두 사람은 배달을 하기 위해 샌드위치를 준비하던 중에 기발한 생각을 해냈다. 샌드위치에 넣을 치즈에 코를 풀고 콧물을 샌드위치에 집어넣는 등 위생기준을 어긴 것이다. 재미있을 거라 생각한 이들은 자신들이 벌인 '장난'을 촬영하여 유튜브에 그 영상을 올렸다. 하지만 도미노 피자의 본사에서 그들의 행동을 알아챈 순간 그들의 즐거움은 사라졌다. 수백 달러의 식재료는 폐기 처분되었고, 도미노 피자의 홍보부서는 막중한 업무를 떠안게 되었다.

그 영상으로 인한 피해는 어마어마했고 광범위한 영향을 미쳤다. 도미노 피자의 매출은 전국적으로 타격을 입었고, 매출 하락은 몇 달 동안 지속됐다. 가용성 편견으로 인한 PR의 악몽이 시작된 것이다. 그 영상은 게시된 지 며칠 만에 조회수가 70만이 넘었다. 이 사건으로 구글에서 도미노 피자의 검색 건수는 최상위에 올랐다. 소비자 연구기업인 유고브의 조사에 따르면, 소비자들 사이에서 도미노 피자의 품질에 대한 인식이 하룻밤 사이에 긍정에서 부정으로 바뀌었다. 이 사건은 너무 치명적이어서 최고경영자 패트릭 보일Patric Boyle이 전국에 방영되는 광고에서 직접 이 문제를 해결해야 했다.[17]* 말할 필요도 없이 두 직원은 즉시 해고되었다. (그들이 일했던 매장은 나중에 장사가 되지 않아 문을 닫았다.)

누군가 샌드위치에 콧물을 넣을 확률은 (어느 매장에서나) 극히 낮다. 하지만 이 단 한 번의 사례는 도미노 피자를 생각할 때 가장 먼저 떠오르는 사건이 되었고, 자신이 사는 지역에서 그런 사건이 일어날 확률에 대한 인식은 왜곡되었다. 6장에서 고통에서 느끼는 아픔이 쾌락에서 느끼는 기쁨보다 크다고 했던 것을 다시 한 번 생각해보자. 사람들이 특히 더럽혀진 샌드위치에 민감한 이유는 우리의 뇌가 선천적으로 손실을 혐오하기 때문이다. 데이터를 보고 내 샌드위치에 무슨 일이 일어날 확률이 희박하다는 사실을 객관적으로 이해할 수 있을지도 모른다. 하지만 쉽게 볼 수 있는 이미지가 머릿속에 각인되어 음식점을 선택할 때 영향을 미치는 것을 막을 수는 없다.

손실에 대한 민감함을 고려하면 우리는 범죄나 더럽혀진 음식물 같은 부정적인 요소를 특히 정신적으로 엄중하게 평가한다. 하지만 가용성 휴리스틱은 긍정적인 요소에도 똑같이 적용된다. 〈오프라 윈프리 쇼〉를 생각해보라. 가장 먼저 머릿속에 떠오르는 이미지는 광적으로 충성스럽고, 믿을 수 없을 정도로 열정적인 중년의 미국인들이 오프라 윈프리와 함께 스튜디오에 앉아 있는 모습일 것이다. 6장을 읽은 후에는 그들 모두가 공짜 자동차를 받았다는 사실에 과도하게 반응하는 사람들처럼 보일 수 있다. 오프라가 매번 자동차를 경품으로 주는 것은 아니다. 하지만 놀라울 정도로 주목을 받았던 그 이벤트는 〈오프라 윈프리 쇼〉와 그 팬에 대한 개념에 지대한 영향을 미쳤다. 그 당시의 영상이 너무나도 쉽게 떠오르기 때문이다.

가용성 휴리스틱에서 볼 수 있듯이, 노출과 호감도 사이의 관계는 간단하지만은 않다. 소비자의 마음속에서 10년 동안 긍정적으로 노출된 가치가 단 한 번의 부정적인 사건으로 사라질 수도 있다. 따라서 브랜드는 새로운 긍정적인 노출을 통해 꾸준히 대중적인 인지도를 형성해야 한다.

〈스타워즈〉의 새롭고도 익숙한 공식

여기서 잠시 멈추고, 넓게 보고 확인해보자. 혹시 지금 보고 있는 8장과 3장 사이에 경험의 암호화에 대해 모순이 있다는 사실을 눈치챘는가?

3장에서 보았듯이 마찰은 경험을 암호화하여 기억에 남게 하는 데 큰 도움이 된다. 산스 포게티카처럼 읽기 어려운 서체로 된 글을 읽으려면 어쩔 수 없이 열심히 집중해야 하고, 그 때문에 읽은 정보를 더 잘 기억하게 된다. 고통이 없으면 얻는 것도 없다. 이 장에서는 읽기 좋은 서체가 호감도(그리고 주관적 진실)를 높이는 방법에 대해 살펴볼 것이다. 마찰이 높아지면 기억력은 증가하지만, 호감도가 향상되지는 않는다. 그렇다면 어느 쪽이 좋을까? 그것은 무엇을 최대화하고 싶은지에 달려 있다. 기억인가, 호감도인가?

하지만 이러한 표면적인 갈등 너머에는 훨씬 커다란 모순이 존재한다. 이 장에서는 뇌가 왜 무엇인가를 좋아하는가에 대해 다룰 것이다. 친숙함, 유창성, 가용성의 매력은 '뇌는 친숙함의 안전성을 좋아한다'로 요약하는 것이 옳을 것이다. 하지만 우리는 앞에서 정반대로 요약할 수 있는 개념을 살펴보았다. '뇌는 새로운 것의 참신함을 좋아한다'

필 콜린스의 〈인 디 에어 투나잇〉이라는 곡의 드럼을 연주하는 캐드버리의 고릴라처럼, 기존의 연관성을 깨면 주목을 받는 이유에 대해 2장에서 어떻게 설명했는지를 떠올려보자. 그다음 6장에서는 쾌락의 과학에 대해 살펴보았다. 이것은 새로움에 바치는 찬가이다. 우리는 새로움을 찾지만, 새로운 것이 익숙해지자마자 다른 것을 찾기 시작한다. 끝으로 7장에는 긍정적인 예측 오류가 나온다. 긍정적인 예측 오류는 우리가 예상치 못한 데서 진정한 즐거움을 얻는다는 것을 보여준다.

한편으로 좋은 경험이 새롭고 놀라우면 훌륭한 경험이 된다. 반면 친숙하고 반복적인 것은 호감이 생길 가능성이 크다. 그 이유는 무엇일까? 어떻게 하면 둘 사이에서 균형을 잡을 수 있을까?

1970년대 초에 한 야심찬 젊은 영화감독 지망생이 감독으로 데뷔했다. 그가 감독한 영화는 연출력 면에서 그리고 그토록 까다로운 프로젝트에 착수할 만한 용기가 있는지 여부에서도 그가 수년 동안 노력했다는 것을 보여주었다. 그 감독은 할리우드의 주류 영화를 경계하면서 완전히 다른 프로젝트를 구상했다. 그 영화의 제목은 〈THX 1138〉이며, 성관계가 금지되고 환각제가 의무화되는 디스토피아적인 미래를 다루고 있다. 그 영화는 상업적으로 비참하게 실패했다.

젊은 감독은 자신의 영화에 대한 관객들의 반응에 큰 타격을 받았지만, 그에 굴하지 않았다. 그는 연구를 거듭한 끝에 곧바로 다른 창의적인 프로젝트에 뛰어들었다. 제작자들은 그가 들고 온 줄거리를 보고 미심쩍은 반응을 보였지만, 그의 대본은 결국 승인됐다. 이 대본은 영화 역사상 단일 영화 시리즈로서 최고의 수익을 올린 영화 〈스타워즈〉였고, 그 감독은 물론 조지 루커스였다.

조지 루커스가 연구할 때 읽은 책들, 특히 조지프 캠벨의 신화에 관한 주요 저작인 《천의 얼굴을 가진 영웅》은 그에게 강한 인상을 남겼다. 이 책에서 캠벨은 영웅 신화에서 나타나는 인상적인 유사성에 대해 상술하고 있다. 영웅 신화가 이질적인 문화 사이에서도 공유되고 있는 이유는 영웅 신화가 인간의 타고난 자질이기 때문이라고 주장한다. 캠벨은 여기서 '영웅의 여정'에 대한 공통적인 모델을 찾아냈고, 루커스는 이 모델이 〈스타워즈〉 속 루크 스카이워커의 여정과 아주 유사하다는 사실을 발견했다. 덕분에 루커스는 친숙한 것들(영웅에 대한 신화)과 새로움(우주여행과 과학소설)을 결합할 수 있었다.

그렇다면 원래 질문으로 되돌아가보자. 비슷한 유형이 한데 모이는 것은 친숙함 때문인가? 서로 상극인 것들이 끌리는 이유는 새로움 때문인가? 정답은 둘 다인 것 같다. 우리의 뇌는 익숙한 것을 원할 때도 있고, 새로운 것을 원할 때도 있다. 하지만 뇌가 진정으로 좋아하는 것은 둘이 완벽하게 조합되는 것이다.

이러한 통찰은 현대 신경과학이 아니라 20세기 중반의 미국 디자이너 레이먼드 로위Raymond Loewy에게서 나온 것이다. 로위는 역사에서 사라져버린 아마도 가장 영향력 있는 인물일지도 모른다. 그의 디자인 철학은 1950년대와 1960년대의 가구, 패션, 브랜드 로고 등 당시의 전체적인 미학을 형성하는 데 큰 역할을 했다. 그의 디자인 철학은 우리의 네오필리아(새것에 대한 이끌림)와 네오포비아(새것에 대한 두려움) 사이의 긴장을 인식하고 해결했다. 로위의 철학은 단순하지만 심오했다. 가장 앞서 나갔지만 받아들일 수 있는 수준이었다. 새로운 것을 좋아하는 사람을 변화시키기 위해서는 친숙한 느낌이 들게 하고, 친숙한 것을 좋아하는 사람을 변화시키기 위해서는 약간 새롭게 만들어야 한다. 바꿔 말하면, 새로움과 친숙함 사이의 골디락스 존을 최적화해야 한다. 새로우면서도 안전해야 한다. 우리는 이것을 'NaSNew and Safe' 라고 부를 것이다.

첫 번째 〈스타워즈〉의 성공은 NaS의 힘을 매우 잘 보여준다. 〈THX

1138〉가 실패한 데에는 너무 새롭기만 한 것도 한몫 했다. 콘셉트가 너무 새로워서 관객들에게 편안함을 느끼게 해줄 익숙한 기초지식이 없었다. 첫 번째 시리즈인 〈스타워즈: 새로운 희망〉은 무수히 많은 모험 이야기와 신화를 바탕으로 관객들이 인지하고 있는 기존의 신화와 모험의 모델에 적절한 양의 새로움만 첨가했다. 바꿔 말하면 〈스타워즈: 새로운 희망〉은 당대의 가장 새롭고 안전한 SF 영화였다.

브랜딩에서 일관성을 강조하다 보면 지나치게 많이 반복할 가능성이 있다.[18] 단순 노출 효과의 관련 문헌을 면밀하게 조사해보면, 어떤 것을 볼수록 그것이 더 좋아하게 되지만 대략 15번 정도 노출되면 호감도가 급격히 감소하기 시작한다.[19] 실제로 중국 문자를 대상으로 단순 노출 효과를 실험한 결과를 보면, 그 문자를 전에 봤던 것을 알게 되는 순간 그 효과가 사라졌다.[20] 노출이 많아질수록 호감도는 상승하지만 그 효과는 반복해서 강조하지 않는 경우에만 유효하다. 하지만 지나치게 많이 반복할 가능성이 매우 높다. 라디오에서 흘러나오는 귀에 잘 들어오는 팝 음악은 결국 지겨워지고 만다.

약간의 새로움만으로도 호감도는 오래 지속될 수 있다. 스튜어트 샤피로의 연구팀은 이 아이디어를 인쇄 광고에서 실험했다.[21] 그들은 광고(새로운 것)의 여러 영역에 브랜드 로고(익숙한 것)를 배치했다. 이를테면, 연구원들은 브랜드 로고를 언제나 광고의 하단 왼쪽에 보여주지 않고 상단 오른쪽으로 옮겼다. 그 결과 이 미묘한 광고 디자인의 변화로 브랜드의 선호도가 20퍼센트 상승했다. 게다가 실험 대상자들 모두 광고 디자인의 미묘한 차이를 발견하지 못했다고 말했다. 추가 연

구에서 다양한 형태의 광고에 이런 효과가 있음을 검증했다.[22]

1장에서 감각과 관련된 다양한 실험을 통해 살펴보았듯이, 익숙함과 새로움 사이에 마법의 비율은 없다. 비결은 그 어느 쪽도 과용하지 않고 둘 사이에 완벽한 균형을 찾는 것이다.

이러한 최적의 NaS 비율은 음식의 트렌드를 통해 직접적으로 알 수 있다. 왜 박람회 음식들은 프라이드 버터, 프라이드 쿨 에이드, 프라이드 맥주처럼 강박적으로 기름에 튀기려고 하는 것일까? 그래서 허니 피자, 마요프로요, 땅콩버터 치즈버거 같은 아이디어가 인기 있는 것이다.

음식 궁합에 대해 생각해보자. 익숙한 음식 궁합과 실험적인 음식 궁합이 있을 것이다. 와인과 치즈 혹은 초밥과 사케 같은 기존의 음식 궁합은 우리의 뇌 안에 정해진 상황이 존재한다. 그러한 상황은 익숙하고 안전하다. 하지만 기존의 음식 궁합도 시작은 그렇지 않았다. 오늘날 일반적인 것으로 여겨지는 리세스 피넛버터컵의 땅콩버터와 젤리 샌드위치, 레드불과 보드카도 과거에는 NaS였다. 그리고 위스키에 다크 초콜릿, 라면 버거 같은 독특하고 실험적인 음식 궁합은 나타났다 사라지는 반면, 개념으로서의 음식 궁합은 우리 곁에 남는다. 익숙한 음식을 낯설게 조합하는 것은 뇌가 좋아하는 '안전한 새로움'의 유형일 뿐이다.

미디어 산업의 성공 법칙

〈스타워즈〉의 사례에서 살펴본 것처럼, NaS는 특히 대중문화의 강력한 원동력이다. 영화, 소설, 음악을 창작하는 것은 예술적인 일이지만, 작품을 판매하는 것은 하나의 비즈니스이며, 그 비즈니스는 NaS에 많은 빚을 지고 있다.

음악 스트리밍 서비스업체인 스포티파이는 타의 추종을 불허하는 성공을 거두었으며, 이 글을 쓰는 시점에 구독자 수가 매년 거의 50퍼센트씩 증가하고 있다. 스포티파이가 사용자의 과거 청취 데이터를 기반으로 개인화된 음악을 추천해주는 새로운 음악전용 플레이리스트를 소개했을 때, 결과는 예상대로였다. 사용자들이 음악에 대해 '좋아요', '재생', '분류'와 같은 데이터를 많이 제공할수록 음악 추천에 좋은 반응을 보였다. 그리고 그때 스포티파이는 우연히 NaS를 접하게 되었다.

2015년에 엔지니어링팀의 실수로 신곡들이 가득한 디스커버리 플레이리스트가 우연히 사용자들이 가장 많이 청취한 곡과 뒤섞이고 말았다. 그러자 예상치 못한 일이 벌어졌다. 실수 때문에 플레이리스트에 신곡과 익숙한 곡이 섞여 있는 음악을 사용자가 더 오랫동안 들은 것이다! "모든 사람에게 버그라고 알렸고, 그래서 모두 신곡이 나올 수 있도록 바로잡았습니다." 최고경영자 매트 오글Matt Ogle이 〈애틀랜틱〉과의 인터뷰에서 말했다.[23] 하지만 그렇게 하자 청취자가 감소했다. 그래서 그들은 이전 버전을 복구했다. "약간의 친숙함이 있어야 신뢰감이 생긴다는 것을 알게 되었죠." 오글이 말했다.

구매자의 행동을 바꿔가면서 창작자에게 돈을 벌게 해준 잊을 수 없는 NaS의 또 다른 사례는 바로《그레이의 50가지 그림자》이다.

《그레이의 50가지 그림자》 이전에 BDSM(구속bondage과 훈육

discipline, 지배dominance와 복종submission, 가학sadism과 피학masochism을 가리키는 약어)은 언더그라운드 하위문화였다. '플레이 파티'와 '던전 나이트'는 개방된 페이스북 이벤트와는 상반된 비밀스런 초대였다. 성 전문가 중에서도 가장 탐구적이거나 새로운 것을 좋아하는 사람들만이 BDSM에 뛰어들었다.

그때《그레이의 50가지 그림자》가 나왔다. 이 책은 처음에는 팬픽션닷넷에서《우주의 주인》이라는 제목으로 연재되던《트와일라잇》의 인기 팬픽션이었다. 이 분야에 대해 잘 모르는 사람을 위해서 설명하자면, 팬픽션은 TV 드라마, 만화, 영화, 책 등의 등장인물과 줄거리를 가져다가 팬들이 쓴 소설을 말한다.《우주의 주인》의 작가 E. L. 제임스는 '새로운' BDSM이라는 소재를《트와일라잇》의 주인공으로 친숙한 벨라와 에드워드라는 인물과 그들의 관계에 적용했다. 그렇게 하여 나온 최종 결과는 BDSM을《트와일라잇》 팬픽션 독자들은 물론이고 (등장인물의 이름을 벨라와 에드워드에서 애나와 크리스천으로 바꾸어《그레이의 50가지 그림자》라는 이름으로 출판했다) 일반적인 대중도 읽을 수 있을 만큼 새로움과 안전함을 동시에 보여주었다.《우주의 주인》으로 시작한 작품은 영국 아마존에서《해리포터》 시리즈를 모두 합한 것보다 더 많이 팔렸다.

《그레이의 50가지 그림자》와 그 후속편들은 또한 섹스토이 기업들에게도 엄청난 활력을 불어넣었다. 주로 처음 시도하는 고객들 덕분이었다. 영국에 본사를 두고 있는 섹스토이 제조업체인 러브허니의 수익은 영화가 개봉하기 전 해에 110만 달러에서 2014년 1월에는 339만 달러로 세 배나 뛰었다. 수갑, 말채찍, 깃털, 회초리, 안대 등 대부분《그레이의 50가지 그림자》에 등장하는 아이템에 기반하고 있었다. 뉴욕의 여성 성인용품점인 베블랜드의 대변인 파멜라 돈Pamela Doan 역시 영화 개봉 후 섹스샵의 매출이 두 배가 뛰었다고 말했다. "손님들은 정말 들떠 있었어요. 상점에 들어와서《그레이의 50가지 그림자》에 대해 말했습니다. … 그중에는 섹스샵에 처음 온 사람도 있었지요."[23]

NaS는 또한 힙합 음악에서 샘플링(기존 곡의 일부를 새롭게 가공하여 배치하는 음악 기법-옮긴이)을 어떻게 해야 하는지를 보여준다. 카니예 웨스트(미국의 힙합 가수-옮긴이)는 퍼프 대디라는 이름으로 더 잘 알려진 힙합 가수 숀 콤스의 비즈니스 모델을 따라 장르를 혼합하지 않고 노래를 샘플링하는 것으로 잘 알려져 있다. 카니예 웨스트는 2000년대에 숀 콤스의 90년대 스타일을 그대로 따랐다. 콤스와 카니예는 모두 친숙한 것을 가져다 새로움을 더하여 성공을 거두었다.

일렉트로닉 댄스 뮤직EDM, Electronic Dance Music이 어떻게 미국에서 인기를 끌게 되었는지 생각해보자. 2000년대 초반 EDM은 새로운 음악이었다. EDM을 대표하는 뮤지션이었던 데이비드 게타는 EDM이라는 새로운 음악을 가져와서 어셔, 윌아이엠, 니키 미나즈, 스눕 도그, 루다크리스(모두 미국의 가수들이다-옮긴이) 같은 인기 음악가의 안정된 음악으로 포장했다.

미국의 라디오에서 EDM을 쉽게 들을 수 있게 되자, 일부 DJ들은 NaS를 이용하여 EDM을 확장했다. 아비치(스웨덴의 하우스 음악 프로듀서-옮긴이)가 마이애미 음악 주간에서 컨트리 뮤지션을 데려와 무대에서 〈웨이크 미 업〉을 초연했을 때 관객들은 처음에는 혼란스러워했지만 얼마 지나지 않아 사람들은 EDM과 컨트리 음악의 선율의 결합을 아주 좋아하게 되었다.

비욘세는 레게톤의 새로움과 그녀의 팝 사운드를 결합한 노래 〈미 겐테〉에서 NaS를 이용했다. 래퍼 릴 나스 엑스는 컨트리 레전드 빌리 레이 사이러스와의 콜라보 〈올드 타운 로드〉에서 자신의 방식으로 NaS를 해석했다. 이 곡은 결과적으로 2019년 여름 차트에서 상위에 올랐다. 음악을 비롯하여 여러 분야에서 새로움과 익숙함을 결합하여 좋은 결과를 얻어내는 예술가들은 계속해서 늘어날 것이다. NaS가 효과가 있기 때문이다.

이제 뇌가 좋아하는 것이 계획될 수 있다는 것을 알 것이다. 한 쪽에는 단순 노출 효과와 그와 유사한 유창성 효과, 가용성 편향 등 있고, 이는 광고에 힘을 실어준다. 일반적으로 광고 산업은 더 정확하게 노출 산업이라고 불린다. 구글, 페이스북, MTV 등이 전 세계에서 수조 달러를 벌어들이는 이유는 기업들이 노출하기 위해 돈을 내기 때문이다. 웹 검색과 소셜미디어는 물론이고 TV와 라디오, 출판에 이르기까지 모든 산업이 단순 노출 효과의 효율성을 기반으로 하고 있다.

여러 가지 에너지 드링크 중에서 선택해야 한다면(가격이 선택 조건이 아니라면), 최근에 가장 꾸준히 자주 노출되었던 회사의 제품을 선택할 것이다. 실제로 에너지 드링크는 이미 선택되어 있다. 단지 그 선택을 내가 내렸다고 생각하고 싶을 뿐이다. 친숙함의 효과이다.

하지만 새로움도 효과가 있다. 우리의 뇌는 기대치를 위반하는 것에 집중한다. 새 것을 따라가면 뇌는 도파민으로 보상한다. 그리고 기분 좋게 놀라게 할 때마다 도파민이라는 보상을 증가시킨다. 새로움은 내가 좋아하는 것을 계속해서 좋아하게 하고, 원하는 것을 더 많이 원하게 해준다.

우리의 뇌는 세심한 관리가 필요하다. 새로움의 참신함과 친숙함의 안전성 모두 필요하다. NaS는 어디에나 존재한다. 이 장의 초반부에 나오는 자욘스의 실험에도 나온다. 그 실험의 참가자 중에는 중국어를 아는 사람이 없었고, 한자는 새로운 것으로 여겨졌다. 한자를 이전에 본 적이 있다면 뇌의 일부에서는 전반적으로 새롭다고 느끼면서도 그 문자들을 친숙하다고 인지했을 것이다. 그리고 결과적으로 참가자들은 새롭지만 친숙한 문자들을 보고나서 더욱 만족하게 되었고 긍정적인 느낌을 받게 되었다.

NaS는 모순적인 뇌의 선호도를 조정하지만, 비난을 안 받는 것은 아니다. 특히 영화와 음악 산업에는 NaS에 대한 비판이 존재한다. NaS 철학에 대해 비판적인 사람들은 NaS 철학을 대중에 대한 "배신"이라고 표현한다. 레이먼드 로위라면 이것을 전혀 비판이라고 여기지 않았을 것이다. 스타일에 대한 그의 관점은 포퓰리즘적이었고, 그는 이에 대해 당당했다. 소비를 최대화하는 것이 목적이라면 NaS보다 더 좋은 접근법은 없다. 최선의 반박을 한 사람은 래퍼이자 비즈니스 전문가인 제이지였다. 제이지야말로 새로움과 친숙함을 결합하는 데 전문가이다.

나는 돈을 많이 벌려고 쉬운 음악을 만들지.

사람들은 그런 나를 비난하면서도 환호성을 지른다네.

BLINDSIGHT

9장

공감하는 브랜드가 살아남는다

소통하는 브랜드의 힘

소통은 단순히 읽고 쓰고 말하는 행위 그 이상이다.

소통은 모든 언어를 뛰어넘는다.

소통은 우리 마음 깊은 곳의 내적 상태를

타인과 공유하는 능력이다. 또한 우리 주변에 있는

사람들의 정신적, 정서적 상태에 동화되는 능력인 공감의 기반을 제공한다.

요컨대 소통은 인간 사회성의 토대이다.

— 한 중학생 소녀가 아메리칸 발레 극단에 지원한 후 초조하게 몇 주 동안 기다린 끝에 다음과 같은 답장을 받았다고 하자. 그 중학생의 입장이 되어 다음의 편지를 읽어보자.

지원자 님에게

저희 발레 아카데미에 지원해주셔서 감사합니다. 안타깝게도 귀하의 입학을 수락할 수 없습니다. 귀하는 발이 적합하지 않고, 턴아웃 자세가 안 되고, 아킬레스건은 부족하며, 다리와 몸통의 길이가 너무 짧습니다. 간단히 말해, 귀하의 신체 조건은 발레를 하기에 적합하지 않다고 생각됩니다. 그 몸으로는 라스베이거스의 직업 댄서밖에 할 수 없습니다. 그리고 13세라는 나이는 발레리나의 고려 대상이 되기에는 너무 많습니다.

열세 살의 소녀는 방금 자신의 신체가 발레를 하기에 적합하지 않고, 그녀의 몸이 라스베이거스의 무대를 더 어울린다는 이야기를 들었다. 이 불합격 통지서를 받으면 기분이 어떨까? (이 편지는 실제로 열세 살 소녀가 받은 것이다.) 아마도 화도 나고 슬프기도 했을 것이다. 이 편지를 받아들고서는 여러 가지 감정이 떠올랐을 것이다.

방금 전 당신의 정신 상태의 변화에 주목해보자. 짧은 한 문단의 글이 내 정신 상태를 변화시키고 기분을 크게 바꿀 수 있다. 이것이 인간 소통의 마법이다.

소통은 단순히 읽고 쓰고 말하는 행위 그 이상이다. 소통은 모든 언어를 뛰어넘는다. 소통은 (생각, 감정, 관점 등) 우리 마음 깊은 곳의 내적 상태를 타인과 공유하는 능력이다. 또한 우리 주변에 있는 사람들의 정신적, 정서적 상태에 동화되는 능력인 공감의 기반을 제공한다. 요컨대 소통은 인간 사회성의 토대이다.

근본적으로, 소통은 인간의 연결하는 능력을 반영한다. 소통의 가장 기본적인 형태는 정보의 전달을 통한 연결이다. 예를 들어, 길을 묻는 낯선 사람에게 내게 있는 유용한 지식을 알려주었다면, 지식을 통해 그 사람과 연결된 것이다. 우리는 또한 정서적인 수준에서의 의사소통을 통해 다른 사람과 연결될 수도 있다. 누군가 환하게 웃는 모습을 보면 보통 그 사람의 감정 상태와 연결되어 나 자신이 더 행복해지는 기분이 든다. 하지만 우리는 직설적이기보다 심오한 이야기, 즉 복잡한 개념과 관점을 전달하고 공감을 이끌어내기 위한 서술을 통해 상대방에 공감하도록 되어 있다.

브랜드의 경우 소통보다 더 중요한 능력은 없을 것이다. 왜냐하면 브랜드는 연결을 모으는 일을 하고 있기 때문이다. 브랜딩은 기업과 기업의 메시지, 기업의 상품 사이에 정보, 감정, 문화, 개인과 관련된 연결을 구축하는 것이다.

물론 이것은 언제나 쉽게 할 수 있는 일은 아니다. 인간과 인간 사이의 소통에는 여러 유형의 많은 어려움이 뒤따른다. 그리고 인간이 잘하는 일대일의 의사소통을 브랜드가 해야 하는 대규모의 일대다의 의사소통으로 바꾸려고 한다면 문제가 더 복잡해진다. 하지만 브랜드가 그 일을 제대로 해낸다면, 상품과 소비자 사이에서 인간과 인간 사이의 유대감만큼이나 강하고 변화무쌍한 연결을 이끌어낼 수 있다.

소통의 테니스 게임

브랜드와 기업이 어떻게 소통하는지 이해하려면 먼저 인간이 어떻게 소통하는지를 이해해야 한다. 기본적인 구성요소부터 생각해보자. 간단한 아이디어는 어떻게 한 사람에게서 다른 사람에게 전달되는가?

인간의 심리를 연구하면 할수록 어쩔 수 없이 똑같은 결론에 이르는 경우가 많다. 우리 인간이 꽤 멍청하다는 것이다. 인간은 대부분의 경우 잘하는 것이 거의 없다. 우리는 이 책에서 그런 면모를 계속해서 보고 있다. 우리의 감각 능력과 주의력은 너무나 한정적이어서 현실을 지각하는 과정에서 다소 보정을 하고 있다. 우리의 의사결정 기관에는 심각한 오류가 있어서 행동경제학에서는 전반적으로 인간의 비이성에 중점을 두고 있을 정도이다.

그런 다음 소통으로 고개를 돌리면 속이 뻥 뚫리는 것 같다. 소통에 관해 연구하면서 우리는 인간이 얼마나 놀라운 존재인지에 대해 경이로움을 느끼게 된다. 소통을 위해서 우리는 먼저 믿을 수 없을 만큼 풍부하고 정교한 언어 지식을 저장해야 한다. 그리고 무엇을 말하고 싶은지 상황에 맞게 파악한 다음, 모든 적절한 단어와 구조를 이용해서 의미가 통하도록 조합해야 한다. 소통에는 물리적인 측면도 필요하다. 우리는 대화 상대가 이해하고 해석해야 하는 공통 언어의 관습에 따라 발음을 하기 위해 목청에 있는 섬세한 근육들을 조정해야 한다. 이것은 하나의 단일한 문장을 전달하기 위한 것일 뿐이며, 어떤 개념이나 복잡한 감정의 전달은 훨씬 더 많은 과정이 필요하다.

어떻게 이 모든 것이 가능한 것일까? 성장하고 있는 분야인 사회신경과학에서 이 질문에 주목하기 시작했다. 신경과학자들은 소통하고 있는 뇌의 활동을 모니터링하여 가장 기초적인 수준에서 소통이란 '화자가 청자에게 이미지와 개념을 주입하는 능력'이라는 사실을 발견했다. 나의 머릿속에 전달해야 할 개념이 있을 때 나는 전달자가 된다. 우리가 개념을 전달하려는 대상은 수신자이다. 전달자로서 내가 해야 할 일은 수신자의 머리에 내 뇌의 내부 상태를 재현하는 것이다.

프린스턴대학교의 유리 해슨Uri Hasson 교수의 연구에서는 동일한 이야기를 들려주었을 때 사람들의 뇌가 반응하는 모습을 비교하는 대상 간 상관관계라는 특별한 fMRI 기술을 사용하여 소통을 하는 순간 우리 뇌 안에서 어떤 일이 일어나는지 관찰했다. 아니나 다를까, 사람들이 특정 이야기를 들을 때 기본적으로 소리를 처리하는 청각피질의 반응이 모든 사람들 사이에서 비슷하게 나타났다. 하지만 해석 및 의미와 관련된 전두엽 피질 같은 발달된 뇌의 영역에서는 사람마다 뇌의 상태가 매우 다르게 나타났다. 뇌를 통해 우리는 모두 동일한 방법으로 소리를 듣지만, 모두가 동일한 방식으로 해석하지는 않는다. 이러한 이유로 니켈백의 같은 노래를 들으면서도 누군가는 기쁨의 눈물을 흘리고 누군가는 고통의 눈물을 흘린다.

흥미로운 점은 화자와 청자의 뇌에서는 특별한 유사성이 나타난다는 것이다. 해슨은 이것을 '신경결합neural coupling'이라고 부른다. 어떤 이야기를 할 때 나의 뇌에는 수많은 신경 활동이 일어난다.[1] 흥미로운 사실은 내 이야기를 듣는 사람의 뇌에도 나의 뇌와 매우 유사한 신경 활동이 일어난다는 것이다. 게다가 (이것이 핵심인데) 나와 내 이야기를 듣는 청자의 뇌 상태가 유사할수록 소통이 잘 된다. 해슨의 실험에서 청자에게 방금 들은 이야기에 대한 이해도를 테스트를 했을 때, 화자와의 신경 연결과 높은 상관관계를 보일수록 점수도 높았다.[2] 화자와 청자의 뇌의 상태가 유사할수록 이해도가 높은 것이다.

뇌 수준에서 설명하자면, 소통이란 화자와 청자 사이의 신경결합이라고 할 수 있다. 우리는 우리 뇌의 상태를 상대의 뇌에 이동시켜 아이디어를 전달한다. 효과적인 소통은 승부와 관계없이 최대한 오랫동안 상대방의 코트에 공을 넘겨주는 것이 목표인 테니스 랠리와 비슷하다고 할 수 있다. 상대방이 내게 공을 넘겨줄 수 있게 하려면 상대방이 자주 사용하는 손의 방향으로, 상대가 공을 칠 수 있는 곳이나 좋아하는 코트의 위치로 공을 보내줘야 한다. 마찬가지로 효과적인 의사전달자는 수신자가 가장 편하게 메시지를 받을 수 있도록 메시지의 틀을 만들어야 한다. 이것을 잘할수록 소통을 잘할 수 있다.

우리는 또한 의사소통 파트너와 화자로서 최고의 '결합'을 이루기 위해 무의식적으로 스스로를 조절한다. 우리는 택시기사나 웨이터에게 말할 때보다 할머니에게 말할 때 좀 더 느리고 부드럽게 말한다. 또한 가까운 가족에게 말할 때와 회사의 사장에게 말할 때도 분명히 다르다. 서로 다른 어휘를 사용하고, 억양이 달라지고, 말하는 속도도 달라질 것이다. 마치 테니스를 칠 때 시간이 흐르면서 상대방의 강점과 약점, 좋아하는 기술 등을 알게 되는 것처럼, 대화를 할 때도 시간이 흐르면서 상대방의 플레이 스타일을 파악하게 된다.

스코틀랜드의 언어학자 마틴 피커링Martin Pickering과 사이먼 개러드Simon Garrod는 이 현상을 '상호정렬interactive alignment'이라고 부른다.[3] 이들의 연구는 누군가와 몇 분도 채 안 되는 대화를 나눌 때조차 우리의 음색, 목소리의 크기, 말의 빠르기는 물론이고 은연중에 자세마저도 말하는 대상에 어울리도록 바꾸고 있으며, 상대방 역시 우리의 여러 특징에 맞춰 바뀐다는 사실을 보여주었다. 이처럼 서서히 그리고 무의식적으로 하나의 공통분모로 수렴하게 되면 소통이 용이해진다. 누군가와 오래 대화를 할수록 우리의 스타일은 비슷해지고, 스타일이 비슷해지면 서로를 더 잘 이해하게 된다. 다음에 누군가와 대화할 때 주의 깊게 살펴보라. 대화 중에 내가 천천히 의자에 기대면, 나와 대화를 하는 사람 역시 똑같은 행동을 할 가능성이 크다. 마찬가지로 다른 나라에서 장기간 거주할 때 배우는 것은 단지 언어만은 아닐 것이다. 말을 하는 스타일에서 문화적 차이를 없애기 위해 말의 빠르기와 억양마저도 바뀔지도 모른다. 이러한 언어적, 비언어적 변화는 은연중에 대화 상대와 잘 어울리는 신경결합을 구축해서 소통의 효율성을 높이려는 시도이다.

결론적으로 말하면, 대화 상대의 소통 스타일을 따라할수록 소통도 잘 되고, 전하려는 메시지의 설득력도 높아진다.

하지만 새로운 테니스 상대에게 적응하는 데에는 시간이 걸린다. 처음 몇 번은 실망스러울 수도 있다. 실제로 테니스 코트에서 공을 치는 시간보다 공을 주우러 다니는 시간이 더 길지도 모른다. 우리는 모두 자신만의 복잡 미묘한 경험과 특이함, 유대관계가 있고, 이는 우리가 남의 말을 듣는 방식에 영향을 미친다. 효과적인 의사소통이란 서로가 공유하는 의미에 대해 공통된 이해를 확립하는 것을 의미한다. 그리고 청자가 단 한 명뿐일 때에도 소통을 한다는 것은 충분히 어렵다. 소통하는 사람들이 늘어갈수록 어려움만 커질 뿐이다.

할리데이비슨, 성패의 갈림길에 서다

기업들은 상품이나 서비스를 팔기 위해서 현재 및 잠재 고객과 소통해야 한다. 하지만 사람 간의 소통과 달리 마케팅에서의 소통은 중앙에서 만들어져야 하고 일괄적으로 배포되어야 한다. 맞은편에 앉아 있는 사람의 뇌와 동기화하는 것만 해도 어려운 일이다. 그런데 브랜드들은 서로 다른 수백만 명의 사람들과 동시에 동기화해야 한다.

신경결합이 확립되지 않고 특정 의미는 가정일 뿐이라면 문제가 발생한다. 2017년 여름 의류기업 KA 디자인은 밝은 무지개빛깔 티셔츠를 출시했는데, 무엇보다도 눈에 띄는 것은 스와스티카(卐자 문양)였다.[4] 그들은 페이스북 광고에서 스와스티카 문양을 사용한 이유를 다음과 같이 설명했다. "수천 년 동안 스와스티카는 긍정적인 것을 의미했다. 하지만 어느 날 나치즘으로 스와스티카에 영원한 낙인이 남았다. 스와스티카는 돌아오고 있다. 평화와 함께, 사랑과 함께, 존경과 함께, 자유와 함께."

엄밀히 말해서 스와스티카가 고대의 힌두 전통에서 유래했다는 것은 사실이고, 힌두 전통에서 이 문양은 행운의 상징이었다. 하지만 현재 일반적인 소비자에게 이런 의미는 남아 있지 않다. 오늘날 스와스티카는 증오, 나치즘, 대량학살과 유사한 의미를 내포하고 있다. 물론 디자이너들이 스와스티카를 사용했을 때는 스와스티카가 평화와 사랑, 존중, 자유를 의미한다는 것을 알고 있었다. 하지만 그들이 시청자의 뇌에 생성시킨 것은 분명히 이런 것이 아니었다. 그로 인해 결합에서 엄청난 실패를 겪었다. fMRI 연구 결과, KA 디자인과 잠재 소비자 사이의 대상 간 상관관계는 거의 0이었다. 동시에 티셔츠 디자이너들이 미래에 취업할 확률도 거의 0에 가까워졌다.

반발은 빠르고 단호했다. KA 디자인의 트위터와 이메일에는 금세

KA 디자인의 악명 높았던 '스와스티카' 티셔츠 샘플

부정적인 내용의 답글이 물밀듯이 밀려왔다. 공정하게 말하면 다음과 같은 긍정적인 내용의 지지 발언도 하나 있었다. "저는 이 사람들과 같은 배에 타게 되어서 감사하고 있습니다. 이 티셔츠들을 공식적으로 지지합니다." 이 글을 보낸 사람은 앤드류 앵글링이라는 네오나치 신문 〈데일리 스토머〉의 창립자였다. 리뷰 사이트에서 볼 수 있는 답글은 아니었다. KA 디자인은 사과와 함께 새로운 스와스티카가 그려진 새 티셔츠를 발매하며 필사적으로 수습했지만 손실을 피할 수 없었다.

KA 디자인의 캠페인은 그런 일이 일어나리라고는 생각조차 하기 힘들 정도로 엄청난 재앙에 가까웠다. 그들은 소비자들의 이런 반응을 예상할 수 있지 않았을까? KA 디자인의 실수는 극단적이었지만, 크게 문제가 되지는 않았더라도 이와 유사한 실수를 하는 경우가 드물지는 않다. 2017년에 도브 바디로션이 페이스북을 통해 여성들이 티셔츠를 벗으면 다른 여성으로 변신하는 광고를 선보였다. 표면적으로는 인종적으로 다양한 도브의 고객층에게 메시지를 전달하려는 의도였다. 하지만 도브는 광고 중에 흑인 여성이 백인 여성으로 변신하는 장면에 대해 날카로운 비판을 받아야 했다. 문자 그대로 하얀 칠을 한 듯한 모습이 충격적으로 보였기 때문이었다.

하지만 2017년 최우수 신경결합 실수 부문의 수상자는 켄들 제너가 모델로 등장하는 펩시의 악명 높은 광고였다. 이 광고에서 제너는 경찰관에게 펩시의 아이스콜드 캔을 전해주며 긴장감 넘치는 상황을 해소해주는 활동가 역할을 연기했다. 펩시는 뻔뻔하게도 한 번에 저항의 이미지를 상품화하는 한편, 경찰의 만행과 관련된 인종적 문제를 사소한 것으로 만들어버렸다. 반발이 극에 달하자 펩시는 곧바로 광고를 내렸고 공식적인 사과문을 발표했다.[5]

KA 디자인, 도브, 펩시 등의 사례는 청자 집단이 확대되고 다양해지면서 신경결합을 확립하는 것이 얼마나 상상을 초월할 만큼 엄청나게 어려워지는지를 보여준다. 그것은 마치 각자 저마다의 까다로운 스타일을 갖고 있는 수백 명의 사람들과 동시에 테니스를 치는 것과 같다.

소통의 스타일이 성패를 가른다

다른 조건이 같다면, 소통 방식을 내가 대상으로 삼은 청자의 방식에 맞출수록 메시지는 더욱 효과적으로 전달될 것이다. 기업의 경우도 마찬가지이다. 이는 흔히 들을 수 있는 비즈니스의 격언 '고객을 알아야 한다'에 중요한 의미를 더해준다. 고객의 취향과 욕구를 이해해야 하는 것은 물론이고, 고객의 소통 스타일까지 알아야 하는 것이다. 영리한 브랜드들은 고객의 말에 정성을 들여 관심을 기울인다. 우리가 목표로 삼는 대상들은 빠르게 말하는가, 천천히 말하는가? 거창한 어휘를 사용하는가, 간단한 어휘를 사용하는가? '젠장'이라고 말하는가, 아니면 '망할'이라고 말하는가?

소통의 스타일은 중요하다. 십대 자녀들이 더 건강한 식사를 하길 바라지만, 항산화제와 식이섬유의 장기적인 이점에 관해 이성적인 주장을 펼칠 기회가 없는 부모들은 아마도 스냅챗을 다운로드해서 '야채는 짱 좋은 것 같아, 얘들아. 그리고 어쨌거나 맛도 있고 말이야'라고 메시지를 보내는 게 좋을지도 모른다. 하지만 부모들은 그렇게 하지 않을 것이다. 오랫동안 알려진 바에 따르면 십대들은 부모보다 서로에게 훨씬 더 많은 영향을 미친다.[6] 그리고 이것은 아마도 십대들이 소통하기 위해 사용하는 배타적이고 미묘한 속어와 관련이 있을 것이다.[7] 십대 시절은 부모로부터 독립하기 위한 투쟁의 시기라고 할 수 있다. 십대들은 멋이라고는 전혀 없는 엄마와 아빠를 언어적으로 배제함으로써 부모라는 지배자의 설득력을 제한하는 데 성공한다.

소통의 스타일을 청자에게 맞추는 것은 노인상품 광고에서 왜 나이든 사람이 느린 어투로 말을 하고, 십대를 상대로 하는 광고에서는 왜 십대들의 속어를 쓰려고 하는지 그 이유를 설명해준다. 하지만 소통의 스타일이 어울리지 않을 때, 그 결과는 재앙이 될 수 있다.

적절한 사례로 성인용 기저귀 브랜드인 디펜드만 한 브랜드는 없다. 해시태그는 밀레니얼 세대와 Z세대를 위한 상품에서는 흔히 볼 수 있지만, 나이든 성인을 위한 상품에서는 좀처럼 볼 수 없다. 하지만 디펜드는 예외였다. 2014년 디펜드는 요실금에 대한 인식을 높이기 위해 고객들이 디펜드 기저귀를 하고 있는 자신의 사진을 '#바지를내리세요'라는 해시태그와 함께 소셜미디어 게시하는 마케팅 캠페인을 시작했다.

혹시 독자들이 잘못 읽었다고 생각할까봐 다시 한 번 설명하자면, 디펜드의 소셜미디어 마케팅 캠페인은 요실금에 대한 인식을 높이기 위해 고객들이 디펜드 기저귀를 하고 있는 자신의 사진을 '#바지를내리세요'라는 해시태그와 함께 게시하도록 권장했다. 할아버지에게 이메일에 파일을 첨부하는 방법을 설명하는 것만도 어려운 일이다. 이제 우리는 할아버지에게 할아버지가 기저귀를 차고 있는 사진을 인스타그램에 올리는 방법을 가르쳐야 한다. 마케팅 시도가 실패한 것에 이렇게 감사하는 마음이 들었던 적은 없었던 것 같다.

2017년은 밀레니얼 세대의 소비자 구매력이 1조 달러를 돌파한 해이다. 또한 밀레니얼 세대가 미국 노동력에서 가장 큰 비중을 차지한 해이기도 하다.[8] 기업들은 밀레니얼 세대와 Z세대에게 물건을 팔기 원할 뿐 아니라, 이들을 고용하고 싶어 한다. 흔히 볼 수 있듯이 세대에 따라 의사소통의 스타일과 어휘에서 차이가 있다. 다음에 나오는 이메일은 마이크로소프트에서 보낸 것으로, 마이크로소프트는 최신 유행하는 밀레니얼 세대와 Z세대의 언어를 과하게 사용하여 고객들의 소통 스타일을 따라 하려고 고귀한 노력을 기울였다.

안녕, 배 인턴!<3

안녕하세요! 마이크로소프트 유니버시티 채용담당자 김입니다. 저희 팀은 7월 11일에 인터나팔루자에서 당신을 비롯한 베이 에어리어의 인턴들을 만나기 위해 시애틀 본사에서 달려가고 있습니다.
하지만 더 중요한 소식이 있습니다. 샌프란시스코 사무실에서 이벤트가 열리는 날 밤 아무나 올 수 없는 애프터 파티에 당신을 초대합니다! 끝내주는 음식, 다양한 마실 거리, 최고의 음악 그리고 작년과 마찬가지로 맥주 마시기 게임을 할 겁니다!
젠장, 그래요. 월요일 밤에 진탕 마셔보자는 얘기입니다!

실제 이메일 이미지를 우리 웹사이트의 자료실에서 볼 수 있다.* 디펜드와 마이크로소프트의 신경결합 실패는 웃음거리가 되기에 충분하다.

고객층이 바뀌면서 브랜드가 의사소통 스타일에 적응하지 못한다면, 비즈니스의 존립 자체를 위협할 수 있다. 할리데이비슨의 예를 들어보자. 모터사이클의 전설적인 브랜드인 할리데이비슨은 신경결합이 어떻게 한 브랜드를 완전히 끝장낼 수 있는지에 대한 완벽한 사례를 보여준다.

할리데이비슨은 베이비붐 세대를 기반으로 사업과 브랜드를 구축했다. 하지만 베이비붐 세대가 훌쩍 나이가 들면서 지난 10년 동안 기업의 주된 목적은 단순해졌다. 바로 밀레니얼 세대에게 접근하는 것이다. 표면적으로는 어려움이 없어 보였다. 할리데이비슨은 밀레니얼 세대에게 시장성이 매우 높아 보였다. 할리데이비슨은 연료비가 많이 들지 않고, 전통이 있으며, 밀레니얼 세대의 자유로운 정신과도 잘 통한다. 2017년 할리데이비슨의 최고경영자 매슈 레버티치Matthew Levatich도 다음과 같이 말했다. "많은 수의 밀레니얼 세대가 모터사이클을 타고 있습니다. 밀레니얼 세대가 할리데이비슨을 타고 할리데이비슨과 함께 교류하도록 계기를 마련해주는 것은 우리에게 달려 있습니다." 하지만 할리데이비슨이 메시지를 전달하는 전략은 실패하고 있다. 할리데이비슨의 광고에서는 '밀레니얼 세대'의 이야기는 하지 않기 때문이다.

할리데이비슨은 사람들이 자신의 종아리, 팔, 엉덩이 등에 문신으로 새긴 희귀한 브랜드다. 이처럼 이 브랜드는 특정 집단에 한해서는 매우 깊은 공감대를 형성하고 있다. 하지만 이 전설적인 미국 브랜드의 매출은 10년 연속 하락하여, 2014년 여름과 2019년 여름 사이에 주당 72달러에서 31달러로 계속 곤두박질쳤다.[9] 분명한 것은 그들이 사회복지, 실업(그리고 스마트폰 문화) 등에 관심을 가지고 있는 밀레니얼 세대를 조롱하는 동안 밀레니얼 세대에 대하여 전혀 감을 잡지 못하고 있다는 사실이다. 밀레니얼 세대에 대한 조롱으로 기존의 나이든 고객의 사랑은 더욱 커졌지만, 잠재적인 라이더가 될 매우 중요한 세대는 거의 설득하지 못했다.

레버티치는 새로운 세대의 구매자들을 끌어들이는 전략적 필요성을 전적으로 인정했지만, 그 역시 밀레니얼 세대를 상징하는 스마트폰

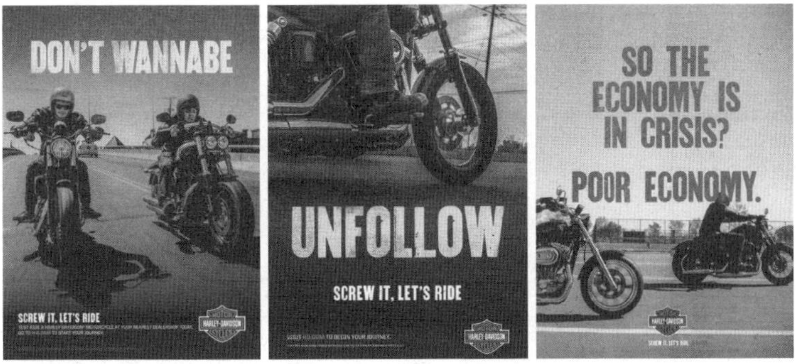

할리데이비슨은 기업의 메시지를 전달하는 전략에서 잠재적 라이더가 될 밀레니얼 세대를 거의 설득하지 못했다.

의 사용에 대한 비판을 멈추지 않았다. "우리는 자유와 모험을 추구하는 라이더를 찾아야 합니다. 진실을 위해 살고, 스마트폰에서 벗어나 열린 도로로 나아가려는 사람들을 찾아야 합니다." 다시 말해, 진정한 밀레니얼이 아닌 밀레니얼 세대를 바라고 있는 것이다.

현재 할리데이비슨은 전기 모터사이클 출시를 고민하고 있다. 이는 젊은 라이더의 눈길을 끌기 위해 브랜드의 핵심에서 과감히 벗어난 마지막 필사적인 시도이다.[10] 이 시도가 너무 미흡했거나 늦었는지, 밀레니얼 세대와 소통하지 못한 것이 실패의 원인일지는 시간이 말해줄 것이다.

내가 좋아하고 지지하는 상품과 서비스, 브랜드에 대해 생각해보자. 그러한 브랜들의 의사소통 스타일은 나의 의사소통 스타일과 얼마나 유사한가?

넷플릭스는 신경결합의 이러한 측면을 제대로 시도한 기업의 완벽한 사례이다. 넷플릭스는 소비자에게 일방적으로 메시지를 전달하는

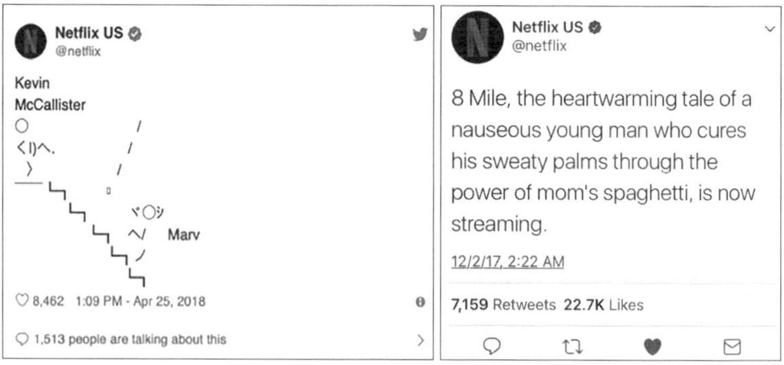

넷플릭스는 다양한 인터넷어를 사용하여 영화를 소개하고 있다.

대신 소비자에게 말을 건다. 가장 중요한 점은 넷플릭스가 현대 소비자의 언어, 즉 '인터넷어internetish'를 사용한다는 것이다. 인터넷어의 어휘는 밈meme(인터넷에서 유행하는 사진이나 영상-옮긴이), GIF 이미지나 동영상, 대중문화와 기술문화에 대한 인용으로 가득하다. 인터넷어를 사용하려면 레딧 사용자들의 하위문화를 NaS 필터를 통해 훑어봐야 한다. 넷플릭스의 트위터와 인스타그램 계정을 살펴보면 그 브랜드가 인터넷어를 사용하는 고객들과 신경결합을 얼마나 잘하고 있는지 알 수 있다. 넷플릭스는 친구들이 문자를 보낼 때 하는 것처럼 GIF 이미지나 동영상을 이용하여 팬들에게 응답한다. 그들이 좋아하지 않는 밈은 본 적이 없다. 또한 넷플릭스는 날카로우면서도 스스로 깨닫게 되는 재치 있는 문화적 언급 대상을 만든다.

소비자들은 넷플릭스처럼 신경결합을 특히 잘하는 브랜드들을 친구로 여긴다. 그리고 그것은 소비자의 소통에 대한 욕구를 충족시킬 뿐만 아니라 신뢰와 소속감까지 키워준다.

거울 뉴런과 공감 마케팅

신경결합은 정보를 공유할 때 우리의 뇌를 상대방의 뇌에 연결해준다. 하지만 교류하고 있는 사람에게 맞추려는 우리의 성향은 단지 생각의 전달에만 국한된 것은 아니다. 우리 주변의 사람들은 그들의 행동과 존재만으로도 우리에게 영향을 미치고, 우리도 그들에게 영향을 미친다. 다른 사람이 하품하는 것을 보고 하품을 한 경험이 있는가? 혹은 길 건너편에 있는 사람을 보고 그 사람이 하는 대로 휴대전화를 주머니에 넣은 적이 있는가? 우리가 이러한 행동을 하는 것은 상대방을 따라하는 것이 인간의 사회성의 핵심적인 특징이기 때문이다.

우리 주변에 있는 사람들은 끊임없이 우리의 뇌 상태에 영향을 미치고, 우리도 그들의 뇌에 영향을 미친다. 사무실 복도를 따라 걷고 있는데 엘리베이터 문이 갑자기 닫히는 바람에 누군가의 어깨가 걸리는 모습을 보면 자신도 모르게 공감하여 움찔한다. 혹은 미식축구를 보고 있는데, 50야드 런을 시도하는 러닝백의 모습을 보면서 내 심장도 흥분하여 뛰기 시작한다. 김이 모락모락 나는 맛있는 커피를 마시는 편안한 모습에 마음이 따뜻해지는 것을 느낀다. 우리는 자신도 모르게, 그리고 어쩔 수 없이 주변 사람들의 정신 상태를 흉내 내고 있다.

이러한 인간의 타고난 성향은 대부분 전두엽에 있는 소규모 뉴런의 무리에서 그 원인을 찾을 수 있는데, 이 뉴런은 '거울 뉴런mirror neuron'이라는 적절한 이름으로 불린다. 10여 년 전 이 획기적인 발견을 한 사람은 파르마대학교의 자코모 리촐라티Giaccomo Rizzolati이다. 리촐라티의 연구팀이 처음부터 인간의 사회성에서 기본적인 역할을 하는 이 핵심적인 물질을 발견하려고 한 것은 아니었다. 거울 뉴런은 원숭이의 단순 운동을 연구하는 도중에 우연히 발견되었다. 연구팀은 단일세포 기록장치를 이용하여 원숭이가 몇몇 동작을 할 때 전두엽 피질에 있는 개별 뉴런의 활동을 관찰했다. 원숭이가 손을 뻗어 먹이를 집을 때는 전두엽 피질에 있는 특정 세포들이 발화한다. 그때까지는 특별히 인상적인 반응이 나타나지 않았다. 전두엽 영역이 근육의 운동과 밀접한 관계가 있다는 사실은 오래전부터 알려져 있었다. 흥미로운 점은 같은 영역(사실은 정확히 같은 뉴런들)이 다른 원숭이가 손을 뻗어 먹이를 집는 모습을 관찰할 때에도 활성화되었다는 것이다!

추가 연구를 통해 그들은 이 뉴런들이 단지 행위 자체에만 반응하는 것이 아니라는 사실을 발견했다. 이 뉴런들은 행위 이면의 의도에도 반응했다. 우리의 거울 뉴런들은 (행동을 하기 전) 움직임의 의도에서도 극히 미묘한 차이를 감지할 수 있다.[11] 즉, 누군가 손을 뻗어 사과를 집어 올리는 모습을 볼 때 거울 뉴런은 이미 그 시점에 그 사람이 사과를 입으로 가져가 먹을 것인지, 그냥 어딘가에 둘 것인지 알 수 있다는 것이다. 다시 말해 전두엽 피질에 있는 뉴런들은 우리가 무언가를 의도하거나 또는 다른 사람이 똑같은 행동을 하려고 할 때 모두 발화한다.[12]

인간에 대한 많은 연구에서 이러한 결과는 그대로 재연되거나 확장되었다. UCLA의 마르코 야코보니Marco Iacoboni 교수의 연구팀은 이들 뉴런이 외부의 정신 상태에 대한 자동적이고 즉각적인 내부의 시뮬레이션을 도와준다고 결론 내렸다.[13] 이는 우리와 타인들을 친밀하게 연결해준다. 누군가 입에 맞지 않는 음식을 입에 넣는 모습을 보고 코를 찡그리거나, 사람들 앞에서 연설을 하다가 긴장해서 말을 더듬는 사람을 보고 어색해서 몸을 움츠리게 되는 경우가 그러하다. 거울 뉴런은 또한 거울 반응 과정에 관한 핵심적인 통찰을 제공한다. 우리는 로봇처럼 타인의 행동만 따라하는 것이 아니다. 우리는 자신도 모르게 다른 사람들의 정신 상태와 행동의 이면에 있는 의도를 시뮬레이션한다.

코카콜라의 공감 마케팅

거울 뉴런이 과대포장되었다고는 할 수 없다. 구글에서 거울 뉴런을 검색하다 보면 금세 거울 뉴런이 자폐증에서부터 언어의 발전, 인류 문명 자체의 탄생에 이르기까지 모든 것의 원인일지도 모른다고 믿게 될 수도 있다. 인간의 사회성에서 거울 뉴런이 담당하는 역할은 대중문화가 시사하는 것보다 훨씬 미묘하다.[14] 하지만 한 가지는 분명하다. 거울 뉴런은 타인의 의도와 행동을 나타내고 따라하는 능력에서 결정적인 역할을 한다. 그리고 흉내를 내는 것은 소비자 세계에서 아주 강력한 도구가 될 수 있다.

흉내에 관한 한 코카콜라는 다시 한 번 왜 세계 최고의 브랜드인지를 증명하고 있다. 코카콜라는 잘 통하는 사람들이 모여서 즐거운 시간을 보내며 코카콜라가 바람직하다고 여길 만한 행동, 즉 톡 쏘는 갈색 음료를 마시며 즐기는 광고로 유명하다. 코카콜라의 "느낌을 마셔요"라는 광고를 보라.[15]* 장편영화가 시작되기 전 영화관에서 정기적으로 상영되는 이 광고는 몇 안 되는 사람들이 코카콜라와 팝콘을 사 가지고 영화관 좌석에 앉아 팝콘과 코카콜라를 마시며 즐거운 노래를 부르면서 시작한다. 영화관에는 스물한 명이 있다. 모두 영화를 보면서 코카콜라를 들고 있거나 마시고 있다.

이 광고는 코카콜라가 소비자들에게 바라는 행동, 즉 코카콜라를 구매하는 행동만을 보여주는 것이 아니다. 그러한 행동에 참여하는 사람들의 정신 상태를 보여주고 있다. 사람들은 코카콜라를 마시며 웃고 있다. 약간 과하게 웃고 있지만 말이다. 그들의 웃음이 상징하는 감정은 행동을 배가시킨다. 그 감정은 보는 사람으로 하여금 코카콜라를 사는 것뿐 아니라 코카콜라를 구입했을 때의 감정 상태와 정신 상태를 흉내 내게 만든다. 다른 사람을 따라하는 인간의 성향에 크게 의존하는 광고를 통해 코카콜라는 "행복을 여세요"라는 마케팅 캠페인으로 행복과의 명시적 연관성을 구축하기 훨씬 전부터 자사의 제품을 행복과 동의어로 만들었다.

나를 닮은 누군가가 어떤 상품에 만족하는 모습을 보면 뇌가 그 상품을 소유하는 경험을 시뮬레이션 하는 데 도움이 되고, 결국 그 상품에 대한 욕구가 커지게 된다. 그리고 의류에 관해서는 이것이 특히 사실이라고 주장하는 이유가 있다. 2017년 가을, 여성 패션 대여 서비스업체인 렌트 더 런웨이는 '모든 여성'이 자신의 드레스를 보여줄 수 있는 새롭고 실질적인 방법을 제시했다. 그들은 실제로 옷을 대여한 여성에게 자사의 웹사이트에서 사용할 수 있게 빌린 옷을 입고 찍은 사진을 자원해서 보내달라고 부탁했다. 그리고 렌트 더 런웨이에 따르면, 모델이 입은 옷을 봤을 때보다 자신과 비슷하게 보이는 여성들이 입은 옷을 봤을 때 그 옷을 대여할 확률이 200퍼센트 더 높았다.[16]

다른 기업들도 재빨리 이 모델을 따라했다. 룰루레몬이 고객들에게 룰루레몬 상품을 착용하고 찍은 사진에 룰루레몬의 브랜드 철학인 '#스웻라이프'라는 해시태그를 달아 게시해달라고 하자, 페이지뷰가 200만이 넘었고, 인스타그램의 '좋아요'는 100만에 이르렀다. 또한 코치가 고객들에게 일상에서 코치 지갑을 사용하는 모습을 담은 사진을 올려달라고 하자 거의 하룻밤 사이에 2만 6,000개의 사진이 올라왔다. 이러한 이벤트에 자주 참여한 캐서린 린은 〈월스트리트 저널〉에서 다음과 같이 말했다. "이것은 고객들이 얼마나 소비자로서 우리와 관계 맺기를 원하는지 보여줍니다. … 이벤트에서 실제 사람을 통해 보는 것은 실감이 나지요."[17] 다음번에 아디다스나 리복 웹사이트에서 쇼핑을 할 때에는 상품이 실생활에서 쓰이는 모습을 찍은 인스타그램의 사진을 끌어다 전자상거래 페이지에 포함시킨 '입는 방법 공유' 섹션을 볼 수 있을 것이다.

거울 뉴런은 단지 내가 본 것을 바탕으로 활성화되는 것은 아니다. 거울 뉴런은 내가 듣는 것에도 영향을 받는다. 이것은 웃음이 전염성이 강한 이유와 TV 쇼에서 웃음 트랙이 왜 그렇게 오랫동안 널리 사용되고 있는지를 설명해준다.

웃음 트랙이 공룡처럼 멸종의 길을 가고 있을지 모르지만, 1950년대 찰스 더글러스에 의해 만들어진 이래 웃음 트랙은 세기말까지 미국 TV의 숨겨진 정신이었다. 웃음 트랙은 농담 중간에 삽입된 웃음소리로, 희극에 대해 음성으로 표현된 느낌표라고 할 수 있다. 하지만 웃음 트랙은 농담 중간에 삽입된 것 이상의 역할을 한다. 웃음 트랙은 농담을 더 재미있게 해준다. 거울 뉴런 수준에서 다른 사람이 웃는 것을 들으면 그 웃음에 실린 감정과 동작을 반영하고 싶어진다. 어떤 농담을 듣고 웃지 않았던 사람도 웃음 트랙이 더해지면 똑같은 농담을 듣고 싱긋 웃게 된다.

웃음 트랙은 2010년대에 멸종 위기종이 되었다. 오늘날의 시청자들은 웃음 트랙이 가짜라는 것을 알기 때문이다. 그리고 이러한 인식 때문에 웃음 트랙은 웃음을 더해주는 것이 아니라 웃음에 방해가 된다. 그리고 오늘날 TV 쇼의 복잡하고 영화적인 특성은 과거의 고정된 세트와는 달리 이러한 허위를 더욱 부각시킬 뿐이다.

공감하는 브랜드

지금까지 본 것처럼 거울 반응은 정신 상태뿐만 아니라 감정 상태에 관한 것이기도 하다. 그리고 여기서 공감 현상이 개입한다.

수많은 연구에서 인간은 생물학적으로 공감을 위한 구조를 가지고 있다는 것을 확인할 수 있다. 유아원에서 시간을 보낸 적이 있다면 이 사실을 너무나도 잘 알 것이다. 한 아이가 웃으면 모든 아이들이 웃는다. 한 아이가 울면 모든 아이들이 운다. fMRI 연구 결과 우리가 고통을 경험할 때 활성화되는 영역은 남들이 고통을 경험하는 모습을 볼 때에도 활성화되었다.[18] 우리는 선천적으로 남들이 느끼는 것을 느낄 수 있다. 그리고 이러한 감정적인 거울 반응은 인간의 위대한 특성이다. 공감은 우리가 〈왕좌의 게임〉의 '피의 결혼식' 에피소드를 보고 공포와 슬픔을 느끼고, 악마 같은 조프리 왕이 마침내 죽음을 당했을 때 기뻐하는 이유이다.

하지만 우리의 공감 관련 시스템에는 중대한 문제가 있다. 집단이 아니라 개인에 집중한다는 점이다. 우리는 많은 사람보다는 한 사람의 고통에 더 신경을 쓴다. 한 아이가 겪는 고난에 대해서는 깊이 공감하면서도 수많은 아이들이 겪는 역경은 구체적이지 않기 때문에 공감하지 못한다. 인간이 어떻게 진화했는지를 생각해보면 이해가 될 것이다. 우리는 수만 년 동안 깊은 유대관계를 가진 소규모의 사회집단에서 생활했다. 서로 돌봐주는 집단(생존을 위해 우리가 의존하는 사람과 우리에게 의존하는 사람들)의 범위는 이처럼 소수의 중요한 개인에서 더 이상 확장되지 않았다.

앞에서 소개한 불합격 통지서를 다시 살펴보자. 이번에는 십대 소녀 한 명이 아니라, 중학생으로 구성된 팀 전체가 미국 발레 극장 아카데미에 지원했다고 상상해보자. 거절의 편지는 다음과 같을 것이다.

지원자 분들에게

저희 발레 아카데미에 지원해주셔서 감사합니다. 안타깝게도 여러분의 입학을 수락할 수 없습니다. 여러분의 발은 발레에 적합하지 않고, 턴아웃 자세가 안 되고, 아킬레스건은 부족하며, 적합하지 않고, 다리와 몸통의 길이가 너무 짧습니다. 간단히 말해, 여러분의 신체 조건은 발레를 하기에 적합하지 않다고 생각됩니다. 그 몸으로는 라스베이거스의 직업 댄서밖에 할 수 없습니다. 그리고 13세라는 나이는 발레리나의 고려 대상이 되기에는 나이가 너무 많습니다.

대다수의 사람은 이 두 번째 거절 편지에 더 공감하기 어려울 것이다. 하지만 차이는 단수 명사와 대명사가 복수로 바뀌었다는 것밖에 없다. 우리의 뇌는 여러 사람보다는 한 사람에 더 공감하도록 프로그램되어 있다. 공감은 확장되지 않는다.

오리건대학교의 폴 슬로빅Paul Slovic 교수가 주도한 연구에서는 이와 같은 편견이 우리의 판단과 행동에 어떤 영향을 미치는지 알아보았다.[19, 20] 슬로빅은 한 실험에서 대학생으로 구성된 집단에게 어리고 가난한 아이의 사진을 보여주며 어려움에 처한 이 불행한 아이를 돕기 위해 개인적으로 얼마나 기부를 할 것인지 물어보았다. 그리고 다른 집단에게 같은 질문을 하면서 이번에는 두 명의 아이 사진을 보여주었다. 실제로 혼자 있는 어린아이를 본 집단이 두 명의 아이를 보여주었던 집단보다 훨씬 많은 액수를 기부했다. 후속 연구에서는 집단이 커질수록 우리의 공감과 도와주려는 마음이 감소한다는 사실을 무서울 정도로 정확하게 보여주었다.

이것은 우리의 도덕적 직관에 커다란 문제를 초래한다. 만일 우리가 아이1에 관심이 있고 아이2에게도 관심이 있다면, 아이 둘을 함께 돌볼 때는 적어도 각각의 아이를 따로 돌볼 때만큼은 돌봐주어야 한다. 그러나 우리는 그렇게 하지 않는다. 산술적으로 표현하면 1 더하기 1이 2보다 작을 뿐 아니라 1보다도 작다는 것과 같다. 우리가 어떤 아이들을 돌봐주는 데 특정한 한 아이를 돌볼 때보다도 더 신경을 쓰지 못하고 있다면, 심지어 그 집단에는 바로 그 특정한 아이가 포함되어 있다면, 이것은 아주 큰 잘못을 저지르고 있는 것이다. 마치 어떤 개인에게 느끼던 공감이 그 개인이 다른 사람들과 집단을 형성하는 순간 사라지는 것과 같다. 현대사에서 가장 공감 능력이 뛰어난 인물 중 한 명인 테레사 수녀는 이런 현상의 핵심을 다음과 같이 전해준다. "저는 집단을 보고 행동하지 않습니다. 한 사람을 보고 행동합니다."

한 개인에게 영향을 미치는 사건은 우리의 심금을 울린다. 그리고 이것은 특정 사건이 받는 보도의 양과 유형에 반영된다. 1987년은 공식적으로 폭력이 매우 심한 해였다. 미국 전역에서 2만 건이 넘는 살인 사건이 발생했다. 하지만 한 아기의 생사를 건 싸움에 관한 이야기 앞에서는 모두 무릎을 꿇어야 했다. 바로 제시카라는 아기의 이야기이다. 10월 14일 18개월 된 제시카 매클루어는 텍사스주 미들랜드에서 우물에 빠졌다. 아기를 안전하게 구조하는 데 걸린 이틀 동안 (몇 명의 아이들을 포함해) 100명에 가까운 사람들이 전국에서 살해당했지만, 전 세계가 제시카의 구출을 숨죽이며 지켜보는 동안 살해된 사람들은 뉴스에서 거의 언급되지 않았다. 제시카의 이야기는 전 세계적으로 주목을 받았고, 밤마다 무수히 많은 시간 동안 전국에 보도되었다. 제시카가 안전하게 구조되자, 그녀는 곧바로 유명인사가 되었다. 제시카의 이야기는 다수의 매체에서 인터뷰 소재가 되었고, ABC TV의 영화에서도 다루어졌으며, 백악관에서 초대를 받기도 했다. 조지 W. 부시 대통령은 "구조가 진행되는 동안 미국의 모든 사람이 제시카의 대부와 대모가 되었다"고 단언했고, 2010년 〈USA 투데이〉는 제시카를 역대 '잊을 수 없는 25명의 생명' 중 22위에 올렸다.[21]

제시카에 대한 보도는 극단적이지만, 제시카의 이야기처럼 한 개인의 상황이 우리의 마음을 사로잡는 이야기는 너무나도 많다. 2004년 아루바(카리브해 남부에 위치한 네덜란드령 섬-옮긴이)에서 사라진 나탈리 할로웨이의 비극에서부터 잊을 수 없는 1996년 존베네 램지의 살인사건까지, 우리의 공감대를 얻어 전국적으로 주목을 받은 개인들의 사례는 무수히 많다. 우리의 공감체계는 개인에게만 관심을 쏟는다. 그리고 잘 표현된 이야기만큼 공감대를 키워주는 것은 없다.

이야기와 공감의 상관관계

우리가 이야기에서 얻는 즐거움의 기저에 한 가지 요소가 있다고 주장하는 사람이 있다면 그는 환원주의자일 것이다. 사람들은 다양한 이유로 이야기를 즐긴다. 하지만 우리가 단 하나의 요소를 내세워야 한다면 가장 강력한 후보는 인간의 공감대일 것이다. 공감을 확장하고 밖으로 전달하는 이야기의 능력은 솔직히 말해 놀라울 뿐이다. 내 앞에 있는 사람에게 공감하는 것은 당연하지만 이야기는 우리가 정상적으로는 절대 교류할 수 없는, 다른 곳에 살고 다른 시대에 사는 사람은 물론이고 이야기가 아니었다면 친밀감을 느끼지 못했을 사람과도 연결해준다. 고인이 된 위대한 작가 제임스 볼드윈은 이렇게 말했다. "내 고통과 상처는 세계 역사상 누구도 겪지 못했을 것이라고 생각할 것이다. 그럴 때는 책을 읽어라."

그러나 모든 이야기가 똑같은 정도로 공감을 얻는 것은 아니다. 이야기의 일반적인 특징 한 가지는 한 사람의 개인을 중심으로 전개되는 경우가 많다는 것이다. 루크 스카이워커가 〈스타워즈〉의 플롯을 끌고 가며, 핍은 《위대한 유산》의 중심이고, 토니 소프라노는 〈소프라노〉(HBO에서 제작한 드라마-옮긴이)를 쥐고 흔든다.

정신적 무감각을 회피하려는 우리의 성향을 고려하면 이러한 관찰 내용은 이치에 맞는다. 한 개인에 초점을 맞추면 공감이 극대화된다.

우리 저자들은 공감이 소비자들의 경험에 어떤 영향을 미치는지 알아보기 위해 이야기와 공감 사이의 관계를 직접 테스트했다.[22] 우리는 비행기 시간에 늦지 않으려고 공항을 가로질러 달려가는 그럴 듯한 이야기를 지어냈다. 다만 한 이야기에는 단 한 사람만 등장하여 위와 같은 행동을 하고, 다른 이야기에는 한 집단이 등장하게 했다. 예를 들어, 실험 참가자 중 한 조는 비행기 시간에 늦어서 뛰어가고 있는 엘런이라는 여성에 관한 이야기를 읽는다. 그녀는 교통보안청에 부탁하여 보안검색대에 서 있는 줄을 건너뛰고, 검색대를 기록적인 속도로 통과하여 탑승구의 문이 닫히기 직전에 게이트 앞까지 달려갔다. 두 번째 조는 똑같은 이야기이지만 엘런 대신 비행기 시간에 늦어 뛰어가고 있는 것은 어느 가족이며, 대명사는 단수에서 복수로 바뀌었다.

매우 다양한 이야기와 상황에서 단 한 사람을 위주로 전개되는 이야기가 가족 이야기보다 훨씬 더 높은 감정과 공감을 불러일으켰다. 공감이 최대화되는 것은 한 개인을 통해 인물 중심의 서사가 전달될 때이다.

이러한 개인 서사는 공감을 불러일으킬 뿐 아니라 구매 행위에도 영향을 미친다. 위의 실험에서 대상자들이 각각의 시나리오를 읽고 나면 고객에게 (구매하기, 자세히 알아보기, 장바구니에 넣기 등) 다음에 무엇을 해야 하는지를 말해주는 짧은 문장인 '콜투액션call to action'을 제시했다. 이 경우 변형된 두 이야기 모두 '애크미 브랜드 신발 구입하기'가 제시되었다. 그런 다음 참가자들에게는 이야기에 등장하는 물건을 얼마나 살 것 같은지에 대해 물어보았다. 그 결과 한 개인(이를테면 엘런의 이야기)과 관련된 시나리오가 복수의 사람이 등장하는 시나리오보다 상품을 구매할 가능성이 높게 나왔다!

우리는 모두 이야기를 좋아한다. 브랜드들은 공감을 이용하고 소비자의 지갑을 쉽게 열게 하기 위해 인물 중심의 서사를 사용하여 이 사실을 극대화한다. 개인 중심의 서사가 훨씬 큰 공감을 불러일으킨다는 사실과 이야기에 대한 자연스러운 성향을 뒤섞으면 그 효과는 엄청날 것이다.

내 마음을 울린 최근의 광고를 돌이켜 생각해보면 아마도 한 개인에 초점을 맞춘 어떤 이야기를 들려주는 광고였을 것이다. 예를 들어 나이키는 '당신의 동기는 무엇입니까?'라는 광고 시리즈에서 청소년 운동선수들이 매일 하는 운동의 루틴을 간단히 보여주었다. 그중 한

편에서는 한 십대 소년이 새벽에 일어나 점프슛을 연습하기 위해 코트로 향하고, 그가 열심히 땀을 흘리며 연습했던 슛을 성공시킨 뒤에야 석양을 뒤로 하고 집으로 돌아온다. 소름끼치도록 감정적인 광고이다. 소년의 부지런함에 공감하지 않기는 거의 불가능하다. 하지만 그 광고가 새벽에 점프슛을 연습하고 있는 고등학교 농구팀 전원에 집중했다면 비슷한 반응이 나오기는 어려웠을 것이다.

비슷한 맥락에서 최근 기억에 가장 좋은 평가를 받은 캠페인 중 하나는 더 많은 여성이 스포츠에 참여하도록 하기 위한 영국 스포츠위원회의 '이 여성은 할 수 있습니다'라는 캠페인이었다. 이 캠페인에서 제작한 광고들은 각각 미혼 여성에 초점을 맞추고 있는데, 그들은 전형적인 운동선수의 체형은 아니지만 미시 엘리엇(미국의 여성 가수-옮긴이)의 〈겟 어 프릭 온〉에 맞추어 달리기, 킥복싱, 역기 들어올리기 등을

영국 스포츠위원회의 '이 여성은 할 수 있습니다' 캠페인에 포함된 광고

하고 있다. 〈포브스〉는 이 광고를 2015년 최고의 스포츠 마케팅 캠페인으로 선정했다. 그 해에만 영국 스포츠위원회의 창립 영상은 800만 번 이상 조회되었고, 해시태그 '#이 여성은 할 수 있습니다'는 소셜미디어에서 100만 번 이상 사용되었다.[23]

브랜드도 사람이다

공감이 한 개인을 지향한다는 사실 역시 중요한 의미가 있다. 우리는 사물을 비롯해 복합적 개체나 기업 같은 집단을 자연스럽게 사람들과 똑같은 인격을 가진 것으로 생각한다. 다시 말해 우리는 인간이 아닌 것을 의인화한다.

우리는 스마트폰이 말을 듣지 않으면 "너 나한테 왜 이러는 거야?"라고 묻거나, "스마트폰이 나를 좋아하지 않는군"이라고 우긴다. 자동차에 이름을 붙이기도 한다. 테스트 대상자들은 그들이 사용하는 컴퓨터를 예의 바르게 사용하며, 심지어 웹사이트에 대해서도 예의를 지킨다.[24] 여기에는 사람을 대할 때처럼, 그들의 배려가 언젠가 보상받을 것이라는 암묵적인 가정이 깔려 있다.[25]

이러한 의인화는 자연스럽게 우리가 기업을 보는 방식으로 확장된다. 우리는 자동차나 노트북, 반려동물을 의인화하듯, 같은 방식으로 브랜드도 의인화하는 경우가 많다. 우리의 뇌는 브랜드를 마치 사람과 같이 인식하고, 사람들과 그러하듯 브랜드와 관계를 맺는다.

때때로 브랜드는 토니 더 타이거(켈로그의 호랑이 캐릭터-옮긴이), 필스버리 도우보이(미국 제과회사 필리버스의 마스코트-옮긴이), GEICO

도마뱀 같은 가상의 캐릭터를 창조하여 이를 돕는다. 어떤 경우에는 실제 '캐릭터'를 이용하여 기업의 서사를 말하기도 한다. 일론 머스크Elon Musk와 테슬라, 제프 베조스와 아마존, 아리아나 허핑턴Arianna Huffington과 〈허핑턴포스트〉를 생각해보라.

가상의 캐릭터를 창조하는 것과 실제 직원을 과대평가하는 것은 모두 브랜딩에서 같은 목적을 가지고 있다. 공감과 관계의 대상으로서 집중할 수 있는 하나의 형체를 제시하는 것이다. 그런 다음 브랜드는 공감을 이용하여 사람들과 지속적인 관계를 확립한다.

우리의 뇌가 캐릭터 중심의 서술과 브랜드의 의인화를 좋아한다는 사실을 이용하여 얻는 효율성은 브랜드들이 유명인들에게 수백만 달러를 쓰는 이유를 설명해준다. 여기서 기업들이 실제로 돈을 쓰고 있는 것은 공감과 관계를 위해서다. 고객들이 기업의 브랜드를 의인화한 것을 적절한 유명인과 연결하면 공감을 통한 연결이 생길 뿐 아니라, 그 유명인의 긍정적인 특성까지 브랜드의 인격에 전달될 수도 있다. 위스키 브랜드인 와일드 터키와 링컨 자동차가 매슈 매코너헤이(미국의 영화배우이자 영화감독-옮긴이)를 모델로 쓰고 있고, 유니클로가 로저 페더러(스위스의 테니스 선수-옮긴이)를 후원하고, 디오르가 샤를리즈 테런(미국의 영화배우-옮긴이)을 모델로 쓰는 것은 놀라운 일이 아니다.

이러한 캠페인은 상당히 많은 반복이 필요하고 대체로 유명인에게 많은 돈을 지불해야 하지만 그 효과는 엄청나게 클 수도 있다. 마켓워치(비즈니스 및 경제 정보를 제공하는 웹사이트-옮긴이)는 평균적으로 유명인 광고가 4퍼센트의 매출 증가로 이어진다고 추정했다.[26] 《신 소비자 마인드 분석》의 저자 킷 애로Kit Yarrow가 지적한 것처럼, "소비자들은 의식적으로든 무의식적으로든 브랜드의 가치에 대한 피상적이고 감정적인 이해를 추구하면서 브랜드에 개성을 부여할 것이다. 브랜드를 대표하는 사람들은 그러한 인식의 일부이다."[27] 우리는 소비자로서 유명인 광고 모델에 대한 기존의 인식과 공감을 브랜드 자체로 확장시킨다.

스포츠 장비 브랜드인 언더 아머를 예로 들어보자. 스포츠 장비 산업은 나이키, 퓨마, 아디다스 같은 거대기업으로 가득 찬 경쟁시장이다. 그래서 1990년대 말 처음 등장했을 때 언더 아머는 업계에서 별 볼일 없는 신출내기였다. 따라서 첫 번째 유명인 광고 모델을 찾을 때 나이키의 르브론 제임스나 아디다스의 폴 포그바처럼 거품이 끼어 있는 슈퍼스타와의 계약은 시도조차 하지 않았다. 대신 언더 아머는 완전히 다른 길을 갔다. 그 길은 언더 아머의 기풍이나 브랜드의 '개성'과 일치하는 부분이 많았다. 언더 아머가 기업을 대표하는 사람으로 선택한 사람은 누구였을까?

언더 아머는 발레리나를 선택했다.

그렇다, 흑인 발레리나 미스티 코플랜드이다. 언더 아머가 자신의 브랜드를 의인화하기 위해 선택한 인물인 코플랜드를 만나보자.

코플랜드는 평범한 발레리나가 아니었다. 그녀는 이 장의 시작 부분에서 우리가 읽었던 거절 편지의 실제 주인공이다. 그녀가 등장하는 언더 아머의 영상 광고는 발가락 끝으로 균형을 잡고 서 있는, 탄탄하고 조각 같은 모습에서 시작한다. 내레이터가 거절 편지를 읽는다. 또 다른 우아한 자세로 그녀의 광고가 끝나면서 스크린이 천천히 희미해지다가 언더 아머의 로고와 함께 "나는 내가 원하는 것을 할 것이다"라는 글이 나온다.[28]*

코플랜드는 힘겨운 어린 시절을 보냈다. 그녀는 아이가 여섯인 집에서 네 번이나 결혼한 어머니의 손에 자랐다. 폭력 성향이 있던 의붓아버지는 그녀에게 자주 인종적인 욕설을 했다. 이런 모든 어려움에도 불구하고 코플랜드는 아메리칸 발레 극단 최초의 아프리카계 미국인 수석 무용수가 되었다. 그리고 언더 아머는 코플랜드를 언더 아머의 의인화된 모습으로 포지셔닝함으로써 그녀의 성공한 약자 이야기를 자사의 이야기와 연결하고, 2분도 안 되는 시간 동안 여섯 단어로 이루어진 문장 하나로 엄청난 공감대를 형성했다. 그 공감대는 언더 아머라는 브랜드를 빠르게 기존의 미국 스포츠 의류와 대등하게 이끌었다.

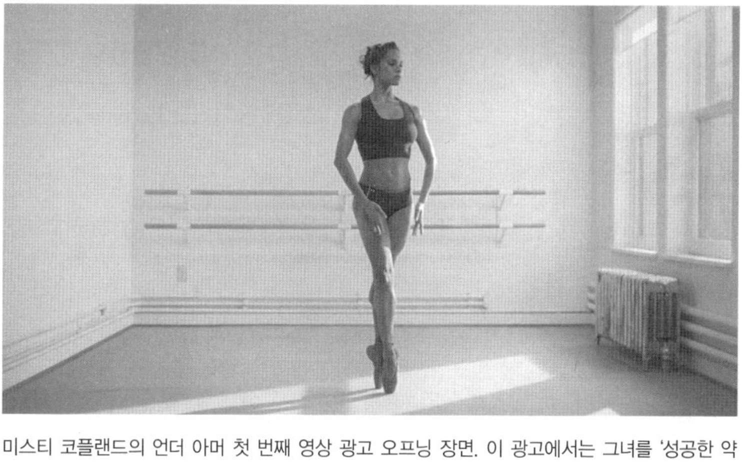

미스티 코플랜드의 언더 아머 첫 번째 영상 광고 오프닝 장면. 이 광고에서는 그녀를 '성공한 약자'로 소개하고 있다

소통은 단순하게 보이지만, 지금까지 살펴보았듯이 이 '자연스러운' 일은 결코 단순하지 않다. 효과적인 소통은 여러 사람이 함께 하는 테트리스 게임이다. 이 게임에서는 청자에게 최적인 조각을 재배치하는 것이 기술이다.

브랜드들은 소통을 잘하면 직접적인 인센티브가 있다. 신경결합을 통해 소비자와 성공적으로 연결될 때 브랜드의 메시지를 통해 소비자와 깊이 소통하고 연결될 수 있다. 모방에 대한 인간의 자연스러운 편애 덕분에 우리는 자신도 모르게 주변에 있는 사람들(심지어 광고에 나오는 사람들)의 동작과 언어, 행동(정신 상태와 감정 상태까지도)을 따라한다. '너는 네 주변의 사람들이다'라는 오랜 격언은 우리가 생각했던 것보다 더 사실적이다!

소통이라는 심리적 톱니바퀴에서 윤활유 역할을 하는 것은 공감이다. 그리고 오늘날의 광고는 소비자와 깊은 관계를 맺는다는 측면에서 우리가 할 수 있는 것의 표면만 긁고 있을 뿐이다. 인공현실과 가상현실은 브랜드와 소비자 사이에 더 깊은 신경결합을 위한 혁신적 플랫폼을 제공한다. 거울 반응과 모방은 더욱 섬세해지고 강력해져서 우리의 공감적 편향은 더욱 큰 영향을 받게 된다.

그렇긴 하지만 현재 브랜드들이 공감을 이끌어내서 사람들의 행동을 유도할 힘과 연결하는 가장 강력한 방법은 역시 이야기이다. 이런 이유로 〈왕좌의 게임〉의 티리온 라니스터는 가장 강렬한 이야기가 있는 사람을 뽑아 웨스테로스의 다음 왕으로 선택한 것을 정당화하며 다음과 같이 말한다. "무엇이 사람들을 하나로 만들었나? 군대? 황금?

깃발? 아니다. 이야기다. 이 세상에서 좋은 이야기 한 편보다 더 강력한 것은 없다. 어떤 적도 이야기를 이기지는 못한다." 그리고 어떠한 소비자도 이야기를 견뎌내지 못한다.

BLINDSIGHT

10장

스토리텔링 마케팅

평범함에 본질을 부여하는 이야기의 힘

본질은 물리적 특징을 초월한다.

그 사물이 물리적으로 파괴되더라도 그 본질은 살아 있다.

그리고 우리가 아끼고 즐거워하는 것은

사물 그 자체, 혹은 그 이상인 사물의 본질이다

— 스텐실 작품을 만드는 것은 비교적 쉽다. 윤곽을 스케치하거나 인쇄하여 윤곽선을 따라 자른 다음 작업면에 올려놓는다. 그런 다음 페인트를 뿌리면 미술작품이 탄생한다. 이런 식으로 2006년 한 스텐실 작품이 만들어졌다. 그리고 불과 12년 뒤인 2018년 10월에 이 작품은 런던 소더비 경매에서 140만 달러에 팔렸다.

140만 달러를 주고 스포츠카를 사는 것은 어느 정도 이해할 수 있다. 스포츠카를 내가 직접 만들 수는 없기 때문이다. 하지만 스텐실 작품 한 점에 140만 달러라니! 인간은 분명히 사물의 가치를 이상하게 평가하고 있다.

하지만 100만 달러짜리 스텐실 작품의 경매 사건은 훨씬 더 이상하다. 경매가 끝나자마자 이 작품은 공개되지 않은 구매자에게 팔렸음을 알리며, '자체 파괴'되었다. 이 작품의 액자가 종이 파쇄기로 바뀌어 이 미술작품을 집어삼켰다. 이를 보고 있던 사람들은 프레임의 아랫

부분이 미술작품을 잘라버리는 모습을 직접 보고서는 공포에 질려 숨을 쉬지 못했다. 140만 달러짜리 미술작품이 절반 정도 갈기갈기 찢기고 나서야 파쇄기가 멈추었다. 절반 정도 파괴된 작품은 이제 더 이상 140만 달러의 가치가 없어진 것이 분명했다. 그렇지 않은가?

구매자는 그 작품을 보관하기로 했다. 그 여성은 다음과 같이 말했다. "지난주에 낙찰을 받고 나서 작품이 산산조각이 났을 때, 처음에는 충격을 받았지만 점차 나만의 미술사가 탄생하리라는 것을 깨닫기 시작했어요."[1] 그 작품을 파괴한 사람은 원작자 자신인 뱅크시였다. 뱅크시는 자신을 제외하고는 아무도 모르게 액자틀 안에 분쇄기를 설치하여 최종 낙찰되자마자 작품이 파괴되도록 세팅했다. 처음에는 〈풍선을 든 소녀〉라는 제목이 붙었던 작품은 이제 〈소녀와 풍선〉이라는 제목이 붙었다. 뱅크시는 100만 달러짜리 미술작품을 파괴한 것이 아니었다. 그는 미술작품을 창조한 것이다.

뱅크시의 행동은 최근 미술계에서 가장 많은 논란을 불러일으킨 사건 중 하나였고, 공연예술 역사상 최고의 장면 중 하나로 평가받는다. (아마도 뱅크시가 전달하고자 한 의미의 한 부분일 수도 있는) 이 이벤트의 가장 아이러니한 측면은 미술작품을 분쇄한 덕분에 그 작품의 가치가 더 올라갔다는 사실이다. 낙찰자는 그 작품을 보관했다. 게다가 그 낙찰자가 작품을 되팔기로 했다면, 반쯤 분쇄된 새로운 작품은 더 높은 가격을 받을 수 있었을 것이다![2]

앞에서도 계속 이야기했듯이, 우리는 세상을 있는 그대로 경험하지 않는다. 우리는 한 발 물러나 있다. 무언가를 직접 경험하기보다는 그것에 대한 뇌의 정신적 모형을 경험한다. 어떤 상품(이를테면, 비싼 와인이 더 맛있다)이나 브랜드(이를테면, 코카콜라는 우리가 마시는 것이 코카콜라라는 것을 알 때만 맛있다)에 대한 믿음과 마찬가지로 감각처럼 단순한 것들도 우리의 정신적 모형(이를테면 바삭거리는 소리가 크게 나는 포테이토칩이 더 맛있다)에 영향을 미친다. 객관적 현실과 내면의 주관적인 경험 사이에는 격차가 존재한다. 그 격차는 우리의 다른 감각과 믿음이 우리의 인식에 영향을 미치는 (그리고 때로는 변화시키는) 공간이다.

하지만 이런 요인들만 이 격차에 영향을 미치는 것은 아니다. 우리의 정신적 모델에 영향을 미치는 다양한 믿음의 카테고리가 존재하는데, 그중 하나는 물리적 세계의 형이상학적 본질과 관련이 있다. 뱅크시의 〈풍선을 든 소녀〉와 같은 사례가 매우 예리하게 밝혀냈듯이, 주어진 물체에 대한 우리의 인식은 단지 물리적인 특징 그 이상이다.

물리적인 것 너머에는 사물의 '영혼'에 대한 우리의 숨겨진 믿음 혹은 심리학자 폴 블룸Paul Bloom이 '사물의 본질'이라고 했던 것이 존재한다. 이 본질은 물리적 특징을 초월한다. 어떤 사물이 물리적으로 파괴되더라도 그 본질(그 물체에 대한 우리의 근본적인 믿음, 그 물체에 대해 우리가 우리 자신에게 들려주는 이야기)은 살아 있다. 그리고 우리가 아끼고 즐거워하는 것은 사물 그 자체, 혹은 그 이상인 사물의 본질이다. 뱅크시의 〈풍선을 든 소녀〉는 처음에 뱅크시의 작품이었기 때문에 가치가 있었다. 그 작품은 원래 스텐실 작품이 가지고 있는 이야기의 일부였다. 그것이 본질이다. 그 작품을 파괴한다고 해서 작품의 본질이 사라지는 것은 아니다. 오히려 파괴 행위가 그 작품의 본질을 고양시켰고, 그 과정에서 가치가 올라갔다.

뱅크시 작품의 사례는 본질의 심리, 그리고 왜 우리가 이런 방식으로 예술을 감상하는지에 대한 흥미로운 창을 제공한다. 하지만 오직 예술에만 본질주의자의 신념이 작용하는 것은 아니다. 기업들은 자사의 제품과 브랜드에 본질을 불어넣기를 간절히 바란다. 예술과 마찬가지로 이와 같은 본질이 그들의 상품과 브랜드에 대한 우리의 인식을 근본적으로 변화시키기 때문이다.

마이클 조던 운동화의 가치

소비자 세계에서 본질주의의 위치를 살펴보기 전에 먼저 본질주의의 과학 속으로 깊이 들어가보자.

본질주의는 인간의 발전에 깊이 뿌리를 내리고 있을지 모른다. 어린 시절부터 인간은 세상에 관하여 일반화하는 법, 다시 말해 시간이 지남에 따라 표면적인 변화에도 불구하고 사물과 사람들이 어떻게 지속되는지 알아야 한다. 아버지가 수염을 깎았다고 해서 아버지가 아닌 것은 아니며, 아이스박스에서 꺼낸 얼음이 녹았다고 해서 존재하지 않는 것은 아니다. 이런 본질주의적인 이해를 통해서만 우리는 세상이 안정적이라는 가정하에서 마음 놓고 살아갈 수 있다.

이것은 소유권을 특별히 중요하게 여기는 것, 또는 행동경제학에서 '소유 효과endowment effect'라고 부르는 것과 큰 관계가 있다. 소유 효과란 우리가 무언가를 소유하게 되면 그것의 가치를 우리가 소유하지 못했을 때보다 더 높게 생각하는 경향을 말한다. 이 현상은 우리의 손실 회피 성향과 많은 관련이 있다. 일단 우리가 무언가를 갖게 되면 그것을 잃기 쉽고, 잠재적인 이득을 성취하는 것보다 잠재적인 손실을 예방하는 데 더 동기 부여가 된다. 하지만 때로는 다른 무언가가 작용하기도 한다. 우리가 소유한 물건을 소중하게 여기는 이유는 그 물건과 나 사이에만 존재하는 이야기 때문이다.

심리학자 폴 블룸은 아이들이 자신이 가장 좋아하는 박제동물과 똑같은 모조품을 만들었다고 속여서 믿게 하는 방법으로 이것을 실험했다.[3] 블룸은 아이들에게 집에 모조품을 가져갈 것인지, 원래의 박제동물을 가져갈 것인지 선택권을 주었다. 물리적인 특징은 동일했지만, 아이들은 압도적으로 원래의 박제동물을 더 좋아했다. 다시 말하면, 원본 테디 베어는 복제될 수 없는 그것만의 고유한 본질을 가지고 있는 것이다. 마치 마이클 조던이 입고 뛰었던 운동 셔츠와 연관된 감상적인 가치처럼 본질은 물리적인 것을 초월한다.

나이가 들어갈수록 우리의 세상에 대한 이해는 높아지지만, 우리의 뇌는 이러한 본질주의적 성향을 완전히 뛰어넘지는 못한다. 그리고 사물에 대한 애착이라는 본질은 우리의 궁극적인 쾌락, 그 사물에 대한 이해, 그리고 당연하게도 우리의 소비 행위에 영향을 미친다.

스포츠 팀에 대해 생각해보자. 어떤 스포츠 팀을 좋아하는 이유는 무엇일까? 왜 팬들은 로스앤젤레스 레이커스를 좋아하는 걸까? 단지 선수들 때문이라고는 할 수 없다. 선수들은 자주 바뀌기 때문이다.

1980년대 매직 존슨이 활동하던 레이커스와 샤크와 코비가 함께 뛴 레이커스 사이에 공통되는 선수는 한 명도 없다. 2020년 르브론의 레이커스는 말할 필요도 없다. 코치나 경영진 때문에 레이커스를 좋아할 리도 없다. 운영진은 선수만큼이나 자주 바뀌기 때문이다. 도시 때문일 리도 없다. 레이커스는 원래 미네소타주의 미니애폴리스에서 왔다. 또한 로스앤젤레스에는 두 번째 NBA팀인 클리퍼스가 있다. 팀에 대한 선호도가 도시에 대한 충성도에 의해 정해지는 것이라면 팬들은 로스앤젤러스의 두 팀을 모두 똑같이 좋아해야 한다. 하지만 레이커스가 라스베이거스로 옮겨간다면 많은 팬들은 지리적 연결고리를 잃었음에도 팀을 따라갈 것이다. 사실 이와 똑같은 상황이 NFL의 레이더스에서 일어났다. 레이더스는 원래 연고가 로스앤젤레스였지만 오클랜드로 옮겨갔다. 2020-2021 시즌에서 그들은 라스베이거스 레이더스가 되었다. 그리고 (전부는 아니지만) 많은 팬들이 이 팀을 따라갔다. 이것은 팬들이 궁극적으로 레이더스라는 팀의 현재 진행 중인 이야기, 즉 팀의 본질을 따르기 때문이다.

미각에 본질을 더하다

1장에서 모든 감각 중 미각이 어떻게 단연 가장 인상적인 감각이었는지 떠올려보자. 미각에 대한 심성 모형은 실리퍼티(어린이용 고무찰흙 장난감-옮긴이)로 만드는 것이 좋을지도 모른다. 미각의 본질에 관한 한 특히 그런데, 이런 이유 때문에 레스토랑에서는 자신들의 음식에 본질을 더하려고 열심히 노력한다.

좋은 레스토랑에서 전채요리에 어울릴 만한 와인 추천을 요청한다고 가정해보자. 소믈리에가 몇 가지 선택지를 추천하자, 나는 키안티 와인이 어떤 맛인지 묻는다. 그러자 소믈리에가 "처음에는 부드럽고 과일 맛이 강하고, 중간에는 잼처럼 진득진득하고 다크 초콜릿 같은 맛이 납니다. 끝에는 숲과 연기의 맛이 나고요. 마치 가을의 석양을 보는 듯한 맛입니다"라고 대답한다. 이 표현들이 일깨우는 느낌을 완전히 이해하기도 전에 소믈리에는 와인 제조자의 일대기와 그가 어떻게 해서 이 와인을 마시기 전까지는 레드와인을 싫어했던 장녀의 이름을 와인에 붙였는지에 대해 말해준다. 와인에 대한 시시콜콜한 정보까지 제공함으로써 소믈리에는 내 머리에 와인의 본질을 구축하며 와인에 대한 심성 모형을 변화시키고 있다. 이것은 결국 내가 그 와인을 마실 때 실제로 어떤 맛이 나는지에 큰 영향을 미칠 것이다.

요리 전문업체 캐치온은 이야기와 본질이 맛에 미치는 강력한 영향을 보여주는 한 실험에서 배경지식에 따라 같은 요리에 대한 반응이 어떻게 달라지는지 비교했다.[4] 실험에서 참가자들에게 같은 요리를 제공하되 한 집단에는 별 특징이 없는 카드에 요리에 사용된 재료 목록을 적어서 놓아두었다. 또 다른 집단에는 요리사가 직접 음식에 대해 소개해주었는데, 그 음식에 영감을 준 보물 같은 어린 시절의 이야기까지 해주었다. 그 결과 요리가 나오기 전에 이야기를 전해들은 집단은 이야기를 듣지 못한 집단과 동일한 요리를 먹었음에도 전반적으로 더 나은 식사를 경험했다고 보고했다.

또 다른 연구에서는 코넬대학교의 과학자들이 와인의 원료가 어디서 재배되었는지가 음식의 평가에 영향을 미칠 수 있다는 사실을 발견했다.[5] 식사를 하는 사람들에게 음식 한 접시 외에도 비싸지 않은 (식료품 체인에서 '2달러짜리 척'이라는 애칭으로 불리는) 찰스 쇼 와인을 모두 나누어주었다. 하지만 그중 절반에게는 그 와인이 북부 캘리포니아의 노아 와이너리에서 만든 것이라고 말하고, 나머지 절반에게는 노스다코타에 있는 노아 와이너리에서 만든 것이라고 말해주었다. 와인 애호가들에게 노스다코타는 그다지 좋은 평가를 받지 못하는 것으로 알려져 있다. 자신이 마시는 와인이 캘리포니아산이라고 생각했던 사람들은 와인 맛이 좋다고 평가했다. 흥미로운 것은 와인 맛이 좋다고 말했던 이들은 와인뿐만 아니라 식사도 좋게 평가했고, 그 식당을 다시 방문할 것 같다고 대답했다.

식사를 할 때마다 우리의 뇌는 맛 이외에도 냄새, 식감, 소리, 시각적인 표현 등 음식에 관한 감각 정보를 처리한다. 하지만 음식이 나오기를 기다리고 있을 때조차 우리의 뇌는 음식의 본질, 즉 레스토랑의 배경과 창립 과정, 주방장의 이력, 음식에 대한 영감, 와인의 지리적 정보 등을 닥치는 대로 집어삼키고 있다. 우리의 뇌는 음식을 먹기도 전에 음식의 맛을 보고 있다.

TV 프로그램 〈포틀랜디아〉에서는 '저 닭은 이 지역 출신인가요?'라는 코너를 통해 이런 사실을 우스꽝스럽게 과장해서 표현했다. 닭 요리를 주문하려는 한 커플이 닭이 살아온 이야기에서 닭의 이름, 혈통과 출신 그리고 닭이 얼마나 넓은 곳을 돌아다녔으며, 누가 닭을 키웠는지 등을 계속해서 묻는다. 비록 유머를 위해서 과장되긴 했지만 근본적인 의미는 정확하다. 식사의 즐거움은 음식의 맛 이상이다. 그것은 음식의 이야기이다.

에미상을 수상한 TV 프로그램 〈맛을 만드는 사람들〉의 호스트 겸 프로듀서인 캐서린 네빌Catherine Neville도 〈포브스〉에서 다음과 같이 말했다. "음식 산업은 더 이상 지역 생산자들로부터 직접 조달한 재료로 만든 요리를 선보이며 '농장에서 식탁까지'를 실천하는 레스토랑에만 초점을 맞추지는 않아요. 이제 사람들은 자신이 먹는 모든 것에 이와 같은 연결을 원합니다. 사람들은 누가 자신의 커피를 로스팅하고, 누가 빵을 굽고, 누가 피클을 담갔는지 알고 싶어 하죠. 사람들은 자신의 돈이 누구를 지원하고 무엇을 지원하는지를 알고 기분이 좋아지길 바라며, 지역사회와 연결되기를 원합니다."[6]

이러한 사례들은 레스토랑업계뿐만 아니라 음식 및 음료업계에서 더 일반적이라는 것을 알 수 있다. 알코올 3.5퍼센트짜리 싸구려 맥주가 어느 지방에서 제조되었는지 안다고 해서 정말 달라지는 것이 있을까? 쿠어스 양조회사에 물어본다면 대답은 '그렇다'일 것이다. 그들의 거의 모든 광고 캠페인은 로키산맥에서 나온 물로 맥주를 만든다는 점을 강조한다. 마찬가지로 맥주회사 샘 애덤스는 사람이 제조과정을 빠짐없이 지켜보고 있어야 하는 그들의 전통적인 제조방식을 강조하며, '의도적으로 비효율적인' 양조과정을 상세하게 설명하는 캠페인을 시작했다. 브랜드들은 본질을 가져다가 포장해서 독창적인 방법으로 제품을 판매한다. 이 과정이 제대로 진행된다면 우리의 뇌는 거부하지 못한다.

페리에, 새로운 가치를 창출하다

본질이 없는 상품 중에서 가장 대표적인 것은 원자재일 것이다. 원자재는 휘발유나 물처럼 물리적으로 회사마다 사실상 차이가 없다. 물론 생수는 회사마다 pH나 칼슘 함유량이 약간 다를 수도 있지만 이러한 차이는 대체로 소비자가 인지할 수 없다. 제품은 동일하다. 그렇다면 무엇이 달라서 차이가 생기는 것일까? 가격을 제외한다면, 특정 브랜드를 선택하는 이유는 무엇일까?

이러한 상품들은 브랜딩의 관점에서 볼 때 흥미로운데, 명확하게 차이가 나는 부분이 한 가지밖에 없기 때문이다. 바로 상품이 인지되는 방식이다. 물론 어떤 브랜드가 잘 인지될수록 그 브랜드에 대한 수요는 커질 것이고, 가격은 올라갈 것이다. 그렇다면 기본재는 어떻게 차별화될까? 정답은 바로 본질이다.

아무 식료품점이나 들어가서 보면, 대부분 다양한 생수들이 선반을 차지하고 있을 것이다. 상품이 얼마나 외양에 신경을 쓰는지에 따라 몇몇 생수에는 꽤 비싼 가격표가 붙어 있을 것이다. 하지만 1960년대로 시간여행을 해서 누군가에게 이 사실을 말한다면, 사람들은 나를 미쳤다고 할 것이다. 사실 이 말은 미국인을 설득하여 돈을 내고 고급 생수를 마시게 하겠다고 한 구스타브 르뱅Gustave Leven의 계획에 대하여 저명한 컨설팅 기업인 맥킨지를 포함한 전문가들 모두가 했던 말이다. 공짜로 얻을 수 있는 것에 왜 돈을 허비하겠는가? 당시에는 휴대용 식수가 가정과 직장에 편지처럼 배달되고 있었다.

소스 페리에(프랑스의 탄산수 브랜드-옮긴이)의 회장 르뱅은 1947년 점점 쇠퇴해가던 이 프랑스 기업을 사들였다. 회사 내력에 따르면, "베르제즈 지역 주민들이 천연 미네랄 생수를 와인의 세 배 가격에 팔 수 있다면, 틀림없이 충분한 잠재력이 있을 것"이라고 결론을 내린 뒤였다.[7] 프랑스에서 어느 정도 성공을 거두고 나서, 르뱅은 미국을 목표로 정했다. 하지만 페리에는 미국에서 곧바로 성공하지는 못했다. 사실 처음 몇 년 동안의 매출은 사업을 회의적으로 보던 사람들의 말이 옳았다는 것을 증명하고 있었다. 화려한 프랑스 이름에 넘어간 사람은 아무도 없었다. 누구도 공짜로 얻을 수 있는 것에 돈을 내려고 하지 않았다. 하지만 1977년 페리에가 마케팅을 위해 청바지 회사 리바이스 트라우스 출신의 마케팅 전문가 브루스 네빈스Bruce Nevins를 고용한 뒤에 모든 것이 바뀌었다. 네빈스는 훗날 생수업계를 영원히 뒤바꾼 마케팅 캠페인에 착수했다.

페리에는 네빈스의 캠페인에 약 250만 달러에서 500만 달러를 쏟아부었다. 이 캠페인은 페리에의 기원을 고수하면서 페리에의 본질적 특징을 정확하게 말하고 있었다. 페리에는 당시 판매되고 있던 다른 생수와 명확하게 구별되는 특징이 한 가지 있었다. 바로 거품이었다. 그것은 소비자들이 특별히 관심을 가진 특징은 아니었지만, 본질주의 마케팅을 통해 페리에는 그 특징에 깊이와 과감한 매력을 부여했다. 그들의 새 슬로건은 "지구의 중심에서 자연스럽게 반짝이는"이었다.[8] 네빈스는 기자들을 비행기에 태우고 페리에의 '원천'이 있는 프랑스의 베르제즈로 날아가기도 했다.[9] 그 시대의 가장 상징적인 페리에의 상업광고에는 영화감독 오슨 웰스의 목소리가 등장한다. 카메라가 반짝이는 병을 따라 극적으로 위로 이동하면 오슨 웰스의 목소리가 들려온다. "남부 프랑스의 평야 아래 깊은 곳에서 수백만 년 전에 어떤 신비로운 일이 벌어지고 있었습니다. 대자연이 어느 샘의 차가운 물에 생명을 더합니다. 페리에."[10]* 마지막에 페리에에 대한 언급을 제외하면 이 광고는 신화적인 생명체의 기원에 관한 이야기처럼 들린다.

이 광고 이후 페리에의 판매는 급격하게 늘었다.[11] 1975년 캠페인이 시작되기 전에 미국인들이 구매한 페리에는 250만 병이었다. 하지만 1978년 페리에는 7,500만 병 넘게 판매되었다! 1988년까지 페리에는 미국에서 1년에 3억 병 가까이 판매되었다. 이는 미국에 수입되는 모든 광천수의 90퍼센트에 달하는 양이다. 그리고 1980년대가 끝날 때까지 페리에는 세계 1위의 광천수 브랜드로서 입지를 굳혔다.

엄청난 성공을 거둔 것 외에도 페리에는 생수 즉, 탄산이 들어간 생수와 들어가지 않은 생수를 파는 회사에 새로운 시장을 열어주었다. 페리에의 캠페인 이후 몇 년 지나지 않아 수많은 경쟁업체들이 시장에 뛰어들자, 〈뉴욕타임스〉는 1983년 4월호에 뉴욕시가 마치 "탄산수의 바다에 빠진 것" 같다고 지적했다. 시그램, 슈웹스 등은 물론이고 기타 기업들이 가격에 민감한 구매자들이 고가의 유명 브랜드인 자사의 상품을 사도록 설득하며 새로운 기회를 잡기 위해 시장에 뛰어들었다.

페리에 이후의 생수 이야기는 꾸준한 성장의 서사를 따라간다. 생수 산업은 급격히 성장하고 있다. 그리고 미국은 세계 최대의 시장이다. 미국에서만 생수를 사는 데 1년에 1,500억 달러 이상을 소비한다. 그리고 2017년에는 생수 판매량이 역대 최고치인 약 137갤런을 기록하여, 우유, 커피, 주스, 알코올 등을 앞질렀다. 이 성과는 모두 미국의 거의 모든 지역에서 물을 공짜로 구할 수 있고, 수도에서는 깨끗한 식수가 나오는 상황에서 일어난 일이다. 모든 생수의 절반이 바다 건너온 것인 듯 이국적인 발음의 이름을 가지고 있다는 것은 말할 필요도 없다. '폴란드 스프링', 펩시의 '아쿠아피나', 코카콜라의 '다사니', 네슬레의 '퓨어리프' 같은 브랜드들 모두가 공공 수원에서 온 것이지만[12] 수돗물을 처리하여 병에 담기는 순간 이 생수들은 어떤 본질을 가진 브랜드가 된다.

페리에의 놀랍고도 선구적인 성공을 돌이켜보면, 그 핵심에는 70년대 말에 마케팅을 통해 소비자들에게 심어줄 수 있었던 그들의 생수에 대한 본질주의적 믿음이 있다. 페리에는 코카콜라와는 달리 '펩시 챌린지' 같은 캠페인을 벌이지 않았다. 직접적으로 브랜드 가치를 측정하기가 어려웠기 때문이다. 하지만 우리에게는 차선책이 있다. 1979년 라디오 생방송에서 페리에의 성공을 가져온 네빈스는 마지못해 블라인드 테스트에 응했는데, 페리에와 다른 탄산수를 구별할 수 없었다. 페리에의 캠페인에 비판적이었던 라디오 진행자 마이클 잭슨이 테이블에 일곱 개의 종이컵을 올려놓았고, 그중 여섯 개에는 소다수가, 나머지 한 곳에는 페리에가 들어 있었다. 네빈스는 일곱 가지 모두 마셔

보고 그중 하나를 선택했는데, 다섯 번 시도한 끝에야 페리에를 선택했다.[13]

결국 물은 하나의 상품이다. 천재성은 그 상품의 본질을 마케팅하는 데 있었다. 결국 그 본질은 자신의 창조주까지 속였다.

본질은 개별적인 제품에 대한 우리의 인식에만 영향을 미치는 것이 아니다. 본질은 상품의 범주 전체에 대한 우리의 인식까지 근본적으로 변화시킨다. 물처럼 어디서나 구할 수 있는 것일지라도 말이다. 식료품점에 갔을 때 진열대가 열 가지의 서로 다른 브랜드의 생수로 가득 차 있다면 우리는 페리에에게 감사해야 한다. 하지만 물과 같은 원자재 상품에서 본질이 가치를 창출할 수 있는 힘이 있다면, 실제로 더 큰 소비자 세계에서 다른 상품들은 어느 정도까지 가치를 창출할 수 있을까?

본질이 우리의 지갑을 만날 때

본질이 우리가 사물을 지각하고 사물의 가치를 평가하는 방식에 미치는 영향은 미슐랭 스타 레스토랑의 음식은 물론 심지어 생수의 경우에도 같다고 할 수 있다. 두 가지 모두 가장 취약하고 가장 잘 속아 넘어가는 감각인 미각과 관련이 있다. 본질이 일상적인 물건에도 가치를 더해줄 수 있을까?

'중요한 개체 프로젝트Significant Object Project'에 따르면, 정답은 당연히 '그렇다'이다. 인류학자인 롭 워커Rob Walker와 조슈아 글렌Joshua Glenn은 이베이에서 고무 오리, 페즈 디스펜서(사탕 등을 하나씩 꺼낼 수 있게 되어 있는 기구-옮긴이), 작은 정원 요정 등 일상적인 물건을 구입했다. 이들이 지불한 평균 가격은 1.25달러였다. 그런 다음 전문 작가들에게 각각의 물건에 대한 전기를 써달라고 요청했다. 마지막으로 그들은 그 물품들을 이베이 경매에 내놓으면서 각 물건의 설명란에 작가들이 쓴 전기를 함께 올렸다. 똑같은 물건이었지만, 본질을 더해서 판매한 것이다. 그 결과는 어떻게 되었을까? 이 물건들의 평균 가격은 100달러를 훌쩍 뛰어넘었고, 이 프로젝트는 통틀어 8,000달러의 수익을 창출했다(이 수익은 작가들에게 분배되었다).[14]

우리는 항상 소비자 세계에 본질을 주입하는 이야기들의 사례를 본다. 차이점은 그 상품에 본질을 주입한 이야기들이 진짜라는 것이다.

맥캘란 발레리오 아다미 1926이라는 위스키에 대해 들어본 적이 있는가? 2018년 10월 이 위스키 병이 110만 달러에 낙찰되어 세계에서 가장 비싼 술병이 되었다.[15] 이 술병의 본질은 그 가치와 밀접한 관계가 있다.

우선, '맥캘란'이라는 브랜드는 위스키업계에서 매우 존중받는 브랜드이다. 증류소를 설립한 알렉산더 레이드의 가족은 미국이 하나의 국가가 되기 전부터 보리를 재배했다. 이 병에는 60년 된 싱글몰트, 싱글배치 스카치 위스키가 들어간다. 지금까지 40병밖에 만들어지지 않은 이 위스키 병의 모든 라벨은 손으로 그려졌다. 이 위스키와 이름이 같은 유명 팝 아티스트 발레리오 아다미Valerio Adami가 그중 12개의 라벨을 그렸다. 또 다른 12개의 라벨을 손으로 그린 사람은 다름 아닌 피터 블레이크Peter Blake인데, 그는 비틀스의 〈서전 페퍼스 론리 하트 클럽밴드〉 앨범 커버를 공동 디자인한 디자이너였다.[16]

술병과 관련된 이야기는 병 안에 들어가는 술의 물리적 성질을 초월한다. 뇌는 객관적인 속성보다 주관적인 이야기에 더 가치를 둔다. 재미난 사실은 발레리오 아다미의 유일한 술병은 2007년 공식적으로 7만 5,000달러에 팔렸다. 공짜나 다름없는 가격이다!

전자상거래 사이트 엣시에서 본질주의는 플랫폼 자체에 반영되어 있다. '인간을 배제하지 않는 상점'은 이 전자상거래 사이트의 태그라인이다. 다른 전자상거래 업체들이 아마존의 영역에서 거의 생존하지 못하고 있는데, 엣시는 어떻게 번성하고 있는 것일까? 바로 본질 때문이다. 전적으로 실용적인 상품을 원한다면 아마존에서 찾을 수 있다. 상품의 사양이 있고, 리뷰를 읽을 수 있고, 다른 곳에서 살 때보다 배송이 빠르고, 일반적으로 가격도 싸다. 하지만 엣시는 원자재의 효용과는 반대되는 것을 제공한다. 엣시에서 파는 머그컵은 물리적, 실용주의적 요소를 뛰어넘는 가치를 지니고 있다. 본질을 가지고 있는 것이다.

엣시에서 상품을 구매할 때 우리는 판매자의 살아온 이력과 어떻게 해서 엣시에서 사업가가 되었는지를 알 수 있다. 내가 구입한 상품을 만든 사람이 어떤 사람이고, 어떻게 이 상품을 만들었으며, 때로는 어떤 영감을 받아 이 상품을 만들게 되었는지까지 알게 된다. 제품은 개인에 맞게 주문 제작이 가능하다. 그 제품들은 누군가에 의해, 누군가를 위해 만들어진다. 소비자들은 아마존의 판매자들과는 연결될 수 없지만 엣시의 판매자들과는 연결될 수 있다.

엣시의 상품에서 비롯된 즐거움은 단지 그 상품의 물리적인 구성요소의 기능 때문이 아니라 본질에서 나온 어떤 결과 덕분이다. 엣시의 고객들은 아마존에 내던 돈보다 기꺼이 더 많은 돈을 지불하면서 제품을 받기 위해 분명히 더 오래 기다릴 것이다. 그것이 본질의 힘이다.

메르세데스 벤츠 박물관에 감춰진 것

본질은 개별적인 상품에서만 찾을 수 있거나, 어떤 상품이 만들어지는 방식에서만 찾을 수 있는 것도 아니다. 상품을 만드는 조직 또한 본질을 지니고 있다. 150년 동안 동네에 있었던 가족끼리 운영하는 진기한 이탈리안 식료품점에 들어간다고 생각해보자. 그들은 손으로 모든 것을 만든다. 상점, 비즈니스, 조리법 등 모두 세대에서 세대로 전해져 내려오는 것들이다. 벽마다 걸려 있는 오래 되고 먼지가 낀 흑백사진 안에서 가족들이 미소를 지으며 웃고 있다. 이제 구입한 파스타를 들고 상점을 나오는 모습을 상상해보자. 여전히 150년 동안 같은 상표와 포장지를 사용하고 있다. 내가 산 것은 파스타뿐만이 아니다. 나는 상점의 이야기, 다시 말해 상점의 본질을 산 것이다.

딘 스몰Dean Small은 시너지 컨설턴트의 창립자이자 최고경영자이다. 시너지 컨설턴트는 식품업 컨설팅 기업으로, 버펄로 와일드 윙즈나

마카로니 그릴, 올리브 가든과 같은 주요 레스토랑들을 25년 동안 자문해오고 있다. 딘 스몰은 본질의 중요성을 다음과 같이 이야기한다. "레스토랑에서 이야기는 매우 중요합니다. 레스토랑이 위치한 장소의 유래, 우리가 여기 있는 진짜 이유 말입니다." 하지만 이것을 전국적인 체인이나 브랜드로 확장하는 것은 말처럼 쉽지 않다. "뉴욕시의 카츠 델리카트슨이 아주 훌륭한 사례입니다. 콘셉트는 좋지만 확장하고 복제하기는 어렵지요"라고 스몰은 지적한다.[17]

사실 진정성 있고 설득력 있는 이야기와 거대 브랜드는 결합하기가 어렵다. 그렇다고 해서 일부 브랜드, 특히 오래되고 확고히 자리 잡은 브랜드가 이를 시도하지 않은 것은 아니다. 때로는 규모에 맞게 본질을 주입하기 위해 회사의 이야기를 윤색하기도 한다.

이에 대한 한 가지 성공 사례는 메르세데스 벤츠에서 찾을 수 있다. 메르세데스 벤츠는 마케팅에서 회사의 역사를 강조하는 것으로 유명하다. 2019년 봄에 나온 극적인 4분 길이의 대량생산 광고에서 메르세데스 벤츠는 베르타 벤츠가 자동차를 타고 최초로 장거리 여행을 시도했던 1888년까지 거슬러 올라가는 메르세데스 역사의 극적인 실화를 들려준다.[18]* 또 다른 광고는 불과 30초 분량이지만 회사의 역사를 관통하는 또 다른 매혹적인 여정을 보여준다.[19]* 이처럼 과거를 강조하는 것은 메르세데스 벤츠를 시간이 지나도 변치 않고, 시간을 초월하는 세대, 국가, 모델, 연료 공급원으로 구체화한다.

메이시스 백화점은 소매업의 종말을 피하기 위해 자신의 본질을 끊임없이 파헤쳐왔다. 편리함으로 시장을 장악한 거대 전자상거래 기업

앞에서 그들은 자신들의 유서 깊은 역사에 주목할 수밖에 없었다. 그들은 '메이시스의 150년'이라는 광고를 시작했다. 이 광고에는 150년을 통틀어 대중문화에서 메이시스를 언급한 짧은 클립들이 포함되어 있었다.[20] 감명적일 수밖에 없었다. 메이시스는 〈왈가닥 루시〉, 〈34번가의 기적〉, 〈딕 반 다이크 쇼〉, 〈사인필드〉, 〈패밀리 가이〉 등 모든 작품에서 언급되고 있다. 광고에는 심지어 카니예 웨스트가 진열대 사이에서 유쾌하게 춤을 추는 모습도 담겨 있다. 이 광고는 "150년 동안 여러분 인생의 일부였던 유일한 스타"라는 말과 함께 끝이 난다.*

금융기업 웰스 파고는 2018년 이와 유사한 전략을 활용하여 새롭게 브랜딩을 시도했는데, 세간의 이목을 끌었던 일련의 스캔들 때문이었다. 그중 가장 지독한 것은 공격적인 매출 목표 때문에 고객에게 알리거나 허락을 받지 않고 고객 200만 명의 예금계좌와 신용카드 계좌를 열어본 것이었다.[21] 광고는 짧은 다큐멘터리처럼 캘리포니아 골드러시 시대부터 시작된 은행의 역사를 묘사하며 전개된다.[22] "전국에서 금을 찾아 서부로 모여들 때, 우리는 그 금을 동부로 다시 가져갔다. 증기기관차로, 말을 타고, …"라는 내레이션과 함께 흑백 영상과 컬러 영상을 이용해서 미국의 신용은행으로서의 역사를 계속해서 설명한다. 그때 극적으로 조명이 꺼진 다음 "결국 우리는 [그 신뢰를] 잃고 말았습니다"라고 내레이터가 말한다. 광고는 미소 짓는 현대적인 얼굴을 보여주면서 계속된다. "하지만 이야기는 거기서 끝나지 않습니다." 광고는 계속해서 소비자의 신뢰를 되찾기 위한 웰스 파고의 변화를 다룬다(영업 할당량을 중지한다는 것을 명시적으로 언급하는 내용도 포함되어 있다). 광고는 역사와 현대를 결합시키면서 끝이 난다. "웰스 파고의 새로운 출발이지만, 우리의 출발이기도 합니다." 최근에 있었던 스캔들에 속으면 안 된다고 광고는 말한다.* "우리는 언제나 그랬던 것처럼 그대로입니다." 다시 말해 그들의 본질은 그대로 남아 있다는 것이다.

일부 오래된 기업은 그들의 역사를 기념하고 그들의 본질을 구체화하기 위해 더 많은 노력을 기울였다. 예를 들어, 이케아는 조국 스웨덴에 자체 박물관을 열고, 회전 전시관, 다큐멘터리 상영, 가이드 투어, 학생들을 위한 교육 행사 등 다채로운 볼거리를 제공했다. 롤스로이스는 본고장인 영국과 오스트리아에 모두 역사 전시관을 열어 그들의 유서 깊은 브랜드를 알렸다.[23] 그곳에서 스웨덴 미트볼을 볼 수는 없겠지만 회사의 역사를 흥미롭게 살펴볼 수 있을 것이다. 여기서 재미있는 사실 몇 가지를 살펴보면, 공동창업자 찰스 롤스는 항공에 푹 빠져 있었고, 동력기와 연관된 항공사고로 사망한 최초의 영국인이었다. 그리고 유명한 롤스로이스의 후드 장식인 '환희의 여신상'은 자동차 운동의 선구자 몬터규 볼리외 남작과 엠블럼의 모델 엘리너 벨라스코 손턴 사이의 비밀 연애 이야기를 간직하고 있다.[24]

미술관은 미술가의 작품을 전시하고, 작품의 변천사를 배치하고, 작품의 본질을 보여준다. 이 모든 것이 작품의 가치를 올려준다. 동일한 방법을 브랜드에 사용하면 어떨까?

이야기가 삶을 바꾼다

우리가 접하는 회사, 제품, 사물에는 모두 이야기, 즉 본질이라는 것이 있다. 하지만 우리도 그렇다. 4장에서 인간(사실은 모든 생물)은 약 7년마다 몸이 완전히 새로 바뀌는 영구적인 신체 변화의 상태에 있다고 했던 것을 다시 생각해보자. 인생을 그저 일련의 경험이라고만 할 수는 없다. 인생은 또한 그 경험들을 우리 자신에게 말해주는 이야기, 경험을 하나로 묶어주는 접착제이다. 그리고 이야기라는 접착제는 내가 보기에는 우리의 개별적인 경험을 모두 더한 것보다 우리의 행복에 더 중요하다. 이야기와 본질은 궁극적으로 우리의 삶에 영향을 미친다.

'사적인 이야기'는 행복의 과학에 대한 연구에서 나온 이상한 결과를 이해하는 데 도움이 된다. 지금까지 행복에 관한 가장 큰 규모의 한 연구에서 대니얼 카너먼은 텍사스에 사는 1,000명의 여성에게 그들이 한 모든 것과 그 당시 얼마나 행복했는지 상세하게 설명하는 설문지를 작성하게 했다.[25] 카너먼은 참가자들이 가장 행복해하는 활동은 성관계, 사교, 휴식, 기도, 명상 등이라는 사실을 발견했다. 너무나도 합리적인 항목처럼 보인다. 아이와 함께 시간을 보내기가 빠져 있다는 사실을 깨닫기 전까지는 말이다. 아이들이 삶에서 가장 큰 만족을 주는 원인으로 꾸준히 보고되고 있는 것을 고려한다면 이것은 주목할 만하다.

이러한 패턴(즉각적인 즐거움을 주는 것과 장기적인 성취를 주는 것 사이의 괴리)은 계속해서 나타난다. 사람들은 더 비싼 차를 탈수록 행복하다고 말한다. 하지만 실제로 매일 통근하는 차 안에서 얼마나 행복한지 말해달라고 하면 별로 관계가 없다고 말한다. 우리가 자동차에서 얻는 즐거움은 자동차를 운전하는 실제 경험이 아니라 자동차라는 추상적인 개념에 있는 것처럼 보인다. 즉, 순간적으로 우리를 행복하게 하는 것이 우리에게 가장 큰 장기적인 만족을 주는 것과 같지 않다는 것을 보여주는 또 다른 사례이다.

내 생각에 카너먼은 행복과 우리가 사물을 소중히 여기는 방식에 대한 세계 최고의 전문가이다. 이 연구에 대한 그의 최종적인 결론은 무엇일까? "저는 점점 사람들이 행복해지기를 원치 않는다고 확신하게 되었습니다. 사람들은 자신의 삶에 만족하기를 바랍니다. 사람들은 내가 정의한 행복의 방식으로, 다시 말해 지금 이 순간 자신이 경험하는 것에 대해 행복을 느끼길 원하지 않습니다. 내가 보기에 사람들에게는 내 삶의 이야기 중 '내가 기억하는 것'이라는 관점에서 삶의 만족을 경험하는 것이 훨씬 중요합니다."[26]

행복을 지속시키는 근원은 우리가 우리 삶에 대해 말하는 이야기이다. 우리가 자신에 대해 말하는 이야기가 개별적인 순간 사이의 차이를 메꾸어주며, 그 과정이 우리를 우리로 만든다.

사물과 회사에 관한 이야기들은 우리가 그들을 얼마나 아끼는지에 영향을 미친다. 그리고 동일한 방식으로 우리 자신에게 말하는 이야기는 우리가 우리만의 삶을 얼마나 아끼는지에 영향을 미친다.

이 책의 시작부터 살펴보았듯이, 무언가에 대한 우리의 믿음은 우리가 그것을 인식하는 방식에 영향을 미친다. 만일 지금 자신이 마시는 와인이 비싼 것이라고 믿거나 값비싼 잔으로 마신다면, 실제로 훨씬 즐거운 시간을 보낼 것이다. 어떤 선글라스가 비싸다고 믿으면, 실제로 그 선글라스가 태양빛을 잘 차단한다고 말할 것이다.

우리가 어떤 사물에 대해 가지고 있는 믿음은 그 사물의 특징과 비용 같은 세속적이고 물리적인 특성을 뛰어넘어 추상적인 가치의 유형으로 확장된다. 결혼반지나 세상을 떠난 사람에게 받은 선물에 대해 생각해보자. 이 물건들은 물리적인 수준을 넘는 감정적인 가치를 간직하고 있다. 내 결혼반지를 원자 수준으로 복제할 수 있다면, 복제한 반지는 원래의 반지와 물리적으로 동일할 것이다. 하지만 내게 복제한 반지의 가치는 급격하게 떨어질 것이다. 혹은 가장 좋아하는 스타 야구선수가 친 홈런볼을 잡았다고 생각해보자. 그 공은 어린 시절 이후 유리 케이스 안에 간직해왔던 기념물이다. 한밤중에 도둑이 들어 그 공을 복제품과 바꿔놓는다면 나는 결코 눈치채지 못할 것이다. 그러나 원래 있었던 공이 바뀌었다는 사실을 알게 되면, 내 마음속에서 그 공의 가치는 0으로 추락할 것이다. 우리는 이상한 감상적인 동물이다.

사물에 숨겨진 본질을 보는 인간의 타고난 성향은 브랜드들에게 엄청난 기회를 제공한다. 이는 평범한 사물에 믿기 어려울 만큼의 가치를 부여할 수 있다. 그 과정에서 우리가 그것을 생각하는 방식과 가치를 부여하는 방식을 근본적으로 바꾸어놓는다. 아무리 사소한 제품에도 소비자의 마음속에서 물리적인 부분의 총합을 훌쩍 뛰어넘는 본질을 부여할 수 있다.

우리가 사물의 본질에 끌리는 것처럼, 우리는 사물을 엮어 만든 이야기에도 이끌린다. 스토리텔링은 노벨상을 수상한 물리학자 리처드 파인만Richard Feynman이 물리학을 설명한 것과 똑같은 방식으로 설명할 수 있다. "그것은 마치 섹스 같아요. 실질적인 결과가 나오기도 하지만, 그건 우리가 스토리텔링을 하는 이유가 아니죠." 간단히 말해 우리는 이야기라면 좋아서 어쩔 줄을 모른다는 말이다.

평범한 것에 본질을 불어넣는 이야기의 능력은 소비자 세계에 마법과도 같은, 거의 다른 세상의 품질을 제공한다. 소비지상주의는 제외하고, 평범한 상품에 깊이와 의미를 부여하는 정성껏 가다듬은 이야기는 놀라운 것이다.

문이 문이 아닐 때는 언제일까? 마케터가 당신에게 그것에 대한 훌륭한 이야기를 들려주었을 때이다.

11장

미드리미널 마케팅의 시대

인간의 무의식을 파고드는 마케팅 전략

행동을 촉발하기 위해 브랜드들은

나를 피해 직접 공유하지 않은 뇌에게 말한다.

그들은 촉감을 이용하여 구매를 유도하고,

소리를 이용하여 개성을 전달하고,

냄새를 이용하여 경쟁사와 차별화하며,

이 모든 것을 위해 시각을 이용한다.

━━ 1957년 고전영화 〈피크닉〉의 정규상영이 절반쯤 지났을 때 영화를 보던 관객 전체가 갑자기 팝콘과 콜라에 대한 욕구를 느꼈다. 이 엄청난 충동은 난데없이 나타났다. 관객들은 서로 주위를 둘러보면서 어리둥절해 하다가 매점으로 떼를 지어 몰려갔다. 극장주 제임스 비커리가 전한 바에 따르면, 매출이 급증하여 콜라 판매는 18퍼센트, 팝콘 판매는 58퍼센트 증가했다.

무엇 때문에 사람들이 갑자기 팝콘과 콜라를 간절히 찾게 되었을까? 비커리에 따르면 영화 안에 어떤 메시지가 살짝 숨겨져 있었다. 여배우 킴 노백이 공원에서 클리퍼드 로버트슨에게 키스를 하려는 순간, 화면에는 "코카콜라를 마시자"와 "팝콘을 먹자"라는 문구가 1초도 안 되는 시간 동안 번쩍였다. 관객들이 눈치채기에는 너무나 짧은 시간이었다. 이 광고는 알지 못하는 사이에 관객들에게 영향을 미쳤다. 의식하거나 느끼지 못한 정도로 짧은 시간이었다. 이처럼 알지 못하는 사이에 영향을 미치는 메시지들이 관객의 잠재의식에 특정한 욕구를 불러일으켜 관객들을 매점으로 가게 했다고 비커리는 주장했다.

하지만 이 사건은 실제로 일어난 것은 아니었다. 비커리는 나중에 정체된 극장에 관심을 불러 모으기 위한 홍보 수단으로 꾸며낸 이야기였다고 털어놓았다.[1] 결국 그는 마케팅을 한 것이었다. 하지만 그의 '실험'은 다음과 같은 중요한 질문을 불러일으켰다. 소비자의 의식적인 주목을 완전히 우회하여 잠재의식에 직접 말할 수 있는가? 만약 할 수 있다면 할 것인가? 이렇게 '서브리미널 프라이밍subliminal priming'의 개념이 탄생했다.

마치 SF 소설에 나오는 개념처럼 들리지만, '서브리미널 프라이밍'의 메커니즘은 매우 단순하다. 잠재의식에 영향을 미치는 마케팅을 하려면, 객관적으로 소비자가 인식할 수 있는 범위 너머에 있어야 한다는 것이다. 예를 들어 시각 정보를 처리하는 데 적어도 약 50밀리초가 소요된다. 이보다 더 빠르게 눈앞에서 번쩍이는 것은 의식적으로 인지할 수 없다. 잠재의식 마케팅의 진정한 사례는 스마트폰을 열 때마다 '펩시'라는 글자가 30밀리초 동안 번쩍이게 하는 것이다. 어떤 광고의 전술이 잠재의식에 영향을 미치는지 여부는 매우 이분법적이다. 메시지가 소비자의 주의를 끈다면 그것은 잠재의식에 영향을 미치지 않는다.

서브리미널 프라이밍(다시 말해, 서브리미널 마케팅의 토대가 되는 신경과학)은 비커리의 홍보수단으로 사용된 이후 수십 년 동안 전 세계 실험실에서 연구되고 있다. 그리고 그 연구가 비커리 이야기의 타당성을 정확히 입증하지는 못했다. 하지만 실제 통제된 실험에서 과장된 마인드 콘트롤만 제외한다면, 서브리미널 프라이밍이 비커리가 처음에 설명한 것과 유사하게 작동하는 진짜 현상이라는 것이 입증되었다.

서브리미널 프라이밍에서는 어떤 것(과학자들은 이것을 '자극stimulus'이라고 부른다)이 의식적으로 알지 못하는 사이에 내 감각을 통해 주입된다. 그런 다음 나중에 이것(자극)은 어떻게 해서든 나의 행동에 영향을 미친다(과학자들은 이것을 '반응response'이라고 부른다). 바꿔 말하면, 서브리미널 프라이밍은 감각을 통해 자극에 노출시켜 나에게 영향을 미치고, 미래의 행동에 잠재적인 영향을 주는 것을 말하며, 이 모든 것이 내가 인지하지 못한 상태에서 이루어진다.

한 연구에서 사람들에게 컴퓨터 화면을 통해 일련의 평범한 사진들을 보여주었다. 설거지를 하는 여성이나 샌드위치를 먹는 아이 등 평범한 모습을 찍은 사진들이었다. 각각의 사진을 보고 난 뒤 사진 속의 사람들이 기분이 좋다고 생각하는지, 나쁘다고 생각하는지를 물어보았다. 간단하지 않은가? 하지만 각각의 사진 바로 뒤에 또 다른 이미지를 30밀리초 동안, 즉 시각적 인지에 필요한 한계치보다 짧은 시간 동안 번쩍이게 했다.

이 서브리미널 이미지들은 내용 측면에서 전혀 모호하지 않았다. (썩어가는 시체나 불타는 집처럼) 아주 부정적이거나 (아이스크림이나 강아지와 같이) 아주 긍정적인 것이었다. 긍정적인 이미지가 화면에 번쩍이면 실험 대상자들은 압도적으로 설거지를 하는 사진 속의 사람이 행복하다고 대답했다. 이와 반대로 부정적인 서브리미널 이미지가 화면에 번쩍이면 실험 대상자들은 대다수가 설거지 하는 사진의 분위기가 안 좋다고 평가했다.[2] 실험이 끝난 뒤 서브리미널 이미지가 있었는지 알았느냐고 묻자 모든 사람이 전혀 몰랐다고 대답했다.

성적인 이미지를 포함한 다른 다양한 자극에 대해서 비슷한 결과가 나왔다. 평범한 사진을 보기 전에 성적으로 노골적인 서브리미널 이미지를 보여주자 사람들은 평범한 사진들을 약간 자극적이라고 느꼈다. 그리고 이번에도 참가자들은 서브리미널 이미지의 존재 자체를 전혀 알지 못했다고 대답했다.[3] 영화 〈파이트 클럽〉에서 타일러 더든이라는 인물로 나오는 브래드 피트가 재미 삼아 포르노 영화를 한 프레임씩 잘라서 가족영화에 집어넣는 장면이 나오는데, 이는 생각만큼 허황된 것은 아니다.

하지만 소비자 세계에서 서브리미널 기법의 효율성을 테스트하자 엇갈린 결과가 나왔다. 한 연구에서는 서브리미널 이미지로 '립톤'이라는 단어를 보여주자 립톤 아이스티에 대한 선호도가 올라갔다.[4] 하지만 선호도가 올라간 것은 참가자들이 이미 목이 마른 상태였을 때뿐이었다. 갈증을 느끼지 않았던 참가자들에게는 효과가 나타나지 않았다. 그럼에도 불구하고 이는 꽤 소름끼치는 결과이다.

서브리미널 마케팅을 둘러싼 불편함은 서브리미널 마케팅이 우리의 행동에 직접적인 영향을 미칠 뿐만 아니라 우리의 인지력이 미치지 않는 곳에까지 영향을 미친다는 사실로 인해 증폭되었다. 그리고 만일 우리가 인지하지 못하는 곳에서 무슨 일이 일어난다면, 우리는 그것을 허락할 수 없다. 1957년 비커리에 대한 최초의 비판 중 하나는 이러한 직관을 담고 있다.

잠재의식은 전 우주에서 가장 정교한 장치의 가장 정교한 부분이다. 팝콘 따위의 매출을 올리기 위해 더럽히거나 훼손하거나 망가뜨려서는 안 된다. 현대 세계에서 인간 영혼의 프라이버시를 보호하는 것보다 어려운 것은 없다.

국회의원들이 소비자들의 동의를 얻을 수 없다는 서브리미널 마케팅의 특성을 깨닫고는 영국, 호주 등 많은 나라에서와 마찬가지로 미국 연방통신위원회에서 이 책에서 '순수' 서브리미널 기법이라고 부르는 것을 명시적으로 금지했다는 사실을 알면 안심이 될지도 모르겠다.[5] 하지만 서브리미널 프라이밍과 주류 마케팅 사이의 경계는 어디일까? 영국의 광고관행위원회가 서브리미널 프라이밍을 금지할 때 사용한 다음의 표현을 생각해보자. "어떠한 광고도 소비자가 무엇을 했는지 완전히 알지 못하는 상태에서, 아주 짧은 시간 동안 이미지를 사용하거나, 소비자들에게 영향을 미칠 수 있는 기법을 사용해서는 안 된다."[6] "아주 짧은 시간 동안 이미지를 사용"하는 광고를 금지한다는 문장을 생략한다면 남은 글은 충분히 동의할 수 있는 마케팅에 대한 설명이다.

이렇게 생각해보자. 패스트푸드 기업 KFC에서 '스내커'라는 1달러짜리 치킨 샌드위치를 팔기 위한 두 가지의 거의 동일한 광고를 만들었다. 두 광고 모두 점심을 때울 수 있는 저렴한 식당을 찾는 대학생들이 스내커를 발견하고 KFC에 오는 모습을 보여준다. 그런 다음 샌드위치의 클로즈업 장면으로 바뀌면서 끝이 난다. 하지만 두 광고 중 한 가지 버전에서는 클로즈업 장면으로 바뀌기 직전에 '지금 구입하세요'라는 문장이 30밀리초 동안 화면에 번쩍인다. 그리고 두 번째 버전에서는 마지막 클로즈업 장면에서 4초 동안 골무만 한 크기의 1달러짜리 지폐 이미지가 양상추 위에 있는 모습을 보여준다.

두 광고 중 어떤 것이 더 괜찮다고 생각하는가?

아마도 잠재의식에 영향을 미치는, '지금 구입하세요'라는 글이 있는 첫 번째가 광고가 더 안 좋다고 느껴질 것이다. 하지만 왜 그럴까? 각각의 광고가 아무런 전략을 사용하지 않은 세 번째 버전과 비교할 때 스내커의 매출을 20퍼센트 증가시켰다고 해보자. 여전히 같은 생각인가? 어느 광고도 특정 샌드위치를 살 가능성을 높이는 것 말고는 소비자에게 장기적으로 지속적인 영향을 미치지 않는다. 게다가 어떤 전략도 시청자의 의식에 침투하지 못한다. 이 광고들은 정말 얼마나 다른 것일까?

좋은 소식은 잠재의식에 영향을 미치는 메시지는 불법이기 때문에 첫 번째 광고는 허구의 작품이다. 나쁜 소식은 1달러짜리 지폐가 숨겨져 있는 두 번째 광고는 실제로 존재하는 KFC 광고이며, 100퍼센트 합법적인 광고이다.[7] *

브랜드 마케팅의 많은 측면은 비교적 은밀한 수준에서 운영되고 있다. 완전한 서브리미널은 아니더라도 중도적인 '미드리미널midliminal' 전술은 브랜드 마케터로서 성공하기 위해서는 필수적인 부분이다. 그리고 통제된 연구에서만 볼 수 있는 서브리미널 프라이밍과 비교할 때, 중도적인 '미드리미널 프라이밍'은 매우 흔히 볼 수 있고 우리의 심리와 행동에 훨씬 강력한 영향을 미친다.

보이지만 보지 못한 것의 비밀

서브리미널 프라임은 내가 미처 인식하지 못하는 사이에 나와 내 행동에 영향을 미칠 수 있는 모든 자극이다. 하지만 이 자극이 반드시 무의식적으로 작동할 필요는 없다. 자극은 여전히 우리가 그 자극에 노출되어 있다는 것을 의식하고 있을 때(또는 적어도 그것을 의식할 가능성이 있을 때)에도 우리가 의식하지 못하는 방식으로 우리의 행동에 영향을 미칠 수 있다. 가장 효과적인 자극은 많은 경우 우리의 눈이 정보를 처리할 수 없을 정도로 빠르게 번쩍이지 않는다. 그 대신 우리 눈앞의 잘 보이는 곳에 숨겨져 있다. 지금부터 미드리미널 프라이밍이 무엇인지 알아보자.

어떤 자극이 '미드리미널'이 되기 위해서는 그 자극을 볼 수 있어야 한다. 그러나 일반적으로 인식되지 않는다. 누군가 지적하면 1달러짜리 지폐의 이미지를 볼 수 있는 두 번째 KFC의 광고처럼, 미드리미널 메시지는 인지되지 않기 위해 50밀리초보다 빠르게 번쩍일 필요는 없다. 사실 미드리미널 메시지는 광고 내내 바로 내 앞에 앉아 나의 잠재의식에 직접 말을 하고 있다. 다음 페이지의 페덱스 로고를 예로 들어보자. 'E'와 'X' 사이에 화살표가 있다는 것을 눈치챘는가? 아마존 로고의 'A'에서 'Z'사이에 웃는 모습은 어떤가?

페덱스 로고에 있는 화살표는 페덱스라는 기업을 빠른 배송과 연관시킬 수 있도록 도와준다. 아마존 로고의 웃는 모습은 아마존이 A에서 Z까지 모든 것을 빠르게 배달할 수 있다는 메시지를 강조하는 동시에 긍정적인 정서적 거울 반응을 유도한다.

미드리미널 메시지가 효과가 있는 것은 그것이 의도적이든 아니든, 우리의 뇌가 자극에 속아 넘어가는 성향이 있기 때문이다. 자극은 우리의 뇌가 만든 심성 모형에 영향을 미치면서 작용한다. 그리고 주어진 자극이 궁극적으로 우리의 행동에 어떤 식으로든 영향을 미치든 그렇지 않든, 우리의 뇌에는 여전히 흔적을 남긴다.

따라서 이러한 미드리미널 프라이밍은 생각보다 강력할 수 있다. 우리가 지금까지 본 모든 시계 광고를 생각해보자. 모든 브랜드와 모델을 통틀어 어떤 특정한 패턴이 있다는 것을 눈치챘는가? 시계 광고에서 시계바늘은 항상 10시 10분에 맞추어져 있다. 이것은 우연이 아니다. 모든 사진 촬영 일정이 우연히 같은 시간에 잡히지는 않는다. 이것은 의도적으로 계획한 것이다. 10시 10분이라는 시계바늘의 위치는 시계가 웃는 모습으로 보이게 해준다. 그리고 이것을 시계 산업의 미신이라고만 할 수는 없다. 통제된 연구에 따르면, 시계바늘을 11시 30분 같은 중립적인 시간보다 10시 10분에 두는 것이 보는 사람의 감정에

유의미하게 긍정적인 반응을 이끌어낼 수 있으며 구매의사도 높아진다.[8] 이 모든 것은 실험 대상자들이 시계바늘이 웃고 있다는 것을 명시적으로 알아차리지 못한 상태에서 이루어진다.

어떤 면에서 모든 광고는 미드리미널 프라이밍이다. 상점의 진열대와 유명인이 등장하는 광고, 영화나 텔레비전의 간접광고PPL, Products in Placement는 모두 프라임이다. 프라이밍은 노출에 관한 모든 것이다. 그리고 소비자들이 눈치채지 못할수록 그 효과가 커진다.

〈캐스트 어웨이〉의 진정한 승자

간접광고를 통한 우연한 프라임에 관한 일화가 하나 있다.

영화 〈캐스트 어웨이〉의 시나리오 작업을 하던 시나리오 작가 한 명이 어느 섬에서 일주일 동안 발이 묶이게 되었다. 이때 그는 우연히 배구공 하나를 보게 되었고, 여기서 영화 속 캐릭터 중 하나인 윌슨이 탄생했다. 〈캐스트 어웨이〉에서 톰 행크스가 페덱스 직원으로 나오는데, 그가 탄 페덱스 비행기가 어느 무인도에 추락하게 된다. 그 사고에서 생존할 수 있게 한 물건 중 하나가 배구공이다. 톰 행크스는 배구공에 윌슨(공의 한가운데 찍힌 브랜드 이름이다)이라는 이름을 붙여주었고, 영화 내내 윌슨과 많은 대화를 나눈다.

간접광고의 중요한 점은 시청자가 의식적으로 왜 저 제품이 저기 있는지 묻지 않을 정도로 어떤 브랜드나 상품을 교묘하게 보여주는 것이다. 윌슨은 영화에서 유기적인 하나의 캐릭터가 됨으로써 자신의 역할을 멋지게 해냈다. 그리고 윌슨이 효과적이었던 한 가지 이유는 노출과 관계가 있다.

8장에 나오는 단순 노출 효과를 떠올려보자. 우리는 어떤 것을 보면 볼수록 그것을 좋아하게 된다. 그리고 우리가 의식적으로 각각의 추가적인 노출에 대해 생각하지 않을 때, 노출의 효과는 배가된다.[9] 영화 속에서 윌슨을 볼 때마다 우리가 마음속으로 '윌슨이 또 저기 있군. 언제나 윌슨이 등장하네'라고 생각하지는 않는다. 그 대신 우리는 영화에 몰입하고, 윌슨이라는 캐릭터에 몰입한다. 하지만 내 잠재의식에는 여전히 윌슨을 배구공(하나의 상품)으로, 그의 이름을 브랜드로 등록한다.

이런 이유로 간접광고는 수백만 달러 규모의 산업이 되었다. 간접광고는 잠재의식 수준에서 일어나며 효과가 훨씬 뛰어나다. 사람들은 2007년 개봉한 영화 〈트랜스포머〉에서 네 대의 트랜스포머가 GMC(쉐보레의 카마로, 폰티액의 솔스티스, GMC의 톱킥, 허머의 H2)에서 만든 자동차라는 것을 눈치채지 못했을지도 모르지만,[10] 우리의 뇌는 알아챘을 가능성이 크다. 윌슨은 유료 간접광고가 아니었지만, 같은 기능을 했다. 〈캐스트 어웨이〉를 본 1억 명 이상이 영화 속에서 '윌슨'이라는 브랜드가 34회 언급되는 것을 들었다. 윌슨을 유료 간접광고로 내보냈다면 그 비용은 1,200만 달러가 넘었을 것이다.[11]

이와 유사한 효과적인 간접광고의 사례가 하나 더 있다. 〈왕좌의 게임〉 시즌8의 한 에피소드에서 제작진 한 사람이 스타벅스의 1회용 컵을 무심결에 촬영 현장에 두었고, 최종 편집본에서 그것이 분명하게 보였을 때, 스타벅스에게는 커다란 도움이 되었다. 그 순간의 스크린샷이 빠르게 입소문을 탔다. 소셜미디어 모니터링 플랫폼인 토크워커는 48시간 안에 트위터에 스타벅스나 〈왕좌의 게임〉을 언급했거나 그 시리즈의 다양한 해시태그를 단 것이 19만 3,000개 이상이었다고 집계했다.[12] 이 공짜 광고의 추정가치는 모두 얼마나 될까? 20억 달러 이상이다. 아이러니한 것은 제작진이 두고 간 컵이 진짜 스타벅스의 컵이 아니었다는 사실이다!(그 장면은 너무 어두워서 컵에 찍힌 로고가 선명하게 보이지 않았지만, 스타벅스와 충분히 비슷하다고 팬들이 가정한 것뿐이었다.)

브랜드가 매끄럽게 이야기 속으로 통합될 때 프라임은 더욱 효과적이다. 진정성이 있게 느껴지기 때문이다. 광고처럼 보이지 않기 때문에 의심을 받지 않는다. 그것은 여전히 마케팅의 대상이지만 내가 그 사실을 깨닫지 못할 뿐이다.

주인공이 나이키를 신고 악당을 쫓는 영화를 본다면, 다음에 신발 매점인 풋로커에 갔을 때 아디다스보다는 나이키를 살 가능성이 약간 높아질 수 있다. 영화를 본 경험이 내 선호도에 영향을 미쳤다는 생각은 하지도 못한 채 말이다. 〈캐스트 어웨이〉를 보면서 그저 앉아서 영화를 봤을 뿐이라고 생각할지 모르지만, 사실 영화 속의 사랑스러운 배구공을 볼 때마다 서서히 무의식적으로 윌슨 브랜드에 대한 평가가 좋아질 수도 있다.

공짜 간접광고를 고수하기 위해 (캐릭터가 아닌 스포츠 장비업체인) 윌슨 측은 영화에 나온 얼굴 모습까지 그려진 홍보용 공을 만들었다. 아마존에 올라온 500개가 넘는 (무수히 많은 말장난으로 가득한) 리뷰를 감안한다면 그 홍보용 배구공은 대성공이었다. 유일한 단점이 있다면, 아마존이 윌슨을 배송할 때 페덱스가 아닌 UPS를 이용했다는 점이다.

물론 간접광고가 언제나 뜻밖의 재미와 관련이 있는 것은 아니다. 보통은 돈을 지불해야 한다. 그것도 많이 지불해야 한다. 2013년 헨리 카빌 주연의 영화 〈맨 오브 스틸〉에 대해 생각해보자. 영화는 총 1억 6,000만 달러의 매출을 올렸다. 영화 티켓이 한 장도 팔리기 전에 말이다. 어떻게 그럴 수가 있을까? 영화에서 판매된 간접광고의 매출이 기록을 깼기 때문이다. 사실 기업들은 2018년 간접광고에 미국에서만 약 90억 달러를 썼다.[13] 프라이밍은 대규모 비즈니스이다.

브랜드는 어떻게 우리의 감각을 조정하는가?

우리는 지금까지 시계바늘의 위치와 영화 속 간접광고 같은 꽤나 복잡한 시각적 프라임에 대해 이야기했지만, 프라이밍은 아주 단순한 자극에서도 나타날 수 있다. 그리고 프라임이 시각적일 필요는 없다. 어떤 감각이든 우리는 준비되어 있다. 감각의 신경과학과, 브랜드가 각각의 감각에 미드리미널 프라임을 이용하여 어떻게 나의 행동에 영향을 미치는지 자세히 알아보자.

미드리미널 마케팅의 핵심, 시각

인간은 본래 시각적인 생명체이다. 1장에서 시각이 뇌에서 가장 큰 부피(대략 피질의 3분의 1)를 차지하는 감각이며, 눈을 통해 들어오는 입력과 뇌를 연결하는 경로가 30개가 넘는다고 한 것을 기억할 것이다. 뇌는 또한 매우 특정한 영역을 매우 특정한 시각적 기능에 할당한다. 이를테면 뇌의 특정 영역은 동작을 보는 것에만 관련된다. 또 다른 매우 전문화된 영역인 방추형이랑fusiform gyrus은 선택적으로 얼굴을 처리하는 것과 관련이 있다. 이 부분에 손상을 입은 사람들은 모든 것을 볼 수 있지만 사람의 얼굴만은 볼 수 없다. 이처럼 전체 뇌에서 차지하는 부피가 크고 각각의 영역이 전문화되어 있기 때문에 시각은 다른 감각보다 우선한다.

아무리 간단한 시각적 자극이라도 특정한 반응이나 느낌을 점화할 수 있는 것은 그 자극이 전달하는 연관성 때문이다. 색깔은 아주 좋은 예이다. 색깔은 미드리미널 마케팅 게임에서 핵심적인 역할을 하며, 우리의 행동을 의도적으로 점화하는 데 쓰일 수 있다.

최근의 한 실험에서 빨간색이 우리가 누군가의 매력을 인식하는 데 미치는 흥미로운 점화 효과(프라이밍 효과)가 입증되었다.[14] 이 실험에서 여성에게 길에서 히치하이킹을 하게 했다. 그 결과 동일한 여성이 빨간색 셔츠를 입었을 때 이성애자인 남성 운전자가 멈춰 선 경우가 두 배나 많았다. (빨간색 셔츠는 이성애자 여성 운전자에게는 별다른 효과가 없었다.) 비슷한 결과가 웨이트리스에게서도 발견되었다. 남성 손님들은 다른 색 옷을 입은 웨이트리스보다 빨간색 옷을 입은 웨이트리스에게 24퍼센트나 많은 팁을 주었다.[15]

서구문화에서 빨간색은 대체로 사랑과 성생활을 연상시킨다. 그리고 브랜드들은 그러한 연관성을 이용해서 자사의 상품에 대한 소비자들의 견해에 영향을 미친다. 루부탱은 하이힐 밑창의 특정 빨간색 색조를 브랜드화한 것으로 유명하다. 그리고 이렇게 색상을 이용하는 방식에 여러 차례 특허를 내려고 시도했다.[16] 항공사인 버진 에어라인은 빨간색을 그들의 경박한 브랜드 이미지의 시각적 표상으로 사용하는 것을 고수했다. 버진 에어라인의 광고, 안전교육 영상, 승무원 유니폼 그리고 로고 자체에도 빨간색이 많이 사용되고 있다. 버진 에어라인은 최초로 비행기 내에서 사용할 수 있는 디지털 채팅방 앱을 도입한 항공사이다. 채팅방 앱은 머리 받침대에 있는 TV 화면에 내장되어 있다. 비행기에 탑승한 승객들은 이 앱을 통해 서로 채팅을 할 수 있는데, 직접 개인적인 메시지를 보낼 수도 있고 모든 승객이 공유하는 단체 채팅방을 이용할 수도 있다. 이 앱의 이름은 '레드red'이다.

버거킹, 맥도날드, 인 앤 아웃, 웬디스, KFC, 칼스 주니어는 패스트푸드를 판매하는 것을 제외하고 어떤 공통점이 있을까? 빨간색과 노란색을 로고에 사용한다는 것이다. 1장에서 파란색은 식욕을 억제하는 역할을 한다고 했던 것을 떠올려보자. 파란색 그릇에 음식을 담았을 때 사람들은 음식을 덜 먹게 된다. 빨간색은 반대 효과가 있는 것처럼 보인다. 노란색이 잠재의식에서 친근함과 행복한 감정을 전달하는 것처럼, 자극적인 색인 빨간색이 긴급함을 전달한다는 것은 마케터들이 오랫동안 간직하고 있는 믿음이다. 긴급함과 친근함은 패스트푸드 체인점에게 이로운 연관성이다. 아직 과학적으로 입증된 것은 없고 이에 대한 연구는 갈 길이 멀지만, 최고의 패스트푸드 기업들은 여전히 빨간색과 노란색을 로고에 사용하고 있다. 빨간색과 노란색이 들어가지 않은 패스트푸드 로고가 있을까?

오렌지색은 신체적인 움직임을 촉발하여 행동에 영향을 미치는 것으로 알려져 있다. 오렌지색은 에너지를 나타내고, 이는 곧 행동을 의미한다는 논리이다. 이 주장에도 직접적인 과학적 단서는 보이지 않는다. 그러나 크고 작은 브랜드들이 이 오렌지색 가설에 따라 행동한다. 한 기업이 이 가설을 받아들여 스스로를 '오렌지이론 피트니스OTF, Orange Theory Fitness'라고 불렀다. 이 기업은 단체 운동에 초점을 맞춘 헬스클럽이었다. 오렌지이론 피트니스는 피트니스 중독자들을 극한으로 밀어붙이는 강렬한 수업으로 유명하다. 이 회사는 피트니스 참가자 모두에게 심박수 모니터를 제공하고 전광판에 실시간으로 심박수를 기록하는 등 피트니스의 수준을 한 단계 끌어올리고 있으며, 심박수가 최고 수준인 '피크 번peak burn' 영역에 오래 머무는 사람에게는 추가점수를 부여한다. 이 영역의 이름은 무엇일까? 오렌지존이다.

이와 유사하게 DIY 운동 이면의 핵심적인 정서는 활동이다. 따라서 시가 총액 2,330억 달러의 원스톱 소매 DIY 상점인 홈 디포가 당당하게 오렌지색에 투자한 것은 놀랄 일이 아니다. 홈 디포는 상점의 로고부터 내부 통로의 표지판, 계산대, 직원 앞치마에 이르기까지 모든 것이 오렌지색으로 통일되어 있다.

색깔이 차이를 만들 수 있는 또 다른 영역은 처방약업계이다. 세계 최고의 제약회사 중 하나인 화이자에서 2003년과 2017년 사이에 단 하나의 약품이 265억 달러의 매출을 올렸다. 그 약품은 다름 아닌 비아그라였다. '작은 파란 알약'으로 유명한 비아그라는 완전히 새로운 시장을 열었다. 거대 경쟁사들은 수익성이 있는 대안을 만들어내기 위해 행동에 나섰고, 바이엘과 글락소 스미스클라인이 비슷한 효능이 있는 레비트라의 개발에 성공했다.

레비트라를 개발하면서 시행한 시장조사 결과, 소비자들이 비아그라의 이미지를 마음에 들어 하지 않는다는 결론을 내렸다. 특히 파란색은 너무 차갑고 차분해서 병든 것 같은 느낌을 주었다. 차별화 전략에 따라 레비트라의 개발사는 이러한 통찰을 밀어붙였다. 오렌지색보다 (성적인 의미에서) 행동을 촉발하기에 좋은 색이 있을까? 결국은 레비트라의 로고는 물론 알약 자체도 오렌지색으로 결정되었다. 그 이유를 묻자 바이엘의 마케팅 부사장 낸시 K. 브라이언은 다음과 같이 대답했다. "오렌지색은 활기차고 에너지가 넘칩니다." 브라이언은 또한 바이엘의 비아그라를 이기기 위한 캠페인의 사내 구호를 알려주었다. "파란색을 타도하자.Beat the Blues."

이에 뒤질세라 거대 제약회사 일라이 릴리도 시알리스를 개발하여 발기부전치료제 시장에 뛰어들었다. 시알리스의 로고도, 포장지도, 알

시알리스는 행동을 강조하는 오렌지색과 독특한 모양으로 발기부전제 시장에서 비아그라에 도전장을 던졌다.

약도 모두 오렌지색이었다. 하지만 일라이 릴리는 시각적인 측면에서 한 걸음 더 나아갔다. 전략적으로 알약의 모양을 바꾸어 오렌지색으로 전달되는 행동을 더 강조한 것이다.

청각, 개성을 창조하다

청각(또는 신경과학자가 사용하는 표현으로 청각 처리)은 시각만큼이나 흥미롭다. 귀는 기계적인 일련의 과정을 거쳐 바깥 세계에서 진동하는 공기의 파동을 받아들이고, 달팽이관에서 음높이와 음량 같은 단순한 특징을 해석한 다음, 추가로 처리하기 위해 입력된 것을 청각 신경을 통해 뇌로 보낸다.

시각적 자극에 비해 청각 자극인 소리는 더 감지하기 힘들지만 여전히 우리에게 중요한 영향을 미친다. 이를테면, 비행기 소리는 정규 비행경로에 거주하는 사람들에게 큰 타격을 줄 수 있다. 연구 결과에 따르면, 만성적으로 항공기 소음에 노출되면 어린아이의 독해 능력과 장기기억이 손상되며, 아이와 성인 고혈압의 원인이 될 수 있다.[17]

더 근본적인 수준에서 어떤 소리는 특정한 인상을 남긴다. 사실 뇌는 소리를 의인화하는, 다시 말해 소리에 느낌을 부여하는 성향이 강해서 브랜드들은 이러한 성향을 이용하여 그들이 원하는 개성을 창조하거나 구축한다.

다음 쪽의 그림과 같은 물체를 살펴보자. 한쪽은 '부바', 다른 한쪽은 '키키'라고 한다. 둘 중 어느 쪽이 부바이고, 어느 쪽이 키키일까?

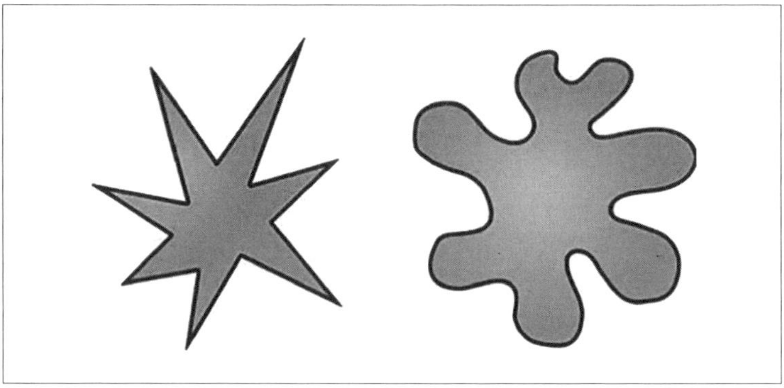

이 이미지는 '부바/키키 효과Bouba/Kiki effect'라고 불리는 전통적인 테스트에서 사용된다. 대다수의 사람들은 자연스럽게 왼쪽에 있는 뾰족하게 생긴 물체를 키키, 그리고 둥글고 납작하게 생긴 물체를 부바라고 생각할 것이다. 키키는 날카롭고 뾰족하게 '들리고', 부바는 둥근 모양처럼 '들린다'.

이들의 이름과 이들을 묘사하는 형용사 사이의 소리의 유사성을 고려하면(키키는 '뾰족한'이라는 의미의 형용사인 spiky와, 부바는 '둥글납작한'이라는 의미의 형용사인 bulbous와 소리가 유사하다), 당신은 아마도 이런 효과가 언어적인 것이고, 따라서 문화적인 것이라고 생각할지도 모른다. 하지만 부바/키키 효과는 언어 사이의 놀라운 일관성을 보여준다.[18] 이는 이러한 소리들이 자체적으로 의미를 지니고 있음을 시사한다. 누구도 그 이유를 확실히 아는 사람은 없지만 말이다.

빨간색의 시각적 프라이밍을 사용한 것처럼, 버진 에어라인은 최종 실행 시에 소리를 프라이밍의 보조장치로 사용했다. 버진 에어라인에서는 탑승할 때와 비행기에서 내릴 때 들려주는 특정한 음악이 있다.

관능적이고, 유혹적이며, 유행에 민감하고, 활기차다고 묘사할 수 있는 음악들이다. 그리고 음악과 붉은 조명, 선명한 빨간색 좌석, 선명한 빨간색의 승무원 유니폼 등이 결합되면 매우 현실적이고 실감나는 브랜드의 개성이 생긴다. 생각해보라. 한 항공사 대신 다른 항공사를 선택하는 이유가 뭘까? 가격이 (대략) 모두 똑같다면, 계속해서 한 항공사를 선택하게 하는 것은 브랜드의 주관적이고 차별화된 개성일 것이다. 버진 에어라인은 기존의 항공사들이 살아남으려고 힘겨운 시절을 보내던 2007년 출범할 때 브랜드의 개성을 고수할 정도로 대담했다. 하지만 10년 뒤 알래스카 항공사는 버진 에어라인을 무려 26억 달러에 인수했다.

특정한 방식의 음악은 소비자 세계에서 우리의 행동에 큰 영향을 미친다. 연구 결과에 따르면 슈퍼마켓에서 들리는 느린 음악은 사람들을 천천히 움직이게 만드는데, 그럴 경우 전체적으로는 값비싼 물건의 구매로 이어지면서 매출이 올라간다.[19] 음악은 다른 방식으로도 구매 선호도를 바꿀 수 있다. 일련의 통제된 연구에서 와인 상점에서 조용한 배경음악을 틀어 놓자 와인 구매에 큰 영향을 준 것으로 밝혀졌다. 독일 음악은 독일 와인의 매출에 도움이 되었고, 프랑스 음악은 소비자들이 프랑스 와인에 손이 가게 했다.[20] 그리고 이러한 유의미한 결과에도 불구하고 쇼핑을 끝내고 작성한 설문조사에서 드러난 사실은 고객들이 전혀 배경음악의 존재를 알지 못했다는 것이었다. 레스토랑의 와인 판매에서도 유사한 결과가 나타났다(고전음악과 기타 고급스러운 음악을 틀었을 때 사람들은 더 값비싼 와인을 선택했다).[21] 좋은 사운드

디자인은 단지 내가 듣는 것에만 관계가 있는 것은 아니다. 때로는 내게 들리지 않는 것에 관한 것이기도 하다. 고급차를 고급스럽게 해주는 한 가지 특징은 승객을 도로, 엔진, 외부세계 등의 소음으로부터 차단해주는 운전석이다. 이는 극한까지 갔을 때 어떤 소리가 나는지가 매력의 큰 부분을 차지하는 스포츠카와는 다르다. 물론 BMW처럼 고급 스포츠카를 만들 경우에는 문제가 생긴다. 과연 BMW는 이 문제를 어떻게 해결했을까? BMW는 운전하는 사람이 얼마나 차를 세게 밟았는지에 따라 반응하고, 운전석의 스피커를 통해 전달되는 엔진 사운드 프로그래밍을 향상시켰다. BMW는 이러한 사운드 증강에 관해 개방적이다. BMW만 이런 문제를 겪었던 건 아니다. 렉서스는 야마하의 악기 부서를 고용하여 렉서스 LFA 스포츠카의 엔진 소리를 조정했다.[22]

촉감, 정서적 유대를 강화하다

인간의 촉감 같은 것은 없다. 유아들에게는 피부 접촉이 가장 중요하다. 피부 접촉은 중요한 생리적 과정을 강화하고, 부모와 아이 사이의 유대에 활력을 불어넣는다. 이 접촉은 매우 중요해서 미국을 비롯한 다른 많은 국가에서 출산 직후 즉시 산모의 가슴에 아이를 올려놓는 것이 일반적인 관행이다.

촉감은 정서적 유대를 공고히 하는 데 도움을 줄 뿐만 아니라 우리의 발달 궤적에도 영향을 미친다. 중요한 시기 동안 신체 접촉을 거부당한 유아들은 성장 장애를 특징으로 하는 희귀질환인 정신사회적

왜소증에 걸릴 수 있다. 유명한 작가 J. M. 배리는 어린 시절에 정신적으로 큰 상처를 받아 이 질환에 시달렸고, 이 질병은 그의 작품에서 중심 주제가 되었다. 그는 자라지 않는 아이들에 대한 소설《피터 팬》의 작가이다.

촉감의 중요성은 우리가 성장하면서 서서히 사라지지만 완전히 없어지는 것은 아니다. 그리고 마케팅과 미드리미널 프라이밍에서 인간의 촉감은 우리의 구매에 중요한 영향을 미친다. 한 연구에서는 실제로 상점 직원이 (당연히 존중의 의미에서) 고객의 팔을 건드리자, 고객의 구매 확률이 높아졌고 전반적으로 쇼핑을 훨씬 즐거운 경험으로 평가했다.[23]

그리고 이것은 촉감이 우리의 구매 결정에 영향을 미칠 수 있는 한 가지 방법일 뿐이다. 자동차를 산다고 생각해보자. 자동차를 사기 전에 자동차를 평가하는 객관적인 방법은 많다. 정지 상태에서 시속 60마일까지 얼마나 빠르게 올라가는가, 연비는 얼마나 되는가, 문이 몇 개이며, 스테레오 시스템의 출력이나 가격은 어떻게 되는가 등. 그러나 최종적으로 구매할 때 우리가 고려하는 가장 영향력 있는 요소는 차를 운전할 때의 '느낌'이다.

자동차 브랜드들은 촉감과 질감을 이용해 자사 제품의 개성을 예비 운전자에 전달하고 긍정적인 인상을 남긴다. 재규어가 기어 변속장치를 가장 흔한 형태인 스틱에서 다이얼로 바꾸었을 때 많은 주목을 받았다. 게다가 다이얼은 보통 팔걸이 내부에 감춰지도록 디자인되었다. 운전자가 운전석에 앉으면 자동차가 깨어나면서 다이얼이 올라오고, 운전자가 주차모드에서 주행모드로 다이얼을 돌리길 기다린다. 이 새로운 촉감이야말로 방금 전에 시운전한 자동차의 구매 여부를 결정하기 위해 뇌가 사용하는 데이터이다.

아마존 같은 전자상거래 기업들은 보더스나 타워레코드 같은 많은 도서 및 레코드 체인점들을 몰아냈다. 하지만 살아남은 기업들, 심지어 아마존에 맞서 성공을 거두고 있는 기업들은 아마존 같은 기업들이 제공하지 않는 것을 고객들에게 집중적으로 제공하고 있다. 그것은 다름 아닌 제품을 만질 수 있다는 것이다. 사람들은 베스트바이의 삼성 쇼케이스에서 새로 나온 갤럭시폰을 만져보거나, 홀푸드 마켓(유기농 식품을 판매하는 미국의 슈퍼마켓 체인-옮긴이)에서 돈을 내기 전에 복숭아가 익었는지 판단할 수 있다. (아마존이 2017년 8월에 이 식료품 체인점을 137억 달러에 인수한 것도 놀랄 일이 아니다.)

후각, 일대일의 연상을 가져오다

일반적으로 냄새는 잘 알아차리기 어렵지만, 인간의 행동과 심리에 매우 특별한 영향을 미친다. 냄새는 시각과는 달리 상황에 따라 크게 달라진다. 시각을 통해 암호화된 기억은 오래 지속되지만, 냄새의 기억은 훨씬 구체적이며 일화적 기억, 즉 특정 정보가 아닌 특정 경험에 대한 기억과 밀접하게 연관되어 있다.[24] 당신이 양키스 팀의 낡은 야구모자를 발견했다고 해보자. 모자를 보기만 했다면 양키스 팀에 대해 이번 시즌 성적은 어떤지, 감독이 마음에 드는지 등 일반적인 기억이 떠오를 것이다. 반대로 모자를 주워서 냄새를 맡았다면 언젠가 뉴욕에 갔을 때 처음으로 아버지와 함께 양키 스타디움에 갔던 때가 생생하게 떠오를지도 모른다.

인간은 대체적으로 보는 것보다 냄새를 맡는 경우가 적어서, 특정 색깔보다는 특정 냄새와 연관성이 생기기 쉽다. 최근에 서브웨이 샌드위치 상점을 지나갔던 때를 생각해보자. 좋든 싫든 우리는 서브웨이에서 서브웨이만의 독특한 냄새를 떠올린다. 이것이 일대일 연상이다. 서브웨이와 비슷하게 생긴 서브웨이 상점은 많지만, 서브웨이 상점의 냄새는 서브웨이에서만 맡을 수 있다. 따라서 '서브웨이의 냄새'를 다시 맡으면 우리의 뇌에는 서브웨이와 연관된 기억을 제외하면 떠올릴 기억이 없다.

이 모든 것을 알고 있는 기업들은 냄새가 소비자의 경험에 미치는 영향을 이용한다. 예를 들어, 집을 팔기 위한 오픈하우스에서 소나무, 바닐라, 갓 구운 쿠키 등 향기를 이용하는 부동산의 전통적인 냄새 활용법에 대해 생각해보자. 1991년 앨런 허슈Alan Hirsch 같은 연구원들은 냄새가 구매 행위에 미치는 영향을 실험했다.[25] 어느 날 과학자들은 똑같은 러닝화 두 개를 방에 놓았다. 한쪽 방은 공기를 정화시켜 아무 냄새가 나지 않게 했고, 다른 방은 꽃향기가 나게 했다. 두 방에서 운동화를 살펴본 실험 참가자들 중 84퍼센트가 향기가 나는 방에 있는 운동화를 사고 싶다고 말했다. 최근 나이키는 소매점에서 향기 테스트를 했다. 향기 마케팅 연구소의 소장 스티븐 세모프Steven Semoff는 나이키의 향기 실험에서 고객의 구매 의사가 80퍼센트 증가했다고 주장한다.[26]

시나본(미국의 베이커리 체인-옮긴이)은 냄새가 얼마나 유지되는지에 따라 소매점의 위치를 결정한다. 시나몬 롤 같은 냄새가 나는 공간이 행인들의 구매 의사를 촉발하는 데 도움이 되기 때문이다. 런던에 있는 M&M 월드스토어에서는 초콜릿 냄새가 나는데, 이것은 이해가 된다. 그렇지 않은가? 초콜릿을 파는 곳이니까 말이다. 하지만 M&M은 초콜릿을 완전히 봉인한 채 판매한다. 따라서 상점에서는 스프레이를 이용해서 초콜릿 냄새가 나게 해야 한다. 최근 싱가폴 항공은 식사를 하기 전에 승객들에게 제공하는 물수건에 특별한 향기를 사용하여 버진 아메리카의 감각적 마케팅을 한 단계 높여놓았다. 그 특별한 향기는 꽃과 감귤을 합성한 것인데, 그 향기의 이름은 '스테판 플로리디언 워터스'라고 한다. 이 향기가 제공하는 미드리미널 정보는 항공사에 대한 인상을 결정한다.

최근 한 연구에서 실험 대상자들에게 잘 부스러지는 비스킷을 나누어주었다. 실험 참가자 중 절반은 비스킷을 먹는 동안 감귤향이 나는 청소 제품 향기에 노출되었고, 나머지 절반은 노출되지 않았다. 결과는 어땠을까? 향기가 나는 방에 있던 사람들은 향기가 난다는 것을 전혀 몰랐음에도 불구하고, 비스킷을 훨씬 깨끗하고 깔끔하게 먹었다.[27] 또 다른 실험에서는 라스베이거스에 있는 슬롯머신에서 상쾌한 향기가 나는 경우, 향기가 나지 않는 경우보다 45퍼센트나 더 많은 게임을 했다는 사실이 밝혀졌다.[28] 이와 유사하게 레스토랑에서 고객들은 라벤더향이 날 때는 레몬향이 날 때보다 돈을 20퍼센트 이상 더 많이 썼고, 15퍼센트 이상 더 오래 레스토랑에 머물렀다.[29]

(모든 연구는 아니더라도) 앞에서 언급한 수많은 연구를 관통하는 핵심은 참가자들이 이러한 감각적 발화를 전혀 눈치채지 못하고 있었다는 것이다. 미드리미널 프라임은 의식적으로 감지할 수 있지만, 대개 인식하지 못하는 자극이다. 참가자에게 왜 호주 와인 대신 프랑스 와인을 선택했는지 물으면 그 누구도 상점에 흐르는 음악 때문이라고 말하지 않는다. 아무도 그들의 행동을 설명하면서 향기나 진열대의 색깔 등 구매에 영향을 미치는 것으로 입증된 다른 감각 요소를 언급하지 않았다. 이러한 요소들이 그들의 행동에 영향을 미친다는 것을 몰랐기 때문이다. 대부분의 사람들은 감각 발화가 있다는 것 자체를 모른다. 감각적 발화가 그들의 행동에 미치는 영향은 말할 것도 없다. 감각적 발화가 노래인지, 누군가 자신의 팔을 만지는 행동인지, 아니면 다른 어떤 것인지 알지 못한다. 그러나 반복해서 말하지만, 모든 감각 영역에서 이러한 미묘한 미드리미널 마케팅 전략은 우리의 행동에 어마어마한 영향을 미친다.

우리는 우리가 선택한 것을 선택하지 않는다

이것이 전체적으로 마케팅에 어떤 의미가 있을까? 현재의 마케팅 윤리는 소비자들이 주어진 광고나 캠페인에 어떻게 반응하는지에 대한 자유로운 선택권을 가지고 있고,[30] 광고가 어떤 식으로든 소비자에게 영향을 미치고 있지만 궁극적으로는 소비자들이 최종적인 자율권을 가지고 있다고 명시적으로 가정한다. 사실 소비자의 자율권에 대한 가정은 매우 다양한 마케팅 관행에 대한 라이선스를 제공할 것이다. (오프라인 광고, 디지털 캠페인, 제품 포지셔닝 등) 마케팅 행위에 관계없이 소비자는 궁극적으로 그들이 어떻게 반응해야 하는지를 선택해야 한다. 아니면 추론이 계속될 것이다. 어떠한 부가기능을 사용한다 해도 브랜드가 소비자에게 강제로 물건을 사게 할 수는 없다. 이러한 이유 때문에 결국 궁극적인 책임은 소비자에게 있다. 하지만 소비자의 자율권에 대한 이러한 가정이 정당화될 수 있을까?

간단히 말하자면, 그럴 수 없다. 소비자들이 언제나 구매 버튼을 누르는 데 대한 전적인 통제권을 가지고 있다고 볼 수 있는 단서가 부족하다. 방 안의 향기, 음악과 같은 요소들 혹은 브랜드들이 우리의 결정에 어떤 식으로 영향을 미치는지 알지 못한다면, 어떻게 우리가 통제를 하고 있다고 말할 수 있을까?

마케팅 자체의 심리적인 영향(그리고 특히 우리의 생각과 감정, 행동에 힘이 되는 우리의 인지력 너머에 있는 요소들의 힘)에 대해 재고함으로써 마케팅 윤리에 관한 논의가 다시 시작되어야 한다. 마케터와 소비자, 입법자의 출발점은 인간의 자율성에 관한 과학이어야 한다. 어떠한 공정한 윤리적 틀도 반드시 이러한 무의식적인 힘의 잠재력에 대한 올바른 인식이 밑받침되어야 할 것이다.

심리학에 대해 생각해보라고 하면 지그문트 프로이트Sigmund Freud가 떠오를 것이다. 물론 프로이트를 떠올려보라고 하면 얼마 지나지 않아 여러 가지 기괴한 생각이 들기 시작한다. 펜을 씹는 사람은 남성

성기에 집착하는 것이며, 어른이 되어 커피를 좋아하면 억압된 어린 시절의 트라우마가 있는 것이라는 내용 등이다. 그리고 물론 우리는 모두 부모와 성관계를 맺고 싶은 은밀한 욕망을 가지고 있다. 지인들에게 프로이트 이야기를 꺼내면, 대부분 조롱은 아닐지라도 회의적인 반응을 보일 것이다.

그러나 우리는 또한 프로이트에게 큰 빚을 지고 있다. 무엇보다도 프로이트는 (그가 '무의식'이라고 부른) 정신적 삶의 많은 부분이 인식의 표면 아래에 존재한다는 것을 깨달은 최초의 사상가였다. 현대 심리학에 프로이트가 가장 크게 기여한 것이자, 그의 영원한 유산은 바로 '우리는 우리가 왜 그런 행동을 하는지 절대 알 수 없다'는 것이다.

프로이트의 죽음 이후 80년이 넘도록 이 보편적인 주장을 뒷받침하는 단서가 계속 쌓이고 있다. 3장에 나오는 미셸 필포츠처럼, 뇌에 손상을 입어 새로운 의식적인 기억을 형성하지 못하는 환자들이 이전에 받았던 훈련을 기억하지 못하면서도 몇 차례 세션을 통해 (자전거 타기와 같은) 기술을 향상시킬 수 있음이 밝혀졌다.[31] 앞에서 우리는 의식적인 처리를 하기에 너무나도 빠른 속도로 번쩍이는 단어들(서브리미널 프라임)이 미묘한 정서적 및 행동적 변화를 일으킬 수 있다는 연구 결과도 살펴보았다.[32] 또한 새로운 장소 또는 새로운 사람에 관한 무언가가 우리가 이러한 연관관계를 만들었다는 사실을 알지 못하는데도 불구하고 기묘한 느낌을 주는 무의식적 기억을 촉발할 수 있다. 표면 아래에는 우리가 모르는 일들이 많이 일어나고 있다.

자세히 들여다볼수록 상황은 점점 미스터리해진다. fMRI 같은 현대 기술을 통해 우리는 이제 뇌가 다양한 정신 기능을 수행하는 동안 뇌의 활동을 관찰할 수 있다. 누군가가 판단하고 의사결정을 내릴 때 뇌를 엿보는 것은 특히 흥미롭다. 그리고 우리의 의사결정 중 상당수가 우리의 의식을 완전히 벗어난 곳에서 일어난다는 사실이 드러났다.

지금은 고전이 된《네이처 신경과학》에 발표된 한 연구에서 존 딜런 헤인스John-Dylan Haynes는 참가자들에게 (오른손으로 버튼을 누르기 혹은 왼손으로 버튼을 누르기와 같은) 간단한 결정을 내리게 했다. 참가자들은 아무 때나 자유롭게 이 결정을 내릴 수 있었지만, 자신이 선택을 결정한 구체적인 시점을 기록해야 했다. 놀랍게도 연구원들은 뇌의 깊은 곳에서 일어나는 활동을 통해 실험 대상자가 결정을 내리기도 전에 그가 어떤 결정을 내릴지 예측할 수 있다는 사실을 발견했다. 게다가 연구원들은 실험 대상자가 알기 1, 2초 전이 아니라, 선택을 하기 7초 전에 그의 선택을 예측할 수 있었다.[33]

영상 작업은 소비자 세계에서 유사한 효과를 발견했다. 제품에 주의를 기울이지 않을 때에도 뇌는 의식의 외부에서 그 상품에 관한 중요한 정보를 등록하고 있다.[34] 그리고 뇌에 있는 이러한 자극의 흔적을 이용해서 나중에 그 상품에 대한 선호도를 놀라울 정도로 정확하게 예측할 수 있다.

헤인스의 연구는 우리가 자신의 뇌 활동에 대하여 얼마나 무지한지 역설적으로 보여준다. 그리고 그의 관찰은 우리의 자유의지가 단지 환상일 뿐인지에 대해 진행 중인 신경-철학 논쟁에 설득력 있는 단서를 제공했다. 하지만 현재의 토론에서는 이것에 주목하는 것만으로도 충분하다. 우리의 의식적인 관심은 우리의 생각 그리고 궁극적으로 우리의 행동을 유도하는 연속적인 신경활동에 대해 전혀 알지 못한다. 우리가 '결정'하려고 고려하는 것은 우리가 알아차리기 훨씬 전에 일어나는 어떤 무의식적인 과정의 전개이다.

우리는 이러한 근본적인 과정을 인지하지 못할 뿐 아니라, 우연적인 요소들이 우리가 깨닫지 못한 사이 우리의 행동에 영향을 미친다. 질이 자신이 다니는 대학교에 게시된 광고를 보고 다른 사람의 얼굴을 평가하는 데 20달러를 주는 어떤 실험에 등록한다고 생각해보자. 그날 질은 복도에서 누군가와 부딪쳐서 조금 늦게 도착하지만, 실험 담당자가 친절하고 이해심이 많아 마음을 놓는다. 담당자는 질에게 하얀색 의자에 앉으라고 한 후에 실험에 대해 설명한다.

먼저 질은 어떤 사람에 대한 사진과 함께 간단한 설명을 읽은 다음, (그가 얼마나 친절하고 얼마나 관대한지 등) 그 사람이 어떤 사람인지에 관한 몇 가지 질문에 답을 하기로 한다. 정답이나 오답은 없다. 실험 담당자는 단지 질의 개인적인 판단에만 관심이 있다. 끝으로 질은 나이, 성별을 비롯한 기타 인구통계학적 정보를 입력하는 간단한 설문지를 받는다. 설문자의 마지막 질문은 "왜 이 사람을 이렇게 평가했나요?"이다.

질이 마지막 질문에 "왜라뇨? 내가 그들에 대한 설명을 읽었을 때 생각이 났던 것이니까요. 거기에 다른 이유가 있을까요?"라는 반응을 보인다.

나중에 드러났지만, 질이 실험실로 오는 길에 복도에 부딪쳤던 어색

했던 사람은 실험의 일부였다. 그는 UC 볼더의 연구원들이 고안한 독창적이고 정교한 설정의 일부로, 질과 부딪치면서 논문을 떨어뜨린 후에 논문을 수습하기 위해 들고 있던 커피를 질에게 건네주었다.[35] 연구원들은 참가자들의 절반에게는 차가운 커피를, 나머지 절반에게는 따뜻한 커피를 건네주게 했다. 참가자들이 컵을 들고 있었던 시간은 1분 미만이었지만, 차이가 있었다. 따뜻한 커피를 받았던 사람은 차가운 컵을 받았던 사람들보다 다른 사람들을 훨씬 관대하고 친절하게 평가했다. 참가자 중에 실험에서 얼굴을 향한 따뜻한 느낌과 그들이 들고 있던 커피의 온도를 연결한 사람은 한 명도 없었다.

프로이트의 통찰을 바꿔 말하면, '우리는 결코 우리가 선택한 것들을 선택하지 않는다.'

미드리미널 마케팅은 서브리미널 마케팅보다 더 좋지는 않을지 몰라도 그만큼은 효과가 있다. 그리고 서브리미널 마케팅과 미드리미널 마케팅 사이에 윤리적 선을 긋는 것이 중요한 만큼, 서브리미널이든 미드리미널이든 일반적으로 프라이밍의 윤리를 고려하는 것도 마찬가지로 중요하다. 뇌는 꾸준히 정보를 받아들이지만, 뇌가 '당신'과 공유하는 일부 정보에 대해서는 선택적이다. 공유하는 부분은 의식적인 경험이다. 나머지는 당신이 알아차리지 못한다고 하더라도 여전히 당신의 생각이나 감정, 행동에 영향을 미친다.

행동을 촉발하기 위해 브랜드들은 나를 피해 직접 공유하지 않은 뇌에게 말한다. 그들은 촉감을 이용하여 구매를 유도하고, 소리를 이용하여 개성을 전달하고, 냄새를 이용하여 경쟁사와 차별화하며, 이 모든 것을 위해 시각을 이용한다.

뇌가 인지하지 못하는 방식으로 우리의 감각을 이용하여 소통하는 것(서브리미널 마케팅)은 위법이지만, (대개 무의식일지라도) 우리가 인지할 수 있는 방식을 이용하면 위법이 아니다. 하지만 이 기준은 매우 임의적으로 느껴질 수 있다. 아무리 작은 요소라도 우리의 구매 행위에 어마어마하면서도 은밀한 영향을 미칠 수 있다는 단서가 있다면 말이다. 우리는 소비 생활을 완벽하게 통제하고 있다고 생각하고 싶어 하지만, 과학자들은 그렇지 않다고 말한다.

서브리미널 마케팅을 불법화하는 것이 첫 번째 단계였다. 그것은 또한 가장 쉬운 단계였다. 두 번째 단계는 미드리미널 마케팅을 처리하는 것이다. 이것은 흑과 백으로 나누기 어려운 문제인데, 특히 모든 브랜딩에는 미드리미널 프라이밍 요소가 포함되어 있다고 할 수 있기 때문이다. 미드리미널 마케팅 문제를 해결하려면 신경과학의 렌즈를 통한 마케팅 윤리가 필요하다. 그리고 이것이 바로 마지막 장의 주제이다.

BLINDSIGHT

12장

마케팅의 미래

기술 사회가 가져올 새로운 마케팅의 길

데이터와 심리학은 마케팅의 다음 세대를 규정할 것이다.

하지만 소비자들은 어떨까?

소비자들은 자기 자신의 행동을

버전 2.0으로 업데이트해야 할 것이다.

방심하지 않고 최선의 이익을 찾기 위해

소비자들은 소시지가 만들어지는 방법에 관해

더 많은 관심을 갖는 등 인식을 고양하여

소비자 세계와 교류해야 한다.

—— 자연에는 악어의 이빨에서 먹이를 찾는 새부터 고래를 타고 다니는 따개비, 한 종의 꽃만 수분하는 벌까지 흥미로운 관계들로 가득하다. 하지만 위대한 자연의 절친한 친구에게 주는 상이 있다면 나무늘보와 나무늘보의 등을 뒤덮고 있는 조류藻類에게 가야 할 것이다. 나무늘보는 녹조류를 먹어 꾸준히 영양소를 보충할 뿐만 아니라 잠재적인 포식자로부터 위장할 수도 있다. 그 대가로 조류는 자신의 에너지원인 나방을 얻는다. 나방은 종일 나무늘보 위에서 떨어져 죽는다. 사실 필요한 만큼만 움직이는 것으로 소문난 나무늘보는 일주일에 한 번씩 과감히 나무에서 내려가 자신의 배설물을 이용해 나방을 유인한다. 오로지 조류만을 위해서 말이다. 정말 훌륭한 친구이다!

나무늘보와 조류 사이의 관계는 어떻게 서로 가까운 사이로 진화했는가 하는 점에서 독특하다. 그들은 서로를 필요로 하고, 그들의 삶은 상호작용을 통해 유지되고 있다. 나무늘보에게 조류가 없었다면 전혀 다른 생명체가 되었을 것이고, 이것은 조류도 마찬가지이다. 그들은 너무 얽혀 있어 그들 사이를 구분 짓는 선이 모호하다.

이것은 우리가 소비자로서 속해 있는 서로 깊게 연결된 관계와 같다. 우리는 그 관계에 의존하며, 그 관계는 변함없이 우리를 형성하고, 그로 인해 경계가 모호해진다. 어디에서 소비자 세계가 끝나고 소비자로서의 우리가 시작되는지 알기는 어렵다. 훌륭한 영화를 보고 흥분하여 그 경험을 가까운 친구와 공유할 때, 우리는 소비자 세계에서 자연스럽게 움직이고 있는 것이다. 또한 무의식적으로 가장 강력한 형태의 마케팅인 입소문에 참여하고 있는 것이다. 그리고 오늘날 새롭게 부상하고 있는 인플루언서 문화 덕분에 온라인 플랫폼의 규모와 내가 얼마나 설득력이 있는지에 따라, 내가 보았던 위대한 영화에 대해 말을 하는 것이 하나의 비즈니스가 될 수 있다. "나는 비즈니스맨이 아니다. 내가 곧 비즈니스이다"라는 제이지(미국 가수이자 비욘세의 남편-옮긴이)의 말도 같은 맥락에서 볼 수 있다.

우리는 이러한 관계에서 수동적으로 받기만 하지는 않는다. 소비자 세계는 우리를 중심으로 만들어졌고, 우리에게 순응한다. 우리가 소비자 세계에 순응하듯이 말이다. 우리는 매일 우리가 구매하고 사용할 것이라는 전제하에 만들어진 상품과 기술을 사용한다. 우리는 매일 서비스에 참여하고 우리의 특정한 심리적 반응을 중심으로 설계된 경험을 한다. 소비자 세계가 있는 그대로인 것은 우리, 즉 인간 소비자가 그대로이고 그 역사가 소비자 가치의 쇠퇴와 흐름을 따르기 때문이다. 기업들이 접근법을 바꾼다면 그것은 대개 소비자들 자체가 바뀌었기 때문이다. 음료 회사들이 건강에 좋고 설탕이 덜 들어간 제품을 생산하기 시작한 것은 건강에 대한 소비자의 태도가 바뀌었기 때문이다. 미국의 세단이 작아지고 연료를 덜 쓰게 된 것 또한 소비자들의 환경에 대한 태도가 바뀌었기 때문이다. 의류소매상들이 패스트패션(저렴한 의류를 짧은 주기로 소비하는 패션-옮긴이)을 피하는 이유는 지속 가능성에 대한 관점이 소비자의 선호도에 영향을 미치기 시작했기 때문이다. 광고가 변화한 것은 말할 필요도 없다. 소비자가 주도한 변화는 계속해서 이어지고 있다.

좋든 싫든 우리는 소비자 세계와 깊고 역동적이며 복잡한 관계를 맺고 있다. 그리고 그 관계를 건강하게 유지하려면 우선 마케팅의 본질과 심리학의 본질, 그리고 두 가지를 모두 탐색하는 소비자로서의 역할을 이해해야 한다.

알고리즘의 놀라운 예측

2011년 한 아버지가 미국의 대형 유통업체 타깃의 지역 매장에서 관리자와 면담을 요청했다. 그는 십대인 딸에게 보낸 쿠폰 때문에 화가 나 있었다. 이 업체가 딸에게 보낸 쿠폰은 젖병, 기저귀, 임부복 등 모두 특정 주제에 맞춰져 있었다. "내 딸은 아직 고등학생인데, 아기 옷과 유아용 침대 쿠폰을 보내요? 지금 임신을 장려하는 겁니까?" 관리자와의 대화는 사과로 이어졌다. 알고 보니 타깃은 아버지가 모르는

것을 알고 있었다. 딸의 임신 사실이었다.[1]

타깃의 사례에서 흥미로운 점은 딸이 임신과 관련된 상품을 찾아본 적이 없다는 것이다. 타깃의 진보된 알고리즘은 일반 로션보다 향이 덜 나는 로션, 약간 색다른 농수산물, (태아용은 아닌) 일부 부가적인 비타민 등의 구매 행위와 연관된 패턴을 알아냈다. 2011년에도 타깃은 신용카드 사용 내역, 타깃 쿠폰 카드 사용, 이메일 정보라는 세 가지 데이터와 25개의 데이터 포인트를 기반으로 믿을 만한 임신 예측 점수를 지정할 수 있었다. 예측에 사용된 데이터는 대부분 웹 브라우징이 아닌 매장에서 구매한 내역에 따라 나온 것이었다. 그리고 이것은 페이스북이 상장되기 전이자 페이스북이 인스타그램을 인수하기 1년 전, 페이스북이 와츠앱을 인수하기 3년 전, 애플이 애플워치 1세대를 통해 스마트워치를 주류에 합류시키기 3년 전에 일어난 일이었다. 타깃은 지금 당신에 대해 무엇을 알아낼 수 있을까?

신경마케팅의 미래

마케팅 기술의 미래는 심리학과 떼려야 뗄 수 없는 관계에 있다. 데이터가 많아질수록 나의 심리에 대해 드러나는 것이 많아지고, 그만큼 마케팅 부서의 설득력도 높아지기 때문이다. 기술의 발전으로 인해 성격에 대한 과학을 상세하게 서술할 수 있게 된 예를 살펴보자.

심리학을 바탕으로 하는 성격에 관한 이론 중에는 미래의 행동

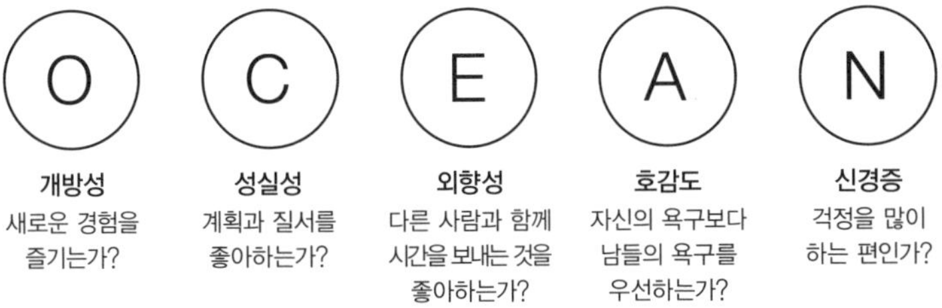
O
C
E
A
N
개방성
새로운 경험을 즐기는가?
성실성
계획과 질서를 좋아하는가?
외향성
다른 사람과 함께 시간을 보내는 것을 좋아하는가?
호감도
자신의 욕구보다 남들의 욕구를 우선하는가?
신경증
걱정을 많이 하는 편인가?

을 모형화하여 예측하는 능력에서 다른 이론을 훌쩍 뛰어넘는 이론이 있다. OCEAN 분석이 바로 그것이다. OCEAN은 개방성Openness, 성실성Conscientiousness, 외향성Extraversion, 호감도Agreeableness, 신경증Neuroticism 등 다섯 가지 핵심적인 성격의 특성을 나타내는 약어이다. 나의 OCEAN 프로필은 각각의 특성 척도에 대한 점수이다.

통제된 연구에서 OCEAN 분석이 관계의 성공(높은 호감도)에서 인종주의(낮은 개방성)까지 다양한 범위의 결과를 예측하는 데 효과적이라는 것을 입증했다. OCEAN 분석은 완벽하지는 않지만, 성격을 측정할 수 있는 가장 효과적인 척도이다. 그리고 고객들을 잘 이해하는 데 도움이 되고, 풍부한 데이터를 기반으로 한 알고리즘에 통합될 수 있는 것은 무엇이든 기업에게는 큰 도움이 된다. 갈수록 늘어가는 강력한 데이터가 갈수록 정교해지는 알고리즘을 통해 분석되면서, 모형은 더욱 상세해지고 효과적이 된다. 그리고 구매 데이터와 디지털 데이터를 성격 과학과 결합함으로써 기업들은 엄청난 심리적 이점을 얻게 된다.

이처럼 세분화된 성격 기반의 접근법이 제 힘을 온전히 발휘한 것은 2016년 선거에서 도널드 트럼프의 선거팀이 영국 기업 케임브리지 애널리티카를 고용하여 선거의 판세를 눈에 띄게 바꾸어놓았을 때였다. 케임브리지 애널리티카는 27만 명이 참여한 간단한 설문조사를 실시했다. 설문조사의 실제 질문과 결과는 사소한 것이었다. 중요한 것은 설문조사에 참여하면 참가자들의 (모든 '좋아요', 댓글, 사진 등) 페이스북 데이터를 볼 수 있다는 사실이었다. 여기에는 27만 명뿐만 아니라, (페이스북의 허술한 보안 덕분에) 27만 명의 모든 지인들까지 포함되었다. 케임브리지 애널리티카는 총 8,700만 명의 데이터를 수집했다.[2] 그것도 합법적으로 말이다.

예측 분석을 통해 그들은 모든 사람을 대상으로 고유한 OCEAN 성격 프로필을 도출하기 위해 그들이 수집한 데이터를 이용했다. 그리고 이 프로필은 잠재적인 투표자들을 목표로 삼아 맞춤형 광고를 하는 데 사용되었다. 예를 들어 매우 신경질적이지만 성실한 (따라서 약간 편집증적일 수도 있는) 사람들에게는 강도가 침입한 장면과 함께 다음과 같은 글귀가 나오는 트럼프 광고를 보여주었다. "미국 수정헌법 제2조는 하나의 권리 이상입니다. 그것은 보험정책입니다. 무기를 소지할 권리를 수호하십시오." 다시 말해, 모든 유권자들에게 그들의 OCEAN 프로필에 따라 고유한 광고 글을 보게 한 것이다.

케임브리지 애널리티카가 2016년 선거에서 정확히 어느 정도 영향을 미쳤는지 정량화하기는 어렵다. 하지만 그들이 한 일은 갈수록 높아지는 정확도와 큐레이션을 이용하여 세분화되고 개인화된, 충격적인 광고의 미래를 미리 보여준다. 2015년 케임브리지 애널리티카의 최고경영자 알렉산더 닉스Alexander Nix는 다음과 같이 말했다. "오늘날 의

사소통은 갈수록 대상화되고 있습니다. 이 방에 있는 그 어느 누구도 빠짐없이 개인화되고 있습니다." 성격의 심리학과 디지털 데이터를 결합하여 케임브리지 애널리티카는 미래를 미리 보여주었다.

딥페이크가 가져올 마케팅의 미래

슈두 그램과 미켈라 수자의 공통점은 무엇일까? 두 사람 모두 각각 20만 명과 160만 명이라는 엄청난 수의 팔로워를 가진 슈퍼모델이다. 사실은 두 사람은 진짜 사람이 아니다. 그들은 소비자들에게 구찌, 펜디 등에서 협찬을 받는 자신의 존재를 믿게 만든, 디지털 방식으로 만들어진 슈퍼모델, 즉 '딥페이크deepfake'들이다.

오늘날 설득력 있는 딥페이크를 만들 수 있는 기술이 존재한다면, 누군가 내 딥페이크를 만드는 것을 막을 수 있을까? 이것은 '가정'의 문제가 아니라 '시기'의 문제이다. 머지않아 레이밴(선글라스 및 안경 제작 전문 브랜드-옮긴이) 같은 회사가 디지털 광고에서 레이밴 에비에이터의 최신 모델을 착용하고 있는, 나처럼 생긴 어떤 모델을 보여줄 것이기 때문이다.

그 전술은 분명히 효과가 있을 것이다. 과학자들이 '칵테일 파티 효과cocktail party effect'라고 부르는 것 때문이다. 다음과 같은 상황을 상상해보자. 사람이 많은 파티에서 가까운 친구와 서로의 근황을 묻고 있다. 대화에 푹 빠져서 다른 사람들이 하는 이야기는 들리지 않는다. 그

때 갑자기 내 등 뒤로 6미터 정도 떨어진 곳에서 나의 이름이 들린다. 10초 전에는 내 이름을 말하던 그 사람이 거기 있는지도 몰랐지만, 이제는 그들이 나누는 대화에 주의를 집중하고 있다. 이처럼 시끄러운 파티장의 소음 속에서도 자신에게 의미 있는 정보에 집중하는 현상이 바로 '칵테일 파티 효과'이며, 이는 1950년대 이후 몇몇 심리학 연구에서 밝혀졌다.

이제 그 효과를 오늘날의 믿을 수 없을 만큼 정확한 얼굴 인식 기술 그리고 딥페이크 모델을 창조하는 미래의 능력과 결합해보자. 최근 연구에서는 우리가 자신의 이름에 특별히 주목하는 것뿐 아니라 자신의 얼굴에도 주목한다고 주장한다.[3] 바꿔 말해 시각적인 '칵테일 파티 효과'가 있다는 것이다.

뇌는 의식적으로 인식하지 않을 때에도 자신의 얼굴을 인식한다. 화면에 빠르게 움직이는 일련의 얼굴을 봐달라는 부탁을 받았다면 자신이 본 얼굴 중 어떤 얼굴도 제대로 묘사하지 못할 것이다. 하지만 우리의 뇌가 어떤 활동을 하고 있는지 감시하는 뇌파기록장치EEG, electroencephalography에 연결되어 있다면, 내 얼굴이 화면에 번쩍일 때 뇌가 내 얼굴에 주목하고 있다는 것을 알 수 있다. 그리고 중요한 점은 이 현상은 일반적인 얼굴에는 해당되지 않는다는 것이다. 오직 내 얼굴일 경우에만 해당된다.

2019년 페이스북에서 만든 페이스앱은 앞으로 40년이나 50년 후에 자신이 어떤 모습일지 보여주며 인기를 끌었다. 이 앱은 너무나 흥미로웠지만, 데이터의 안전과 사생활에 관한 우려를 다시 불러일으켰다. 〈포브스〉는 페이스앱이 현재 1억 5,000만 명 이상의 페이스북 사용자의 얼굴을 소유하고 있을 것이라 추정한다.

그리고 데이터 보안에 실패한 책임을 물어 페이스북을 (다시 한 번) 비난하기는 쉽지만, 페이스북은 얼굴 데이터 수집에 관심이 있는 유일한 집단이라고 할 수는 없다. 애플의 페이스 아이디 기능에서 감시할 때 사용하는 얼굴 인식까지, 얼굴 데이터(그리고 얼굴 데이터를 사용하는 소프트웨어)는 어디에나 있다.

카네기멜론대학교의 컴퓨터과학 교수 로리 크래너Lorrie Cranor가 〈블룸버그 비즈니스위크〉에서 말한 것처럼, "얼굴 인식 기술은 이제 모든 스타벅스 매장에 설치되어 내 차례가 되었을 때 커피가 준비되도록 할 수 있을 정도로 저렴해졌다."[4]

광고주가 우리를 설득하는 데 우리의 얼굴을 사용할 것인지는 더 이상 선택의 문제가 아니라 시기와 방법이 문제이다. 딥페이크가 광고에 사용될 경우에 예상할 수 있는 두 가지 마케팅 방법이 있다.

소셜미디어 마케팅: 시선을 사로잡는 광고를 보았을 때 지하철에서 뉴스피드를 정신없이 스크롤하고 있다고 상상해보자. 아마도 보통 때는 광고를 클릭하지 않는 사람도 최신 유행하는 신상품 신발을 디자인한 사람이 자신이라면 어떻게 클릭을 하지 않을 수 있겠는가? 밀집된 관심 경제에서 소셜미디어 앱의 광고주들은 사람들의 시선을 사로잡기 위해 끊임없이 경쟁하고 있다. 사용자의 얼굴을 마치 플랫폼 안에 있는 것처럼 광고에 내장하는 기술은 시장의 판도를 바꿀

것이고, 손쉽게 브랜드를 차별화할 것이다. 그리고 기억해야 할 것은 그것이 내 얼굴인지 의식적으로 보지 않아도 된다는 사실이다. 광고 이미지에 내 얼굴이 있는 것만으로도 무의식적으로 나의 관심을 끌 것이다.

개인화된 '페이스 스왑' 광고 영상: 이 기술은 또한 광고 영상에 나를 온전한 모습으로 집어넣기 위해 존재한다. 낸시 펠로시 같은 정치인들의 딥페이크 영상은 이미 까다로운 윤리적 문제를 제기하고 있다. 하지만 다른 사람에게 오는 메시지는 내게서 오는 것만큼 나의 관심을 사로잡거나 설득력이 있지는 않을 것이 분명하다. 페이스 스왑 회사의 기술은 내 얼굴을 다른 사람의 얼굴에 매핑하는 방법으로, 사진뿐만 아니라 동영상에서도 쉽게 이런 작업을 할 수 있도록 만들 것이다.
우리가 지금까지 봤던 얼굴 스와핑 기술의 일부 용도는 전혀 해를 끼치지 않는다. 그리고 이것은 인터넷에서 사랑받는 콘텐츠 유형이다. 예를 들어 2019년 초여름 (《팍스 앤 레크리에이션》의 론 스완슨으로도 알려진) 닉 오퍼맨의 얼굴은 〈풀 하우스〉의 등장인물로 매핑되었다.[5] 또한 2019년 중국 기업 모모는 자기 자신을 유명 영화에 나오는 주인공으로 삽입할 수 있는 앱 '자오'를 출시했다.[6] (앱을 소개하는 광고에서 영화 〈인셉션〉의 믿을 수 없을 정도로 현실과 비슷한 장면과 함께 또 다른 사람의 얼굴이 레오나르도 디캐프리오의 역할을 연기하고 있다.[7])
하지만 페이스 스왑 비디오 기술은 기존의 마케팅 전략을 불편하다고 느낄 정도로 확장할 수 있는 많은 잠재력을 가지고 있다. 6장에서 인간은 선천적으로 손실을 회피하기 때문에 공포가 강력한 동기를 유발한다고 했던 것을 떠올려보자. 예를 들어 지나치게 개인화된 페이스 스왑의 접근법이 보험광고에 사용된다고 상상해보자. 끔찍한 교통사고 현장에서 자동차에서 실려 나오는 나의 시체를 생생하고 현실적으로 표현한 영상보다 공포감을 더 효과적으로 유발하는 건 없을 것이다.

이렇게 개인화된 광고의 새로운 물결이 어떤 형태가 될 것인지는 두고 봐야 할 것이다. 하지만 한 가지는 분명하다. 얼굴에 기반한 개인화된 마케팅의 미래가 새롭게 열릴 것이라는 사실이다. 이와 함께 마케터에게는 새로운 기회의 지평이, 규제 당국에게는 새로운 골칫거리가, 윤리학자에게는 새로운 퍼즐이 다가오고 있다.

소비자주의 2.0

데이터와 심리학은 마케팅의 다음 세대를 규정할 것이다. 하지만 소비자들은 어떨까? 소비자들은 자기 자신의 행동을 버전 2.0으로 업데이트해야 할 것이다. 방심하지 않고 최선의 이익을 찾기 위해 소비자들은 소시지가 만들어지는 방법에 관해 더 많은 관심을 갖는 등 인식을 고양하여 소비자 세계와 교류해야 한다.

마케팅의 대부 필립 코틀러Philip Kotler는 마케팅의 대부라는 수식어에 맞게 마케팅에 관한 주제로 책을 썼다(그가 쓴《마케팅 원리》는 세계적으로 학부와 대학원 과정에서 모두 쓰이고 있다). 그는 마케팅을 '수익성이 있는 관계를 관리하는 것'이라고 정의했다. 전문용어를 빼면, 필립 코틀러의 정의는 마케팅이 훨씬 더 인간적이라는 말이 된다. 마케팅은 '가치를 거래하는 것'이다. 그리고 성공적으로 미래를 항해하기 위해서 소비자들은 어떤 가치가 어떻게 거래되는지 반드시 이해해야 한다.

그래픽 디자인이나 소셜미디어, 상품 관리자 그리고 브랜드 로고가 있기 전까지 마케팅은 단순했다. 세상에는 오직 두 종료의 집단, 다시 말해 파는 사람들과 사는 사람들이 있었다. 파는 사람들은 상품을 가지고 있었고, 사는 사람은 돈(또는 다른 재화)을 가지고 상품을 교환하기 위해 제안을 했다. 그것이 비즈니스였다. 가치의 거래는 단순했다. 오늘날의 로고와 가장 비슷한 것은 파는 사람의 얼굴이었다.

시간이 흐르면서 경쟁이 심해지자, 차별화에 대한 필요도 커졌다. 가격이 같다면 판매자는 구매자에게 (돈을 지불하는 형태로) 가치를 얻기 위해 제품 이외의 부가가치를 제공해야 했다. 고객에게 인사하는 방법, 다양한 상품 목록, 매장의 청결도 등 세부적인 사항 등이 모두 판매자들이 제품 이외의 가치를 제공하는 추가적인 방법이 되었다.

오늘날을 돌아보자. 마케팅은 여전히 가치를 거래하고 있다. 구매자는 이제 소비자로 불리고, 판매자라는 명칭은 비즈니스와 비영리조직, 정부 조직 등 가치를 제공하고 받는 모든 집단으로 확장되었다. 진화한 것은 구매자와 판매자가 가치를 거래하는 방식뿐이다.

오늘날의 구매자는 대개 돈을 지불하는 것 이상의 가치를 제공한다. 입소문을 내주고, 친구에게 이메일을 보내 링크를 알려주고, 페이스북에 판매자에 관한 글을 올리고, 옐프(지역 기반 소셜 네트워크로, 지역의 식당, 병원 등에 대한 추천과 리뷰를 공유한다-옮긴이)에서 판매자에게 박수를 보낸다. 오늘날 사용자가 생성하는 콘텐츠가 판매자들에게 가져다주는 모든 가치를 고려한다면, 구매자들은 차라리 판매자를 위해서 공짜 노동을 하는 게 나을 수도 있다. 실제로 사용자 생성 콘텐츠는 구매자 생성 콘텐츠라고 불러야 한다. 스포티파이에 재생목록을 만들고, 아마존에 리뷰를 쓰고, 인스타그램에 사진을 올릴 때마다 우리는 기업에게 지불하는 돈 이외에도 어마어마한 가치를 제공하고 있는 셈이다. 아마존과 스포티파이는 구매자 생성 콘텐츠 없이 살아갈 수 있겠지만, 최종 사용자가 돈을 바꿀 수 없는 인스타그램 같은 회사들은 사용자들이 그 가치를 제공하기를 중단한다면 사라지고 말 것이다. 이러한 가치교환의 신세계는 구매자에게 막대한 미지의 힘을 가져다줄 것이다.

오늘날 판매자 또한 새로운 유형의 가치를 제공한다. 이들이 가치를 제공하는 것은 과거 세대의 판매자들이 진화하는 비즈니스 환경 때문에 필요에 따라 안전하고 청결한 쇼핑 환경을 제공했던 것과 같은 이유 때문이다. 오늘날 우리는 우리가 채울 수 있는 욕구보다 더 많은 것을 살 수 있으며, 이는 판매자가 우리의 돈을 가져가기 위해서는 더 많은 가치를 제공해야 한다는 것을 뜻한다. 판매자와 구매자 사이의 가능한 모든 접점은 판매자가 가치를 제공할 수 있는 기회이다. 통화 연결음에서부터 쇼핑백 디자인과 상품 포장, 상을 수상한 블로그까지, 현대의 판매자들은 상품을 알리고, 차별화하고, 관계를 맺기 위해서 더 열심히 노력해야 한다.

지금까지 우리는 기업들이 이익을 위해 인간의 심리적 맹점을 이용하는 방법에 대해 살펴보았다. 이런 모든 논의에도 불구하고 마케터들은 진정으로 소비자를 위해 상품의 가치를 높일 수 있다는 사실이 무엇보다 중요하다. 마케팅이 현실에 대한 우리의 인식을 변화시킨다고 해서, 마케팅에 대한 반응으로 우리가 느끼는 것이 그 자체로 거짓이거나 피상적이라는 것을 의미하지는 않는다. 와인 애호가에게는 크리스털 글라스에 담긴 와인이 더 맛있게 느껴지는 게 사실이다. 인간은 결코 세상을 직접 경험하지 않는다는 사실을 기억할 필요가 있다. 우리가 경험하는 것은 모두 우리의 뇌가 만든 세상에 대한 모형이다. 귀하고 값비싼 와인이라는 사실을 알기 때문에 느끼는 쾌감이 혀에 느껴지는 와인의 맛만큼이나 현실적일 수 있다.

애플 스토어에 들어갈 때는 프라이즈 전자상가에 갈 때보다 기분이 더 좋아진다. 새로 나온 나이키의 조이라이드 러닝화를 신고 달리면 일반 브랜드 운동화를 신고 달릴 때보다 뭔가 다른 고양된 경험을 하게 된다. 그 모든 시간과 돈 그리고 나이키라는 브랜드 이면에 숨겨진 세심한 노력이 우리에게 가시적인 영향을 미친다. 1장에서 본 것처럼 이러한 브랜딩 자체가 유사 플라시보 효과를 통해 우리의 경험을 직접적으로 고양시킬 수 있다. 나이키 브랜드의 골프 드라이버로 골프공을 칠 때 상표가 없는 드라이버로 칠 때보다 더 멀리 날아갔다. 두

드라이버의 물리적 특성은 동일했음에도 말이다.[8] 이러한 유형의 성능 플라시보 효과는 어디서나 볼 수 있으며, 마케터들은 그러한 효과에 감사해야 한다.

바꿔 말해, 우리는 마케팅 전략에 관해 냉소적인 태도를 보이지 않아야 할 이유가 있다. 마케팅은 우리의 행복감과 성취감을 진정으로 높일 수 있고 또 높이고 있다. 그리고 감사해야 할 가치가 있다. 조깅을 하면서 나이키를 신는 기분을 진정으로 좋아하는 사람에게 상표가 없는 브랜드를 살 돈에 30달러를 더해서 나이키를 구매하는 것은 그럴 만한 가치가 있는 일이다.

구매자(소비자)와 판매자(비즈니스) 사이의 가치 교환에서 비즈니스의 목표는 그들이 소비자에게서 뽑아내는 가치를 최적화하는 것이다. 소비자의 목표 역시 마찬가지로 비즈니스에게서 받는 가치의 최적화가 되어야 할 것이다. 공정한 가치의 교환이라면 양측이 만족할 것이다. 하지만 대다수의 소비자들은 어느 정도의 가치 교환이 일어나는지 알지 못한다. 일부는 구매자와 판매자의 역할이 어떻게 진화해왔는지에 대해 모호하게 알고 있을지 모른다. 하지만 판매자에게는 보이고 구매자에게는 보이지 않는 새롭지만 투명하지 않은 가치의 교환이 일어나고 있다. 이로 인해 가치의 교환이 불공평하게 일방적으로 비즈니스에 이롭게 치우쳐 있다. 가치의 교환이 불공평할 때 윤리적인 문제를 만나게 된다.

마케팅은 설득이다

소비자와 기업 사이의 관계에서는 설득이 핵심이다. (브랜딩, 광고 등의) 마케팅 전략의 성공은 설득하는 능력으로 정의된다. 설득은 가치 교환의 핵심이다.

그리고 어느 주어진 마케팅 전략에서 설득의 효과는 이진수로 나타낼 수 없다. 대신 스펙트럼을 따른다. 아래와 같이 0에서 10으로 이루어진 간단한 척도를 생각해보자. 여기서 0은 미래의 행동에 아무런 영향을 미치지 못한다는 의미이고, 10은 미래에 행동에 영향을 미치는 것을 보장한다는 의미이다. 스펙트럼의 오른쪽 끝에는 광고의 직접적인 결과로 원하는 행동을 수행하는 것을 보장받는다. 왼쪽 끝에서는 마케팅 전략이 원하는 행동이 발생할 것인지 여부에 아무런 영향을 미치지 못한다.

이 스펙트럼은 불공평한 가치 교환을 둘러싼 윤리에 관한 대화에서 맥락을 파악하는 데 도움이 된다. 설득에 관한 스펙트럼의 어느 지점에서 소비자로서 불편함을 느끼는가? 대부분 우리는 어떤 마케팅 전술이 행동에 결정적인 영향을 미쳐 결과적으로 개인의 자율성을 소멸할 수 있다는 생각에 곧바로 불편함을 느낄 것이다. 하지만 그렇다면 스펙트럼의 어느 부분에 선이 그려져야 할까? 효율성이 80퍼센트 이하인 전술을 사용해야 할까? 아니면 70퍼센트인 전술을 사용해야 할까? 마케터의 임무는 오른쪽으로 조금씩 다가가는 것이다. 지나치게 왼쪽에 있는 사람들(소비자에게 아무런 영향을 미치지 못하거나 미미한 사람들)은 정의에 따라 나쁜 마케터들이다. 그렇다면 어느 정도까지 받아들일 수 있을까를 나타내는 선은 어디에 그려져야 하는 걸까?

마케팅의 풍경이 그 어느 때보다 빠르게 변화하고 있는 이유는 구매자와 판매자 사이의 관계가 그 어느 때보다 빠르게 성장하고 있기 때문이다. 본질적으로 그 관계는 여전히 가치 교환에 기반하고 있지만, 기업이 그 가치를 추출하는 방식이 바뀌듯 교환되고 있는 가치의 유형도 바뀌었다.

이러한 변화들은 설득력의 엄청난 변화를 초래하고 있는데, 이는 밀레니엄 시대의 마케팅에 일어난 가장 큰 변화 덕분이다. 그것은 바로 개인 데이터이다.

현재로서는 개인 기술, 디지털 습관, 소비자의 연결된 생활 등에서 제공하는 데이터가 사람이나 AI가 효과적으로 처리할 수 있는 데이터보다 훨씬 많다. 하지만 개인적인 데이터 수집은 막 시작되었을 뿐이다. 지금까지 수집된 모든 데이터의 90퍼센트가 2016년과 2017년에 수집된 것이다.[9] 브랜드들은 매일 이 데이터를 더 잘 처리하고 이해하고 이용하여 설득하는 데 더 능숙해질 것이다.

내가 아는 사람 중 가장 설득력 있는 사람을 상상해보자. 이제 사람들이 과거의 구매 목록, 성격 유형 등 나의 디지털 데이터를 가지고 있다고 생각해보자. 또한 나의 모든 사적인 문자 대화, 병력도 가지고 있다. 그들의 말은 얼마나 설득력이 있을까? 나를 설득하지 못하는 것은 불가능할지도 모른다. 그리고 확실한 효과를 보장하는 광고는 결코 가능하지 않을 수도 있지만, 기업의 설득력은 점근선처럼 조금씩 확실성에 다가갈 것이다.

설득력의 스펙트럼에서 가장 적절한 곳은 어디일까? 마케터들이 운동을 더 많이 하거나 건강한 식단을 수용하는 것처럼 자신의 최선을 위해 뭔가를 하라고 설득한다면, 무슨 차이가 있을까? 마케팅 윤리는 복잡한 문제이며, 우리 저자들도 지금 진행하고 있는 연구에서 이 문제를 살펴보고 있다.[10] 이 장에서 우리는 마케팅 윤리의 업데이트된 모델에 대한 정보를 다루면서 변수와 요소에 대해 대략적으로만 살펴보았다. 하지만 한 가지는 분명하다. 마케터들이 더 이상 나빠질 일은 없을 것이다. 마케터들의 설득력은 더 효과적일 수밖에 없을 것이다.

그런 점을 고려할 때 소비자로서 우리가 나아갈 길은 어디일까? 이 복잡하고 얽히고설킨 관계의 한 부분으로서 우리 자신의 이익을 위해 우리가 할 수 있고 해야 할 일은 무엇일까?

현명한 소비자의 길

비즈니스 세계에서 불공평한 가치 교환은 새로운 일도 아니며, 소비자와 시장을 불공평한 가치 교환으로부터 보호하는 법도 새로운 것이 아니다. 예를 들어, 독점금지법은 소비자(와 전반적인 경제)를 독점에서 보호하는데, 이는 경쟁을 억제하고 고객의 재산을 강탈할 수 있다. 독점의 위험에 대해서는 수세기에 걸쳐 제대로 인식되어온 반면, 빅 데이터의 새로운 시대는 새로운 우려를 불러일으키며 규제에 대한 요구로 이어졌다. 케임브리지 애널리티카의 스캔들 같은 사례는 데이터 프라이버시를 중요한 문제로 인식하는 계기가 되었다. 하지만 어떤 규제가 있을지, 규제가 있기는 할 것인지 명확하지 않다. 우리의 선출직 관료들의 AI 같은 신기술에 대한 이해는 철자법까지가 한계인 것처럼 보인다.

규제가 향후 사용자 데이터의 수집과 활용을 구체화하는 데 중요한 역할을 한다는 것은 의심할 여지가 없지만, 기업과 소비자 사이의 가치 교환의 균형을 맞추는 중요한 책임은 소비자에게 있을 것이다. 우리가 중요하다고 여기는 것을 변경함으로써 우리는 구매자와 판매자의 관계를 형성할 수 있는 놀라운 힘을 갖게 된다. 그리고 그런 관계를 형성할 때 균형을 잡을 수 있다.

확실히 규제가 중요한 역할을 하지만, 핵심적인 책임은 소비자에게 있다. 페이스북을 비난하며 '중독적이고 데이터를 남용한다'라고 말하기는 쉽지만, 또한 더 큰 비난이 우리에게 되돌아온다는 것을 고려해야 한다. 페이스북 같은 데이터 기업은 비영리단체가 아니다. 그들은 살아남기 위해서 돈을 벌어야 한다. 23억에 달하는 디지털 시민이 사는 디지털 국가를 운영하는 것은 공짜가 아니다. 소비자들이 페이스북이나 인스타그램, 와츠앱 같은 플랫폼을 사용하는 데 돈을 지불할 의사가 없다면, 이들 기업은 경제적으로 살아남을 또 다른 방법을 찾아야 한다. 이를테면, 내가 주목하는 데이터를 분석해서 그 데이터를 마케터에게 파는 것이다.

오랜 격언 중에 "공짜 점심은 없다"라는 말이 있다. 디지털 세상에서 공짜 앱은 없다. 소비자들이 '공짜'라는 유물을 떨쳐버려야 할 때다. 현금으로 지불하지 않는다면 나와 마케터가 모두 가치 있게 여기는 것, 즉 관심, 데이터, 혹은 두 가지 모두를 이용하여 지불해야 한다. 그리고 우리가 이것을 빨리 깨달을수록 소비자 세계와의 관계를 더 효과적으로 탐색할 수 있다.

우리는 여기서 수동적으로 받기만 하지는 않는다. 우리에게는 소비자 세계와의 관계의 본질을 바꿀 힘이 있다. 소비자 세계를 강제하여 우리에게 맞추도록 할 수 있다. 우리가 모두 즉시 기술을 포기하고 스마트폰을 바다에 던지면 소비자 세계에서 엄청난 파장을 일으킬 것이다. 애플은 시가총액에서 세계 최고의 기업일지 모르지만, 애플도 수익성은 말할 것도 없고 살아남기 위해서 과감한 변화가 필요하다. 기업은 고객이 기업을 필요로 하는 것보다 더 많은 고객을 필요로 한다.

우리는 식음료 산업에서 힌트를 얻어 기업이 비즈니스와 소비자 간의 가치 교환에서 무엇을 얻고 소비자들은 무엇을 얻는지에 대한 투명성을 요구할 수 있다. 알코올과 담배에는 건강 경고문이 쓰여 있다. 영화와 비디오게임에는 연령제한이 있다. 그러나 초등학생들은 소셜미디어 앱을 다운로드해서 아무런 감독 없이 앱을 사용할 수 있다. 그리고 약관 사이에 숨겨놓는 대신 기업 스스로 제공하는 가치의 일부로서 내게서 얼마나 많은 가치가 추출되는지 투명하게 제시되어야 한다.

특히 기술 제품의 경우 소비자가 기업에 정확히 무엇을 제공하는지 불분명한 경우가 많으며, 가치 측면에서 한 당사자가 실제로 무엇이 교환되고 있는지 모르는 관계는 분명히 부도덕한 것이다. 당신이라면 자신이 말하지 않는 언어로 쓰인 혼전합의서에 서명하지는 않을 것이다. 그러나 약관에 있는 일련의 '동의' 버튼을 클릭할 때는 매번 그렇게 하는 것이다.

좋든 싫든, 우리는 소비자 세계와 깊은 관계를 맺고 있다. 하지만 이러한 깨달음은 실제로 힘을 실어줄 수 있다. 나는 이 교환의 파트너이다. 내가 중요하게 여기는 것이 관계를 형성한다. 내가 가치 있다고 여기는 것과 자신의 가치를 위임하는 방법을 변경함으로써 관계를 바꿀 수 있다. 한 명의 구매자로서 판매자에게 보다 균형 잡히고 서로 이익이 되는 관계를 조정하고 제공하도록 할 수 있다. 아마도 소비자 세계는 나의 나무늘보에게 조류가 될 수도 있을 것이다.

지금까지의 논의를 통해 우리는 보이지 않는 것을 보는 능력을 얻었다. 블라인드사이트를 얻은 것이다. 우리는 자신의 심리에서 보이지 않는 이상한 기질이 있으며, 우리의 뇌가 브랜드를 접할 때 무엇을 기대해야 하는지 알고 있다. 우리는 고통, 쾌락, 논리와 감정, 인식과 현실, 위험과 안전에 동시에 끌리는 힘 등 인간 심리의 주요 역설과 마주했다. 우리는 이제 기억, 의사결정, 공감, 연결, 스토리텔링, 서브리미널 메시지, 주목, 경험 등의 신경과학을 모두 소비자주의의 맥락에서 이해한다.

우리가 독자들에게 부탁하고 싶은 것은 한 가지이다. 이 책을 동료 소비자에게 전달하여 이 지식을 이용하여 다른 사람에게 도움을 주는 것이다. 혹은 마케터에게 전하여 자신의 캠페인의 심리적 결과를 더 잘 이해할 수 있게 해주길 바란다.

여러분은 이제 승객에서 내가 바라는 대로 소비자 세계를 항해할 수 있는 조종사가 되었다. 이제 어디로 날아갈 것인지는 당신에게 달려 있다.

참고문헌

머리말

1 B. De Gelder, M. Tamietto, G. van Boxtel, R. Goebel, A. Sahraie, J. van den Stock, B.M.C. Steinen, L. Weiskrantz, A. Pegna, "Intact navigation skills after bilateral loss of striate cortex," Current Biology 18 (2009):R1128-R1129.

1장

1 J. Bohannon, R. Goldstein, and A. Herschkowitsch, "Can People Distinguish Pâté From Dog Food?" (American Association of Wine Economists Working Paper No. 36, April 2009), https://www.wine-economics.org/dt_catalog/working-paper-no-36/.

2 G. Morrot, F. Brochet, & D. Dubourdieu, "The Color of Odors." Brain & Language 79(2001): 309-20.

3 H. McGurk and J. MacDonald J., "Hearing Lips and Seeing Voices,"&Nature&264, no. 5588(1976): 746-48, doi:10.1038/264746a0.

4 Sixesfullofnines, "McGurk effect-Auditory Illusion-BBC Horizon Clip," video, 0:54, November 6, 2011, https://www.youtube.com/watch?v=2k8fHR9jKVM.

5 M. Nishizawa, W. Jiang, and K. Okajima, "Projective-AR System for Customizing the Appearance and Taste of Food," in Proceedings of the 2016 Workshop on Multimodal Virtual and Augmented Reality (MVAR '16) (New York: ACM, 2016), 6, doi:10.1145/3001959.3001966.

6 G. Huisman, M. Bruijnes, and D. K. J. Heylen, "A Moving Feast: Effects of Color, Shape and Animation on Taste Associations and Taste Perceptions," in Proceedings of the 13th International Conference on Advances in Computer Entertainment Technology (ACE 2016) (New York: ACM, 2016), 12, doi:10.1145/3001773.3001776.

7 M. Suzuki, R. Kimura, Y. Kido, et al., "Color of Hot Soup Modulates Postprandial Satiety, Thermal Sensation, and Body Temperature in Young Women," Appetite 114 (2017): 209-16.

8 Angel Eduardo, "George Carlin-Where's the Blue Food?," video, 1:09, May 25, 2008. https://www.youtube.com/watch?v=l04dn8Msm-Y

9 Author Matt had this precise scenario play out when he was living abroad in China. On a trip to Hangzhou, he was enjoying a very well-prepared meal and was thoroughly impressed by the flavorful dishes, especially his main entrée. Not wanting to be rude, he dug into it the meat in front of him without asking what it was. Then, a colleague revealed what the dish was—horse face. Suddenly, the entree tasted much different.

10 Wan-chen Lee, Jenny Mitsuru Shimizu, Kevin M. Kniffin, et al., "You Taste What You See: Do Organic Labels Bias Taste Perceptions?" Food Quality and Preference 29, no. 1 (2013): 33-39, doi:10.1016/j.foodqual.2013.01.010.

11 James C. Makens, "Effect of Brand Preference upon Consumers' Perceived Taste of Turkey Meat," Journal of Applied Psychology 49, no. 4 (1964): 261 –63.
12 H. Plassmann, J. O'Doherty, B. Shiv, et al., "Marketing Actions Can Modulate Neural Representations of Experienced Pleasantness," Proceedings of the National Academy of Sciences of the USA 105 (2008): 1050.
13 Jeffrey R. Binder and Rutvik H. Desai, "The Neurobiology of Semantic Memory," Trends in Cognitive Sciences 15, no. 11 (2011): 527 –36.
14 Karalyn Patterson, &Peter J. Nestor,&and Timothy T. Rogers, "Where Do You Know What You Know? The Representation of Semantic Knowledge in the Human Brain," Nature Reviews Neuroscience & 8 (2007): 976 –87.
15 R. Lambon and A. Matthew, "Neural Basis of Category-Specific Semantic Deficits for Living Things: Evidence from Semantic Dementia, HSVE and a Neural Network Model," Brain 130, no. 4 (2007): 1127 –37.
16 J. R, Saffran, R. N. Aslin, and E. L. Newport, "Statistical Learning in 8 –Month Olds," Science 274, no. 5294 (1996): 1926 –28.
17 Interbrand, "Best Global Brands 2019 Ranking," accessed October 28, 2019, https://www.interbrand.com/best-brands/best –global –brands/2019/ranking/.
18 S.I. Lee, interview with the authors in San Francisco, November 2018.
19 S. M. McClure, J. Li, D. Tomlin, et al., "Neural Correlates of Behavioral Preference for Culturally Familiar Drinks," Neuron 44 (2004): 379 –87.
20 Yann Cornil, Pierre Chandon, and Aradhna Krishna, "Does Red Bull Give Wings to Vodka? Placebo Effects of Marketing Labels on Perceived Intoxication and Risky Attitudes and Behaviors," Journal of Consumer Psychology 27, no. 4 (2017): 456 –65.
21 Pascal Tétreault, Ali Mansour, Etienne Vachon –Presseau, et al., "Brain Connectivity Predicts Placebo Response across Chronic Pain Clinical Trials, PLoS Biology, October 27, 2016, https://doi.org/10.1371/journal.pbio.1002570.
22 T. D. Wager and L. Y. Atlas, "The Neuroscience of Placebo Effects: Connecting Context, Learning and Health," Nature Reviews: Neuroscience 16, no. 7 (2015): 403 –18.
23 Gary Greenberg, "What If the Placebo Effect Isn't a Trick?" New York Times, November 7, 2018, https://www.nytimes.com/2018/11/07/magazine/placebo –effect –medicine.html.
24 A. M. Garvey, F. Germann, and L. E. Bolton, "Performance Brand Placebos: How Brands Improve Performance and Consumers Take the Credit," Journal of Consumer Research 42, no. 6 (2016): 931 –51.

2장

1 C. Escera, K. Alho, I. Winkler, et al., "Neural Mechanisms of Involuntary Attention to Acoustic Novelty and Change," Journal of Cognitive Neuroscience 10 (1998): 590 –604.
2 M. Banks and A. P. Ginsburg, "Early Visual Preferences: A Review and New Theoretical Treatment," in Advances in Child Development and Behavior, ed. H. W. Reese (New York:

Academic Press, 1985), 19: 207–46.
3 L. B. Cohen, "Attention-Getting and Attention-Holding Processes of Infant Visual Preferences," Child Development 43 (1972): 869–79.
4 M. Milosavljevic, V. Navalpakkam, C. Koch, et al., "Relative Visual Saliency Differences Induce Sizable Bias in Consumer Choice," Journal of Consumer Psychology 22, no. 1 (2012): 67–74, https://doi.org/10.1016/j.jcps.2011.10.002.
5 Milosavljevic et al., "Relative Visual Saliency Differences."
6 Felicity Murray, "Special Report: Vodka Packaging Design," thedrinksreport, September 13, 2013, https://www.thedrinksreport.com/news/2013/15045-special-report-vodka-packaging-design.html.
7 Katie Calautti, phone interview with the authors, February 28, 2019.
8 Macegrove, "Cadbury's Gorilla Advert," video, 1:30, Aug 31, 2017, https://www.youtube.com/watch?v=TnzFRV1LwIo.
9 Nikki Sandison, "Cadbury's Drumming Gorilla Spawns Facebook Group," Campaign, September 11, 2007, https://www.campaignlive.co.uk/article/cadburys-drumming-gorilla-spawns-facebook-group/737270.
10 "Cadbury's Ape Drummer Hits the Spot," Campaign Media Week, September 25, 2007, https://www.campaignlive.co.uk/article/brand-barometer-cadburys-ape-drummerhits-spot/740054.
11 A. Gallagher, R. Beland, P. Vannasing, et al., "Dissociation of the N400 Component between Linguistic and Non-linguistic Processing: A Source Analysis Study," World Journal of Neuroscience 4 (2014): 25–39.
12 M. Kutas and K. D. Federmeier, "Thirty Years and Counting: Finding Meaning in the N400 Component of the Event-Related Brain Potential (ERP)," Annual Review of Psychology 62 (2011): 621–47.
13 Dan Hughes, "6 of the Most Memorable Digital Marketing Campaigns of 2018… So Far," Digital Marketing Institute, accessed November 28, 2019, https://digitalmarketinginstitute.com/en-us/the-insider/6-of-the-most-memorable-digital-marketing-campaigns-of-2018.
14 Daniel J. Simons and Daniel T. Levin, "Failure to Detect Changes to People during a Real-World Interaction," Psychonomic Bulletin and Review 5, no. 4 (1998): 644–49, https://msu.edu/course/psy/802/snapshot.afs/altmann/802/Ch2-4a-SimonsLevin98.pdf.
15 Daniel Simons, "The 'Door' Study," video, 1:36, March 13, 2010, https://www.youtube.com/watch?v=FWSxSQsspiQ.
16 Daniel J. Simons and Christopher F. Chabris, "Gorillas in our midst: sustained inattentional blindness for dynamic events," Perception 28 (1999): 1059–74, http://www.chabris.com/Simons1999.pdf.
17 Daniel Simons, "Selective Attention Test," video, 1:21, March 10, 2010, https://www.youtube.com/watch?v=vJG698U2Mvo.
18 William Poundstone, Priceless: The Myth of Fair Value (and How to Take Advantage of It) (New York: Hill and Wang, 2011), 15; Brian Wansink, Robert J. Kent, and Stephen J.

Hoch, "An Anchoring and Adjustment Model of Purchase Quantity Decisions," Journal of Marketing Research 35 (February 1998): 71 –81.
19 Wansink, Kent, and Hoch, "Anchoring and Adjustment Model."

3장

1 D. I. Tamir, E. M. Templeton, A. F. Ward, et al., "Media usage diminishes Memory for Experiences," Journal of Experimental Social Psychology 76 (2018): 161 –68.
2 L. A. Henkel, "Point –and –Shoot Memories: The Influence of Taking Photos on Memory for a Museum Tour," Psychological Science 25, no. 2 (2014): 396 –402.
3 A. Barasch, G. Zauberman, and K. Diehl, "Capturing or Changing the Way We (Never) Were? How Taking Pictures Affects Experiences and Memories of Experiences," European Advances in Consumer Research 10 (2013): 294.
4 C. Diemand –Yauman, D. M. Oppenheimer, and E. B. Vaughan, "Fortune Favors the Bold (and the Italicized): Effects of Disfluency on Educational Outcomes," Cognition 118(2011): 114 –18.
5 RMIT University, "Sans Forgetica" (typeface download page), 2018, http://sansforgetica.rmit/.
6 "Sans Forgetica: New Typeface Designed to Help Students Study," press release, RMIT University, October 26, 2018, https://www.rmit.edu.au/news/all –news/2018/oct/sans –forgetica –news –story.
7 E. Fox, R. Russo, R. Bowles, et al., "Do Threatening Stimuli Draw or Hold Visual Attention in Subclinical Anxiety?" Journal of Experimental Psychology: General 130, no. 4 (2001): 681 –700, doi:10.1037/0096 –3445.130.4.681.
8 E. A. Kensinger and S. Corkin, "Memory Enhancement for Emotional Words: Are Emotional Words More Vividly Remembered Than Neutral Words?" Memory and Cognition 31 (2003):1169 –80.
9 Paulo Ferreira, Paulo Rita, Diogo Morais, et al., "Grabbing Attention While Reading Website Pages: The Influence of Verbal Emotional Cues in Advertising," Journal of Eye Tracking, Visual Cognition and Emotion (June 2, 2011), https://revistas.ulusofona.pt/index.php/JETVCE/article/view/2057.
10 Jonathan R. Zadra and Gerald L. Clore, "Emotion and Perception: The Role of Affective Information," Wiley Interdisciplinary Reviews: Cognitive Science 2, no. 6 (2011): 676 –85, https://www.ncbi.nlm.nih.gov/pmc/articles/PMC3203022/.
11 A. D. Vanstone and L. L. Cuddy, "Musical Memory in Alzheimer Disease," Aging, Neuropsychology, and Cognition 17(1): 2010; 108 –28.
12 A. Baird and S. Samson, "Memory for Music in Alzheimer's Disease: Unforgettable?" Neuropsychology Review 19, no. 1 (2009): 85 –101.
13 D. J. Levitin, This Is Your Brain on Music: The Science of a Human Obsession (New York: Dutton/Penguin, 2006).

14 T. L. Hubbard, "Auditory Imagery: Empirical Findings," Psychological Bulletin 136 (2010): 302-29.
15 Andrea R. Halpern and James C. Bartlett, "The Persistence of Musical Memories: A Descriptive Study of Earworms," Music Perception: An Interdisciplinary Journal 28, no.4 (2011): 425-32.
16 Ronald McDonald House Charities, "Our Relationship with McDonald's," accessed October 28, 2019, https://www.rmhc.org/our-relationship-with-mcdonalds.
17 "Ronald McDonald School Show Request," n.d., accessed October 28, 2019, https://www.mcdonaldssocal.com/pdf/School_Show_Request_Form.pdf.
18 D. Kahneman, D. L. Fredrickson, C. A. Schreiber, et al., "When More Pain Is Preferred to Less: Adding a Better End," Psychological Science 4 (1993): 401-5.
19 Event Marketing Institute, EventTrack 2015: Event & Experiential Marketing Industry Forecast & Best Practices Study (Norwalk, CT: Event Marketing Institute, 2015), http:// cdn.eventmarketer.com/wp-content/uploads/2016/01/EventTrack2015_Consumer.pdf.
20 Google.org, "Impact Challenge Bay Area 2015," accessed October 28, 2019, https://impactchallenge.withgoogle.com/bayarea2015.
21 Tony Chen, Ken Fenyo, Sylvia Yang, et al., "Thinking inside the Subscription Box: New Research on E-commerce Consumers," McKinsey, February 2018, https://www.mckinsey.com/industries/high-tech/our-insights/thinking-inside-the-subscription-box-new-research-on-ecommerce-consumers
22 Gerken, Tom (Sep 2018), "Kevin Hart: Fans kicked out for using mobile phones at gigs," BBC News, accessed October 28, https://www.bbc.com/news/world-us-canada-45395186.
23 Katie Calautti, phone interview with the authors, February 28,2019.
24 Music Industry Research Association and Princeton University Survey Research Center, "Inaugural Music Industry Research Association (MIRA) Survey of Musicians," June 22, 2018, https://img1.wsimg.com/blobby/go/53aaa2d4-793a-4400-b6c9-95d6618809f9/downloads/1cgjrbs3b_761615.pdf
25 RIAA, "U.S. Sales Database," accessed October 28, 2019, https://www.riaa.com/u-ssales-database/.
26 Statista, "Music Events Worldwide," accessed October 28, 2019, https://www.statista.com/outlook/273/100/music-events/worldwide.

4장

1 Linda Rodriguez McRobbie, "Total Recall: The People Who Never Forget," The Guardian, February 8, 2017, https://www.theguardian.com/science/2017/feb/08/total-recallthe-people-who-never-forget.
2 Valerio Santangelo, Clarissa Cavallina, Paola Colucci, et al., "Enhanced Brain Activity Associated with Memory Access in Highly Superior Autobiographical Memory,"

Proceedings of the National Academy of Sciences 115, no. 30 (July 9, 2018), doi:10.1073/pnas.1802730115.
3 Bart Vandever, "I Can Remember Every Day of My Life," BBC Reel, February 28, 2019, https://www.bbc.com/reel/video/p0722s3y/-i-can-remember-every-day-of-my-life-.
4 "Coca Cola Commercial - I'd Like to Teach the World to Sing (In Perfect Harmony)-1971," YouTube video, 0:59, posted by "Shelly Kiss," December 29, 2008, https://www.youtube.com/watch?v=ib-Qiyklq-Q.
5 Shelly Kiss, "Coca Cola Commercial - I'd Like to Teach the World to Sing (In Perfect Harmony)-1971," video, 0:59, December 29, 2008, https://www.youtube.com/watch?v=ib-Qiyklq-Q.
6 Accenture. "Who Are the Millenial Shoppers? And What Do They Really Want?", accessed December 2, 2019, https://www.accenture.com/us-en/insight-outlook-who-aremillennial-shoppers-what-do-they-really-want-retail.
7 Andrew Webster, "Nintendo NX: Everything We Know So Far," The Verge, September 23, 2016, https://www.theverge.com/2016/4/27/11516888/nintendo-nx-new-consolenews-date-games.
8 InternetExplorer, "Microsoft's Child of the 90s Ad for Internet Explorer 2013," video, 1:40, Jan 23, 2013, https://www.youtube.com/watch?v=qkM6RJf15cg.
9 "Elizabeth Loftus: How Can Our Memories Be Manipulated?" NPR, TED Radio Hour, October 13, 2017, https://www.npr.org/2017/10/13/557424726/elizabeth-loftus-how-can-our-memories-be-manipulated.
10 E. F. Loftus and J. E. Pickrell, "The Formation of False Memories," Psychiatric Annals 25, no. 12 (1995): 720-25.
11 Lawrence Patihis, Steven J. Frenda, Aurora K. R. LePort, et al., "False Memories in Superior Autobiographical Memory," Proceedings of the National Academy of Sciences of the USA, 110, no. 52 (December 24, 2013): 20947-952, doi:10.1073/pnas.1314373110.
12 Daniel M. Bernstein, Nicole L.M. Pernat, and Elizabeth F. Loftus, "The False Memory Diet: False Memories Alter Food Preferences," Handbook of Behavior, Food and Nutrition (January 31, 2011): 1645-63.
13 John Glassie, "The False Memory Diet," New York Times, December 11, 2005, https://www.nytimes.com/2005/12/11/magazine/falsememory-diet-the.html.
14 Kathryn Y. Segovia and Jeremy N. Bailenson, "Virtually True: Children's Acquisition of False Memories in Virtual Reality," Media Psychology 12 (2009): 371-93, https://vhil.stanford.edu/mm/2009/segovia-virtually-true.pdf.
15 D. R. Godden and A. D. Baddeley, "Context-Dependent Memory in Two Natural Environments: On Land and Underwater," British Journal of Psychology, 66 (1975): 325-331. doi:10.1111/j.2044-8295.1975.tb01468.x.
16 Hajo Adam and Adam D. Galinsky, "Enclothed Cognition," Journal of Experimental Social Psychology 48, no. 4 (July 2012): 918-25.
17 Jason Notte, "5 Champagne Beers for New Year's Toasting," The Street, December 21,

2011, https://www.thestreet.com/story/11350740/1/5-champagne-beers-for-new-yearstoasting.html.

18 Alix Spiegel, "What Vietnam Taught Us about Breaking Bad Habits," NPR Shots, January 2, (2012), https://www.npr.org/sections/health-shots/2012/01/02/144431794/whatvietnam-taught-us-about-breaking-bad-habits.

19 "Drug Facts: Heroin," National Institute on Drug Abuse, June 2019, http://www.drugabuse.gov/publications/drugfacts/heroin.

20 B. P. Smyth, J. Barry, E. Keenan, et al., "Lapse and Relapse Following Inpatient Treatment of Opiate Dependence," Irish Medical Journal 103, no. 6 (2010): 176-79.

21 Wendy Wood and David T. Neal, "The Habitual Consumer," Journal of Consumer Psychology 19 (2009): 579-92, https://dornsife.usc.edu/assets/sites/545/docs/Wendy_Wood_Research_Articles/Habits/wood.neal.2009._the_habitual_consumer.pdf.

22 P. B. Seetheraman, "Modeling Multiple Sources of State Dependence in Random Utility Models: A Distributed Lag Approach," Journal of Marketing Science 23, no. 2 (2004): 263-71.

23 Verena Vogel, Heiner Evanschitzky, and B. Ramaseshan, "Customer Equity Drivers and Future Sales," Journal of Marketing 72, no. 6 (2008): 98-108.

24 L. Festinger and J. M. Carlsmith, "Cognitive Consequences of Forced Compliance," Journal of Abnormal and Social Psychology 58 (1959): 203-10.

25 "Nissan Xterra Commercial (2002)," YouTube video, 0:29, posted by "Vhs Vcr," November 23, 2016, https://www.youtube.com/watch?v=SVmn_tlxpYU.

26 M. Moscovitch, "Confabulation," in Memory Distortion, ed. D. L. Schacter, J. T. Coyle, G. D. Fischbach et al. (Cambridge, MA: Harvard University Press, 1995), 226-51.

27 Sandra Blakeslee, "Discovering That Denial of Paralysis Is Not Just a Problem of the Mind," New York Times, August 2, 2019, https://www.nytimes.com/2005/08/02/science/discovering-hat-denial-of-paralysis-is-not-just-a-problem-of-the.html.

28 T. Feinberg, A. Venneri, and A. M. Simone A.M. et al., "The Neuroanatomy of Asomatognosia and Somatoparaphrenia," Journal of Neurology, Neurosurgery & Psychiatry 81 (2010): 276-81.

29 Petter Johansson, Lars Hall, Sverker Sikström, et al., "Failure to Detect Mismatches between Intention and Outcome in a Simple Decision Task," Science, October 2005, 116-19.

30 L. Hall, P. Johansson, B. Tärning, et al., "Magic at the Marketplace: Choice Blindness for the Taste of Jam and the Smell of Tea," Cognition 117 (2010): 54-61, doi: 10.1016/j.cognition.2010.06.010

31 Anat Keinan, Ran Kivetz, and Oded Netzer, "The Functional Alibi," Journal of the Association for Consumer Research 1, no. 4 (2016), 479-96.

32 Rory Sutherland, Alchemy: The Dark Art and Curious Science of Creating Magic in Brands, Business, and Life (New York: William Morrow), loc. 3645, Kindle.

33 Ruth Westheimer, "You've Decided to Break Up with Your Partner. Now What?," Time, January 4, 2018, http://time.com/5086205/dr-ruth-breakup-advice/.

5장

1 Daniel Kahneman and Shane Frederick, "Representativeness Revisited: Attribute Substitution in Intuitive Judgment," in Heuristics and Biases: The Psychology of Intuitive Judgment, ed. Thomas Gilovich, Dale Griffin, and Daniel Kahneman (New York: Cambridge University Press), 49 –81.

2 Kara Pernice, "F-Shaped Pattern of Reading on the Web: Misunderstood, But Still Relevant (Even on Mobile)," Nielsen Norman Group, November 12, 2017, https://www.nngroup.com/articles/f-shaped-pattern-reading-web-content/.

3 SimilarWeb, "Youtube.com Analytics -Market Share Stats & Tra'c Ranking," accessed October 2019, SimilarWeb.com/website/youtube.com.

4 P. Covington, J. Adams, and E. Sargin, "Deep Neural Networks for YouTube Recommendations," in Proceedings of the 10th ACM Conference on Recommender Systems (New York: ACM, 2016), 191 –98.

5 A. Alter, Irresistible: The Rise of Addictive Technology and the Business of Keeping Us Hooked (New York: Penguin, 2016).

6 J. Koblin, "Neflex"ix Studied Your Binge-Watching Habit. That Didn't Take Long," New York Times, June 9, 2016, https://www.nytimes.com/2016/06/09/business/media/neflixstudied-your-binge-watching-habit-it-didnt-take-long.html.

7 E. J. Johnson, J. Hershey, J. Meszaros, et al., "Framing, Probability Distortions, and Insurance Decisions," Journal of Risk and Uncertainty 7 (1993): 35 –51, doi:10.1007/BF01065313.

8 James C. Cox, Daniel Kreisman, and Susan Dynarski, "Designed to Fail: Effects of the Default Option and Information Complexity on Student Loan Repayment," National Bureau of Economic Research Working Paper No. 25258, November 2018, https://www.nber.org/papers/w25258.

9 S. Davidai, T. Gilovich, and L. Ross, "The Meaning of Default Options for Potential Organ Donors," Proceedings of the National Academy of Sciences of the USA 109, no. 38 (2012): 15201 –205.

10 Jennifer Levitz, "You Want 20% for Handing Me a Mu'n? The Awkward Etiquette of iPad Tipping," Wall Street Journal, October 17, 2018, https://www.wsj.com/articles/you-want-20-for-handing-me-a-muffin-the-awkward-etiquette-of-ipad-tipping-1539790018?mod=e2:.

11 Phil Barden, Decoded: The Science Behind Why We Buy (Hoboken, NJ: John Wiley & Sons), 150, Kindle.

12 Daniel Burstein, "Customer-First Marketing Chart: Why Customers Are Satisfied (and Unsatisfied) with Companies," Marketing Sherpa, February 21, 2017, https://www.marketingsherpa.com/article/chart/why-customers-are-satisfied.

13 NPR/Marist Poll results, April 25 –May 2, 2018, accessed October 28, 2019, http://maristpoll.marist.edu/wp-content/misc/usapolls/us180423_NPR/NPR_Marist%20Poll_Tables%20of%20Questions_May%202018.pdf#page=2.

14 J. Clement, "Online shopping behavior in the United States – Statistics & Facts," Statista Report, August 30, 2019, https://www.statista.com/topics/2477/online-shopping-behavior/.
15 Sapna Maheshwari, "Marketing through Smart Speakers? Brands Don't Need to Be Asked Twice," New York Times, December 2, 2018, https://www.nytimes.com/2018/12/02/business/media/marketing-voice-speakers.html.
16 "Cavs Player Timofey Mozgov Accidentally Speaks Russian," YouTube video, 0:34, posted by FOX Sports, March 19, 2015, https://www.youtube.com/watch?v=mL-2wnGbDQSs.
17 T. W. Watts and G. J. Duncan, "Controlling, Confounding, and Construct Clarity: A Response to Criticisms of 'Revisiting the Marshmallow Test'" (2019), https://doi.org/10.31234/osf.io/hj26z.
18 Aimee Picchi, "The American Habit of Impulse Buying," CBS News, January 25, 2016, https://www.cbsnews.com/news/the-american-habit-of-impulse-buying/.
19 Sienna Kossman, "Survey: 5 in 6 Americans admit to impulse buys," CreditCards.com, January 25, 2016, https://www.creditcards.com/credit-card-news/impulse-buy-survey.php.
20 Phillip Hunter, "Your Decisions Are What You Eat: Metabolic State Can Have a Serious Impact on Risk-Taking and Decision-Making in Humans and Animals," European Molecular Biology Organization 14, no. 6 (2013): 505-8.
21 S. Danziger, J. Levav, J., and L. Avnaim-Pesso, "Extraneous Factors in Judicial Decisions," Proceedings of the National Academy of Sciences of the USA 108, no. 17 (2011): 6889-94.
22 Though see for a critique Keren Weinshall-Margel and John Shapard, "Overlooked Factors in the Analysis of Parole Decisions," Proceedings of the National Academy of Sciences of the USA 108 no. 42 (2011): E833, https://www.pnas.org/content/108/42/E833.long.
23 Malcolm Gladwell, "The Terrazzo Jungle," The New Yorker, March 15, 2004, https://www.newyorker.com/magazine/2004/03/15/the-terrazzo-jungle.
24 "The Gruen Effect," May 15, 2015, in 99% Invisible, produced by Avery Trufelman, MP3 audio, 20:10, https://99percentinvisible.org/episode/the-gruen-effect/.
25 David Derbyshire, "They Have Ways of Making You Spend," Telegraph, December 31, 2004, https://www.telegraph.co.uk/culture/3634141/They-have-ways-of-making-youspend.html.
26 A. Selin Atalay, H. Onur Bodur, and Dina Rasolofoarison, "Shining in the Center: Central Gaze Cascade Effect on Product Choice," Journal of Consumer Research 39, no. 4 (December 2012): 848-66.
27 LivePerson, The Connecting with Customers Report: A Global Study of the Drivers of a Successful Online Experience," November 2013, https://docplayer.net/8484776-Theconnecting-with-customers-report-a-global-study-of-the-drivers-of-a-successful-online-experience.html.
28 "Ebates Survey: More Than Half (51.8%) of Americans Engage in Retail Therapy-63.9% of Women and 39.8% of Men Shop to Improve Their Mood," Business Wire, April 2, 2013,

http://www.businesswire.com/news/home/20130402005600/en/Ebates-Survey-51.8-Americans-Engage-Retail-Therapy%E2%80%94.

29 Selin Atalay and Margaret G. Meloy, "Retail Therapy: A Strategic Effort to Improve Mood," Psychology & Marketing 28, no. 6 (2011): 638-59.

30 Emma Hall, "IPA: Effective Ads Work on the Heart, Not on the Head," Ad Age, July 16, 2017, https://adage.com/article/print-edition/ipa-effective-ads-work-hearthead/119202/.

31 Francisco J. Gil-White, "Ultimatum Game with an Ethnicity Manipulation," in Foundations of Human Sociality: Economic Experiments and Ethnographic Evidence from Fifteen Small-Scale Societies, ed. Joseph Henrich, Robert Boyd, Samuel Bowles, et al. (New York: Oxford University Press, 2004), https://www.oxfordscholarship.com/view/10.1093/0199262055.001.0001/acprof-9780199262052-chapter-9.

32 Carey K. Morewedge, Tamar Krishnamurti, and Dan Ariely, "Focused on Fairness: Alcohol Intoxication Increases the Costly Rejection of Inequitable Rewards," Journal of Experimental Social Psychology 50 (2014): 15-20.

33 J. A. Neves. "Factors influencing impulse buying behaviour amongst Generation Y students," accessed December 2, 2019, https://pdfs.semanticscholar.org/4e37/7fc1680020a106de47f9996e8fea07a6f9e8.pdf/.

34 Brian Boyd, "Free Shipping & Free Returns," Clique (website), April 15, 2016, http://cliqueaffilate.com/free-shipping-free-returns/.

35 Sarah Getz, "Cognitive Control and Intertemporal Choice: The Role of Cognitive Control in Impulsive Decision Making" (PhD diss., Princeton University, September 2013), http://arks.princeton.edu/ark:/88435/dsp019s161630w.

36 S. J. Katz and T. P. Hofer, "Socioeconomic Disparities in Preventive Care Persist Despite Universal Coverage: &Breast and Cervical Cancer Screening in Ontario and the United States," JAMA&1994;272(7):530-534.

37 Manju Ahuja, Babita Gupta, and Pushkala Raman, "An Empirical Investigation of Online Consumer Purchasing Behavior," Communications of the ACM 46, no. 12 (December 2003): 145-51. doi:https://doi.org/10.1145/953460.953494.

38 Anandi Mani, Sendhil Mullainathan, Eldar Shafir, et al., "Poverty Impedes Cognitive Function," Science 341, no. 6149 (2013): 976-80.

39 Jiaying Zhao, Skype interview with the authors, December 7, 2018.

40 New York Stock Exchange, PGR stock pricing, January 1996-January 1997.

41 Emily Peck, Felix Salmon, and Anna Szymanski, "The Dissent Channel Edition," September 29, 2018, in The Slate Money Podcast, MP3 audio, 59:44, http://www.slate.com/articles/podcasts/slate_money/2018/09/slate_money_on_thinking_in_bets_why_elon_musk_should_get_some_sleep_and.html.

42 N. Mazar, D. Mochon, and D. Ariely, "If You Are Going to Pay within the Next 24 Hours, Press 1: Automatic Planning Prompt Reduces Credit Card Delinquency," Journal of Consumer Psychology 28, no. 3 (2018): https://doi.org/10.1002/jcpy.1031.

6장

1 Artangel, "Michael Landy: Break Down," February 10 -24, 2001, https://www.artangel.org.uk/project/break-down/.

2 Alastair Sooke, "The Man Who Destroyed All His Belongings," BBC Culture, July 14,2016, http://www.bbc.com/culture/story/20160713-michael-landy-the-man-who-destroyed-all-his-belongings.

3 A. Pertusa, R. O. Frost, M. A. Fullana, et al., "Refining the Boundaries of Compulsive Hoarding: A Review," Clinical Psychology Review 30, no. 4 (2010): 371-86,doi:10.1016/j.cpr.2010.01.007.

4 B. Knutson, S. Rick, G. E. Wimmer, et al., "Neural Predictors of Purchases," Neuron 53, no. 1 (2007): 147-56, http://doi.org/10.1016/j.neuron.2006.11.010.

5 Silvia Bellezza, Joshua M. Ackerman, and Francesca Gino, "Be Careless with That! Availability of Product Upgrades Increases Cavalier Behavior Toward Possessions," Journal of Marketing Research 54, no. 5 (2017): 768-84.

6 "EA SPORTS FIFA Is the World's Game," BusinessWire, press release, September 5, 2018, https://www.businesswire.com/news/home/20180905005646/en/.

7 Gregory S. Burns, Samuel M. McLure, Giuseppe Pagnoni, et al., "Predictability Modulates Human Brain Response to Reward," Journal of Neuroscience 21, no. 8 (2001): 2793-98.

8 Jerry M. Burger and David F. Caldwell, "When Opportunity Knocks: The Effect of a Perceived Unique Opportunity on Compliance," Group Processes & Intergroup Relations 14, no. 5 (2011): 671-80, http://gpi.sagepub.com/content/14/5/671.full.pdf+html.

9 Clive Schlee, "Random Acts of Kindness," Pret a Manger website, April 27, 2015, https://www.pret.com/en-us/random-acts-of-kindness.

10 Ryan Spoon, "Zappos Marketing: Surprises & Delights," Business Insider, March 11, 2011, https://www.businessinsider.com/zappos-marketing-surprises-and-delights-2011-3.

11 Stan Phelps, "Zappos Goes Door to Door Surprising and Delighting an Entire Town for the Holidays," Forbes, December 9, 2015, https://www.forbes.com/sites/stanphelps/2015/12/09/zappos-goes-door-to-door--surprising-and-delighting-an-entire-town-for-the-holidays/Th3058e0f4f6ca.

12 Mauro F. Guillén and Adrian E. Tschoegl, "Banking on Gambling: Banks and Lottery-Linked Deposit Accounts," Journal of Financial Services Research 21, no. 3 (2002): 219-231, http://www-management.wharton.upenn.edu/guillen/PDF-Documents/Gambling_JFSR-2002.pdf.

13 Shankar Vedantam, "'Save To Win' Makes Saving as Much Fun as Gambling," NPR Hidden Brain, January 6, 2014, https://www.npr.org/2014/01/06/260119038/save-towin-makes-saving-as-much-fun-as-gambling.

14 Barry Schwartz, "More Isn't Always Better," Harvard Business Review, June 2006, https://hbr.org/2006/06/more-isnt-always-better.

15 S. S. Iyengar and M. R. Lepper, "When Choice Is Demotivating: Can One Desire Too Much of a Good Thing?" Journal of Personality and Social Psychology 79, no. 6 (2000):

995 –1006.
16 Alexander Chernev, U. Böckenholt, and J. K. Goodman, "Choice Overload: A Conceptual Review and Meta-analysis," Journal of Consumer Psychology 25 (2015): 333 –58.
17 Sarah C. Whitley, Remi Trudel, and Didem Jurt, "The Influence of Purchase Motivation on Perceived Preference Uniqueness and Assortment Size Choice," Journal of Consumer Research 45, no. 4 (2018): 710 –24, doi: 10.1093/jcr/ucy031.
18 Thomas T. Hills, Takao Noguchi, and Michael Gibbert, "Information Overload or Search – Amplified Risk? Set Size and Order Effects on Decisions from Experience," Psychonomic Bulletin & Review 20, no. 5 (October 2013): 1023 –1031, doi:10.3758/s13423 –013 – 0422 –3.
19 Accenture, "Accenture Study Shows U.S. Consumers Want a Seamless Shopping Experience Across Store, Online and Mobile That Many Retailers Are Struggling to Deliver," press release, April 15, 2013, http://newsroom.accenture.com/news/accenture-studyshows – us-consumers –want –a –seamless –shopping –experience –across –store –online – andmobile –that –many –retailers –are –struggling –to –deliver.htm.
20 Corporate Executive Board, "Consumers Crave Simplicity Not Engagement," press release, May 8, 2012, https://www.prnewswire.com/news-releases/consumers –crave –simplicity – not –engagement –150569095.html.
21 Flixable, "Neflix Museum," n.d., accessed October 29, 2019, https://flixable.com/net –flix – museum/.
22 Yangjie Gu, Simona Botti, and David Faro, "Turning the Page: The Impact of Choice Closure on Satisfaction," Journal of Consumer Research 40, no. 2 (August 2013): 268 –83.
23 Statistic Brain Research Institute, "Arranged/Forced Marriage Statistics," n.d., accessed October 29, 2019, https://www.statisticbrain.com/arranged –marriage –statistics/.
24 Divorcescience, "World Divorce Statistics—Comparisons Among Countries," n.d. accessed October 29, 2019, https://divorcescience.org/for –students/world –divorce –statistics – comparisons –among –countries/.
25 P. C. Regan, S. Lakhanpal, and C. Anguiano, "Relationship Outcomes in Indian – AmericanLove –Based and Arranged Marriages," Psychological Reports 110, no. 3 (2012): 915 –24, doi:10.2466/21.02.07.PR0.110.3.915 –924.
26 Tor Wager, "Functional Neuroanatomy of Emotion: A Meta-Analysis of Emotion Activation Studies in PET and fMRI," NeuroImage 16, no. 2 (June 2002): 331 –48, doi:10.1006/nimg.2002.1087.
27 D. Prelec and G. F. Loewenstein, "The Red and the Black: Mental Accounting of Savings and Debt," Marketing Science 17 (1998): 4 –28 (reference list).
28 Visa, "Visa Inc. at a Glance," n.d., accessed October 29, 2019, https://usa.visa.com/dam/ VCOM/download/corporate/media/visa –fact –sheet –Jun2015.pdf.
29 BNP Paribas, "Diversification of Payment Methods—A Focus on Dematerialization," June 29, 2018, https://group.bnpparibas/en/news/diversification –payment –methods –a – focus –dematerialization.
30 George Loewenstein, "Emotions in Economic Theory and Economic Behavior," American

Economic Review 90, no. 2 (2000): 426-32, doi:10.1257/aer.90.2.426.
31 Alberto Alesina and Francesco Passarelli, "Loss Aversion in Politics," National Bureau of Economic Research Working Paper No. 21077, April 2015, https://www.nber.org/papers/w21077.
32 F. Harinck, E. Van Dijk, I. Van Beest, et al., "When Gains Loom Larger Than Losses: Reversed Loss Aversion for Small Amounts Of Money," Psychological Science 18, no. 12 (2007): 1099-1105, doi:10.1111/j.1467-9280.2007.02031.x.
33 Lü Dongbin, The Secret of the Golden Flower, http://thesecretofthegolden flower.com/index.html.
34 Daugirdas Jankus. Effects of cognitive biases and their visual execution on consumer behavior in e-commerce platforms. Master's Thesis (2016): ISM Vadybos ir ekonomikos universitetas.

7장

1 HFR. "25 Shocking Caffeine Addiction Statistics," accessed October 28, 2019, https://healthresearchfunding.org/shocking-caffeine-addiction-statistics/.
2 HealthReseachFunding.org, "7 Unbelievable Nicotine Addiction Statistics," n.d., accessed October 29, 2019, https://healthresearchfunding.org/7-unbelievable-nicotine-addiction-statistics/.
3 Statista, "Tobacco Products Report 2019—Cigarettes," n.d., accessed October 29, 2019, https://www.statista.com/study/48839/tobacco-products-report-cigarettes/.
4 Alexa, "Top Sites in the United States," https://www.alexa.com/topsites/countries/US.
5 Alex Hern, "Facebook should be 'regulated like the cigarette industry', says tech CEO," accessed December 2, 2019, https://www.theguardian.com/technology/2018/jan/24/facebook-regulated-cigarette-industry-salesforce-marc-benioff-social-media.
6 G. S. Berns and S. E. Moore, "A Neural Predictor of Cultural Popularity," Journal of Consumer Psychology 22 (2012): 154-60.
7 Daniel J. Lieberman and Michael E. Long, The Molecule of More: How a Single Chemical in Your Brain Drives Love, Sex, and Creativity—and Will Determine the Fate of the Human Race (Dallas: BenBella, 2018), 6.
8 Áine Doris, "Attention Passengers: your Next Flight Will Likely Arrive Early. Here's Why," KelloggInsight, November 6, 2018, https://insight.kellogg.northwestern.edu/article/attention-passengers-your-next-flight-will-likely-arrive-early-heres-why.
9 Debi Lilly, phone interview with the authors, March 6, 2019.
10 "#4: Oprah Relives the Famous Car Giveaway | TV Guide's Top 25 | Oprah Winfrey Network," YouTube video, 5:01, posted by OWN, September 25, 2012, https://www.youtube.com/watch?v=WmCQ-V7c7Bc.
11 OWN, "#4: Oprah Relives the Famous Car Giveaway | TV Guide's Top 25 | Oprah Winfrey Network," video, 5:05, September, 25, 2012, https://www.youtube.com/

watch?v=WmCQ-V7c7Bc.
12 Michael D. Zeiler, "Fixed and Variable Schedules of Response Independent Reinforcement," Journal of the Experimental Analysis of Behavior 11, no. 40 (1968): 405-14.
13 R. Schull, "The Sensitivity of Response Rate to the Rate of Variable-Interval Reinforce-ment for Pigeons and Rats: A Review," Journal of the Experimental Analysis of Behavior 84, no. 1 (2005): 99-110.
14 Olivia Solon, "Ex-Facebook President Sean Parker: Site Made to Exploit Human 'Vulnerability,'" The Guardian, November 9, 2017, https://www.theguardian.com/technology/2017/nov/09/facebook-sean-parker-vulnerability-brain-psychology.
15 Ruchi Sanghvi, "Yesterday Mark reminded it was the 10 year anniversary of News Feed," Facebook, September 6, 2016, https://www.facebook.com/ruchi/posts/10101160244871819.
16 Shea Bennett, "Users Spend More Time on Pinterest Than Twitter, LinkedIn and Google+ Combined," Adweek, February 18, 2012, http://www.adweek.com/digital/usasocial-network-use/#/.
17 B. Zeigarnik, "On Finished and Unfinished Tasks," in A Sourcebook of Gestalt Psychology, ed. W. D. Ellis (New York: Humanities Press, 1967), 300-14.
18 The Numbers, "Box Office History for Marvel Cinematic Universe Movies," accessed December 2, 2019, https://www.the-numbers.com/movies/franchise/Marvel-Cinematic-Universe.
19 Michael Sebastian, "Time Inc. Locks in Outbrain's Headline Recommendations in $100 Million Deal," Ad Age, November 18, 2014, http://adage.com/article/media/time-dealoutbrain-worth-100-million/295889/.
20 Craig Smith, "38 Amazing BuzzFeed Statistics and Facts (2019)," DMR by the Numbers, September 6, 2019, https://expandedramblings.com/index.php/business-directory/25012/buzzfeed-stats-facts/.
21 Sam Kirkland, "Time.com's Bounce Rate Down by 15 Percentage Points Since Adopting Continuous Scroll," Poynter, July 20, 2014, https://www.poynter.org/news/timecoms-bounce-rate-down-15-percentage-points-adopting-continuous-scroll.
22 Bianca Bosker, "The Binge Breaker: Tristan Harris Believes Silicon Valley Is Addicting Us to Our Phones. He's Determined to Make It Stop," The Atlantic, November 2016, https://www.theatlantic.com/magazine/archive/2016/11/the-binge-breaker/501122/.
23 Tristan Harris, "A Call to Minimize Users' Distraction & Respect Users' Attention, by a Concerned PM & Entrepreneur" (slide deck), February 2013, LinkedIn SlideShare, uploaded by Paul Mardsen, August 13, 2018, https://www.slideshare.net/paulsmarsden/ google-deck-on-digital-wellbeing-a-call-to-minimize-distraction-and-respect-users-attention.
24 Brian Resnick, "What Smartphone Photography Is Doing to Our Memories," Vox, March 28, 2018, https://www.vox.com/science-and-health/2018/3/28/17054848/smartphones-photos-memory-research-psychology-attention.
25 Devin Coldewey, "Limiting Social Media Use Reduced Loneliness and Depression in New Experiment," TechCrunch, November 9, 2018, https://techcrunch.com/2018/11/09/limiting-

social-media-use-reduced-loneliness-and-depression-in-new-experiment/.
26 Haley Sweetland Edwards, "You're Addicted to Your Smartphone. This Company thinks It Can Change That," Time, April 12, 2018, updated April 13, 2018, http://amp.timeinc.net/time/5237434/youre-addicted-to-your-smartphone-this-company-thinksit-can-change-that.
27 Digital Detox Retreats (website), accessed October 29, 2019, http://digitaldetox.org/retreats/.
28 Molly Young, "What an Internet Rehabilitation Program Is Really Like," Allure, January 21, 2018, https://www.allure.com/story/internet-addiction-rehab-program.
29 Adi Robertson, "Google's CEO Had to Remind Congress That Google Doesn't Make iPhones," The Verge, December 11, 2018, https://www.theverge. com/2018/12/11/18136377/google-sundar-pichai-steve-king-hearing-granddaughter-iphone-android-notification.
30 Nicolas Thompson, "Our Minds Have Been Hijacked by Our Phones. Tristan Harris Wants to Rescue Them," Wired (July 26, 2017), https://www.wired.com/story/ourminds-have-been-hijacked-by-our-phones-tristan-harris-wants-to-rescue-them/.
31 "Venture Investment in VR/AR Startups," PitchBook, n.d., accessed October 29, 2019, https://files.pitchbook.com/png/Venture_investment_in_VR_AR.png.
32 Bernard Yack, The Problems of a Political Animal: Community, Justice, and Con"ict in Aristotelian Political Thought (Berkeley: University of California Press, 1993).

8장

1 Jennifer Thorpe, "Champions of Psychology: Robert Zajonc," Association for Psychological Science, January 2005, https://www.psychologicalscience.org/observer/champions-of-psychology-robert-zajonc.
2 Margalit Fox, "Robert Zajonc, Who Looked at Mind's Ties to Actions, Is Dead at 85," New York Times, December 6, 2008, https://www.nytimes.com/2008/12/07/education/07zajonc.html.
3 R. B. Zajonc, "Mere Exposure: A Gateway to the Subliminal," Current Directions in Psychological Science 10, no. 6 (2001): 224.
4 R. F. Bornstein, "Exposure and Affect: Overview and Meta-analysis of Research, 1968-1987," Psychological Bulletin, 106 (1989): 265-89.
5 Robert B. Zajonc "Attitudinal Effects Of Mere Exposure," Journal of Personality and Social Psychology 9, no. 2, Pt. 2 (1968): 1-27. doi:10.1037/h0025848.
6 Zajonc, "Mere Exposure."
7 Jan Conway, "Coca-Cola Co.: Ad Spend 2014-2018," Statista, August 9, 2019, https://www.statista.com/statistics/286526/coca-cola-advertising-spending-worldwide/.
8 Aleksandra, "63 Fascinating Google Search Statistics," SEO Tribunal, September 26, 2018, https://seotribunal.com/blog/google-stats-and-facts/.
9 Robert F. Bornstein and Paul R. D'Agostino, "Stimulus Recognition and the Mere Exposure

Effect," Journal of Personality and Social Psychology 63, no. 4 (1992): 545–52, https://faculty.washington.edu/jdb/345/345%20Articles/Chapter%2006%20Bornstein%20&%20D%27Agostino%20(1992).pdf.
10 Joseph E. Grush, "Attitude Formation and Mere Exposure Phenomena: A Nonartifactual Explanation of Empirical Findings," Journal of Personality and Social Psychology 33, no. 3 (1976): 281–90, http://psycnet.apa.org/record/1976–22288–001.
11 Sylvain Delplanque, Géraldine Coppin, Laurène Bloesch, et al., "The Mere Exposure Effect Depends on an Odor's Initial Pleasantness," Frontiers in Psychology, July 3, 2015, https://doi.org/10.3389/fpsyg.2015.00920.
12 A. L. Alter and D. M. Oppenheimer, "Predicting Short–Term Stock Fluctuations by Using Processing Fluency," Proceedings of the National Academy of Sciences of the USA 103, no. 24 (2006): 9369–72, doi:10.1073/pnas.0601071103.
13 Michael Bernard, Bonnie Lida, Shannon Riley, et al., "A Comparison of Popular Online Fonts: Which Size and Type Is Best?" Usability News 4, no. 1 (2018), https://pdfs.semanticscholar.org/21a3/2bc134881ef07726c0e45e3d01923418f14a.pdf?_ga=2.217085078.1679975153.1572354996-1611920395.1572354996.
14 Christian Unkelbach, "Reversing the Truth Effect: Learning the Interpretation of Processing Fluency in Judgments of Truth," Journal of Experimental Psychology: Learning, Memory, and Cognition 33, no. 1 (2007): 219–30, doi:10.1037/0278-7393.33.1.219.
15 Karen Riddle, "Always on My Mind: Exploring How Frequent, Recent, and Vivid Television Portrayals Are Used in the Formation of Social Reality Judgments," Media Psychology 13 , no. 2 (2010): 155–79, doi:10.1080/15213261003800140.
16 Stephanie Clifford, "Video Prank at Domino's Taints Brand," New York Times, April 15, 2019, https://www.nytimes.com/2009/04/16/business/media/16dominos.html.
17 "Domino's President Responds to Prank Video," YouTube video, 2:01, posted by "swift–tallon," April 18, 2009, https://www.youtube.com/watch?v=dem6eA7–A2I.
18 Cornelia Pechmann and David W. Stewart, "Advertising Repetition: A Critical Review of Wearin and Wearout," Current Issues and Research in Advertising 11, nos. 1–2 (1988): 285–329.
19 R. F. Bornstein, "Exposure and Affect: Overview and Meta–analysis of Research, 1968–1987," Psychological Bulletin 106 (1989): 265–89, doi:10.1037/0033–2909.106.2.265.
20 R. Bornstein and P. D'Agostino, "Stimulus Recognition and Mere Exposure," Journal of Personality and Social Psychology 63 (1992):4;545-552.
21 Stewart A. Shapiro and Jesper H. Nielsen, "What the Blind Eye Sees: Incidental Change Detection as a Source of Perceptual Fluency," Journal of Consumer Research 39, no. 6 (April 2013): 1202–1218.
22 Bornstein and D'Agostino, "Stimulus Recognition and Mere Exposure."
23 Derek Thompson, "The four–letter code to selling just about anything," The Atlantic, January 2017, 24 https://nypost.com/2015/02/14/fifty–shades–of–grey–whips–sex–toy–sales–into–a–frenzy/.

9장

1 This refers to the broad, "language-sensitive" network of the brain, spanning the le! temporal cortex, auditory cortex, and Broca's area, as described in Hasson's work, and consistent with E. Fedorenko and N. Kanwisher, "Functionally Localizing Language-Sensitive Regions in Individual Subjects with fMRI," Language and Linguistics Compass 5, no. 2 (2011): 78-94.

2 G. Stephens, L. Silbert, and U. Hasson, "Speaker-Listener Neural Coupling Underlies Successful Communication," Proceedings of the National Association of Sciences of the USA 107, no. 32 (2010): 14425-30.

3 M. Pickering and S. Garrod, "Toward a Mechanistic Psychology of Dialogue," Behavioral and Brain Sciences 27, no. 2 (2004): 169-90. http://www.psy.gla.ac.uk/~simon/CD8063.Pickering_1-58.pdf

4 Scott Neuman, "Company's Line of Rainbow Themed Swastika T-Shirts Backfires," NPR The Two-Way, August 7, 2017, http://www.npr.org/sections/thetwo-way/2017/08/07/542068985/companys-line-of-rainbow-themed-swastika-t-shirtsbackfires.

5 Libby Hill, "Pepsi Apologizes, Pulls Controversial Kendall Jenner Ad," Los Angeles Times, April 5, 2019, https://www.latimes.com/entertainment/la-et-entertainment-news-updates-april-2017-htmlstory.html#pepsi-apologizes-pulls-controversial-kendall-jenner-ad.

6 L. Steinberg and K. C. Monahan, "Age Differences in Resistance to Peer Influence," Developmental Psychology 43 (2007): 1531-43.

7 David Bambridge, Teenagers: A Natural History (London: Portobello Books, 2009).

8 Nielsen, "Nielsen Unveils First Comprehensive Study on the Purchasing Power and Influence of the Multicultural Millennial," press release, January 18, 2017, http://www.nielsen.com/us/en/press-room/2017/nielsen-unveils-first-comprehensive-study-on-the-purchasing-power-of-multicultural-millennial.html.

9 Claire Suddath, "Harley-Davidson Needs a New Generation of Riders," Bloomberg Businessweek, August 23, 2018, https://www.bloomberg.com/news/features/2018-08-23/harley-davidson-needs-a-new-generation-of-riders.

10 Robert Ferris, "Harley-Davidson's electric motorcycle signals a big change for the legendary, but troubled, company," CNBC, November 11, 2018, https://www.cnbc.com/2018/11/09/harley-davidsons-electric-motorcycle-is-a-big-change-for-the-company.html.

11 L. Fogassi, P. F, Ferrari, B. Gesierich, et al., "Parietal Lobe: From Action Organization to Intention Understanding,"&Science&308, no. 5722 (2005): 662-67.

12 Pier Francesco Ferrari and Giacomo Rizolatti, "Mirror Neurons: Past and Present," Philosophical Transactions of the Royal Society of London B: Biological Sciences 369, no. 1644 (2014): 20130169, https://doi.org/10.1098/rstb.2013.0169.

13 M. Iacoboni, "Imitation, Empathy, and Mirror Neurons," Annual Review of Psychology 60

(2009): 653-70.
14 S. Bekkali, G. J. Youssef, P. H. Donaldson, et al., "Is the Putative Mirror Neuron System Associated with Empathy? A Systematic Review and Meta-Analysis," PsyArXiv Preprints (March 20, 2019), https://doi.org/10.31234/osf.io/6bu4p.
15 "Taste the Feeling-Sam Tsui, Alyson Stoner, Josh Levi, Alex G. Diamond, & KHS," YouTube video, 3:11, posted by Kurt Hugo Schneider, August 13, 2016, https://www.youtube.com/watch?v=5-uXzOW6SLo.
16 Adobe Marketing Cloud, "8 Marketers Doing Big Data Right," Mashable, May 6, 2013, https://mashable.com/2013/05/06/cmo-data/#2rNcAJeGpPq5.
17 Binkley, Christina, "More Brands Want You to Model Their Clothes," The Wall Street Journal, May 15, 2013, https://www.wsj.com/articles/SB10001424127887324216004578483094260521704.
18 L. Budell L., et al "Mirroring Pain in the Brain: Emotional Expression Versus Motor Imitation," PLoS One 10, no. 2 (2015): e0107526.
19 P. Slovic, "If I Look at the Mass I Will Never Act": Psychic Numbing and Genocide," Judgment and Decision Making 2 (2007): 79-95.
20 P. Slovic and D. Väst;äll, "The More Who Die, the Less We Care: Psychic Numbing and Genocide," in Imagining Human Rights, ed. S. Kaul & D. Kim (Berlin: De Gruyter, 2015), 55-68.
21 Wendy Koch, "Lives of Indelible Impact," USA Today, May 29, 2007.
22 M. Johnson, L. Detter, and P. Ghuman. "Individually Driven Narratives Facilitate Emotion and Consumer Demand," The European Conference on Media, Communications & Film: Official Conference Proceedings, 2018.
23 M. Fidelman, "5 of the Best Sports Marketing Campaigns That Went Viral in 2015," Forbes, June 9, 2015, https://www.forbes.com/sites/markfidelman/2015/06/09/here-are-5-of-the-best-sports-marketing-campaigns-that-went-viral-in-2015/#7dc3a18a401d.
24 C. Nass, Y. Moon, B. Fogg, et al., "Can Computer Personalities Be Human Personalities?" International Journal of Human-Computer Studies 43 (1995): 223-39; C. Nass, Y. Moon, and P. Carney, "Are People Polite to Computers? Responses to Computer-Based Interviewing Systems," Journal of Applied Social Psychology 29, no. 5 (1999): 1093-1110; C. Nass and Y. Moon, "Machines and Mindlessness: Social Responses to Computers," Journal of Social Issues 56, no. 1 (2000): 81-103.
25 P. Karr-Wisniewski and M. Prietula, "CASA, WASA, and the Dimensions of Us," Computers in Human Behavior 26 (2010): 1761-71.
26 R. Sager, "Do Celebrity Endorsements Actually Work?" MarketWatch, March 11, 2011, http://www.marketwatch.com/story/do-celebrity-endorsements-work-1300481444531.
27 Kit Yarrow, Decoding the New Consumer Mind: How and Why We Shop and Buy (Hoboken, NJ: John Wiley & Sons), 145, Kindle.
28 Johnny Green, "Under Armour-Misty Copeland-I Will What I Want," video, 1:40,

March 15, 2016, https://www.youtube.com/watch?v=zWJ5_HiKhNg.

10장

1 Mattha Busby, "Woman Who Bought Shredded Banksy Artwork Will Go Through with Purchase," The Guardian, October 11, 2018, https://www.theguardian.com/artanddesign/2018/oct/11/woman-who-bought-shredded-banksy-artwork-will-go-throughwith-sale.
2 Elizabeth Chuck, "Purchaser of Banksy Painting That Shredded Itself Plans to Keep It," NBC News, October 12, 2018, https://www.nbcnews.com/news/world/purchaserbanksy-painting-shredded-itself-plans-keep-it-n91941.1.
3 B. M. Hood and P. Bloom, "Children Prefer Certain Individuals over Perfect Duplicates,"Cognition 106, no. 1 (2008): 455-62, doi10.1016/j.cognition.2007.01.012.
4 Chris Dwyer, "How a 'Chef ' Can Sway Fine Diners into Preferring Inferior Food," August 20, 2015, http://www.cnn.com/travel/article/chef-fools-diners-taste-test/index.html.
5 Brian Wansink, Collin R. Payne, and Jill North, "Fine as North Dakota Wine: Sensory Expectations and the Intake of Companion Foods," Physiology & Behavior 90, no. 5 (2007): 712-16.
6 Eustacia Huen, "How Stories Can Impact Your Taste in Food," Forbes, September 29, 2018, https://www.forbes.com/sites/eustaciahuen/2018/09/29/story-food/#7c34f5393597.
7 Anna Bernasek and D. T. Morgan, All You Can Pay: How Companies Use Our Data to Empty Our Wallets (New York: Hachette Book Group, 2015).
8 "Perrier Orson Welles," YouTube video, 0:29, posted by Retronario, March 9, 2014, https://www.youtube.com/watch?v=2qHv4yh4R9c.
9 Bruce G. Posner, "Once Is Not Enough: Why the Marketing Genius Who Made Perrier a Household Word Has Fizzled as a Small-Business Consultant," Inc., October 1, 1996, https://www.inc.com/magazine/19861001/7075.html.
10 Retrontario, "Perrier Orson Welles 1979," video, 0:29, March 9, 2014. https://www.youtube.com/watch?v=2qHv4yh4R9c.
11 Nestlé, "Perrier: Perrier Brand Focus," n.d., accessed November 1, 2019, https://www.nestle.com/investors/brand-focus/perrier-focus.
12 Dan Shapley, "Almost Half of All Bottled Water Comes from the Tap, but Costs You Much More," Good Housekeeping, August 12, 2010, https://www.goodhousekeeping.com/home/a17834/bottled-water-47091001/.
13 Posner, "Once Is Not Enough."
14 "Significant Objects," website, accessed November 1, 2019, http://significantobjects.com/.
15 "5 minutes with… a 1926 Bottle of The Macallan Whisky," Christie's, December 12, 2018, https://www.christies.com/features/5-minutes-with-a-1926-bottle-of-The-Macallan-whisky-9384-1.aspx.
16 "Lot 312: The Macallan 1926, 60 Year-Old, Michael Dillon" (auction listing), Christie's,

accessed November 1, 2019, https://www.christies.com/lotfinder/wine/the-macallan-1926-60-year-old-michael-dillon-6180404-details.aspx?from=salesummary&intObjectID=6180404&lid=1.
17 Dean Small, phone interview with the authors, February 13, 2019.
18 "Bertha Benz: The Journey That Changed Everything," YouTube video, 4:02, posted by Mercedes-Benz, March 6, 2019, https://www.youtube.com/watch?v=vsGrFYD5Nfs.
19 "Mercedes Benz-Company History Commercial," YouTube video, 0:33, posted by "TheRealBigBlack," November 30, 2019, https://www.youtube.com/watch?v=ynzZxHy-9jrs.
20 "Macy's 150 Years Commercial," YouTube video, 1:00, posted by "Frenite," https://www.youtube.com/watch?v=4oORxFJJc88.
21 Emily Glazer, "Wells Fargo to Pay $185 Million Fine over Account Openings," Wall Street Journal, September 8, 2016, https://www.wsj.com/articles/wells-fargo-to-pay-185-million-fine-over-account-openings-1473352548?mod=article_inline.
22 "Wells Fargo Re-established 2018," Vimeo video, 1:01, posted by "craigknelson," https://vimeo.com/270298076.
23 "The Fédération Internationale de l'Automobile (FIA)," FIA Heritage Museums website,, accessed November 1, 2019, fiaheritagemuseums.com.
24 Evangeline Holland, "The Spirit of Ecstasy," Edwardian Prominence (blog), May 3, 2008, http://www.edwardianpromenade.com/love/the-spirit-of-ecstasy/.
25 Daniel Kahneman, Alan B. Krueger, David Schkade, et al., "A Survey Method for Characterizing Daily Life Experience: The Day Reconstruction Method," Science 306, no. 5702 (December 3, 2004): 1776-1780.
26 Amir Mandel, "Why Nobel Prize Winner Daniel Kahneman Gave Up on Happiness," Haaretz, October 7, 2018, https://www.haaretz.com/israel-news/.premium.MAGAZINE-why-nobel-prize-winner-daniel-kahneman-gave-up-on-happiness-1.6528513.

11장

1 William M. O'Barr, "'Subliminal' Advertising," Advertising & Society Review 6, no. 4 (2005), doi:10.1353/asr.2006.0014.
2 J. A. Krosnick, A. L. Betz, L. J. Jussim, et al., "Subliminal Conditioning of Attitudes," Personality and Social Psychology Bulletin 18, no. 2 (1992): 152-62, doi:10.1177/0146167292182006.
3 Omri Gillath, Mario Mikulincer, Gurit E. Birnbaum, et al., "Does Subliminal Exposure to Sexual Stimuli Have the Same Effects on Men and Women?" The Journal of Sex Research 44, no. 2 (2007): 111-21, doi:10.1080/00224490701263579.
4 J. Karremans, W. Stroebe, and J. Claus, "Beyond Vicary's Fantasies: The Impact of Subliminal Priming and Brand Choice," Journal of Experimental Social Psychology 42, no. 6 (2006): 792-98. doi:10.1016/j.jesp.2005.12.002.

5 Federal Communications Commission, "Press Statement of Commissioner Gloria Tristani, Re: Enforcement Bureau Letter Dismissing a Request by Senators Ron Wyden and John Breaux for an Investigation Regarding Allegations of the Broadcast of Subliminal Advertising Provided by the Republican National Committee," press release, March 9, 2001, https://transition.fcc.gov/Speeches/Tristani/Statements/2001/stgt123.html.
6 Committee on Advertising Practice, BCAP Code: The UK Code of Broadcast Advertising, "03 Misleading Advertising," section 3.8, n.d., accessed November 1, 2019, https://www.asa.org.uk/type/broadcast/code_section/03.html.
7 "Subliminal Message in KFC Snacker," YouTube Video, 0:12, posted by "defying11," May 18, 2008, https://www.youtube.com/watch?v=zrRDEjPoeGw.
8 A. A. Karim, B. Lützenkirchen, E. Khedr, et al., "Why Is 10 Past 10 the Default Setting for Clocks and Watches in Advertisements? A Psychological Experiment," Frontiers in Psychology 8 (2017): 1410, https://doi.org/10.3389/fpsyg.2017.01410.
9 R. B. Zajonc. "Mere Exposure: A Gateway to the Subliminal." Current Directions in Psychological Science, 10(6) (2001): 224-228.
10 Associated Press, "'Transformers' a GM Ad in Disguise," NBC News, July 3, 2007, http://www.nbcnews.com/id/19562215/ns/business-autos/t/transformers-gm-ad-disguise/.
11 Michael L. Maynard and Megan Scale, "Unpaid Advertising: A Case of Wilson the Volleyball in Cast Away," Journal of Popular Culture 39, no. 4 (2006), https://onlinelibrary.wiley.com/doi/abs/10.1111/j.1540-5931.2006.00282.x.
12 Sarah Whitten, "Starbucks Got an Estimated $2.3 Billion in Free Advertising from 'Game of Thrones' Gaffe, and It Wasn't Even Its Coffee Cup," CNBC, May 7, 2019, https://www.cnbc.com/2019/05/07/starbucks-got-2point3-billion-in-free-advertising-from-game-of-thrones-gaffe.html.
13 "U.S. Product Placement Market Grew 13.7% in 2017, Pacing for Faster Growth in 2018, Powered by Double-Digit Growth in Television, Digital Video and Music Integrations," PRWeb, press release, June 13, 2018, https://www.pqmedia.com/wp-content/uploads/2018/06/US-Product-Placement-18.pdf.
14 Nicolas Guéguen, "Color and Women Hitchhikers' Attractiveness: Gentlemen Drivers Prefer Red," Color Research & Application 37 (2012): 76-78, doi:10.1002/col.20651.
15 Nicolas Guéguen and Céline Jacob, "Clothing Color and Tipping: Gentlemen Patrons Give More Tips to Waitresses with Red Clothes," Journal of Hospitality & Tourism Research, April 18, 2012, http://jht.sagepub.com/content/early/2012/04/16/1096348012442546.
16 Elizabeth Paten, "Can Christian Louboutin Trademark Red Soles? An E.U. Court Says No," New York Times, February 6, 2018, https://www.nytimes.com/2018/02/06/business/christian-louboutin-shoes-red-trademark.html.
17 Stephen A. Stansfeld and Mark P. Matheson, "Noise Pollution: Non-auditory Effects on Health," British Medical Bulletin 68, no. 1 (2003): 243-57, https://doi.org/10.1093/bmb/ldg033.
18 Torø Graven and Clea Desebrock, "Bouba or Kiki with and Without Vision: Shape-Audio Regularities and Mental Images," Acta Psychologica 188 (2018): 200-12.

19 Ronald E. Milliman, "Using Background Music to Affect the Behavior of Supermarket Shoppers," Journal of Marketing 46, no. 3 (1982): 86–91.
20 Adrian C. North, David J. Hargreaves, and Jennifer McKendrick, "The Influence of In-Store Music on Wine Selections Article," Journal of Applied Psychology 84, no. 2 (1999): 271–76.
21 Adrian C. North, Amber Shilcock, and David J. Hargreaves, "The Effect of Musical Style on Restaurant Customers' Spending," Environment and Behavior 35, no. 5 (2003): 712–18.
22 K. C. Colwell, "Faking It: Engine-Sound Enhancement Explained," Car and Driver, April 2012, https://www.caranddriver.com/features/faking-it-engine-sound-enhancement-explained-tech-dept.
23 M. Lynn, J. Le, and D. Sherwyn, "Reach Out and Touch Your Customers," Cornell Hotel and Restaurant Administration Quarterly, 39(3) (1998): 60–65.
24 Christopher Bergland, "The Neuroscience of Smell Memories Linked to Place and Time," Psychology Today, July 31, 2018, https://www.psychologytoday.com/us/blog/the-athletes-way/201807/the-neuroscience-smell-memories-linked-place-and-time.
25 N. R. Keinfield, "The Smell of Money," New York Times, October 25, 1992, https://www.nytimes.com/1992/10/25/style/the-smell-of-money.html.
26 "The Smell of Commerce: How Companies Use Scents to Sell Their Products," The Independent, August 16, 2011 https://www.independent.co.uk/news/media/advertising/the-smell-of-commerce-how-companies-use-scents-to-sell-their-products-2338142.html.
27 Geke D. S. Ludden and Hendrik N. J. Schifferstein, "Should Mary smell like biscuit? Investigating scents in product design," International Journal of Design 3(3) (2009): 1–12.
28 Hancock, G.D. (2009). Tje E'cacy of fragrance use for enhancing the slot machine gaming experience of casino patrons.
29 N. Gueguen and C. Petr, "Odors and consumer behavior in a restaurant," International Journal of Hospitality Management 25 (2) (2006): 335–339.
30 P. E. Murphy, "Research in Marketing Ethics: Continuing and Emerging Themes," Recherche et Applications En Marketing (English edition) 32, no. 3 (2017): 84–89.
31 B. Milner, "The Medial Temporal-Lobe Amnesic Syndrome," Psychiatric Clinics of North America 28 (2005): 599–611.
32 A. J. Marcel, "Conscious and Unconscious Perception: Experiments on Visual Masking and Word Recognition," Cognitive Psychology 15 (1983): 197–237.
33 C. S. Soon, M. Brass, H.-J. Heinze, et al., "Unconscious Determinants of Free Decisions in the Human Brain," Nature Neuroscience 11, no. 5 (2008): 543–45, doi:10.1038/nn.2112.
34 A. Tusche, S. Bode, and J. Haynes, "Neural Responses to Unattended Products Predict Later Consumer Choices," The Journal of Neuroscience 30, no. 23 (2000): 8024–31.
35 L. E. Williams and J. A. Bargh, "Experiencing Physical Warmth Promotes Interpersonal Warmth," Science 322 (2008): 606–7.

12장

1 Charles Duhigg, "How Companies Learn Your Secrets," New York Times, February 16, 2012, https://www.nytimes.com/2012/02/19/magazine/shopping-habits.html.

2 Associated Press and NBC News, "Facebook to send Cambridge Analytica Data-Use Notices to 87 Million Users Monday," NBC News, April 9, 2018, https://www.nbcnews.com/tech/social-media/facebook-send-cambridge-analytica-data-use-notices-monday-n863811.

3 M. Wojcik, M. Nowicka, M. Bola, and A. Nowicka, "Unconcious Detection of One's Own Image," Psychological Science 30:4 (2019): 471-480

4 Joel Stein, "I Tried Hiding From Silicon Valley in a Pile of Privacy Gadgets," Bloomberg Businessweek, August 8, 2019, https://www.bloomberg.com/news/features/2019-08-08/i-tried-hiding-from-silicon-valley-in-a-pile-of-privacy-gadgets.

5 DrFakenstein, "Full House of Mustaches - Nick Offerman [deepfake]," video, 1:01, August 11, 2019, https://www.youtube.com/watch?v=aUphMqs1vFw.

6 Grace Shao and Evelyn Cheng, "The Chinese face-swapping app that went viral is taking the danger of 'deepfake' to the masses," CNBC, September 4, 2019, https://www.cnbc.com/2019/09/04/chinese-face--swapping-app-zao-takes-dangers-of-deepfake-to-themasses.html.

7 NBC News Now "The Future Is Zao: How A Chinese Deepfake App Went Viral," video, 3:12, September 4, 2019, https://www.youtube.com/watch?v=dJYTMhKXCAc.

8 A. M. Garvey, F. Germann, and L. E. Bolton, "Performance Brand Placebos: How Brands Improve Performance and Consumers Take the Credit," Journal of Consumer Research 42, no. 6 (2016): 931-51.

9 Domo, "Data Never Sleeps 5.0," infographic, n.d., accessed November 1, 2019, https://www.domo.com/learn/data-never-sleeps-5.

10 M. Johnson, P. Ghuman, and R. Barlow, "Psychological Coordinates of Marketing Ethics for the Modern World" (forthcoming); see http://www.popneuro.com.

KI신서 9785

뇌과학 마케팅

1판 1쇄 발행 2021년 7월 20일
1판 3쇄 발행 2023년 1월 3일

지은이 매트 존슨, 프린스 구먼
옮긴이 홍경탁
펴낸이 김영곤
펴낸곳 (주)북이십일 21세기북스

정보개발팀장 장지윤 **정보개발팀** 강문형
해외기획실 최연순
출판마케팅영업본부장 민안기
마케팅1팀 배상현 한경화 김신우 강효원
출판영업팀 최명열 김다운
제작팀 이영민 권경민

출판등록 2000년 5월 6일 제406-2003-061호
주소 (우 10881) 경기도 파주시 회동길 201(문발동)
대표전화 031-955-2100 **팩스** 031-955-2151 **이메일** book21@book21.co.kr

ISBN 978-89-509-9628-4 03320